"博学而笃志，切问而近思。"
（《论语》）

博晓古今，可立一家之说；
学贯中西，或成经国之才。

主编简介

文跃然，复旦大学经济学硕士，中国人民大学人力资源管理方向博士。现任中国人民大学劳动人事学院教授，幸福时代网络科技（北京）有限公司、乔布阅读（北京）科技有限公司董事长。主要讲授企业研究方法案例、薪酬理论与薪酬管理、战略人力资源管理等。主要研究领域为企业战略、企业文化和人力资源管理（特别是薪酬部分）。著有《劳动经济学》《薪酬管理》等，并翻译《个人主义与经济秩序》《赢球：赢得竞争的艺术》等著作。从1985年起，先后在《经济研究》《管理世界》《经济学动态》《企业管理》《光明日报》等国内重要刊物上发表论文近40余篇，创新性地提出GREP企业分析框架理论。1991年与人合作发表在美国经济学与商业评论季刊上的《边际生产率、货币和工资：1952-1987》被收录在美国国会图书馆的文献中。文跃然教授是国内知名的咨询专家，擅长从战略出发研究企业的问题，曾先后为中国电信、胜利油田东胜集团、烽火科技、天津电力建设公司、浙江东南发电公司、四通信息技术公司、山东鲁能科技集团、中关村软件公司、华北电力设计研究院、大连明辰振邦氟涂料有限公司、中国质量报社等数十家企业提供管理咨询服务。

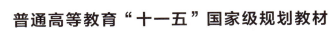

普通高等教育"十一五"国家级规划教材

复旦博学

21世纪人力资源管理丛书

薪酬管理原理

（第二版）

文跃然　主编

本丛书荣获
第六届高等教育
国家级教学成果奖

复旦大学出版社

内容提要

本书是目前国内最新的具有一定原创性的薪酬管理教材，是作者根据中国近年来人力资源管理及薪酬管理的实践，多年的讲课积累以及给国内许多著名企业进行咨询的经验编写而成。全书从战略的角度论述了薪酬管理领域最新的理念、技术和流程。全书共6章，包括第一章薪酬管理总论、第二章薪酬与战略管理、第三章基本薪酬管理、第四章奖金管理、第五章福利管理、第六章薪酬制度，每章均有学习要点、相关信息链接、案例讨论和复习练习题，帮助学生从问题的角度理解当前企业薪酬管理面临的困惑与技术难点，尤其对中国企业的人力资源管理实践和薪酬管理实践具有很强的针对性和可操作性，是一本理论与实践紧密结合的教材。

本书适合大学人力资源管理专业及相关经济管理专业师生作为教材使用，也可作为企业人力资源主管的参考书。

丛书编辑委员会

主　任　曾湘泉

委　员　（按姓氏笔画排序）

文跃然　孙健敏　刘子馨　刘尔铎　萧鸣政
苏荣刚　郑功成　徐惠平　彭剑锋

总策划

文跃然　苏荣刚

目 录

1	**第一章　薪酬管理总论**
2	第一节　什么是薪酬
5	第二节　薪酬体系的基本框架与问题
7	第三节　薪酬管理的历史演变
9	第四节　中国薪酬的问题、挑战与趋势
26	本章重点回顾
26	思考题

30	**第二章　薪酬与战略**
31	第一节　战略的定义及理论概述
42	第二节　从企业战略到薪酬管理
46	第三节　构建战略导向的薪酬管理体系
60	本章重点回顾
61	思考题

65	**第三章　基本薪酬管理**
66	第一节　基本薪酬概述
71	第二节　基于职位价值的基本薪酬管理
102	第三节　基于能力的基本薪酬
117	第四节　宽带薪酬
120	第五节　绩效加薪

124	第六节	选择最佳付薪方式
126	本章重点回顾	
126	思考题	

127	**第四章 奖金管理**	
128	第一节	奖金概述
135	第二节	奖金管理的依据
156	第三节	常见的奖金计划简介
171	第四节	特殊人员的奖酬计划
197	本章重点回顾	
197	思考题	

204	**第五章 福利管理**	
205	第一节	员工福利概述
216	第二节	福利实务
220	第三节	我国的福利情况
233	第四节	弹性福利计划
237	第五节	员工福利的发展趋势
240	本章重点回顾	
240	思考题	

246	**第六章 薪酬制度**	
247	第一节	薪酬制度概述
262	第二节	薪酬制度诊断
270	第三节	薪酬制度设计
277	第四节	薪酬制度执行
278	第五节	薪酬沟通
288	本章重点回顾	
288	思考题	

292	**参考书目**	

第一章 薪酬管理总论

【本章框架】

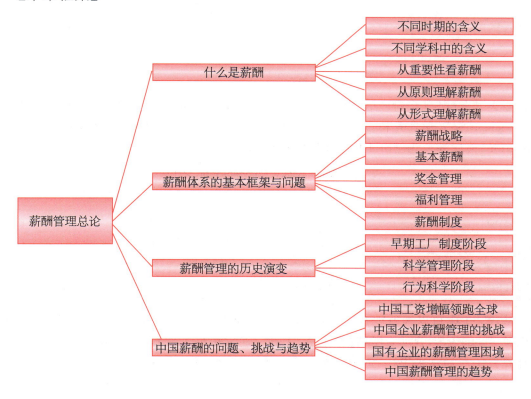

著名管理大师彼得·德鲁克(Peter F. Drucker)认为"所谓企业管理最终就是对人的管理……人的管理就是企业管理的代名词"。在工业经济时代,实物资产和资金是企业管理运作的核心,但随着经济发展的不断深入,"人"作为一种生产要素在企业乃至整个国家经济运行中的地位越来越显著,而人力资源管理作为一种管理技术和一门学科也经历了从无到有的过程。随着人类社会进入知识经济时代,人力资本逐渐成为企业管理运作的核心,人力资源管理作为企业内部的重要职能之一,其管理水平高低也逐渐成为企业获得竞争优势的关键。

在整个人力资源管理体系中,健全的薪酬管理系统是吸引、保留、激励人才最有力的工具而薪酬这一概念,从内涵到外延都经历了一个发展变化的过程。本章将较为宏观地从薪酬的概念、薪酬的组成及其基本问题、薪酬管理对企业竞争力的影响、薪酬的历史演变、薪酬的现实问题等方面展开,力求使读者对薪酬管理有一个整体的了解。

第一节 什么是薪酬

翻阅薪酬管理教科书,对薪酬的界定各不相同。本书有意跳出定义薪酬的常规模式,试图通过不同视角来解读"薪酬"。

一、"薪酬"概念的变与不变——不同时期的含义

1. "薪酬"之变——支付对象和支付内容在改变

今天,"薪酬"一词对应的英文单词多是"Compensation",但"薪酬"并非从一开始就是"Compensation",学术界和企业界所运用的词汇大致经历了从 Wage 到 Salary,再到 Compensation,最后演变为 Total Rewards 的过程(参见表1-1)。

表1-1 Wage, Salary, Compensation 之比较[①]

	盛行时期	对象	支付构成
Wage	1920年以前	蓝领	基本工资比重大、福利少(少于5%),支付周期较短
Salary	1920—1980年	白领	基本工资比重大、福利少(约为15%),支付周期较长
Compensation	1980—2000年	白领、蓝领	基本工资(30%)+奖金(30%)+福利(40%)
Total Rewards	2000年以后	白领、蓝领	薪酬、福利、工作与生活平衡、绩效与认可、发展与职业机会

从表1-1中可以大致地看出,"Wage"一词由来已久,它通常被翻译为"工资"。它主要指简单劳动或体力劳动者所得的"工资、工钱",通常根据工作量或工作时长,按周、日等短期计算发给。通常来说,工资中基本工资占绝大部分,福利比例少于5%。

---

① 在许多教材中,Wage, Salary, Compensation 的概念常常是混淆的,这也说明三个概念之间确实存在重叠之处,所以区别是相对的,而不是绝对的。

1920年以后出现了"Salary"的概念,通常被翻译为"薪水、月薪"。Salary来源于Salt,是古罗马支付文官薪水的方式之一,是指非体力劳动者所得到的"工资、薪水",通常按月计算,有时按委或年计算。企业会在某个单位时间周期结束后统一支付员工报酬,数额相对固定。Salary的组成中福利的比例仍较少,但已经比Wage阶段有所增加。

从20世纪80年代开始,"Compensation"的概念开始盛行。从字面理解,它的意思是"弥补、补偿",即对员工为企业付出的劳动给予的补偿,一般来说是一种经济补偿,体现为货币或货币化的服务,它包含基本工资、奖金与福利。

2000年,美国薪酬协会(WAW)[①]拓宽了薪酬的内涵,提出了"Total Rewards"即总体报酬的概念。这一概念将薪酬拓展至"报酬",延伸到包含企业为工作而回报员工的每一件事物,或者员工在雇佣关系中获得的每一件事物[②],创造性地将"非货币形式的回报"纳入框架之中,解决了货币报酬刚性特征对企业的困扰,也适应了员工拥有越来越多样化需求的趋势。在总体报酬框架中,原有的薪酬(Compensation)这一概念的范围聚集于货币报酬,没有将福利单独列出。

本书将统一采用总体报酬(Total Rewards)的概念。

2."薪酬"之不变——本质上是一种交易价格

尽管薪酬的内涵与外延经历了一系列的变化,但薪酬的本质始终没有变——它代表了企业与员工的交换关系,其自身是一种交易价格。因此,企业薪酬制度本质上正是对企业与员工交易规则的规定。

这一交换关系的一方是劳动者,他们通过付出自己的辛苦劳动获得劳动报酬,"不劳动者不得食"就是对这一观点的鲜明写照;另一方是企业,它在要求员工为其创造价值后,理应支付给员工报酬。换一个角度说,雇主只要想让员工为其工作却不支付报酬是不可能的。报酬可以表现为Wage,Salary,Compensation,甚至是Total Rewards的形式,但它始终都是员工在付出劳动之后获得的回报(Labor Income)。

二、从关注重点看薪酬——不同学科中的含义

对薪酬研究不仅是管理学研究的重点领域,也是经济学研究的重要部分,只不过在两门学科中的称谓有所不同,关注点也各有侧重。

经济学研究中一直用的是"工资"一词,其主要关注的是工资的性质(即工资是什么)以及类似于工资水平是由什么机制所决定的这类问题。而管理学中的用词一直在变化(上文已提到),其更多关注的是工资的效率以及如何达到更高的效率(如薪酬支付技术等)。

[①] Worldatwork,其前身为成立于1955年的美国和加拿大薪酬管理学会,该学会在2000年提出总体报酬(Total Rewards)的框架并改为现名,同时推行总体薪酬体系。

[②] Worldatwork, *A Comprehensive Guide for HR Professionals*, clp.3.

三、从重要性看薪酬——薪酬对社会、企业和劳动者的不同意义

薪酬对于社会、企业和个人来讲其意义是不一样的。

对于社会,薪酬是国民收入的重要组成部分,薪酬水平决定社会总体的消费水平。近年来,我国的许多社会经济问题都是由薪酬问题引起的,所谓的贫富差距不断拉大、内需不足、农村市场购买力不足等问题其实都是从社会层面反映出来的薪酬问题。

对于企业,薪酬首先意味着成本。薪酬是企业人工成本的主要组成部分且具有向下刚性的特征,所以,如何提高效率、用更低的人工成本使员工创造出更大价值是企业人力资源部门精益管理永恒的课题。反过来,薪酬的效率和效果往往也是企业衡量薪酬体系设计、运行好坏的重要指标。其次,薪酬通过吸引人才帮助企业获得竞争优势从而达成战略目标;薪酬的长期工具(如股权激励)对稳定、保留人才起着积极作用;薪酬中软性、灵活的部分通过满足员工不同层次的需求达到激励员工的效果。最后,薪酬制度是企业价值观与企业文化的重要载体,它能够引导员工做出企业期望的行为。

对于劳动者,薪酬是劳动所得,是员工本人及其家庭的基本生活保障;同时它也是员工个人价值的间接反映。一般来说,劳动者会十分关注企业薪酬的内部公平性与外部竞争性两个维度,这也是薪酬体系设计的两大原则。

四、从原则理解薪酬——内部公平性与外部竞争性

薪酬的内部公平性也称薪酬的内部一致性,是指企业中薪酬支付的规则与标准在不同的岗位或不同能力间是一致的。若两位员工的工作任务、责任和努力程度一样,薪酬却出现较大差距,那么就出现了薪酬内部不公平的情况。内部薪酬不公平会打击员工的工作积极性、使其减少工作投入,同时还会引发员工间的猜忌,使同事之间产生矛盾。

薪酬的外部竞争性是指企业的薪酬与市场水平相当或高于市场水平。当工作内容、工作强度相近时,若企业薪酬低于市场水平,则薪酬的外部竞争力弱,对人才的吸引力不足;若高于市场水平,则外部竞争性强,对人才的吸引力也会较强。企业薪酬若低于市场水平,那么薪酬的外部竞争性较弱,在吸引、保留与激励人才方面的作用会减弱,可能会导致人员频繁流动的局面;反之,竞争性强的同时会增加企业的人工成本,加重企业成本负担。因此薪酬水平不是越高越好,具体选择处于市场的哪一分位需要依照企业整体战略、薪酬战略与实际承受能力决定,并且竞争性不止体现在薪酬水平上,也可以体现在薪酬结构上。

五、从形式理解薪酬——货币报酬与非货币报酬

进入21世纪,随着企业人力资源管理的精细化,越来越多的企业感受到了货币报酬

的局限性所带来的管理困境与压力,而此时,非货币报酬在吸引、激励、保留员工时展现出的巨大潜力像一剂良药出现在雇主面前。由此,Total Rewards 的概念被越来越多的企业所接受。

美国薪酬管理协会认为,报酬是指用以交换员工的时间、天赋、努力和成果而提供给员工的货币形式或者非货币形式的回报,它是指员工由于为企业工作而获得的一切成果[1]。其中的货币报酬,有些专家也称之为核心薪酬(Core Compensation),是公司以货币形式支付的报酬,如基本工资、奖金、津贴等。而非货币报酬是公司以实物、服务或安全保障等形式支付给员工的报酬,如法定福利、企业年金、家属福利(如学费补助和子女入托补助)、带薪休假等。

第二节 薪酬体系的基本框架与问题

关于薪酬管理的基本框架,国内外的人力资源专家提出过多种方案。无论哪种方案,都是为了结构化地思考薪酬管理。本书认为,薪酬体系包含五大层面与十大问题,这也是本书行文的框架结构。

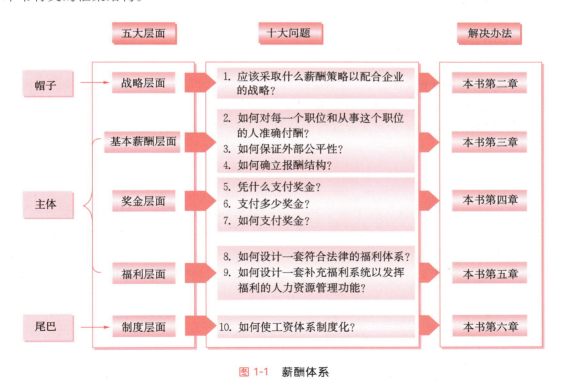

图 1-1 薪酬体系

---

[1] Worldatwork, *A Comprehensive Guide for HR Professionals*, c1p.3.

一、薪酬战略

传统的薪酬管理普遍关注的是薪酬制度设计,但在知识经济的今天,随着信息技术的广泛运用,市场竞争的进一步加剧,企业和组织中员工的工作性质和工作动机日益复杂化,作为发挥重要激励和约束功能的薪酬管理已不再停留在简单的操作、技术和制度层面,而必须从战略出发,以终为始。因此,在设计薪酬管理体系时,必须首先解决的问题就是:应该采取怎样的工资策略以配合企业的战略。

关于这个问题,国内外很多专家学者都作了系统深入的研究,本书将在第二章"战略与薪酬管理"中对有代表性的观点进行介绍。

二、基本薪酬

基本薪酬是薪酬中固定不变的那一部分,一般来说它涉及四个基本问题:(1)基本薪酬的定义、特点与作用;(2)选择基本薪酬支付的基础,即以何为依据给员工付酬;(3)薪酬结构;(4)绩效加薪和选择须考量的方面。对这四个问题的回答过程就是勾勒基本薪酬轮廓的过程。本部分内容详见第三章"基本薪酬管理"。

三、奖金管理

奖金是薪酬中的变动部分,往往也是激励作用最明显的部分。因此,奖金体系的设计受到企业的特别重视。科学地发放奖金,至少需要回答如下三个问题:奖金是什么、凭什么支付奖金和如何支付奖金。本部分内容详见第四章"奖金管理"。

四、福利管理

近年来,福利管理在整个薪酬管理体系中的地位越来越突出。对应于福利的两个组成部分——法定福利与企业自主福利,福利管理也可以分为法定福利管理和企业自主福利管理两类。科学地发放福利需要回答以下两个问题:如何设计一套符合法律的福利体系和如何设计一套自主福利系统以发挥福利的人力资源管理功能。本部分内容详见第五章"福利管理"。

五、薪酬制度

企业的薪酬体系需要制度保障,而好的薪酬制度需要满足很多的条件,因此,薪酬制度的诊断、设计、执行、沟通等步骤都需要综合考虑战略、内外公平以及企业支付能力等多个因素,既基于理论,又从现实出发;既要落实到书面文字,又要不拘泥于文本。本部分内容详见第六章"薪酬制度"。

第三节 薪酬管理的历史演变

一个多世纪以来,企业薪酬问题一直是经济学界和管理学界关注的热点问题。从古典经济学到现代经济学的发展,经济学领域对工资问题(经济学家更习惯把薪酬称为"工资",以体现劳动力价格的含义)的研究已相当系统。综观所有这些工资理论,可以发现这些理论的基本前提假设是:接受工资的主体是"理性"的经济人,由此演绎出来的各种观点都已经渗透到管理活动中,对管理行为产生极为广泛的影响。但是,从管理学角度出发,现实中的个体并非完全是"理性"的经济人,管理现实中的环境因素也是复杂多变的,工资制度并不都能得到如此理性地执行。基于管理实务的要求,企业薪酬管理理论也随着管理实践的发展而不断发展。这些理论虽然散见于各种管理学理论之中,但却影响着企业薪酬管理基本理念和基本风格的变迁;同时,现实中丰富多彩的管理方法和管理技术又折射出这些理论的精髓。从工业革命给早期工厂制度带来冲击开始,发展到今天网络经济对管理变革的全面渗透,指导企业薪酬管理实践的薪酬理论也在不断发展。无疑地,对这些薪酬管理理论的发展脉络进行分析,领会其演变的逻辑过程,对企业薪酬管理实践具有十分重要的意义。

总体来说,传统薪酬管理经历了以下三个阶段。

一、早期工厂制度阶段:把工资水平降低到最低限度的观点

在前工业革命时期,工人习惯于家庭或者农村生活,不喜欢接受工厂管理的约束,工作时间随意性大,工厂面临的最大困难在于培养"工业习惯"。在这种背景下,重商主义经济学派的研究认为,收入与所提供的劳动之间的关系是负相关的。因此,在很长一段时间里,雇主们认为"最饥饿的工人就是最好的工人"。他们尽可能地降低工人的工资,让工资稳定在最低水平,当时,工厂主同时也面临吸引熟练的技术工人的挑战,因此必须提高工资。雇主在这两者之间实现平衡,就采用了各种不同的物质激励方法。

在这个时期,工厂薪酬的支付沿用了家族制简单的计件付酬办法。在那些劳动密集型的工厂里,工资激励使用得相当广泛,那里的劳动力成本在总成本中占有很大比例,劳动报酬与个人表现紧密相关。当时,也有部分企业采用团体计件计划。比如,大多数煤矿实行小组工作。由于当时衡量工人表现的标准是以历史形成的平均工时为基础,而不是以工作本身及完成任务应当花费的时间研究为基础,因此,"小组的计件计划虽然是在实践中形成的,但却大都没有效率"(皮奇和雷恩,1992)。

为了充分发挥工资的激励作用,少数管理学者提出了利润分享计划作为固定工资的补充。比如,巴比奇提出的利润分享计划包括两个方面:(1)工人的部分工资要视工厂的利润而定;(2)工人如果能提出任何改进建议,那么就应获得另外的好处,即建议奖金。除

了分享利润外,工人按照他们所承担的任务的性质获得固定工资。这样,按照利润分享计划,工人作业组合将会采取行动,淘汰那些使他们分红减少的不受欢迎的工人(丹尼尔·A·雷恩)。应该说,在工厂制度逐步成熟的过程中,企业主已经意识到薪酬在管理中的地位和作用。

二、科学管理阶段:围绕工作标准和成本节约展开的薪酬政策

在科学管理时代,"以高工资提高生产力,降低产品单位成本"的思想得到了发展。当时的观点认为,最好的办法就是把劳动报酬与劳动表现联系起来。利润分红能够鼓励工人以更低的成本生产更多的产品,因为他们能分享盈利。

弗雷德里克·W.泰罗(Frederick W. Taylor)并不赞同当时正在风行的利润分享计划,他认为因为所有的人都参与分享利润,所以该计划并不能够促进个人抱负的实现。1895年,他针对工人的"偷懒"而提出了差别计件工资制度,作为"部分解决劳动力问题的进一步措施"。该计划包括三部分内容:(1)通过工时研究进行观察和分析以确定"工资率",即工资标准;(2)差别计件工资制;(3)"把钱付给人而不是职位"。泰罗认为,如果采用差别计件工资,一旦工作标准确定下来,差别计件制就能使得达不到标准的工人只获得很低的工资率,同时付给确实达到标准的工人以较高的报酬。

在此基础上,甘特发明了"完成任务发给奖金"的制度来实现泰罗制所无法达到的鼓励工人相互合作的目的。根据这个制度,如果某位工人某一天完成了分配给他的全部工作,他每天将得到50美分的奖金。他建议,工人如在规定时间或在少于规定时间内完成任务,他们除了可得到规定内的报酬外,还能按该时间的百分比获得另外的报酬。此外,甘特采纳了一位同事的意见:一个工人达到标准,工长就可以得到一笔奖金;如果所有的工人都达到标准,他还会得到额外的奖金。甘特认为,给工长这种额外奖金是为了"使能力差的工人达到标准,并使工长把精力用在最需要他们帮助的那些人身上"。可以说,这是最早的关于管理者薪酬激励的表述。

与此同时,利润分享计划也在得到修正和改善。1938年,约瑟夫·F·斯坎伦针对团体激励提出薪酬计划。斯坎伦计划的核心是建议以计划和生产委员会为主体寻求节省劳动成本的方法和手段,不对提出建议的个人付给报酬。整个计划的首要原则是以团体为目标,强调的是协作与合作而不是竞争,任何一个人的建议都能使大家得到好处。在整个工厂或整个公司范围内付给报酬,鼓励工会与管理当局进行协作以降低成本和分享利润。斯坎伦计划独特之处在于:(1)对提出的建议实行团体付酬;(2)建立讨论和制定节约劳动技术的联合委员会;(3)工人分享的是节省的成本,而不是增加的利润。

可以看出,这个时期完成了从"低薪"到"高薪"刺激理念的根本转变。"最饥饿的工人就是最好的工人"的观点逐渐为"最廉价的劳动力是得到最好报酬的劳动力;正是由于得到最好报酬的劳动力去操纵机器,才保证了相对于资本投入的最多的产品"的观点所替代。在这个阶段,"高工资、低成本"的观点在企业中得到确立。

三、行为科学阶段：适应员工心理需求的薪酬制度

人际关系学派认为，"工作中的人同生活中其他方面的人没有多大差别。他们并不是彻底的理性生物。他们有感情。他们喜欢感到自己重要并使自己的工作被人认为重要。当然，他们对自己工资颇感兴趣，但这不是他们关心的主要问题。有时候，他们更关心的是他们的工资能确切地反映他们所做的不同工作的相对重要性"（勒特利斯贝格尔，1950）。因此，一些企业为满足个体心理需求而进行不同的尝试。

詹姆斯·F. 林肯尝试并试验了一种以经验为基础的方法。他认为，对工作的自豪、自力更生以及其他久经考验的品德正在消失，为了恰当地解决这些问题，就要恢复个人"明智的自私自利"。激励人们的主要因素不是金钱、安全，而是对他们技能的承认。林肯计划试图使职工的能力得到最大的发挥，然后按照他们对公司成功作出的贡献发给"奖金"。林肯电器公司的个人刺激计划因此取得了巨大的成功。

怀延·威廉斯最先提出工资权益理论。他认为，从工人的角度看，工资是相对的，也就是说，重要的并不在于一个人所得到的绝对工资，而在于他所得到的相对工资。到 20 世纪 60 年代，埃利奥特·雅克(1961)与约翰·斯泰西·亚当斯等人(1963)的公平激励理论发展了这种观点，即工资分配的公正是社会比较的结果。他们认为，一个人对薪金的感知至少基于两种比率：(1)所得工资相对于他人工资的比率；(2)其"投入"（即所付出努力、受教育水平、技术水平、培训、经验）相对于"产出"（薪金）的比率。因此，他们强调了薪酬调查在薪酬决策中的地位。从整个过程来看，在传统的薪酬管理思想中，薪酬政策考虑的因素往往是多维度的，"证据表明，工资刺激的效力是如此依赖于它与其他因素的关系，以至于不能将它分离出来作为一个独立的因素来衡量效果"（勒特利斯贝格尔和迪克森，1939）。

第四节　中国薪酬的问题、挑战与趋势

中国的薪酬问题是一个非常宽泛的话题，它不仅涉及各类单位在整体薪酬体系设计方面的问题，涉及大多数企业内部薪酬管理方面的问题，还涉及与薪酬相关的种种社会问题。本节将从中国工资增幅、中国企业薪酬管理挑战、国有企业薪酬管理挑战和中国薪酬管理趋势四个角度进行讨论。

一、中国工资增幅领跑全球[①]

图 1-2 为 1990—2010 年 20 年间，中国城镇单位在岗职工平均工资与增幅，从图中可以看到，20 年间平均工资持续上升，增幅部分除 1994 年因通货膨胀导致的畸高和 1997 年因全球金融危机致使工资增幅放缓外，城镇单位在岗职工工资平均每年的增速约为 13%。

---

① 本部分表格中数据来源：国家统计局公告。

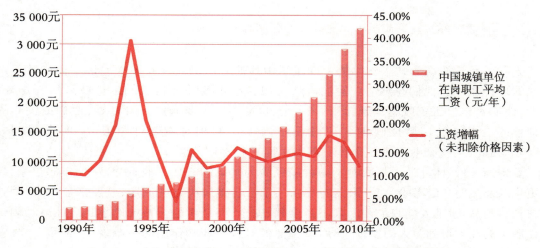

图 1-2　中国城镇单位在岗职工平均工资与增幅(1990—2010)①

另一方面,在这 20 年间,消费者物价指数(CPI)也发生了变化。倘若工资增幅赛不过物价涨幅,那么上涨的工资会因被高物价抵消而无法留在劳动者手中。图 1-3 描述了 20 年间工资增幅和 CPI 增长的走向,可以看出工资增幅和 CPI 指数保持明显的正相关关系。1998—2009 年,工资增幅要远超 CPI 增幅 10—15 个百分点。

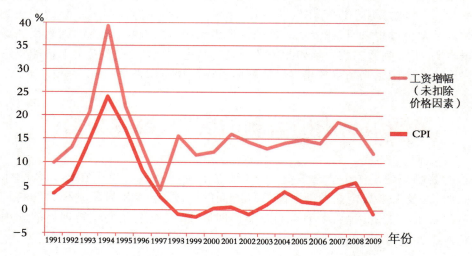

图 1-3　中国城镇单位在岗职工平均工资增幅与 CPI 同比增减对比(1991—2009)

如图 1-4 所示,中国的工资增幅远高于世界平均工资增幅。国际劳工组织的研究表明,近几年来,工业化国家和新兴经济体的工资增长有巨大差异。2001—2007 年工业化国家实际工资的平均增长率为 0.9%,西班牙、日本和美国等国家实际工资的增长率为零;而俄罗斯、乌克兰的实际工资增长率为 10%。

---

①　本图中平均工资增幅未扣除价格因素。

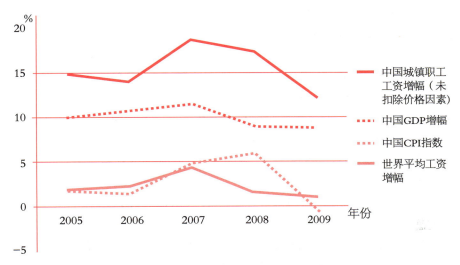

图 1-4 工资增幅比较(2005—2009)

上述三幅图通过对比 20 年间中国城镇在岗职工平均工资增幅、工资增幅与 CPI 增幅对比和世界平均工资增幅的走势,可以得出以下四个结论:

(1) 从 1990 年至今,中国整体薪酬水平一直在上涨;
(2) 工资上涨的幅度超过了 GDP 和 CPI 的增幅;
(3) 中国是全球平均薪酬增幅最快的国家;
(4) 立足于过去 20 年工资变化趋势,未来工资还会增加。

过去在增长,未来会增长得更快,这隐含了一个潜在问题:企业的工资制度应当如何应对?面对新问题,需要用新的思维来解读。

二、中国企业薪酬管理的挑战

1. 劳动力相对短缺,低劳动成本时代即将过去

随着代际更替,中国的就业人口绝对供给量和相对供给量正在发生着变化。首先,劳动力绝对供给量下降导致长期的劳动力供求格局发生变化。随着我国计划生育政策的普遍作用,人口转变已进入低生育阶段,劳动适龄人口的增长率已经开始迅速减缓,每年平均只有 1% 的增速,并预计在 2015 年转为负增长。农村剩余劳动力已经吸纳殆尽,不足以补偿城市用工量。所以,劳动力供求的数量格局已经发生了显著变化,"人口红利"渐渐减少。

同时,相对供给量也发生着变化。

(1)供求的结构性失衡导致技工荒。随着城市产业不断由劳动密集型向资本密集型、知识密集型转化,产业升级和产业集群的成熟,新型产业需要具有相对技术含量的产业工人,而农民工技术水平落后和职业教育的高收费阻碍了劳动力素质的提升,形成劳动力供求之间的结构性失衡。

(2) 国家的惠农政策效益、"三农"扶持力度加强、鼓励农民创业。国家对"三农"问题的关注,直接提高了农民的收入水平。陆续出台的取消农业税、增加农业补贴、稳定粮食价格等一系列惠农政策大大提高了农民农业生产的积极性与经济收入。

(3) 农民工工资和福利水平过低、劳动保障制度缺失。

另外,2009年以来经济回暖使制造业企业形势大好导致用工量急剧增加,中西部经济的发展加速扩大了本土劳动力需求,这些都是导致"民工荒"现象加剧的影响因素。

那么在"民工荒"的大背景下,"刘易斯转折点"是否已经到来?以蔡昉为代表的学者们认为中国已经进入"刘易斯转折点"[①]。蔡昉指出,目前我国农村只有不到1.2亿剩余劳动力,剩余比例为23.5%,但在1.2亿剩余劳动力中有一半超过40岁,有效剩余劳动力不到6 000万。结合我国人口出生率下降、劳动年龄人口比重下降等因素进行分析,蔡昉认为中国已经进入了"刘易斯转折点"。另一种观点则认为中国还远没有达到"刘易斯转折点"[②]。张宗坪指出,我国农村目前还约有2亿的剩余劳动力需要转移,"民工荒"与大量剩余劳动力并存,这种矛盾现象背后的实质是劳动力市场的结构性短缺。他认为,目前中国的城市化、工业化水平仍然较低,因此断言"刘易斯转折点"已经到来,还为时过早。

尽管学界对"刘易斯转折点"的判断存在差异,但不管是认为进入了"第一转折点"的学者,还是认为远未达到"刘易斯转折点"的学者,都认为在未来相当长的一段时间内,解决好农村剩余劳动力转移是"民工荒"问题的应对之策,也仍是我国推动经济水平稳步提升、推进"城乡一体化"建设、全面开发农村人力资源的基础和关键任务。

2. 工资决定机制发生变化:从企业说了算到劳资双方说了算

《工资条例》是一部正在酝酿中的涉及工资集体协商、同工同酬等收入分配改革制度的法规。其中,工资集体协商是指职工代表与企业代表依法就企业内部工资分配制度、工资分配形式、工资收入水平等事项进行平等协商,在协商一致的基础上签订工资协议的行为。简单来说,《工资条例》有两个核心:第一,用法规的方式保障最低收入;第二,用谈判的方式决定薪酬。

这至少会产生两个影响:第一,工资集体协商会从机制上改变由企业单方面决定工资的现状,使劳动关系从强调雇佣转变为强调平等;第二,从制度层面导致企业人工成本增加,有数据显示,实行工资集体协商的企业,职工工资普遍比同行业未实行工资集体协商的企业高。

三、国有企业的薪酬管理困境

改革开放30多年来,中国国有企业逐渐从人事管理向人力资源管理转变,人力资源工作的布局愈发成熟,人员队伍专业素质、体制机制日趋完备。但发展过程中也会面临一些困境,针对国有企业来说,其薪酬管理方面的困境具有一定的独特性。

---

① 蔡昉,"刘易斯转折点及政策挑战",《中国人口与劳动问题报告》,社会科学文献出版社,2007年。
② 张宗坪,"'刘易斯拐点在我国已经出现'证伪",《山东经济》,2008年第2期,第61—65页。

1. 工资总量受限，零和博弈

国有企业由于有工资总额的限制，薪酬总量既定，不仅难以形成正常的工资增长机制，薪酬改革也往往只能做存量改革而不是增量改革。在极端程度上，这意味着绩效越高，平均每一单位绩效所对应的薪酬越少，由此产生的问题就是无法发挥激励作用。目前，国企的高绩效在一定程度上不是来自激励员工产生的高效率，而是来自资源和制度上的政策优惠。

此外，国企内部薪酬蛋糕的分割缺乏科学依据，容易让人觉得工资分配不公平。若改变其中一部分就意味着牵动其他部分，变革好处不确定，坏处却立竿见影，这使得收入分配看起来不是经济活动，更像是政治活动。

2. 目的模糊，缺乏有效激励

国有企业的薪酬制度目的模糊，对战略、企业文化支持不够，对核心员工保留力度不强，对员工满意度提升贡献不大。由于遵从稳定第一的哲学，导致激励手段单一、激励不够有效。

3. 过分重视奖金，员工感知不佳

在国有企业的薪酬结构中，浮动薪酬占较大比例的情况较为普遍。当浮动薪酬与绩效考核挂钩时，如果绩效考核结果无法绝对公正客观，员工满意度就会下降，奖金的激励性也会大打折扣。

四、中国薪酬管理的趋势

工资持续上涨，企业的支付能力总有限制。现实的压力使得企业必须打开视野，放开手脚进行变革。

薪酬变革的七大要点是：
(1) 从货币报酬思维转向总体报酬思维；
(2) 从只重视奖金激励转向更加重视基本薪酬激励；
(3) 从只注重员工辛苦到注重员工聪明；
(4) 从只注重短期报酬到短期和中、长期报酬并举；
(5) 从低劳动力成本思维走向高劳动力成本思维；
(6) 从成本管理到产出管理；
(7) 从企业说了算到劳资双方说了算的决定机制变化。

专题

总 体 报 酬

一、货币报酬的局限性

你可曾计算过自己工资每年涨幅的购买力？

让我们来算一笔账：美国过去十年的年工资增长率约为3%[1]，2012年人均年收入是39 156美元[2]，那么一位美国劳动者每年工资增长1 175美元，而这1 175美元在2012年勉强能购买一台11英寸的Macbook air笔记本电脑，可想而知，这样的涨幅购买力并不强，其吸引力也较弱。

另外，因为货币报酬边际效应递减的规律，当奖励达到一定数额后，奖金数额的增加对员工的激励作用递减，因此从劳动者的角度看，货币报酬具有其局限性。对企业而言，工资的增长意味着企业人工成本的加大，且其中很大比例是刚性的。

中国经济的高速发展需要大量的人才参与其中，而中国在有经验的高素质人才，特别是技术、销售和管理方面的人才存在明显缺口。如今，人才竞争在外资企业、民营企业和国有企业之间已愈演愈烈。对人才的争夺以及生活成本上升等因素推动着员工薪资水平在过去数年持续攀升，且薪酬成本随着职位的上升而递增。根据美世最新的数据，2001—2011年，企业高管的薪酬成本增长了118%，管理层增长了90%，蓝领员工的薪酬也因其供不应求的市场情形而出现了跳跃式增长。以上海的制造型企业（不包括冻薪企业）为例，蓝领的底薪增长2010年为8.5%，2011年为10.1%，2012年达10.6%。除去生活成本上升和人员需求的因素，国家对低收入劳动者的保护逐渐加强。2011年，中国各主要城市的最低工资标准基本都出现了20%的涨幅[3]。根据中共中央关于制定国民经济和社会发展第十二个五年规划的建议，最低工资标准年均增长要逐步达到13%以上，努力实现劳动报酬增长和劳动生产率提高同步。在人工成本不断提高之时，并不是每个企业都可以有同比增长的利润作为坚实后盾，如何解决这一矛盾？

二、总体薪酬概念

为了满足企业员工日益增长的薪酬需要，近十年来，"总体薪酬"（Total Rewards）作为一项含义更为全面的概念开始风行薪酬领域。雇主们通过总体报酬，充分利用一切激励因素，以求更好地吸纳、激励和保留人才。

目前，关于总体薪酬的定义，大致有狭义和广义之分[4]：

狭义定义：狭义定义实际上包括了薪酬和福利，有时候还包括一些有形的因素（如发展等）。这些有时候是指总薪酬（Total Compensation）或总酬劳（Total Remuneration）。

广义定义：广义定义可以拓展到包含雇主为工作而回报员工的每一件事情。有时候

---

[1] 数据来源：Employment Cost Index Historical Listing-Volume 3, *U. S. Bureau of Labor Statistics*, 2013. Jan.
[2] 数据来源：联合国国际劳工组织，《2012世界人均月薪排行榜》。
[3] 美世，《中国2012：企业领导者必需面对的人才挑战》，2012年。
[4] 资料来源：美国薪酬协会著，朱飞译，《整体薪酬手册》，四川大学出版社，2012年。

价值主张(Value Proposition)或整体价值(Total Value)等概念可以和整体薪酬(Total Rewards)互换。

根据美国薪酬协会的定义,总体报酬指的是用以交换员工的时间、天赋、努力和成果而提供给员工的货币形式或者非货币形式的回报。

三、总体报酬模型

1. 2000年的总体报酬模型

西方人在2000年的时候已经意识到总体报酬这一趋势,当时提出的总体报酬模型包括货币报酬(Pay)、福利(Benefit)、学习与成长(Learning & Development)以及组织环境(Work Environment),后三个方面都属于非货币报酬的范畴。

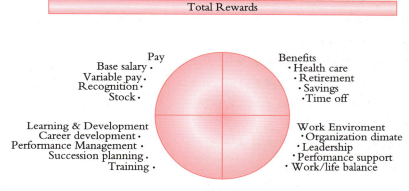

图1-5 2000年的总体报酬模型

2. 2006年的总体报酬模型

图1-6 2006年的总体报酬模型

2006年,通过进一步完善,美国薪酬协会更加清晰地阐述了总体报酬体系的运作流程(如图1-6所示):

总体报酬包含五个关键因素,分别是薪酬(Compensation)、福利(Benefits)、工作生活平衡(Work-life)、绩效和认可(Performance & Recognition)、发展与职业机会(Development & Career Opportunities)。总体报酬战略的确定则取决于企业的组织文化(Organization Culture)、业务战略(Business Strategy)和人力资源战略(Human Resource Strategy)三大宏观要素。

另外,新模型将"工作与生活平衡"单独成项;同时将工作环境中剩余的提升绩效的要素与货币报酬中的"认可激励"合并,统称为"绩效与认可激励"。此外,将货币报酬的名称由 Pay 改为 Compensation,将 Learning & Development 改为 Development & Career Opportunities,福利部分保持不变。

总体报酬模型点明了薪酬战略的三大目标:即吸纳、激励和保留员工,其全面而又丰富的薪酬体系对企业与员工都能产生积极作用,具体表现为促进员工承诺、提高员工满意度、提升组织绩效、帮助企业达成目标。

总体报酬的优势在于它让企业的薪酬管理变得更有弹性,它与原有的货币报酬体系相比增加了多个人文环境维度,挖掘员工的全面需求,多角度给予员工报酬,实现了仅通过改变薪酬管理结构完成在不增加薪酬预算的情况下提高员工满意度与企业绩效的目标。这一理念在中国尤为可行,中国的国有企业工资总额既定,涨工资这一举措不具有可持续性。另外,人的需求也是多层次的,总体报酬就为企业提供了通过满足员工多层次需求补偿员工劳动的思考框架。

3. 总体报酬的三个重要非货币报酬类型

(1) 工作生活平衡。

随着双职工家庭越来越普遍,工作与生活似乎成为企业与员工之间的一种零和博弈,即员工要求工作时间不断减少,企业期待工作绩效不断提高。面对可能影响员工工作的家庭问题,企业应当采取怎样的措施才能在体现人文关怀的同时又不影响企业绩效?

根据总体报酬模型,工作生活平衡的理念可以帮助企业解决这个问题。为了实现企业员工工作和生活的双赢,企业需要遵循以下三个原则:

第一,工作与生活相辅相成——了解员工的工作目标和生活目标。

工作生活能够相辅相成

有一家公司的经理叫荷西,她注意到莎莉这位业务代表十分投入于母校的活动。莎莉毕业于美国排名前十名的大学,平时就非常积极为母校募款,常常利用空闲时间接触当地的高中毕业生,希望他们能就读自己的母校。荷西知道了这件事并获得莎莉的允许之后,打电话给公司的招聘主管。她说明莎莉对该所大学十分投入、了解,想问问有没有可能派她作为公司在该校校园招聘的联络人,也许可以打开公司近期校园招聘

---

① 原文发表于《哈佛商业评论》1998 年 11/12 月号,重印号 98605。"精品英文文献板块"有全文收录,作者:Stewart D. Friendman, Perry Christensen and Jessica Degroot。

迟迟没有进展的局面。听了荷西的介绍,招聘主管希望有机会和莎莉谈一谈,所以两人很快就见面了。

招聘主管见到莎莉之后,非常欣赏她的活力与想法,很高兴她与学校之间已经建立起良好关系。她要莎莉接手联络人的工作。这份工作约为期半年,将占据莎莉1/5的上班时间。她将这份工作机会告知荷西,荷西虽知道她接受新工作后,为老客户服务的时间会减少,但她也知道莎莉可以为组织创造新的价值,所以荷西欣然接受了。

荷西为什么答应莎莉接受新工作呢?首先,她知道莎莉对母校的感情特殊,一定可以胜任,让公司征才的努力开花结果。其次,她知道莎莉即使要拨出一些时间处理新任务,短期内也不会对现在的工作造成太大影响,因为她本来就有习惯花时间参与学校活动。最后,荷西推想,莎莉若有机会结合兴趣与工作,一定会心生感激。果然,莎莉十分感激荷西给她这个机会,她告诉我们,自从接下联络人的职位,她对公司的向心力也增加许多,招聘工作局面打开后取得了很好的结果。

第二,关心员工闲暇——把员工当做完整的人来看待。

案例

星巴克"合伙人"的工作与生活

星巴克咖啡是1971年4月由J. Baldwin、G. Bowker和Z. Sieg三人共同出资成立,原来仅仅是一家位于美国西雅图派克地市场的销售咖啡豆、茶叶以及香料的小型零售店。1983年,现任的星巴克总裁霍华德·舒尔茨,当时星巴克的一名销售管理人员,在他的一次欧洲之旅后,决定将意大利式咖啡馆的饮品以及相关经营模式引入美国。但其经营理念与星巴克高层发生冲突,舒尔茨于1985年离开星巴克,自立门户开了一家意式的每日咖啡馆,使用星巴克烘焙的咖啡豆来制作意大利式咖啡。1987年,星巴克发生财政危机而被迫出售,舒尔茨筹资购买了星巴克,并且将其改名为星巴克公司(Starbucks Corporation)。从这个时候开始,星巴克才逐渐从西雅图的小咖啡烘焙兼零售商,逐渐发展为目前全美最大的咖啡连锁店。

星巴克的崛起在于添加在咖啡豆中的一种特殊的配料——人情味。星巴克自始至终都贯彻着这一核心价值。同时,它非常重视员工工作与生活的平衡,并从员工管理的点滴贯彻着这一理念。

● 合伙人在假日工作享受1.5倍工资。

● 实行弹性福利制,合伙人可较为灵活地安排自己的工作时间。

● 公司为合伙人和其家庭成员承担50%—80%的医疗费用,还可报销合伙人家庭的生育费用及子女大学学费;即使是兼职合伙人,其家人也可享受公司提供的全面健康保险。

上文案例中,不论是荷西所在的公司还是星巴克都是信奉工作与生活平衡的企业,这类企业的管理者往往具有以下共性:首先,他们将企业的发展重点清楚地告知员工,并鼓励员工为自己的人生设定清晰的目标;其次,他们视员工为"完整"个体,他们懂得尊重并支持员工的全面发展,相信员工的生活与办公室里的工作并不矛盾,而是相互促进的;最后,他们不断实验,力求改进,看看是否可以用不同方法完成同一件事,必要时会找寻两者的连接点以达到双赢。生活与工作并不是零和博弈而是相辅相成。

第三,让员工聪明工作而非辛苦工作。

聪明工作的本质是相信绩效来自智慧,用更少的人为努力来获取绩效,从而有更多的生活时间。而辛苦工作则恰恰相反,其本质是相信绩效更多来自个人的辛苦而不是智慧。

如果工作任务没能按时完成,传统思维的企业会选择让员工加班,殊不知,加班之举并不明智。从效率的角度分析,员工因加班剥夺了闲暇无法充分休息→休息不好次日无法用充足的精力投入工作→工作低效再度加班,进入恶性循环。而从成本的角度分析,企业要支付高于8小时工资1.5—3倍的加班费,如果员工受不了加班的压力选择离职,那么企业还需要负担二次招聘与培训的时间成本与金钱成本。而付出了这么多,企业得到的是什么呢?员工的辛苦劳动、暂时完成了的工作,当然还有员工及其家人的不满和工作投入度降低,长久下去还会有员工的离开。再敬业的员工一天也只有24小时,也无法连续昼夜坚守在工作岗位上,这说明用薪酬制度"买"来的辛苦工作是有边界的,加班只治标不治本。

那么,什么样的薪酬制度能够帮助企业解决这一问题呢?

 文跃然说

薪酬要买聪明而不要买辛苦

聪明工作的两大法宝:员工参与和团队合作。

员工参与:离现场最近的人最知道问题所在,最知道问题所在的人最能提出解决问题的方法。工作效率受阻一定事出有因,而最了解问题症结的人往往是身处一线的普通员工而非高高在上的高层管理者。当企业的薪酬制度引导每位员工加入到为改进工作流程建言献策的队伍中时,我们就突破了辛苦工作的边界,开始了效率最大化的聪明工作。《丰田生产方式》的作者大野耐一曾经在美国汽车厂和日本汽车厂工作过,他发现日本车厂的效率就是比美国的效率高。比如汽车有个零部件会断,对于这个问题,日本工人和美国工人都能用两周时间来发现;但是解决这个问题日本企业需要两周时间,美国企业需要五周时间。这是为什么呢?因为日本企业有一套完整的员工参与机制,很多解决办法都是基层员工提出来的,而美国没有。所以,员工参与或不参与,会有很大的区别。高绩效工作系统花了7年研究了1500个企业,得出取得高绩效的最重要因素是:员工参与与就业安全。

团队合作:发挥集体的智慧。一个人的辛苦是有限的,一个人的智慧也是有限的,

> 但集体智慧是无穷的。例如,大家熟知的收益分享计划,它实际上是让员工参与进来,不断地出主意,来完成企业目标。相信以团队分享的薪酬制度作为机制保障,团队协作的力量能够帮助员工在8小时内高效地完成工作,同时实现集体智慧最大化。

管理不仅仅是一种技巧,也是一种哲学,而哲学的出发点是一切为了生活。员工的工作是为了生活,而非生活是为了工作。"工作与生活平衡"的本质是充分支持员工在工作和家庭上都获得成功的组织实践、政策、项目和理念,通过各个方面,选取各个角度,帮助员工平衡工作与生活,是一种富有人本主义情怀的管理哲学。

(2)绩效和认可(Performance and Recognition)。

绩效是为实现企业目标和达成组织成功而开展的关联的组织、团队和个人的努力。它包括设定目标、技能展现、评估、反馈和持续改进。认可又称认可激励,是从员工心理需求的角度出发,对员工的行动、努力、行为或绩效予以承认或特别关注的行为。认可激励与绩效管理在一定程度上是互补的。绩效考核一般以一定的周期展开,评价相对于行为来说具有一定的滞后性,但认可可以随时进行,它能给予更加及时的反馈。

● 认可激励计划

认可激励是总体报酬中的一个构成部分,它是指给予员工行为、努力或绩效的积极关注,能够鼓励员工的支持和肯定符合战略实现的行为。

认可激励计划有几个基本的特点:第一,它是非货币报酬的一部分,成本很低;第二,它是企业支付的"心酬",以精神鼓励为主,最能打动人心;第三,灵活性好,可以发生在每时每刻而非一个固定的时间,且往往让人感到出乎意料;最后,它是实时的,准确的,不会出现阶段性绩效评价时容易出现的忘记下属表现的情况。

● 为何认可?

美国薪酬协会2011年1月针对641位会员的随机抽样调查显示,86%的企业正在推行认可激励计划,其中,70%的企业拥有的认可激励项目达到3—6个。企业为什么要推行认可激励计划呢?调查显示,前五个理由分别是认可忠诚服务、创造一个积极的工作氛围、激发高绩效、创造一个认可文化和提高士气[1]。其实除此之外,认可激励计划还可以:树立标杆、肯定与公司期望相符的行为;挖掘员工潜力激发高绩效;通过低成本帮助企业有效地吸纳和留住员工和进行情感投资。

在总体报酬体系中,认可激励计划的优势在于:

① 认可可以填补目标管理的缺陷。在目标管理工作中,很多行为难以做到事先加以规范,奖惩不一定都能与目标成果相配合。如果企业能用目标预测的工作成果只有20%,那么就会有80%的成果部分难以用目标加以确认。但在认可激励机制下,认可激励的实时性和准确性却可以弥补目标管理体制下的这些不足。

② 认可可以实现激励的"三无"原则和动态性。"三无"原则是指认可的实时性和准确性实现了"让激励无处不在,让激励无时不在,让激励无所不用其极",使得激励可以通过

---

[1] Worldatwork, *Trends in Recognition Plan*, May 2011.

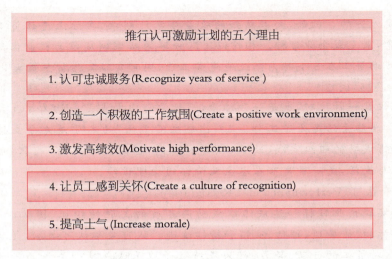

图 1-7　推行认可激励计划的五个理由

任何措施发生在任何时候、任何地点,让认可达到极致有效的状态。动态性是指激励不是一个机械的过程而是一个动态的过程。机械的设计难以实现有效的激励。机械设计的两个重要方面是加薪和晋升,两者非常重要,但在职业生涯中的发生频率相对不多。而由于"三无"原则,认可激励总是存在,这就实现了激励的动态性。

● 认可什么?

企业推行的认可激励不是盲目的,其内容至少有两个方面:第一,与战略、文化、目标相一致的行为;第二,员工主动突破边界的担当。这种认可往往具有"事后性",即并未于事先进行明确规定,而是对员工在工作中自发的潜能释放进行捕捉,这也是认可激励与绩效管理最本质的区别。

 文跃然说

目标管理与潜能管理

最近,有件事对我触动很大,大约在 20 天前,我给我的学生们布置了一个作业,要求他们按照招聘、培训、考核和薪酬四个板块对《劳动合同法》的影响按条进行梳理,时间是 20 天。本来我对他们完成任务的能力并没有抱很大的希望,一是因为这个课题对他们来说是一个新的课题;二是他们手头都有事情要做,可能没有太多的时间。没有想到的是,昨天我收到他们的团队小组长的邮件,成果竟然有 13 万字!我看了看内容,感觉有很大的价值,可以说,他们的工作完全超出了我心中的期望。

学生超预期的表现启发我想到两个问题:一是管理的最高境界是什么?二是薪酬管理如何去匹配这种最高境界的达成要求?

我认为管理的最高境界在于给员工创造一种发挥其潜能的环境。因此,管理者的最重要工作是确保员工潜能的发挥,而不是确定目标。假定我的学生是我的员工。我们用上面的例子来说明问题。如果我一开始告诉我的学生,我要的东西是3万字而不是13万字,估计学生交过来的东西最多是4万字。因为他们认为写到4万字的时候,已经超过了我的目标25%,应该是很优秀的成绩了。所以,我经常说,目标有的时候会成为员工潜能发挥的最大障碍。目标会成为更大的目标的局限。这是因为员工经常以管理者的目标为目标,基本的绩效也就在管理者目标之间成正态分布。如果加上管理者本人对目标的看法不正确、管理者又强加给员工这个目标,员工的绩效经常不如不给他们目标而鼓励他们发挥潜能时所得到的总绩效高。最好绩效是使员工充分发挥潜能情形下的绩效总和,而不是在目标确定不正确的情况下员工对目标完成的百分比。

那么,薪酬制度如何来支持员工的潜能管理和使员工的潜能最大限度地发挥出来?这里重要的是薪酬本身不能成为员工潜能发挥的局限。还是用上面的例子来说。如果我以3万字作为主要的绩效考核标准并且以此为基础进行奖励,学生们很可能就不会去写13万字了。我们的奖励制度一般都是以目标为轴心去设计的。比方说达到3万字,可能拿100%的奖金,达不到3万字要扣奖金。一般奖金制度很少顾及实际绩效超过规定绩效5倍的情况。因此,通常的情形是超过3万字越远,得到的奖励越不确定。在这种情况下,员工一般不愿意走得太远。不凑巧的是,这是很多企业的实际情况:太关注目标奖励,而忽略潜能奖励。因此,奖励制度本身成了员工发挥最大潜能的障碍。如何解决这个问题呢?我觉得西方人提出的认可激励计划就是一个很好的办法。

管理的最高境界是鼓励员工发挥最大的潜能,而不是去完成某种不正确的目标;薪酬体系必须建立事后的认可激励制度才有可能支持这种境界。任何对目标的迷信和对以目标为激励标的的薪酬制度的滥用,只会限制员工潜能的发挥,当然,目标和控制对企业管理也是必不可少的。

Compensation is a right,

Recognition is a gift!

● 如何认可?

认可激励计划成功操作的基础包含如下四个方面:

① 建立认可文化。只有开发符合员工真正需要的认可激励项目,才能够真正起到激励员工的作用。认可行为应贯穿于全公司上下,不论是领导与下属之间,还是同事之间,都应培育真诚赞美、大方鼓励的认可氛围。

② 建立信任文化。没有信任,就没有管理,就没有领导力和高绩效。信任文化是指员工相信只要作出贡献领导就会看得见,员工自身也会得到相应的回报。员工工作无需讨价还价,只要踏实肯干、方向正确,就一定能得到公司的认可。

③ 有针对性,而非面面俱到。企业可以认可员工日常的突出表现、特别重大的贡献,或者认可那些符合公司价值观、企业文化的典型事例。

④ 提升领导的激励能力。认可激励计划的实施主体是各阶层的领导者,如何准确地衡量员工的贡献并基于员工贡献恰当地给予认可是企业管理者需要具备的关键领导能力。

认可员工的具体方法多种多样,例如:

● 书面文字——感谢纸条;员工档案中的赞美信;手写的纪念特殊事件的卡片;在员工告示牌中通告表扬;在公司新闻中通告表扬等。

● 象征和荣誉——正式的或者非正式的挂在公告墙上的排名;提供各种各样的身份象征等。

● 对优秀员工的积极关注——打断员工的工作作非正式的交谈;至少一周一次提供经常的、积极的绩效反馈;在公共场所表扬员工等。

案例

惠而浦:为员工支付"心酬"

惠而浦家电集团创立于1911年,总部位于美国密歇根州的奔腾港,是世界上最大的大型家用电器制造商,也是美国《财富》杂志全球500强企业。

惠而浦有一个"人才生态系统"。惠而浦认为为公司创造人才培育和成长的环境需要特定元素,跟自然界的空气、水等元素一样,这些元素共同形成"人才生态系统"。

在它的人才平台中,惠而浦最关注报酬要素,它把绩效与认可要素作为最重要的结合点。它认为,真正理解公司价值、愿景和方向并遵照此行动的员工理应获得报酬和认可。在管理和开发员工上面,认可员工占据优先的位置。惠而浦非常重视对员工进行认可激励,它将此视为与报酬激励同等重要的回报方式。每天,从非正式认可到正式认可,由小到大,认可计划十分宽泛。奖励的奖品也许并不昂贵,甚至有些几乎是零成本,但惠而浦坚信这些"心酬"非常关键,不可或缺。

"Spot on"计划

适用范围:用来表扬对公司最高战略目标有突出贡献或创新建议的员工。"最接近现场的人最知道问题所在",公司战略虽是宏观的,但也需要对微观进行足够的把握才可能制定出富有远见而又切实可行的战略。惠而浦懂得调动员工的积极性,发动他们为公司建言献策。的确,大众管理优于精英管理,群策群力往往能收到极大的认同度和较大的绩效结果。

认可方式:员工获得的回报没有上限。惠而浦在对为公司最高战略目标有突出贡献或创新建议的员工的认可方面毫不吝啬。

"I'm on it"计划

适用范围:用来表扬员工与公司价值和领导方向一致的预期工作以外的奉献。该计划对于员工作出的超出职责范围之外而又符合公司发展利益的开拓给予充分的肯定。它不仅肯定了公司倡导的组织公民行为,也表达了公司对于那些为公司着想的员工的感谢。

认可方式:当员工被认为作出重大奉献的时候,可能获得零售店、餐馆或者剧院的礼品卡,以示鼓励。欣赏一场音乐剧或享用一顿美味佳肴,这些奖品不足为奇,但当它们作为公司给予明星员工的奖励时就会给员工内心带来极大的荣誉感与满足感,取得的效用远远大于奖品本身的货币价值。

"day-to-day"认可

适用范围:所有为惠而浦付出自己青春与汗水的可爱的员工们。

认可方式:感谢的小纸条或者卡片、电子感谢贺卡等表达对于员工的认可。一张小纸条、一张卡片、一封电子贺卡的成本有多少?它们非常廉价。但它们对员工内心的抚慰无人能及。相较于那些把员工当作机器的公司,惠而浦更是那些把员工当作伙伴、当作财富的公司的代表。它感谢员工为公司所付出的一切,并抓住一切机会将这些感谢传达给它所爱的员工们——"没有你们就没有公司的过去、现在与未来"。

惠而浦的人才培养模式及认可激励计划帮助它取得了很好的业绩。2007年的企业领导排名惠而浦位列北美第12位,全球第15位。惠而浦为员工支付"心酬"牢牢地抓住了优秀员工的心,也吸引了大批人才慕名而来加入惠而浦大家庭之中。"心酬"计划为惠而浦的"人才生态系统"供给了源源不断的养料,也让惠而浦生生不息。

俗语说"好话一句三冬暖",一句真诚的表扬给人以信心,催人奋进。作为总体报酬的重要组成部分,认可激励计划创造了让员工发挥潜能的环境,激励员工提高绩效。认可激励随着认可激励计划在薪酬管理的实践中不断发展并日趋成熟,企业的管理者应该意识到认可激励计划时时刻刻就在身边,别忘了对身边的人说一句并不昂贵的"好"[①],让认可激励无时不在、无处不在、无所不用其极。

(3) 职业发展(Career Development)。

职业发展又称职业生涯规划,始于20世纪60年代,90年代从欧美传入中国。现代企业中,人才是流动的,也是开放的,积极营造催人奋发向上的良好环境,帮助员工发挥聪明才智,实现自我,努力为社会、为企业奉献,是企业人力资源管理的重要内容。

为什么职业发展会成为全面薪酬的一部分?知识经济时代,人们对职业的忠诚逐渐超过了对企业的忠诚,人们由追求终身就业饭碗,转向追求终身就业能力。职业发展正在取代货币薪酬,成为人们挑选工作时首先考虑的因素。这个时候,如果企业将员工的职业发展当作激励员工的重要战略手段,无疑会在员工激励中起到事半功倍的效果。

如何理解职业生涯管理?为员工指明一条职业生涯发展路径是非常重要的,但职业生涯发展更应强调的是想方设法帮助员工提高能力,以及给员工提供能力增长的机会。以职业生涯管理为导向的人力资源管理体系和传统人力资源管理体系截然不同,它会让员工从能力提升中得到好处、获得激励,从而实现高绩效。

---

① 文跃然、张兰,"全面薪酬的新实践——认可奖励计划",《企业管理》,2009年第3期。

案例

埃克森·美孚(Exxon Mobil)的内部发展通道

从内部选拔管理人才

埃克森美孚公司对于一线岗位、中级管理岗位的人选考量原则是尽量选拔公司内部的人员担任。美孚认为,从内部选拔管理人才,可以兼顾员工个人发展和公司业务发展两方面,而且在员工需求日益多元化的当下,内部选拔也是一种非货币报酬,对员工有着不可替代的吸引力。

配套培训措施支持

发现高潜质员工后,美孚的培训系统会为员工提供具有针对性的培训。例如,区域总经理的培训项目包括"跨文化管理"、"将变化转化为效益"、"对非财务经理的财务培训";而即将担任总部高级职位的员工有"全球管理经理研讨会"和"国际化经理培训"。为提升员工领导力,美孚还会为员工提供参与项目的机会,例如,在越南开设油站的市场调查、财务控制新系统的推广等,以锻炼该员工在面临困境和复杂的新环境时的领导能力。

机制与文化

任何一套措施都不可能单独运转,埃克森美孚公司一直以员工的工作表现为决定薪酬福利和晋升机会的唯一依据。在决定是否对员工给予培训和发展机会之前,公司对该员工的工作表现会作出一个全面而客观的评估。工作评估按照员工任职的时间为标准,埃克森美孚公司的员工按照加入公司的日期以每年为期限进行评估,客观地评估员工一年来在公司的工作表现,而第二个工作年的薪酬福利就根据工作评估的结果而定。工作表现评估步骤分为如下几步:第一,员工填写自我评估表格;第二,员工的直接主管填写正式的表现评估;第三,员工和主管双方面谈,就评估表格中每一项的标准和评分进行详尽的谈话,直至员工和主管双方都达成一致意见;第四,每个员工的评估表格经部门汇集,交至分公司管理委员会,由管理委员会的全体经理们就全公司的员工进行排名;第五,公司会根据排名情况进行不同程度的奖励。例如,在亚太区属下的各个分公司,工作表现排名在前10名的员工名字、职位和工作表现将送至亚太区区域总部新加坡,由区域的管理委员会进一步评估,以确定该员工是否具备国际化发展的潜力。

 案例

IBM:与员工一起腾飞

PBC(Personal Business Commitment),即个人业绩承诺,是IBM员工管理的重要工具之一。它大致的理念是员工依据企业的战略目标对自己的年度业绩目标作出承诺,然后在直线经理的指导下通过不断沟通与及时反馈,逐步实现承诺。

以往我们在学习IBM的PBC时都是从它善用员工"承诺"的角度切入。其实,它的可贵之处还在于IBM在发展自我的同时,也非常关注员工个人的发展与职业机会。这在PBC计划实施的每个环节都有所体现。

PBC计划实施大致分为以下六步:

第一,目标设定。IBM的年度目标十分特别,它兼顾了企业战略与员工个人发展两个方面。由企业战略得来的目标是通过层层分解获得的,它们支持战略目标的达成。与此同时,目标的设定也会充分兼顾员工的个人发展——直线经理会主动和员工探讨员工职业生涯发展的路径,并将升至下一级别所需的努力纳入员工的年度目标。

第二,提取考核指标。考核指标依据年度目标而来,分为定性与定量两大类。由于目标兼顾了企业与个人,因此考核指标全面而具体的。但IBM同时奉行简化的考核指标。为了便于员工记忆,一年的考核指标尽可能控制在个位数。

第三,签署绩效合同。IBM的绩效合同是以年为单位的,每年的2月份员工会在其上级领导的帮助下制定一年的计划并签署绩效合同。目标与指标都确定下来后,员工就开始按部就班地执行了。

第四,中期回顾。每年的7、8月份,员工会与其上级领导一起进行中期回顾。双方会参照绩效合同对半年来员工的表现进行评点与沟通:哪些地方做得比较好;哪些地方做得不够好,原因是什么;组织上需要给予哪些额外的支持等。面谈是IBM的每一位经理都会进行的,因为他们深知半年以来员工会面临或多或少的困难,中期回顾相当于预警机制,它可以帮助员工分析当前的形势并为后半年工作的顺利开展做好铺垫。员工也会将自己遇到的困难大胆讲出来,经理们必会提出最诚恳的建议和给予最有力的支持。

第五,绩效考核。次年1月份,IBM会依据绩效合同对员工这一年的绩效表现进行评估。包括业务目标是否完成、个人发展目标是否达到等。

第六,结果应用。评估的结果会应用到相应管理环节。如薪酬的变化、职业生涯的发展等。

可以看到,上述六步中,员工发展与IBM的发展都是相伴而行、相辅相成的。经理们十分重视员工的发展与成长,扮演着"导师"(Mentor)的角色,指导、支持着每一位下属,设身处地地为员工的发展着想。

在很多企业还只考虑企业利益而忽视员工成长时,IBM的做法就显得弥足珍贵,它愿意与员工一起腾飞,一起向更高的目标迈进。

本章重点回顾

- 薪酬概念；
- 薪酬对企业的重要性；
- 薪酬体系的基本框架和问题；
- 我们国家企业和政府工资体系中存在的问题。

思 考 题

1. 如何理解薪酬？
2. 如何理解总体报酬的概念，有什么实际意义？
3. 如何理解薪酬在吸纳、留住和激励员工方面的作用？
4. 薪酬管理的基本问题有哪些？
5. 如何理解我国企业在薪酬管理方面面临的挑战？

本章案例

NBA 的薪酬制度

薪酬管理无处不在，你可曾好奇过星光熠熠的 NBA 球队间球员交易背后的薪酬机制是如何决定的？为了既能保证人员的正常流动，又能均衡各球队的实力，NBA 就球员交易进行了全面翔实的规定，我们来简要了解一下。

一、NBA 工资支付内容

通常来说，球队的工资总额会用于支付以下内容：

1. 所有现役球员和伤病名单上球员的工资总额，包括可能的红利；
2. 被球队裁掉的球员的工资（除去联盟豁免的一定数额）；
3. 退休球员的工资；
4. 球队尚未宣布放弃的自由球员的前一年工资的一部分；
5. 邀请合同的工资；
6. 未签约的第一轮新秀的工资；
7. 球员总数少于 11 人时的罚薪；
8. 如果球队低于薪金上限，则所有未申明放弃的特例条款都计入球队薪金；

9. 如果球队在赛季中会有转会交易,那么被转走的球员的工资不计算在球队薪金之内,交易中得到的球员的工资帽计算在球队薪金之内。

二、NBA 薪酬基本概念

BRI:指的是整个联盟的"篮球相关收入",它包含:

1. 常规赛门票收入;
2. 广播权销售收入;
3. 表演赛收益;
4. 季后赛门票收入;
5. 夏季训练营收益;
6. 球队赞助商的赞助;
7. 球馆俱乐部收益;

……

工资帽(Wage Cap)是 NBA 官方规定的 30 支球队在下一赛季的薪金上限,它的计算方法首先是在每年 6 月依据近几年篮球事业收入(BRI)预测下一赛季的收入,然后将预测 BRI 值以一定比例均摊到每一支球队来计算下一赛季的工资帽[1],2010 年 NBA 工资帽计算公式为:Wage Cap=51%×预测 BRI/30。

三、球队交易制度

为了制衡各球队,NBA 设置了一系列的配套规定,大体分为刚性和软性(有一定灵活度)两类,例如:

第一,刚性规定:工资总额低于工资帽的球队可以进行任何交易,只要交易过后工资总额没有超过工资帽+10 万美元即可,一旦超过则会触犯奢侈税处罚线,将要面临 100% 税率的罚金,这些罚金会用于在赛季结束时奖励那些没有违规的球队。而工资总额高于工资帽的球队就没有那么自由了,它们受到薪金对等原则的约束。在交易球员时,一支球队转入人员的年薪总额不得高于转出人员年薪总额的 125%+10 万美元,简单来说就是转入与转出的年薪总额需要相当,否则交易不能达成。

第二,软性规定:信用点与交易特例。当转入与转出的年薪总额不对等时,信用点产生——信用点是指在球员交易过程中薪金的差额,差额数即为点数。例如,A 队计划转入一名年薪为 1 000 万美元的 B 队的球员,B 队计划转入 A 队年薪为 400 万美元的球员,那么 A 队就需要从 B 队再获得一位年薪 600 万美元的球员但一时没有合适的,此时就触发了信用点交易特例,即 A 队获得了在不管工资帽的情况下交易一位年薪为 600 万美元的球员的特别权利,但交易特例不能用于签约自由球员,也不能用于打包交易球员,只能在球队薪金总额允许的情况下一对一交易某位球员。这个特例将在一年之后到期作废,期间该特例可以随意分拆使用没有限制,不过一切都必须是特例换球员的交易,而不能掺杂到多人交易之中。

---

[1] 注:工资帽占预测 BRI 的权重是不断调整的,例如,2004—2005 赛季前,工资帽的计算是按照预测 BRI 的 48.04%,而 2004—2005 赛季后此值变更为 51%。

第三,选秀权和现金。选秀权和现金均属于交易特例,但它们在球员交易过程中的价值(或信用点)都是零,作用仅为打动交易对象,而不是充当平衡交易薪金的筹码。例如,一支球队先用一个200万美元的球员交换一位100万美元的球员,之后又用一个选秀权交换一位110万美元的球员从而完成交易。在这个例子中,当球队用年薪200万美元的球员交换年薪100万美元的球员之后,他们相当于得到了一个价值100万美元的信用点,之后他们又使用这个信用点与选秀权的组合换来那位年薪110万美元的球员,此时就是使用了信用点与选秀权的组合实现全部交易。

四、NBA劳资条款

为了平衡各球员的收入,防止差距过大,NBA劳资条款也进行了相应的规定。

第一,球员的顶薪和底薪。除了对球队总工资的限制之外,NBA对每个球员的工资也有一个上限和下限的规定,上下限的决定依据则是球员在NBA打球的球龄。而具体每位球员的收入则可在上下限范围内与球队自行协商决定。

1998—2004年NBA球员球龄与薪酬上限对应表

球龄	NBA规定的最高工资	98-99	99-00	00-01	01-02	02-03	03-04
0-6	球队薪金约束的25%	900万	900万	966万	1063万	1007万	1096万
7-9	球队薪金约束的30%	1100万	1100万	1159万	1275万	1208万	1315万
10+	球队薪金约束的35%	1400万	1400万	1400万	1488万	1410万	1534万

第二,拉里·伯德条款。拉里·伯德条款无疑是工资帽规则中最为著名的特例。符合这个条款资格的人在NBA中被称为"资格老兵自由球员"。这个特例允许工资帽以上的球队同本队的自由球员重签合约,数额可以达到顶薪。这名球员必须至少打满三个赛季,且在这三个赛季中没有被解雇过,没有以自由球员身份换过球队。也就是说,球员可以通过打完三个一年期合约、一个三年期合约,或者其他组合来获得"伯德权"。一个球员如果被交易,他的"伯德权"跟他一起走,他的新队可以利用伯德条款重新签他。利用伯德条款签下的合约最长可达7年,年薪涨幅可达12.5%。

第三,BYC条款,全称为Base Year Compensation,意为基础年补偿条款。这是一个用来保护交易公平性的限制条款。按照BYC的规定,凡是工资总额超过工资帽的球队在利用伯德条款,或早于伯德条款与本队自由球员续约时,薪金涨幅只要达到20%以上,这位球员就属于BYC。同时,凡是工资总额在工资帽以上的球队,与本队新秀合同到期的球员续约时,薪金涨幅只要达到20%以上,这位球员也属于BYC。按照规定,BYC球员在被用来进行交易时,他的价值只能按年薪的一半来计算,也就是说,这名球员的年薪可以达到2000万美元,但他在交易市场上只能充当1000万美元的筹码,此举是为了限制某些球队为了得到某位球员,而随意给本队自由球员开出大额合同,强行达到薪金对等完成交易的做法。

第四,底薪条款:NBA解决高工资的办法,就是将工资多余的部分由联盟承担。举例来说:2004—2005赛季,一个4年球龄的球员的最低工资是74.5万美元。这时候假如有一名十年球龄的球员,签了一份100万美元的底薪合同,那么球队将支付其中的74.5万美元,联盟负责剩下的25.5万美元,而且仅仅只有74.5万美元被算进球队工资总额中。这样做的原因是使得球队不会因为老球员身价较贵而不和他们签约。

第五,新秀条款:在NBA,第一轮新秀的第一笔NBA合同受着非常严格的规定。之所以这样做,是因为之前首轮新秀经常拒绝和球队签约,要挟高额合同。另外,一些老球员看到没有资历的新秀得到丰厚的合同,也会心存芥蒂。NBA是这样做的,他们把在劳资谈判前N个赛季同顺位的新秀工资加权平均作为基数,新秀第一年的工资在这个基数的80%—120%之间滑动,以后每年在此基础上上涨不超过10%(注:不是递增),直至新秀合同结束。

从上述案例我们可以看出,NBA每支球队各具特色、不可替代,背后的薪酬制度起到了有力的支撑作用。工资总额的计算方法考虑到历史和未来两个角度,承上启下又具有预测性;而工资帽防止了某些球队用钱堆砌全明星球队;奢侈税限制了球队可能发生的挥霍无度的行为,而奢侈税的用途也体现了一种及时激励。

资料来源:改编自网易体育2010年2月19日的报道。

第二章 薪酬与战略

【本章框架】

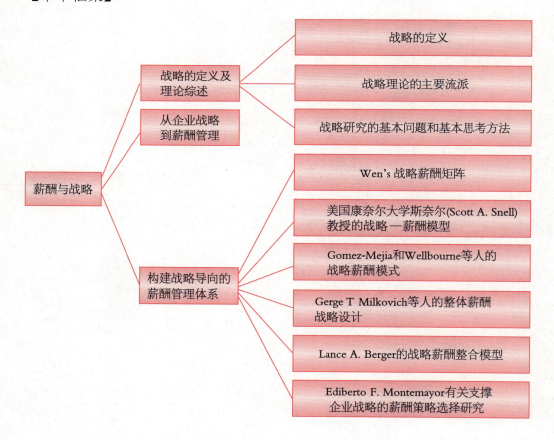

第一节 战略的定义及理论概述

一、战略的定义

"战略"一词最早产生于历史上的战争和军事活动。战略的本来含义是指导军事的谋略,是指挥军队的艺术。随着时代的发展,人们逐渐将战略的思维方式应用于社会、政治和经济活动等各个方面。

关于战略的定义,不同的战略流派有不同的观点。根据我们的归纳,主要的战略定义有以下四类:

1. 将战略视为组织的长远规划

管理学家 H. 伊格尔·安索夫(H. Igor Ansoff)认为,公司战略就是依据组织所拥有的资源勾画出组织的未来发展方向,战略构造是一个有控制、有意识的正式计划过程。

詹姆斯·布莱恩在《应变战略:逻辑增值主义》中提到:战略就是将一个组织的主要目标、政策和行动过程整合为一个整体的方案或计划。一个明确的战略将有助于组织根据自己的相对优势和劣势、预期的环境变动、竞争对手的情况等来规划和配置资源。

阿尔弗雷德·D. 钱德勒(Alfred D. Chandler)在《战略和结构》中认为,战略是企业长期基本目标的决定,以及为贯彻这些目标所必须采纳的行动方针和资源配备。

肯尼斯·R. 安德鲁斯(Kenneth R. Andrews)在《公司战略思想》中谈道:战略是目标、意图或目的,以及为了达到这些目的而制定的方针和计划的一种模式。这种模式界定了公司当前或将来从事的经营业务,并规定了公司当前或将来所属的类型。

2. 认为战略由企业外部产生——战略是竞争优势和差异化的选择

波士顿咨询顾问公司的奠基人布鲁斯·亨德森曾对战略作出了如下经典的概括:"任何想要长期生存的竞争者,都必须通过差异化而形成压倒所有其他竞争者的独特优势;努力维持这种差异化,正是企业长期战略的精髓所在。"

美国著名战略专家迈克尔·波特(Michael E. Porter)在《什么是战略》一文中指出:"战略就是差异化的选择。"

科尼茨·奥玛在《战略家的思维》中总结说:"经营战略就是竞争优势……战略规划的唯一目的就是使公司尽可能有效地获取竞争优势。因而公司战略就意味着,相对于竞争对手的实力,以最有效的方式改变公司的优势。"

3. 认为战略由企业内部产生——战略是一种价值创造方式

大卫·J. 科利斯等人在《公司战略》一书中指出,公司战略就是公司通过协调、配置或构造其在多个市场上的活动来创造价值的方式。

4. 认为战略是对影响绩效的最重要因素的认定和改进

罗伯特·D. 巴泽尔和布拉德利·T. 盖尔在《战略与绩效——PIMS原则》中将战略定义为所有对绩效有显著影响的策略和关键决策。

通用前总裁杰克·韦尔奇在其著作《赢》中指出:"战略其实很简单,就是找到一件有价值的事,然后用一个好办法把它做成"。

有关战略的定义不胜枚举。由于观察角度和研究方法的不同,各研究学者关于战略的定义也各有不同。我们认为,综合起来看,战略是目标加手段。它回答的是企业要做什么、怎么做,是定方向、找方法的过程。同时,我们也认为,战略既来自外部又来自内部,是外部竞争策略和内部管理优化的组合。对外而言,战略是确定并实施行业选择、产品和业务选择、定位和关键竞争方式的方法;对内而言,战略是选择并实施企业最优经营管理的方法。战略的最终目的是要在既定时期内使既定的资本资源获取最多的利润回报。

二、战略理论的主要流派

1938年,管理学家巴纳德出版了《经理的职能》一书。他在对影响企业经营的各种因素分析中提出了战略因素的构想,被认为是首开企业经营战略研究之先河。

1965年,美国学者安索夫出版了第一本有关战略研究的著作——《企业战略》。他在研究多元化经营企业的基础上,提出了"战略四要素"说,认为战略的构成要素包括产品与市场范围、增长向量、协同效应和竞争优势。这本著作成为现代企业战略理论研究的起点。从此以后,很多学者都积极投身于企业战略理论的研究,形成了多种不同的战略学派。

1. 设计学派(Design School):将战略形成看成一个概念作用的过程

这一学派的观点始出于菲利浦·塞兹尼克(Philip Selznick),发展于钱德勒,后由安德鲁斯作出了精确的界定。1962年,钱德勒在其所著的《战略与结构》一书中指出,企业的经营战略要适应环境的变化,企业的组织结构也必须随企业战略的变化而改变,即所谓的"战略决定结构,组织跟随战略"。安德鲁斯认为,战略的形成过程实际上是把企业内部条件因素与企业外部环境因素进行匹配的过程,这种匹配能够使企业内部的强项和弱项与企业外部的机会和威胁相协调,并由此建立了著名的SWOT(Strength、Weakness、Opportunity、Threat)战略形成模型。

总之,设计学派的主要观点是:企业战略的形成必须由企业高层经理负责,而且战略的形成应当是一个精心设计的过程,它既不是一个直觉思维的过程,也不是一个规范分析的过程;战略应当清晰、简明,易于理解和贯彻。

2. 计划学派(Planning School):将战略形成看成一个正式的过程

计划学派的产生以 H. 伊格尔·安索夫于 1965 年出版的《公司战略》一书为标志。安索夫指出,战略应当包括四个基本的构成要素:(1)产品与市场范围,即企业和企业的产品在所处行业中的市场地位;(2)增长向量,即企业的经营方向和发展趋势;(3)协同效应,即一种联合作用的效果,它是企业所获得的大于由部分资源独立创造的总和的联合回报效果;(4)竞争优势,即企业及其产品和市场所具备的,不同于竞争对手的,能够为企业奠定牢固竞争地位的特殊因素。计划学派认为,战略的形成是一个受到控制的、有意识的、规范化的过程,原则上主要由领导承担整个过程的责任,但在实践中则要求有计划人员负责实施。因此,企业战略应当详细、具体,包括企业目标、资金预算、执行步骤等实施计划,以保证企业战略的顺利实施。

3. 定位学派(Positioning School):将战略形成看成一个分析的过程

定位学派是历史最悠久的战略学派。因为最早的有纪录的战略文献就是讲述在军事战斗中如何选择有利的位置,这些文献的历史可以追溯到两千年前。在这些著作中,最好的也是最古老的著作当属公元前 400 年的《孙子兵法》,更近一些的作品包括卡尔·冯·克劳塞维茨的《战争论》。直到今天,这些著述对于企业战略管理仍具有非常重要的指导意义。

将定位学派的观点引入正轨并发展到极致的杰出代表人物当推美国著名战略学家、哈佛大学的迈克尔·波特教授。1980 年,他在哈顿(Hatten)和斯坎得尔(Schendel)等人关于战略定位问题研究的基础上,明确指出企业在考虑战略时必须将企业与所处的环境相联系,而行业是企业经营最直接的环境;每个行业的结构又决定了企业的竞争范围,从而决定了企业潜在的利润水平。企业在制定战略的过程中必须要做好两方面的工作:一是企业所处行业的结构分析,这是确立企业竞争战略的基石;二是企业在行业内的相对竞争地位分析。通过这些分析,就可以大大减少企业之间由于程序化的产业结构分析而带来的定位趋同,并降低企业之间竞争的强度。因此,从这个意义上来看,企业的战略制定人员应该是行业分析家,其首要任务是选择利润潜力比较大的行业。为此波特还开发了各种方法和技术来分析企业所处行业的状况和企业在行业中的竞争定位。如著名的五要素分析模型(认为一个行业的竞争状态和盈利能力取决于五种基本竞争力量之间的相互作用,即进入者威胁、替代品威胁、买方讨价还价的能力、供方讨价还价的能力和现有竞争对手之间的竞争)、公司地位和行业吸引力分析矩阵、价值链分析等。此外,波特还总结了赢得竞争优势的三种基本战略,即总成本领先战略(Overall Cost Leadership)、差异化战略(Differentiation)和集中化经营战略(Focus)等。

4. 企业家学派(Entrepreneurial School):将战略形成看成一个预测的过程

与设计学派极为相似,企业家学派研究的重点是企业的高层管理者。但与设计学派不同,和计划学派完全相反的是,企业家学派认为战略的形成是一个直觉思维和寻找灵感的过程,它强调某些与生俱来的心理状态和过程,如直觉、判断、智慧、经验和洞察力。这就使得战略从精妙的设计、周密的计划或者准确的定位转而变为企业家对组织未来远见的描绘。为了让人更清楚地理解,企业家学派往往会通过暗喻的方式来阐释其观点。它认为企业战略应该主要关注企业产生、企业生存与发展以及企业在竞争力量主导下的转变等问题。因此,企业必须要有一个极富创新精神的领导,由他来提出有关这方面问题的创意。而且企业家学派认为,企业领导者应当紧密控制他通过直觉思维所形成的"愿景"的实现过程,即亲自控制战略的实施。企业家式的战略既是深思熟虑的,又是随机应变的,在远见的整体感觉上是深思熟虑的,在展开远见的具体细节上是随机应变的。

5. 学习学派(Learning School):将战略形成看成一个应急的过程

由于组织外部环境变化的不可预测性和组织本身所固有的适应性,一些通过严格程序制定的战略并未得到实现,而一些未经正式程序制定的、自然显现的战略却得以实现。因此,一些学者开始把研究重点转向组织在各种不可预测的环境因素约束下的战略形成上,由此,学习学派产生了。学习学派的主要观点包括查尔斯·林德布罗姆(Charles Lindblom)早期的关于无序渐进主义的著作、贯穿于詹姆斯·布雷恩·奎因(Quinn)理论始终的逻辑渐进主义、约瑟夫·鲍尔(Joseph Bower)和博格曼(Burgelman)的突破思维定式、进行战略冒险的战略决策过程模式和明茨伯格的关于战略是通过总结过去的经验教训而形成的观点等。学习学派与以往学派的不同之处在于,它认为战略是通过渐进学习、自然选择形成的,可以在组织下出现,并且战略的形成与贯彻是相互交织在一起的。

6. 认知学派(Cognitive School):将战略形成看成一个心理过程

认知学派的研究人员常常在思考战略是如何产生的。他们认为,战略的形成是基于处理信息、获得知识和建立概念的认知过程。其中,后者是战略产生最直接和最重要的决定因素,而在哪一阶段取得进展并不重要。在另一方面,这一学派另一新的分支认为,认知是通过对企业组织的内外环境条件的理解,借助于其所掌握的方法和手段,来构造具有建设性的解释功能的战略。总之,认知学派告诉人们如果要了解战略的形成过程,最好先了解人的心理和大脑。

7. 文化学派(Cultural School):将战略形成看成一个集体思维的过程

文化学派认为,企业战略根植于企业文化及其背后的社会价值观念,其形成过程是一个将企业组织中各种有益的因素进行整合以发挥作用的过程。文化学派的观点在解释许多企业在同等条件下的经营行为和经营业绩存在很大差异等方面具有很强的说服力。一些企业之所以能够在激烈的市场竞争中立于不败之地,并获得长足发展,可以归结于企业文化的作用。20世纪80年代,当日本管理模式在世界范围内广受推崇时,企业文化在美国开始成为一个热门的话题。如今,企业文化的概念早已深入人心,企业文化对企业经营业绩的影响和作用正日益增强,人们对影响企业战略形成的文化方面因素的研究也越来

8. 权力学派(Power School):将战略形成看成一个协商的过程

权力学派把权力看成战略形成的不可或缺的基础,认为战略形成是一个组织内部各权力派别之间进行政治斗争的结果。权力学派之所以要强调权力,是因为在企业战略制定的过程中,战略形成不仅要受到"经济"因素的影响,而且还要受到"政治"因素的影响。概括起来,权力学派有两种不同的观点。微观层面的权力观把企业组织的战略制定看成一种实质性的政治活动,是组织内部各种正式和非正式的利益团体运用权力施加影响、进行讨价还价、最后在各权力派别之间达成一致的过程。宏观层面的权力观则把组织看成一个整体——运用其力量作用于其他各种相关的利益团体,包括竞争者、同盟者、合作者以及其他涉及企业战略利益的关系网络等。因此,权力学派认为,战略制定不仅要考虑行业环境、竞争力量等经济因素,而且要重视利益团体、权力分享等政治因素。

9. 环境学派(Environmental School):将战略形成看成一个反应的过程

环境学派强调的是企业组织在其所处的环境里如何获得生存和发展,它认为企业组织的战略制定要关注环境因素的作用。这一学派有两种不同的理论观点。一种是"权变理论"(Contingency Theory),它侧重于研究企业在特定环境条件下和面临有限的战略选择时所作出的预期反应。权变理论要求企业必须发挥自主性,因为企业可以在一定的环境条件下,对环境变化采取相应对策以影响和作用于环境,争取企业经营的主动权;另一种称作"规制理论"(Institutional Theory),它强调企业必须适应环境,因为企业所处的环境往往是企业难以控制和把握的,因此,企业的战略制定必须充分考虑环境的变化,了解和掌握环境变化的特点,只有这样,企业才能在适应环境的过程中找到自己的生存空间,并获得进一步的发展。

10. 结构学派(Configuration School):将战略形成看成一个转变的过程

结构学派的内容可分为两个主要方面:一方面,把组织和组织周围的环境状态描述为"结构";另一方面,把战略形成的过程描述为"转变"。其主要观点是如果结构是一种存在状态,那么战略制定就是从一个状态变为另一个状态的飞跃过程。因此,结构学派把企业组织看成是一种结构——由一系列行为和特征组成的有机体;把战略制定看成一种整合——由其他各种学派的观点综合而成的体系。

11. 核心能力学派(Core Competence School):将战略形成看成一个识别、开发和利用核心能力的过程

1990年,普拉哈拉德和哈默尔在《哈佛商业评论》上发表了《企业核心能力》一文。之后,越来越多的研究人员投入到企业核心能力理论的研究。所谓核心能力,就是所有能力中最核心的部分,它可以通过向外辐射,作用于其他各种能力,影响其他能力的发挥和效果。一般来说,核心能力具有如下特征:(1)价值性。此能力具备一定的价值,并可以带来

价值增值。(2)稀缺性。此能力具有一定的独特性,只有自己企业才拥有,或其他企业拥有较少。(3)不可模仿性。核心能力不容易被竞争对手模仿或复制。(4)组织化。组织化是组织资源被分散在各个环节,每位员工只是流程中的一颗螺丝钉,任何人的离开都不会对核心能力产生致命的威胁。

核心能力学派认为,现代市场竞争与其说是产品的竞争,不如说是基于核心能力的竞争。企业经营能否取得成功,已不再取决于企业的产品、市场的结构,而取决于其行为反应能力,即对市场趋势的预测和对变化中的客户需求的快速反应。因此,企业战略的目标就在于识别、开发和培育竞争对手难以模仿的核心能力。只有具备了这种核心能力,企业才能快速适应变化的市场环境,满足客户需求,培育和建立客户忠诚。

12. 战略资源学派(Resource School):将战略形成看成一个培育和利用资源的过程

战略资源学派与核心能力学派在某种程度上存在类似的地方,但前者更偏重于对企业资源的研究。战略资源学派认为,企业战略的重点是如何培育企业独特的战略资源,以及最大限度地优化配置这种战略资源的能力。在企业的管理实践中,每个企业的资源和能力是各不相同的,同一行业中的企业也未必拥有相同的资源和能力。这样,企业的战略资源和运用这种战略资源的能力方面的差异,就成为企业竞争优势的来源。20世纪80年代,库尔(Cool)和斯坎得尔(Schendel)通过对若干家制药企业的研究,进一步证实了企业的特殊资源能力是造成它们存在业绩差异的重要原因。1990年,普哈拉哈德和哈默尔在对世界优秀公司的经验进行研究的基础上提出,竞争优势的真正来源在于"管理层将公司范围内的技术和生产能力整合成使各业务都可以迅速适应变化的能力"。战略资源学派认为,每个组织都是独特的资源和能力的结合体,这一结合体构成了企业竞争战略的基础。因此,企业竞争战略的选择必须最大限度地培育和发展企业的战略资源,而战略管理的主要工作就是培育和发展企业对自身拥有的战略资源的独特的运用能力,即核心能力,而核心能力的形成需要企业不断地积累战略制定所需的各种资源,需要企业不断学习、不断创新和不断超越。只有在核心能力达到一定水平后,企业才能通过一系列整合形成自己独特的、不易被别人模仿、替代和占有的战略资源,才能赢得和保持持续的竞争优势。

综合以上观点,在战略理论发展过程中产生了众多思想和流派,可谓是"百家争鸣,百花齐放"。战略管理思想发展的轨迹是从主要强调计划性、弱化竞争性到重视竞争对抗性,再向强调竞争合作的战略管理思想演变。众多的战略流派可以分为两大类:一类是强调内部,即从资源、能力、结构、计划、设计等角度来分析内部策略,强调企业内部资源和能力的培育和发展以及组织内部经营管理的计划和调整,我们可以称其为内部战略学派;还有一类侧重于分析外部,强调外部市场竞争和环境因素对战略制定的影响,比如定位学派、环境学派等,我们可以称其为外部战略学派。

【讨论】

以迈克尔·波特的战略观为例看有关战略选择的"内"、"外"之争

在对战略概念和战略理论的探讨中,出现了两种基本的思考逻辑,即战略选择究竟是由企业内在能力和资源决定的,还是要根据外部环境和市场来决定,即所谓"内部"战略观和"外部"战略观的争论。

试分析美国著名战略专家迈克尔·波特有关战略的评述。从迈克尔·波特前期的战略研究来看,他是环境学派和定位学派的代表人物,其持有的基本观点是典型的"外部"战略观。他撰写了四本有关战略的经典著作,即《竞争战略》、《竞争优势》、《国家竞争力优势》和《竞争论》。在最新的《竞争论》一书中,波特对其战略观点进行了系统的总结和评述。在该书中,波特对"什么是战略"的解释是:"战略是差异化的选择。"他提出"企业有效经营"(Effective Operating)(内部经营管理做到最好)不是战略,因为企业内部的经营管理是最容易被模仿和复制的,无法形成差异化的优势。他认为日本企业是没有战略的,因为日本企业更多地是关注企业的内部经营。

但实际上,波特有关"日本企业没有战略"的观点未免有些片面。要用一句俗语来描述日本企业的战略选择,那就是"行行出状元"。日本企业的基本战略思路就是在这个行业里,我的企业就要做到最好、做到最优,而不是转而改做其他的行业。比如日本的"Honda"(本田汽车)。当美国的汽车巨头已经基本瓜分世界市场时,本田这个最早生产摩托车的日本汽车企业却依然发展了起来,并取得了强大的市场地位。所以,波特的外部战略理论事实上不能很好地解释日本企业已取得成功的战略选择。因此,在《什么是战略》一文中,为了自圆其说,波特又提到了"战略是要在企业内部活动中创造适应性",即企业要在价值链的各个环节都做到最优,这才是战略,这实际上又重新回到了"内部"的战略观。

通过分析,我们发现波特的战略观事实上也是分为两部分:首先他从外部的观点提出战略是差异化的选择,之后他又提出战略是要创造企业内部所有经营管理活动的适应性,在价值链的每一个环节做到最好,这又是典型的内部战略观。因此,综合起来,我们认为,企业的管理实践必须综合考虑这两种战略选择逻辑。即战略不拘泥于是从"内"完善还是对"外"竞争,战略是内部管理优化和外部竞争策略的组合。

三、战略研究的基本问题和基本思考方法

根据我们的研究和总结,战略的本质是有关企业发展的内部和外部的关键问题的选择和定位。企业战略研究有五大基本问题,即行业选择、产品和业务选择、定位、竞争方式选择和经营管理方式选择(内部管理优化)。对应这五大基本问题,分别有一些基本的研究工具和思考方法。

1. 行业选择

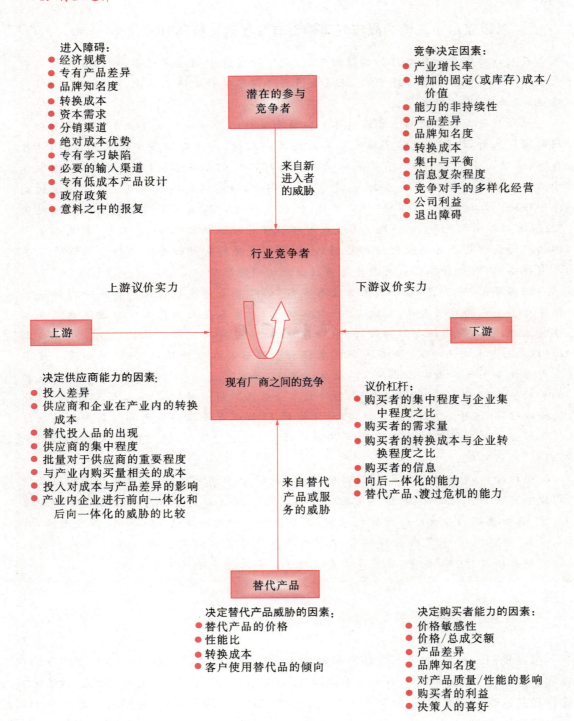

图 2-1　行业中的五种竞争力量

资料来源：迈克尔·波特，《竞争战略》，华夏出版社，2005年。

企业要作出的首要的战略决策就是关于行业的选择,即首先要决定在哪个行业中开展经营。思考行业选择最基本的方法是波特的五要素分析法(参见图2-1)。它的基本观点是判断一个行业的竞争力(好坏),关键取决于五种竞争力量(行业竞争结构、潜在的竞争参与者、替代品、上游、下游等)的相互影响。通过分析比较行业中的五种竞争力量,帮助企业作出明确的行业竞争力判断和行业选择。

其中,行业竞争结构可以用行业竞争者数量和行业集中度(前四位和前八位企业产量/销量占总产量/总销量的百分比)两个指标进行分析。一个行业的竞争者数量越多,行业集中度就越小,行业的竞争强度就越大;反之,行业的垄断程度就越高。

2. 产品和业务选择

企业在进行战略决策时,还要对企业生产的产品或经营的业务(服务)作出选择。进行产品和业务选择最重要的方法是运用波士顿矩阵(参见图2-2)进行分析。

	高 市场占有率 低	
高 市场 增长率 **低**	明星业务 (Stars) (深化策略)	问题业务 (Question Marks) (试探策略)
	金牛业务 (Cash Cows) (收获策略)	瘦狗业务 (Pets) (退出策略)

图2-2 波士顿咨询集团增长率/市场占有率矩阵(Henderson,1970)

波士顿矩阵是将产品(业务)划分为四种类型,分别是瘦狗类、金牛类、明星类和问题类产品。将产品划分成四种类型的两个基本维度是产品的市场占有率和市场增长率。瘦狗类产品是指市场占有率很低,增长率也很低的产品;金牛类产品是占有率很高,但增长率很低的产品,其特点是能给企业提供稳定的现金流,比如当前国内电信公司的固定电话业务。明星类产品是指市场占有率和增长率双高的产品。问题类产品是具有高增长率,但市场占有率低的产品。

波士顿矩阵能帮助企业作出明确的有关产品(业务)选择的战略决策。对应每一类型的产品都应该有不同的产品策略:对瘦狗类产品一般采取的是退出策略,考虑如何从这类产品领域中退出;对金牛类产品采取的是收获策略,企业获取现金流,但不再增加或尽可能少地增加投资;对明星类产品采取的是增加投资的深化策略;对问题产品一般采取试探性的策略,就是一边进行尝试性的投资,一边进行观察,看能否从中获得更大发展或增长的机会。

3. 定位

企业必须对其在行业市场中的竞争地位或在某个产品(业务)领域中的竞争地位作出明确的判断,即企业要进行竞争定位。通用电气公司提出"数一数二"战略其实就是基于定位所作出的战略决策。

有关定位的主要分析方法是竞争者分析和内部资源(能力)分析法。知己知彼,百战不殆。企业只有对竞争对手有比较清楚的分析,并对自身能力或掌控的资源有比较清楚的了解,才能够作出准确的竞争定位。

竞争对手分析(参见图2-3)主要关注的问题包括竞争者的战略意图、竞争者的内部资源和能力及竞争者的强项和弱点等。

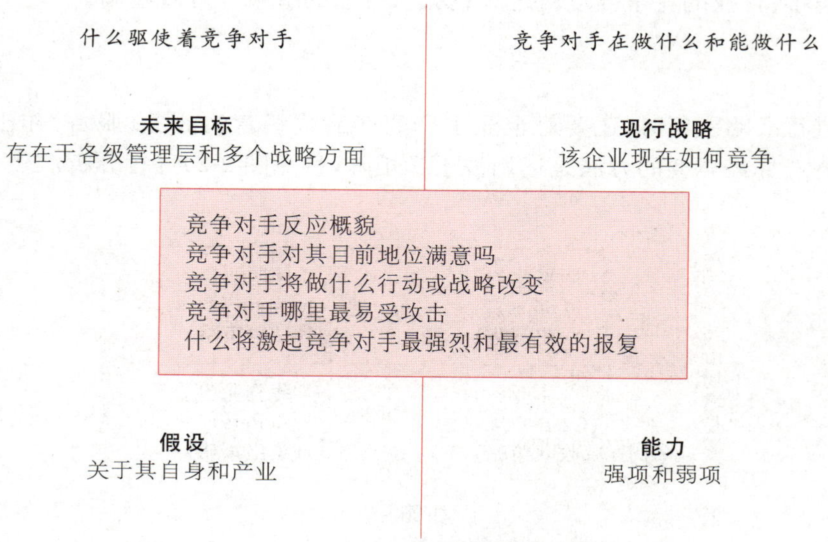

什么驱使着竞争对手　　　　　　竞争对手在做什么和能做什么

未来目标
存在于各级管理层和多个战略方面

现行战略
该企业现在如何竞争

竞争对手反应概貌
竞争对手对其目前地位满意吗
竞争对手将做什么行动或战略改变
竞争对手哪里最易受攻击
什么将激起竞争对手最强烈和最有效的报复

假设
关于其自身和产业

能力
强项和弱项

图 2-3　竞争对手分析

资料来源:迈克尔·波特,《竞争战略》,华夏出版社,2005年。

资源(能力)分析方法的目的是让企业根据自己的能力或者资源,确定其自身在一个行业中或者一个产品领域中的竞争优势。

如何认定企业的核心能力和资源?企业的核心能力通常是指企业完成战略目标所需的最关键的能力,它是不可或不易被复制或模仿的。而资源一般可分为有形资源和无形资源。有形资源包括财务资本、生产设备等,无形资源包括人力资源、品牌和文化资源等。

4. 竞争方式选择

竞争方式选择就是一个企业应该选择用怎样的方式去和竞争对手竞争。常用的分析方法是关键竞争要素分析,主要是分析一个行业或一个企业在某种产品或业务(服务)领域中取胜的关键因素,或称之为关键竞争手段。

关键竞争要素分析的基本观点是:

(1) 每个行业都有一些独特的竞争要点。

(2) 企业在确立战略时要考虑的一个重要问题是要确认本行业或本企业所在产品(业务/服务)领域的竞争要点。

(3) 企业在确立战略时,必须要发展出一套适合企业自身特点的关键竞争要素组合。

企业可能会侧重使用某一种竞争手段或同时综合使用数种竞争手段。企业通常要根据自身的实际能力或资源来确定这个关键竞争要素组合。

行业特征、企业的发展阶段以及企业的性质和类型都会影响企业采取的关键竞争手段。如同样是要实现扩张规模的目标,企业在初创阶段通常会采用销售扩张规模的竞争方式,而在发展的成长期或成熟期则可能会采取以并购扩张规模的竞争方式。

5. 内部管理优化(经营管理方式选择)

经营方式或管理方式选择的目的是让企业实现内部管理最优。

有关企业内部经营管理方式的选择,通常采用的方法是价值链分析方法(参见图 2-4)和资源学派的思考方法。价值链分析方法的基本原理是:企业要做好内部管理,最基本的就是要把价值链的每一个环节都做到最好,即把生产、研发、市场、管理等价值链的所有环节都做到最优,匹配形成一个整体的竞争优势。资源学派则认为企业要发展出重要的能力或集聚最优的资源来获取竞争优势,这里涉及的基本问题包括认定企业的资源和能力以及如何培育重要的资源和能力等。

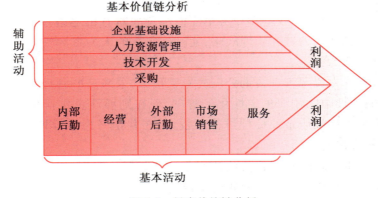

图 2-4　基本价值链分析

资料来源:迈克尔·波特,《竞争战略》,华夏出版社,2005 年。

以上分析了针对五个基本战略问题所运用的一些思考方法和工具技术。

另外,我们还可以运用基于企业生命力系统(GREP)的战略人力资源管理模型(文跃然,2009)来进行企业内外部战略的分析和确立。战略人力资源是导致企业生命系统完善的人力资源活动。它包括两个部分:一是以 GREP 战略为基础确认企业在 GREP 上要改进的方面,并确认以 GREP 绩效驱动为中心的企业层面的考核体系;二是以 GREP 绩效驱动因素为基础,确认人力资源管理的主要工作(职位设计、招聘、培训、考核和薪酬)和人力资源管理体系的测量指标体系(GREP 人力资源计分卡)。

GREP 理论的基本构架,包括企业的性质、企业作为生命体的影响因素(GREP 结构)、理论基础和功能。而 GREP 理论认为企业作为一个生命体,它的生命力由企业的治理机构(Corporate Governance)、资源(Resource)、企业家(Entrepreneur)以及产品和服务(Product)四个方面共同决定。

运用 GREP 理论透析战略人力资源管理分为两个步骤:一是确认 GREP 绩效驱动因

素,构建 GREP 计分卡;二是通过确认重要的人力资源活动和重要的人力资源测量指标来构建 GREP 人力资源传导机制。

第二节 从企业战略到薪酬管理

一、为什么要从战略的角度来思考薪酬管理

传统的薪酬管理普遍关注的是薪酬的基本制度设计和相关的技术方法。在知识经济的今天,随着信息技术的广泛运用,市场竞争的进一步加剧,企业和组织中的员工的工作性质和工作动机日益复杂化,作为发挥重要激励和约束功能的薪酬管理已不再停留在简单的操作、技术和制度层面,它作为一种能有效辅助企业战略实施的重要人力资源管理手段,已逐步被纳入企业战略的框架,成为确保企业经营战略落实的重要工具。越来越多的研究学者和咨询顾问开始注重组织战略和薪酬战略的一致性研究以及薪酬管理体系设计随经营战略的变化而变化的权变性研究,更多的企业也开始运用战略驱动的整体薪酬制度方案,即把薪酬体系与公司战略和业务单元的经营战略有机地结合起来,使薪酬战略和薪酬管理能有效地辅助人力资源管理战略,通过高水平的人力资源管理,有效地推进公司战略和业务经营战略的实施。

美世(Mercer)人力资源管理咨询公司的专家指出,未来薪酬管理发展的基本趋势是:"以前企业在薪酬管理中比较注重定性化的管理,现在则要注重定量化的衡量,以前是把自身企业的薪酬水平和最佳企业标杆进行比较,现在则是考虑怎样把薪酬与企业的内在需求、战略要求和文化要求相匹配。"

在一项对未来主要薪酬管理趋势的研究报告中,Hay 管理咨询公司得出结论:"当迈进 21 世纪时,如何将薪酬管理与企业战略结合起来,通过报酬体系来支撑组织战略,是组织在薪酬管理方面所遇到的最大挑战。"

一个好的薪酬战略和薪酬管理体系设计至少能在三方面影响和推进企业战略的实施:

(1) 通过设计高效的薪酬管理体系,能帮助企业有效地控制劳动力成本,保持成本竞争优势;

(2) 通过设计有市场竞争力的薪酬方案,能帮助企业吸纳和保留核心人才,从而使企业保持核心能力优势;

(3) 通过设计确保内部公平性的分层、分类的薪酬方案,能帮助企业有效地激励员工,改变员工态度和行为,促进员工的行为与组织目标保持一致,从而推动企业战略有效实施,赢得竞争优势。

二、公司战略、人力资源管理战略、薪酬战略和薪酬管理的关系

企业组织中战略的层次主要分为:

（1）公司战略(Corporate Strategy)：包括产业选择及在产业内的扩张方案的选择；

（2）业务战略(Business Strategy)：包括产业选择及在产品领域内的竞争方式选择,如波士顿产品矩阵及波特的三种基本竞争战略；

（3）功能战略(Function Strategy)：部门(职能)的战略方向选择和战略设计。

按照这样的划分标准,薪酬战略可以归为企业的功能战略。有关公司战略和薪酬战略的关系一直是学界争论的焦点,一种观点认为公司战略影响人力资源管理战略从而对薪酬战略产生间接影响；另一种观点认为人力资源战略与薪酬战略属于同一层级,公司战略直接决定薪酬战略。持有两种不同观点的学者都各有说法,但公司战略驱动薪酬战略、薪酬战略属于从属层次这一观点已基本成为共识。

美国学者 Luis R. Gomez Mejia 和 Theresa M. Wellbourne(1988)将薪酬战略定义为在特定条件下会对组织绩效和人力资源的有效使用产生影响的一系列重要的报酬支付选择。薪酬战略的核心是通过一系列报酬策略选择来帮助组织赢得并保持竞争优势。薪酬战略属于战略层面的内容,其涉及的薪酬要素选择相对比较宏观,如薪酬水平定位(领先、滞后、匹配等)、基本工资支付基础(能力工资、职位工资等)、奖金支付基础(绩效工资、收益分享、成本节省、利润分享、期权期股等)；而薪酬管理是薪酬战略落实到战术层面的具体管理实践,包括薪酬制度层面和技术层面的内容,其涉及的薪酬要素选择更为具体化和可操作化,包括薪酬结构、薪酬水平、奖金、福利等基本薪酬管理制度和薪酬调查、职位评价和具体的薪等薪级设计等。

图 2-5 展示的是企业战略、人力资源战略、薪酬战略和薪酬管理的关系。它体现的是一个"大薪酬管理体系"的思想,这一体系主要包括战略层面、制度层面和技术层面三个层面的内容。其中,战略层面是薪酬管理体系设计的整体指导思想(企业战略驱动人力资源战略,进而影响薪酬战略)；制度层面是薪酬管理体系设计的具体内容(包括薪酬结构、薪酬水平、奖金、福利等,确保内部公平性和外部竞争性,体现员工贡献和价值)；而技术层面则主要薪酬管理体系设计所涉及的一些具体技术方法,如外部薪酬调查、职位评价和薪等薪级的设计等。

三、企业战略对薪酬管理的影响和决定

企业在设计薪酬战略和薪酬管理制度时,要关注的六个最基本的问题是：

1. 薪酬支付基础

薪酬支付基础是指向什么支付报酬,是对职位、对任职者的能力(技能、知识)还是对任职者的业绩和贡献支付报酬。

2. 薪酬支付对象

薪酬支付对象是指对谁支付报酬,对哪些类型的人员支付报酬。如按职能划分,可分为研发人员、生产人员、销售人员、管理人员和外包人员等；如按层级划分,可分为高层管理者、中层管理者和基层员工；如按人才的价值和重要性来划分,可分为核心人才、通用人

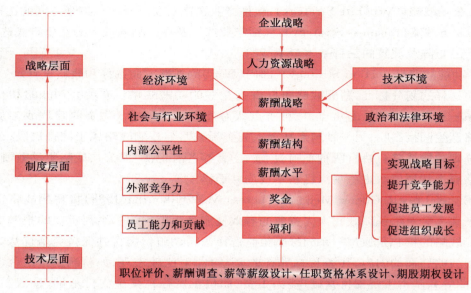

图 2-5 企业战略、人力资源战略、薪酬战略和薪酬管理的关系

才和辅助性人才等。

3. 薪酬支付规模

薪酬支付规模是指要向多少人支付报酬。薪酬支付的规模通常根据企业的雇员数量来确定。

4. 薪酬支付水平

薪酬支付水平指的是企业要确定支付多高水平的报酬。通常可将企业支付的报酬水平与同一职位、同一等级的市场平均报酬水平进行比较,从而作出有关薪酬水平的定位:是领先、落后还是跟随市场的平均工资水平。

5. 薪酬支付结构

薪酬支付结构是指在同一组织内部不同职位或不同技能薪酬水平的排列形式。它强调薪酬水平等级的多少、不同薪酬水平之间级差的大小以及决定薪酬级差的标准。

6. 薪酬支付方式

薪酬支付方式是指对如何支付报酬的策略选择。如是采用短期报酬还是重视长期报酬?是重视奖励现在还是重视奖励未来?

企业战略会影响到薪酬战略和薪酬管理的一些基本问题。一般来说,企业战略对薪酬管理有如下影响:

(1) 企业战略决定企业员工的类型、规模和数量结构,从而确定了报酬的支付对象和支付规模。

企业整体的战略部署将对人员安排作出明确的规划,其中包括员工的类型、规模和数量结构。如企业在某个发展阶段强调以研发为战略重点,那么研发人员所占的比重相对较大,研发人员也将成为报酬激励的重点。再比如当企业实行多元化业务的经营策略,那么新业务的拓展必然要求配备一定数量的相应专业背景的员工,从而会影响报酬支付的对象和支付规模。

(2) 企业战略决定薪酬水平与市场工资水平的关系,即企业要根据战略对报酬支付水平进行定位。

薪酬水平的定位可分为三类:一类是领先策略,就是企业发放的报酬高于市场平均工资水平;一类是跟随策略或称之为匹配策略,是指企业发放的报酬等同于市场平均工资水平;最后一类是滞后策略,即企业发放的报酬落后于市场平均工资水平。

一般来说,企业的支付能力、企业所处的发展阶段和企业所属的行业性质在一定程度上决定了企业支付工资的水平。如果一个企业的支付能力比较强,它通常会倾向于支付较高水平的工资。企业处于初创、成长、平稳发展和衰退等不同的发展阶段,也通常会采取不同的薪酬水平定位。此外,因行业的性质不同,企业也会采取不同的薪酬定位策略。如高科技行业中的企业通常会采取领先或者是跟随策略,否则企业就无法吸引优秀的研发人才来为它服务。

需要特别强调的是,战略的性质通常也会影响企业的薪酬水平定位。战略的性质可分为保守型、平稳型和激进型三种类型。如果一个企业采取保守型的战略,它的薪酬水平定位也通常会比较保守,会低于或略低于市场平均工资水平;当一个企业采取平稳发展的战略时,它的薪酬水平通常会定位为跟随市场的平均工资水平,而当一个企业采取激进型的战略时,比如要在3—5年内从一个国内中等位势的企业发展成为世界级的企业,那么在这种激进战略的指导下,企业在薪酬水平的定位上一般会倾向于采取领先战略,以此吸引更多的优秀人才,不断扩大企业规模,增强企业的核心竞争优势。因此,战略的性质也会对企业工资水平的选择造成影响。

(3) 不同层级的员工因承担的战略责任不同,其报酬也存在差异。

战略责任是一个重要的可付酬要素(Compensable Factors)。一般来说,组织中层级越高的人员,其承担的战略责任就越大,其报酬包中与战略因素相挂钩的比重就越高。如高层领导者的报酬包与战略责任挂钩的报酬比重就相对较高,可能70%—80%的收入都要与企业的战略目标实现相挂钩;而基层员工的报酬包中与战略责任挂钩的报酬比例就很低或几乎为零。

(4) 企业战略会影响组织薪酬结构的设计。

组织的经营战略会影响和决定薪酬结构的设计,从而确保薪酬结构与组织战略保持一致,实现薪酬结构的内在公平性,推动战略有效实施。

薪酬结构的基本设计思想有偏向平等或偏向等级化两类。体现平等的薪酬结构往往等级较少,相邻等级之间与最高薪酬和最低薪酬之间的差距较大,而体现等级化的薪酬结构往往等级较多,级差较小。

多重的薪酬等级通常要求对每个等级所做的工作给出细致的描述,明确每个人的职责。等级薪酬结构的理论基础是:频繁的职位晋升能够起到很好的激励作用。这种薪酬结构承认员工间技能、责任和对组织贡献的差别。一些重视低成本、以顾客为中心、强调标准化和资历的传统企业,多重视采用等级化的薪酬结构。而在"扁平化"的薪酬等级中,每个等级界定的任务职责范围就更为宽泛,从而使得员工拥有更大的决策自主权。平等主义的薪酬结构暗含的理念是:所有的员工都应平等对待,越平等就越能提高员工的工作满意度,促使形成企业内的工作团队,提高员工绩效。

在强调创新和市场快速响应的今天,宽带薪酬作为一种与企业组织扁平化、流程再造、团队导向、能力导向等管理战略相匹配的新型薪酬结构应运而生。宽带薪酬最大的特点就是压缩级别,强调在组织中用较少的工资等级、较大的工资级差来代替以往较多的工资等级,将原来十几甚至二十、三十个级别压缩成几个级别,并将每个级别中的薪酬范围拉大,从而形成一个新的宽带化的薪酬结构,以适应当前激烈的市场竞争环境和业务发展的需要。这一类薪酬结构多用于重视创新和差异化战略的高新技术企业。比如,IBM公司在20世纪90年代以前的薪酬等级一共有24个,后来被合并为10个级差范围更大的等级。

(5) 企业战略确定企业的核心能力和核心人力资源,这是企业薪酬战略激励的重点。

根据企业战略和发展需要,我们可以对企业内部各层各类的人才进行价值排序,从而确定企业的核心人力资源。根据管理学的"二八"原理,即20%的人创造80%的价值。因此,关注这20%的核心人才,并通过激励最大限度地发挥其工作积极性和创造性,是企业薪酬体系设计关注的重点。

(6) 企业战略确定企业薪酬激励的方向和重点。

不同的战略目标会导致不同的激励方向,从而决定企业薪酬战略激励的重点。比如,某个企业在某个特定时期的战略目标是要做到市场份额第一,要在某个产品领域占到30%的市场份额,那么在这个阶段,企业会鼓励销售人员去积极拓展市场,此时企业对销售人员的激励是薪酬支付的重点。而另一个企业在某个特定时期的战略目标是强调产品质量领先,则企业会鼓励员工提高产品质量,此时企业对质检人员、生产人员的激励是薪酬战略设计的重点。因此,企业的战略导向会影响薪酬激励的重点。

第三节 构建战略导向的薪酬管理体系

有关战略和薪酬管理的关系,更多的研究是从两者的"一致性"(Congruence)、"适合"(Fit)、"匹配"(Match)和"联结"(Linkage)的观点出发,认为薪酬策略的选择和企业战略是紧密联系的,随着组织战略的变化,企业的薪酬策略和薪酬管理体系也要作出相应的调整和改变[1]。许多企业开始关注以战略为指导来设计企业的薪酬体系,紧密地联系薪酬管理和组织战略之间的关系,构建战略导向的薪酬管理体系。

下面介绍几项从战略的角度来思考薪酬管理的研究。其基本的假设都是组织战略直接驱动薪酬战略或通过人力资源管理战略间接驱动薪酬战略,进而决定薪酬管理和薪酬

---

[1] Luis R. Gomez-Mejia and Theresa M. Wellbourne, Compensation Strategy: An overview and future steps, *Human Resource Planning*, Vol. 11, 1988, pp. 173-189.

体系设计的具体内容。

一、Wen's战略薪酬矩阵(企业战略维度—薪酬管理维度)①

通过研究和总结,我们开发了一种战略薪酬的制定技术,如表2-1所示的Wen's战略薪酬矩阵。它的基本思想是将组织战略的决定要素归纳为五个主要方面,包括行业选择、企业的发展阶段、产品选择、定位和竞争方式选择等;同时将决定企业薪酬管理体系设计的薪酬战略要素确定为四个主要方面,即工资支付基础、工资水平、工资结构和奖金支付基础等。通过分别考察每个组织战略维度对薪酬维度的影响,来说明组织总体战略对薪酬管理体系设计的决定,从而确定企业整体的薪酬策略和薪酬管理体系。

表2-1 Wen's战略薪酬矩阵

企业战略维度＼薪酬管理维度	工资支付基础	工资水平	工资结构	奖金支付基础
行业选择	A11	A12	A13	A14
企业发展阶段	B11	B12	B13	B14
产品选择	—②	C12	—	—
定　位	—	D12	—	—
竞争方式选择	E11	E12	E13	E14

通过建立这种战略维度与薪酬维度两两对应的矩阵,根据每一个组织战略维度,可相应地确定薪酬战略及薪酬管理的相关维度。

1."行业选择"对应的基本薪酬战略和薪酬管理问题

行业选择主要指的是行业的性质。

(1)行业选择对工资支付基础的影响(A11)。不同的行业性质要求强调不同的工资支付基础。例如,高科技行业需要强调员工个人的能力,实施以能力为基础的工资制度就比较适合;而纺织行业相对比较强调技能,因此技能工资就比较适合该行业的特征。

(2)行业选择对工资水平定位的影响(A12)。工资水平定位包括领先、跟随和滞后等三种策略。从行业性质来看,高成长行业倾向于采用市场领先策略,而传统行业倾向于采用滞后或跟随市场工资水平的策略。

(3)行业选择对工资结构的影响(A13)。工资结构决定工资差别,不同行业的工资差别也存在不同。衡量收入差别的常用指标之一是员工最高收入和最低收入的比例。例如,微软公司属于高科技行业,总裁史蒂夫·鲍尔默的收入与一般的软件编程人员的薪酬是天壤之别。一般来说,高科技行业的工资差别比传统行业的工资差别要高,主要原因在于:第一,高科技行业需要鼓励高层次的人员,所以它会向高级人才提供较高的报酬;第

---

① 该矩阵的基本思想由文跃然教授在2002年的《薪酬管理》课程中提出,故命名为"Wen's战略薪酬矩阵"。
② "—"表明这两个维度(战略维度和薪酬维度)没有明显的内在决定关系。

二,它比传统行业有更强的支付能力,这两点决定了它的收入差别相对会更大一些。

(4) 行业选择对奖金支付基础的影响(A14)。不同的行业性质决定了不同行业的奖励重点不同。高科技行业主要奖励能力,同时因强调合作会更注重团队激励;而传统行业主要奖励产出,强调个人对组织的贡献,重视对个人的激励。

2. 企业发展阶段对应的基本薪酬战略和薪酬管理问题

企业的发展阶段可分为初创期、成长期、成熟期和衰退期。对应于不同的发展阶段,其基本的薪酬策略选择也有所不同。

(1) 企业的发展阶段对工资支付基础的影响(B11)。不同的企业发展阶段对工资支付基础会产生影响。一般而言,企业在初创期强调按业绩支付报酬,以支撑企业规模快速扩张;在高速成长期强调按能力支付报酬,以吸引更多的人才,并重视长期激励,如采取股票期权等风险收益计划;在岗位职责基本明确的成熟阶段,企业可能会考虑采用按职位付酬的工资体系;而在衰落期可能更强调短期支付,如发放业绩奖金,以维系企业生存。

(2) 企业的发展阶段对工资水平定位的影响(B12)。不同的企业发展阶段对应不同的工资水平定位。一般来说,企业在初创期和高成长阶段一般倾向于采用领先策略,在成熟阶段一般采用稍微领先或是匹配的策略,而在衰落阶段通常采用匹配甚至是落后的薪酬水平策略,因为此时它的支付能力非常有限,要考虑对劳动力成本的控制。

(3) 企业的发展阶段对工资结构的影响(B13)。企业不同的发展阶段对工资结构也会产生影响。一般而言,企业在初创期和成长期的工资结构更强调报酬的激励作用,拉开收入档次,差别要相对大一些;而在成熟期和衰退期的工资差别相对要小一些,以确保公平和员工队伍稳定。

(4) 企业的发展阶段对奖金支付基础的影响(B14)。企业的发展阶段不同,奖励的重点和奖励的量也有所不同。企业在初创阶段和高成长阶段比较注重奖励未来,以刺激创业和发展,通常以长期激励为主,如采用全面参与或有限参与的股票期权和员工持股,而在企业的衰退期则比较注重奖励成本控制。此外,企业在高成长阶段时奖励的量可能会大一些,而在衰退阶段的奖励很少或几乎没有,这主要是因为企业在高成长阶段有比较强的支付能力,而在衰退期的支付能力则非常有限。

3. 产品选择对应的基本薪酬战略和薪酬管理问题(C12)

思考产品选择的主要战略分析工具是波士顿矩阵,它将产品划分为金牛、明星、问题和瘦狗四类。当企业的组织构架是根据产品事业部来划分,或企业需要鼓励新产品、新业务拓展的特定情况下,企业的产品和业务选择也会对薪酬的战略选择问题造成影响。以下所指的影响和决定均为企业按产品事业部划分或推广新产品销售时所作出的薪酬策略选择。

不同的产品类型决定不同的工资水平定位。负责明星类产品人员的工资水平通常领先市场平均工资水平,以确保明星类产品市场份额的有效增长;负责金牛类产品人员的工资水平通常领先或匹配于市场平均工资水平,以保证企业从金牛类产品上获取足够的现金流;而负责问题类产品的人员工资水平通常与市场平均工资水平保持一致或略低,以观察是否需要进一步跟进推广该产品;对于负责瘦狗类产品的人员工资水平定位,通常是低于市场平均工资水平,并作出逐步退出的考虑。

4. "定位"对应的基本薪酬战略和薪酬管理问题(D12)

企业不同的战略定位会对工资水平的定位产生影响。一般来说,当企业作出了市场领先的战略定位时,其工资水平的定位也通常领先于市场平均工资水平;而当企业作出处于行业中等水平的战略定位时,其工资水平的定位也通常匹配或落后于市场平均工资水平。

5. "竞争方式选择"对应的基本薪酬战略和薪酬管理问题

比如,我们以波特的三种竞争战略为基本框架,说明竞争方式对薪酬战略的决定。根据波特的分析,主要的竞争策略包括总成本领先策略、差异化策略和集中化经营策略。总成本领先策略要求企业保持低成本的竞争优势;差异化策略是指将公司提供的产品或服务标新立异,形成一些在全产业范围中具有独特性的东西;集中化经营策略是主攻某个特定的顾客群、某产品系列的一个细分区段或某一个地区市场。三种基本策略通常需要的基本资源和基本组织要求如表2-2所示。

表2-2 三种基本竞争策略

基本竞争策略	通常需要的基本技能和资源	基本组织要求
总成本领先	● 持续的资本投资和良好的融资能力 ● 工艺加工技能 ● 对工人严格监督 ● 所涉及的产品易于制造 ● 低成本的分销系统	● 结构分明的组织和责任 ● 以满足严格的定量目标为基础的激励 ● 严格的成本控制 ● 经常的、详细的控制报告
差异化	● 强大的生产营销能力 ● 产品加工 ● 对创造性的鉴别能力 ● 很强的基础研究能力 ● 在质量或技术上领先的公司声誉 ● 在产业中有悠久的传统或具有从其他业务中得到的独特技能组合 ● 得到销售渠道的高度合作	● 在研发、产品开发和市场营销部门之间的密切协作 ● 重视主观评价和激励,而不是定量指标 ● 有轻松愉快的气氛,以吸引高技能工人、科学家和创造型人才
目标集聚	● 针对具体策略目标,由上述各项组合构成	● 针对具体策略目标,由上述各项组合构成

资料来源:迈克尔·波特,《竞争战略》,华夏出版社,2005年。

以波特提出的三种主要竞争方式为例,它们对薪酬战略的影响主要体现在:

(1) "竞争方式选择"对工资支付基础的影响(E11)。

采取成本领先策略的企业通常具有结构分明的组织和责任,一般会选择以职位作为工资支付的基础,注重严格的工作分析和职位评价,并以此为标准来支付报酬;而采用差异化策略的企业以吸引高技能工人、科学家和创造型人才为主,通常会倾向于将能力作为工资支付的基础,向员工支付能力工资。

(2) "竞争方式选择"对工资水平定位的影响(E12)。

采取成本领先策略的企业通常比较关注控制劳动力成本,倾向于采用匹配或落后于市场平均工资水平的薪酬水平政策;而采用差异化策略的企业通常会注重建立企业在行业中或市场上的独特竞争优势,倾向于采用领先或匹配于市场平均工资水平的薪酬水平政策,以保证吸引更多的具有特殊技能的技工和知识型人才。

(3)"竞争方式选择"对工资结构的影响(E13)。

采取成本领先策略的企业,受支付能力的影响,不同职位之间的工资差别相对较小。而采用差异化策略的企业(如高新技术企业),支付能力比较强,同时更关注在研发、产品开发和市场营销部门之间的团队协作,倾向于采取宽带化的报酬结构,缩小工资的等级,拉大工资差距。

(4)"竞争方式选择"对奖金支付基础的影响(E14)。

采取成本领先策略的企业,更关注和强调成本控制和成本节省,以满足严格的定量目标为激励的基础,通常倾向于采用以成本节省为基础的奖金计划,如斯坎伦计划和拉克计划,同时更偏重于短期激励;而采用差异化策略的企业,更倾向于采用以收益分享为基础的奖金计划、期股、期权、员工持股等一系列风险收益和长期激励计划,以实现对高级技术工人和创新型知识员工的吸引和保留。

二、美国康奈尔大学斯奈尔教授(Scott A. Snell)的战略—薪酬模型

斯奈尔教授有关战略、核心能力、人力资源战略和薪酬管理的基本逻辑思路如图2-6所示。

图 2-6 斯奈尔教授的战略—薪酬研究思路

1. 理解企业战略和人力资源战略

斯奈尔教授认为企业的人力资源战略及其具体管理活动是由企业战略直接影响和驱动的,因此,他的研究模型从理解和认识企业战略开始。

产业变革的两个重要趋势是全球化和信息化,而这一变革迫切需要组织的灵活性和快速反应能力,强调速度、创新和保持低成本的竞争优势。在这一变革趋势下,全新的商业模式正在形成,基于知识的战略成为基础,企业更加关注核心能力的培育、创新和外部合作伙伴。

核心能力是一系列技能(指人所具有的)和技术(是社会或组织所拥有的、已物化或资本化了的,如信息技术等)的集合,它使组织能为客户带来特别的、与众不同的利益。评判核心能力的基本标准是有价值的、独特的(难以复制和模仿的)、可扩展和深化,是通过不断学习获得的。

而人力资源战略是对企业的核心能力进行维系、保持、利用和开发的战略,其本质是通过具体的人力资源管理实践提升企业的核心能力。企业人力资源管理实践包括招聘、

培训、工作设计、考核、薪酬等一系列活动,使得企业人力资本的存量发生变化,通过整合企业的人力资本、社会资本和组织资本,并通过有效、系统地组织企业内部的学习与创新活动,使得企业员工时刻处于知识创新的状态,不断将知识、技能转化或整合到企业的产品与服务中去,形成企业有价值的、稀缺的、难以复制和模仿的知识资本,最终形成企业的核心能力。

2. 区分人力资源的基本类型

斯奈尔教授认为评价组织人力资本的两个标准是价值(Value)和稀缺性(Unique)。他根据价值和稀缺性这两个基本维度来区分人力资源的类型,将企业中的人力资源划分为核心人才、独特人才、通用人才和辅助性人才等四类(如图2-7所示)。

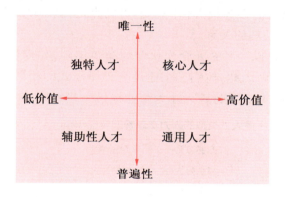

图 2-7　企业人力资本体系结构

(1) 对于企业而言,核心人才是指价值很高并且非常稀缺和独特的人才。核心人才与企业的核心能力直接相关,因此具有很高的价值;此外,由于核心人才具有公司所急需的、市场上不易获得、不易通过简单学习和工作积累而获得的特殊知识和技能,因此非常稀缺和独特。比如,微软的软件开发人员、默克医药公司的药物研究人员、证券和基金公司的操盘手等。

(2) 对于企业而言,通用人才是指与企业所需的核心能力直接相关且价值较高的一类人才。但由于这类人才拥有容易学习和获得的普通知识和技能,比较容易从市场上招聘和获取,不具有独特性。比如企业的财务会计、销售人员等,其所需的技能相对比较简单,在劳动力市场上的供应量也比较大,但对于企业而言,他们具有比较重要的价值。

(3) 对于企业而言,独特人才的战略价值较低,与企业所需的核心能力间接相关,但他们通常拥有非常特殊的、不易习得的知识和技能,因此相对比较紧缺。如某些企业雇佣的专业咨询师和咨询顾问。他们为企业提供专业的咨询服务,对于企业而言,其直接的战略价值较低,只能对企业的日常经营运作产生间接的影响,但他们通常具有非常独到和特殊的见解,并具有丰富的知识和经验,因此具有很强的独特性,不容易从市场上获得。类似的人才还包括会计事务所和法律事务所的专业顾问、出版社的作家、建筑设计师、飞机制造公司的设计工程师等。

(4) 辅助性人才在企业中的战略价值较低,通常只具备一般的知识和技能,比较容易从市场上招聘和获取。如生产车间流水线上的装配工人、前台、门卫和清洁工人等。

3. 区别每一类型人才的人力资源管理基本模式

对于每一类人才,针对其工作的具体特征,可采取不同的人力资源管理基本模式(如表 2-3 所示)。

(1) 核心人才从事的多为知识型工作,工作的复杂程度和难度更大,因此,组织与核心人才的雇佣关系应强调以组织为核心,即围绕组织的战略重点和发展要求来确定企业所需的核心能力,雇佣组织所需的核心人才。

(2) 通用人才从事的多为具有传统特征的工作,如财务管理、人事管理等,因此,组织与通用人才的雇佣关系应以职位为核心,更关注岗位任职者的专业特长和技能。

(3) 辅助性人才从事的多为根据合同要求明确界定工作职责的工作,因此,组织与他们的雇佣关系是一种劳动契约关系。

(4) 独特人才通常是以一种企业合作伙伴的角色出现,如提供短期的咨询服务、一次性地帮助企业设计产品等,因此,他们和企业是一种协作式的松散的雇佣关系。当企业或组织有需要的时候,就会请这类特殊人才为企业提供一些短期的特殊服务。

表 2-3 不同人才类型的人力资源管理特征(Scott A. Snell, 2002)

人才类型	工作类型	雇佣关系	人才类型	工作类型	雇佣关系
核心人才	知识工作	以组织为核心	辅助性人才	合同工作	劳动契约关系
通用人才	传统工作	以职位为核心	独特人才	合作伙伴	协作关系

4. 确定具体的人力资源管理(包括薪酬管理的)技术和方法

在明确每一类型人才的人力资源管理基本模式后,企业确定相应的具体的人力资源管理技术和方法,其中包括职位评价、招聘、考核、培训和薪酬战略的设计等。这里重点分析针对不同类型人才的薪酬战略设计(如表 2-4 所示)。

(1) 对于核心人才,其人力资源管理体系以"承诺"为基础,强调员工对企业的忠诚,以建立稳固的心理契约。其薪酬战略的设计要点是:

① 支付较高的报酬,薪酬水平通常领先于市场平均工资水平,以确保报酬具有市场竞争力,吸引和获取一流的核心人才为企业服务。

② 以知识、经验和资历为报酬支付的基础,多采用能力工资体系。

③ 重视风险收益和长期激励,如采用期股、期权和员工持股等方式,将其报酬所得与企业的长期经营业绩紧密挂钩,以最大限度地激励和保留核心人才。

④ 给予核心人才较高的特殊福利,如住房、带薪休假、俱乐部会员金卡、养老年金等,这类特别福利通常采用延期支付或分期支付的方式,以尽可能地激励和保留核心人才。

(2) 对于通用人才,其人力资源管理体系以"生产率的提高"为基础,强调充分利用员工的专业技能,提高企业的经营业绩。其薪酬战略的设计要点是:

① 支付较高的报酬,薪酬水平通常领先或匹配于市场平均工资水平,以确保报酬具有

市场竞争力,吸引足够合格的专业人才为企业服务。

②以绩效和业绩作为报酬支付的基础,多采用业绩工资体系,如对销售人员采用的佣金制度。

(3)对于独特人才,其人力资源管理体系以"保持良好的合作关系"为基础,强调与独特人才之间的密切合作。其薪酬战略的设计要点是:按照合同约定,根据他们为企业提供的解决方案(知识方案、设计方案、技术解决方案等)和工作成果,支付给他们相应数额的报酬。

(4)对于辅助型人才,其人力资源管理体系强调建立劳动契约关系,要求员工服从企业的职责安排,其薪酬战略的设计要点是:按小时或临时签订的合同支付报酬,如对生产工人实行的计件工资制度、企业与清洁工签署的小时工服务协议等。

表2-4　不同人才类型的薪酬战略(Scott A. Snell,2002)

人力资本类型	人力资源管理体系	薪 酬 战 略
核心人才	基于承诺	● 外部公平(高工资) ● 为知识、经验、资历付薪 ● 股权和额外福利
通用人才	基于生产率	● 注重外部公平(市场工资率) ● 为绩效付酬
独特人才	基于合作关系	● 根据合同付酬、为知识付薪
辅助性人才	基于命令和服从	● 按小时或临时签订的合同付薪

三、Gomez-Mejia 和 Wellbourne 等人的战略薪酬模式(组织战略—薪酬战略)

美国学者 Luis R. Gomez-Mejia 和 Theresa M. Wellbourne(1988)将薪酬战略分为机械的薪酬战略和有机的薪酬战略两种模式,并对两者在薪酬战略选择的关键维度上进行了比较(如表2-5所示)。

表2-5　**薪酬战略模式**(Gomez-Mejia & Wellbourne,1988)

	模式 A:机械的薪酬战略	模式 B:有机的薪酬策略
报酬支付基础		
评价单位	工作	技能
加薪标准	强调资历	强调业绩
时间导向	短期导向	长期导向
风险承担	风险规避	风险偏好
业绩水平的测量	个人业绩	个人和团队业绩
公平性(关注重点)	内部公平性>外部公平性(强调内部一致性)	外部公平性>内部公平性(强调市场驱动)
报酬分配	强调等级	强调平等
控制类型	行为监测指标	结果导向指标

	模式A：机械的薪酬战略	模式B：有机的薪酬策略
设计问题		
基本工资支付水平	支付水平领先于市场	支付水平落后于市场
福利水平	支付水平领先于市场	支付水平落后于市场
报酬包中激励报酬的比重	（激励报酬低） 固定报酬＞激励报酬	（激励报酬高） 激励报酬＞固定报酬
整体薪酬	大量的短期支付，少量延期支付的未来收入	大量延期支付的未来收入，少量的短期支付
强化的周期	少量的不经常发放的奖金	经常发放的多种形式的奖金
奖励重点	非货币报酬	货币报酬
管理框架		
决策制定	集权化	分权化
保密程度	保密政策	公开沟通
管理结构	没有员工参与	员工参与
薪酬政策的特性	官僚化的政策	灵活机动的政策
高层决定程度	高	低

此外，Gomez-Mejia等人还研究了不同的公司战略类型与两种薪酬战略的关系，他们的总结如表2-6所示。他们将公司的战略要素界定为"多元化的程度"、"业务关联形式"和"企业的发展阶段"。

表2-6 与不同公司战略类型相联系的薪酬战略模式（Gomez-Mejia & David Balkin, 1992）

公　司　战　略	薪酬战略模式
多元化的程度	
单一产品（Single-product）	有机的薪酬战略
主导产品（Dominant-product）	混合的薪酬战略 （有机的薪酬战略和机械的薪酬战略兼而有之）
相关产品（Related-product）	机械的薪酬战略
不相关产品（Unrelated-product）	有机的薪酬战略
业务关联形式	
垂直一体化（Vertical）	机械的薪酬战略
多业务（Multibusiness）	有机的薪酬战略
集团企业（Conglomerate）	有机的薪酬战略
企业的发展阶段	
新兴成长的企业（Evolutionary Firms）	有机的薪酬战略
稳定发展的企业（Steady State Firms）	机械的薪酬战略

四、Gerge T. Milkovich等人的整体薪酬战略设计（组织战略—人力资源管理战略—薪酬战略）

Gerge T. Milkovich认为不同的人力资源管理战略（包括薪酬战略）要适应不同的企业战略，即企业和薪酬战略之间联系得越紧密或彼此越适应，企业的效率就会越高。设计成功的薪酬体系,可支持公司的经营战略,能承受周围环境中来自社会、竞争以及法律、法规等各方面的压力。它的最终目标是使企业赢得并保持竞争优势。因此,薪酬体系应随着企业战略的改变而改变。

基于战略的薪酬体系设计应包括如下基本步骤(如图 2-8 所示):

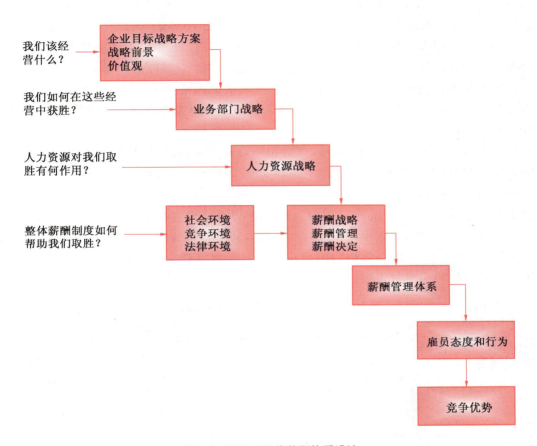

图 2-8　基于战略的薪酬体系设计

资料来源:乔治·T·米尔科维奇、杰里·M·纽曼编著,《薪酬管理(第六版)》,中国人民大学出版社,2002年,第 25 页。

(1) 我们该经营什么? 站在整个企业的高度,明确最基本的企业总体的战略定位、战略选择和战略实施方案。

(2) 我们如何在经营中取胜? 从业务部门的层次来分析,为确保组织总体战略的实施,我们应该确定哪些相应的业务部门战略。

(3) 为推动战略实施,企业的人力资源管理应该作出哪些相应的辅助和配合? 针对企业战略和业务部门战略,制定相应的人力资源管理战略。

(4) 明确整体的人力资源管理战略之后,相应的薪酬战略和薪酬管理制度是什么? 在一定的社会环境、市场环境和法律环境下,从职能或制度的层面构建整体的薪酬策略。

(5) 通过实施具体的薪酬管理政策和制度,影响和改变员工的态度和行为,激励员工最大限度地为组织作出贡献,帮助企业赢得竞争优势。

Gerge T. Milkovich 认为薪酬体系应随着企业战略的改变而改变。比如 IBM 公司薪酬策略随组织战略变化所作的转型。IBM 公司过去一直注重推行确保内部公平的薪酬策略,即实施完善的职位评价方案,在薪酬结构中体现明显的等级差别,奉行不裁员政策等。当 IBM 公司在大型主机电脑市场占据主导地位并赢得高额利润时,该策略对公司贡献很大。20 世纪 80 年代末期,电脑行业的变化日新月异,而 IBM 的"内部一致性"策略却未能对这种变化作出灵敏的反应,薪酬的激励作用被逐步弱化了,企业内的薪酬管理制度呈现出种种不适应性。经过内部检讨和调整,IBM 以变化的经营战略为指导,把薪酬设计的重点放在成本控制(实施激励工资)和更强调组织成员的风险收益分享,重新确立了有效的薪酬策略。随着企业经营战略的变化,IBM 对企业薪酬政策作出的重新调整帮助企业赢得和保持了竞争优势。

根据 L. R. Gomez-Mejia 和 Gerge T. Milkovich 等人的研究,对应于企业不同的经营战略,企业要采取不同的更具体的薪酬方案(如图 2-9 所示)。创新战略强调冒险,其方式是不再过多地重视评价和强调各种技能或职位,而是应该把重点放在激励工资上,以此鼓励员工大胆创新,缩短从产品设计到顾客购买之间的时间差。成本领先战略以效率为中心,注意控制劳动成本,强调少用人、多办事,其方式是降低成本、鼓励提高生产率、详细而精确地规定工作量。以顾客为核心的战略将顾客满意度作为员工业绩的评价指标,提出按顾客满意度给员工支付报酬。

图 2-9　调整薪酬制度以适应商业战略

资料来源:乔治·T·米尔科维奇、杰里·M·纽曼编著,《薪酬管理(第六版)》,中国人民大学出版社,2002年,第 25 页。

Gerge T. Milkovich 认为,形成一个薪酬战略需要四个简单的步骤(见图 2-10):

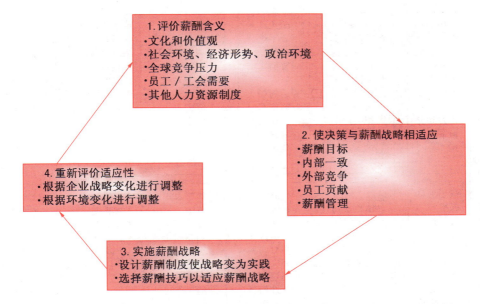

图 2-10 形成薪酬战略的关键步骤

资料来源:乔治·T.米尔科维奇、杰里·M.纽曼编著,《薪酬管理(第六版)》,中国人民大学出版社,2002 年,第 27 页。

(1) 评价文化价值、全球化竞争、员工需求和组织战略对薪酬的影响。
(2) 使薪酬决策与组织战略和环境相适应。
(3) 设计一个把薪酬战略具体化的薪酬体系。
(4) 重新衡量薪酬战略与组织战略和环境之间的适应性。

五、Lance A. Berger 的战略薪酬整合模型

美国学者 Lance A. Berger 认为薪酬策略与公司转型和公司战略是密切相关的,具有不同特征、处于不同发展阶段的企业应实施不同的薪酬策略(2000)。他所提出的战略薪酬整合模型的基本内容是:

(1) 增长型的企业,关注市场份额的增长,组织的职能设置比较简单,因此多采用灵活的薪酬等级设计,重视高水平的激励,保持市场竞争力,而且激励报酬更重视长期导向,以鼓励员工将自身利益和组织长远利益密切挂钩,鼓励创业和成长。

(2) 盈利型的企业,关注组织的正常运营,确保持续改进,通常采用多种激励手段并存的混合支付方式,实施稳健的长期激励计划,总薪酬水平保持适度的市场竞争力。

(3) 成熟型的企业,关注组织的财务指标,组织的职能设置日益集权化,在报酬设计方面更注意控制成本,薪酬水平的定位通常低于或跟随市场的平均工资水平,以短期目标的实现为激励重点,减少长期激励。

图 2-12 完整地描述了在企业的不同发展阶段,企业要达成的战略目标及其评估、企业

的运营战略、文化战略和和基本的薪酬战略。

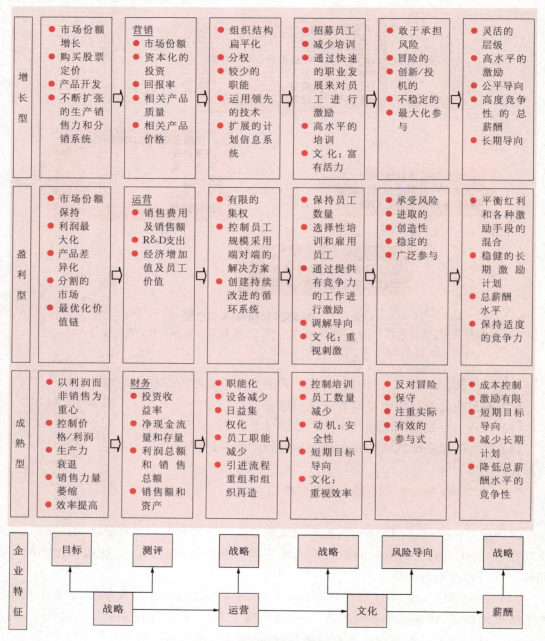

图 2-11　战略薪酬整合模型

资料来源：Lance A. Berger, *The Compensation Handbook*, McGraw-Hill Companies, 2000。

此外，以产业的增长速度和人才的可获得性作为两个基本的维度，Lance A. Berger 还提出了如图 2-12 所示的薪酬战略矩阵。

	人才可获得性		
	低	中	高
产业增长 高	高度个性化		
产业增长 中		具有适度弹性的薪酬包	
产业增长 低	有选择的个性化		高度标准化的薪酬包

图 2-12　产业的增长速度与人才的可获得性相配合所采取的薪酬战略矩阵

资料来源：Lance A. Berger, *The Compensation Handbook*, McGraw-Hill Companies, 2000。

其基本的报酬支付思想是：在产业高速增长、人才相对紧缺的条件下，组织对这类人才通常采取的是高度个性化的薪酬包，给予员工更大的选择自主权；在产业平稳增长、人才一般紧缺的条件下，组织采取的通常是具有适度弹性的薪酬包；而在产业增长比较缓慢、人才比较容易从市场获得的情况下，组织对这类人才通常实施高度标准化的薪酬包。

六、Edilberto F. Montemayor 有关支撑企业战略的薪酬策略选择研究

美国薪酬研究学者 Edilberto F. Montemayor 认为不同的薪酬战略支撑着不同的企业经营战略(1996)。他认为企业可选择的经营战略有三类：成本先导型(Cost Leaders)、创新型(Innovators)和差异型(Differentiators)。薪酬战略配合这些经营战略需要达到的目标有：

(1) 主要目标：劳动成本目标；吸引和留住竞争性人才的目标；激励目标。

(2) 辅助目标：工资水平；激励工资的比重；业绩平均水平；薪酬决策的员工参与度等。

在这种目标设置条件下，薪酬策略通过调整辅助目标来实现主要目标。围绕薪酬战略与企业战略的关系，Edilberto F. Montemayor 用实证研究的方法对 ACA(美国薪酬协会)的 1 400 家成员企业进行研究，得出的主要结论有[①]：

(1) 成本先导型战略更强调薪酬策略侧重于"劳动成本"目标，从而适应稳定的组织结构和传统的管理模式。这些企业往往严格控制成本，尽量减少成本超支。

(2) 创新型战略要求薪酬策略把重点放在吸引和留住有价值员工的目标上，网罗大量复合型员工，满足企业对员工技能的要求，借助从外部获得的人员来提升企业的竞争力。

(3) 差异型战略强调的是薪酬的"激励"目标，鼓励员工对组织整体目标的认同。因此，与其他两种战略相比，差异型战略更强调员工高水平的协调和配合。

(4) 从薪酬水平看，采用成本先导型战略的企业更倾向于采用低于竞争对手的薪酬水平定位，而采用创新战略的企业则更有可能采取高于市场水平的薪酬定位。

---

① Edilberto F. Montemayor, Congruence between Pay Policy and Competitive Strategy in High-performance Firms, *Journal of Management*, Vol. 22, Iss. 6, 1996.

（5）差别型战略和成本先导型战略倾向于采用激励工资，激励工资的比重相对较高。实施这两种战略的企业也较多地会采用定量方法来衡量工作成果，并确定薪酬额，如通过收益分享等措施来提高效率。而创新型战略提倡支付稳定的薪酬，通常采用长期激励计划，所追求的是员工强烈的组织归属感，而不是过多地采用短期激励计划。

（6）创新型战略通常广泛地采用绩效加薪（Merit Pay）政策，承认员工过去令人满意的工作行为，在基本工资的基础上进行永久性加薪。因为这种加薪并不需要事先协商，这样就可以鼓励员工的创新行为，承担更大的风险，追求工作行为的长期效果。

（7）实施创新型战略和差异型战略的企业薪酬策略相对比较开放，注重员工参与薪酬决策。

表 2-7 是 Edilberto F. Montemayor 对其有关企业经营战略和薪酬策略相互关系的研究所做的总结。

表 2-7 不同薪酬策略所支持的经营战略

薪酬策略	经营战略		
	成本先导型	差异型	创新型
薪酬体系	制度规范 →		经验
薪酬目标	控制成本	激励	吸引/留人
薪酬水平	低于市场	与市场持平	高于市场
薪酬组合刺激性	低 →		高
绩效加薪	有限使用 →		广泛使用
薪酬管理与控制	封闭 →		开放

总之，薪酬管理体系的设计应与企业总体战略保持匹配或一致已成为企业界和学界的基本共识。不同的企业战略要求有不同的薪酬战略和薪酬管理政策与之相适应，并不存在"放之四海而皆准"的薪酬管理制度。构建组织战略驱动的全面薪酬管理体系已成为企业薪酬设计的主流趋势。

本章重点回顾

- 战略的含义及其理论流派；
- 从战略角度来思考薪酬管理的重要性；
- 企业战略、人力资源战略与薪酬战略之间的关系；
- 构建战略性薪酬体系的基本方法。

思考题

1. 如何理解战略？
2. 如何理解薪酬管理战略的重要性？
3. 如何理解企业战略、人力资源战略与薪酬战略之间的关系？
4. 如何构建战略薪酬体系？

本章案例

西南航空公司成功的秘诀——战略性报酬体系的构建

西南航空公司成立于1971年，创始人是现任公司董事会主席赫伯·科勒尔和董事会成员罗林·金。他们最早的经营理念是想创办一家以最高效率、最多服务内容、提供最低成本的端对端的航空公司。该公司在成立3年后就开始盈利，成功地度过了经济萧条、石油禁运和取消价格管制等重大危机事件，很快地就从一家地区性的航空公司成长为全世界最成功的主要航空公司之一。在西南航空32年的发展历程中，它的业绩水平和所获得的各种褒奖令世人瞩目。让我们简单回顾一下它所取得的成就：

1. 西南航空在1998年被《财富》杂志评为全世界"最佳工作场所"。
2. 西南航空是20世纪90年代航空行业盈利能力最强的公司。在所有主要航空公司中，西南航空是销售收入增长最快的公司。
3. 西南航空获得了美国交通部（Department of Transportation, DOT）颁发的"三冠王"（Triple Grown）称号，这是DOT的最高评级结果，只有在三项主要指标上同时排在所有主要航空公司第一名的公司才能获得这项荣誉。
4. 西南航空连续七年获得"客户最满意奖"。
5. 西南航空在所有主要的航空公司中是运营成本最低的，每英里座位成本仅为7美分。
6. 2002年，当世界航空业受到"9·11"恐怖事件影响而面临严重危机时，西南航空是仅存的唯一一家依然保持盈利的美国航空公司。

这个荣誉清单还可以继续列下去，但所有这些都说明了一个共同问题，即无论用哪个标准来衡量，西南航空公司都取得了非凡的成绩。而且这些成就的取得是在行业环境正经历重大变革的情况下发生的。航空业正在发生重组，兼并和联合屡屡出现，居高不下的燃料成本，航空价格管制被取消，对营运、装备和服务程序的规范进一步加强，恐怖事件频频发生，等等，这些都逼迫各大航空公司对此作出积极的响应。许多专家指出，航空业现在已经成为全世界发展最困难的行业。

那么，西南航空的成功秘诀是什么呢？按照公司创始人赫伯·科勒尔自己的说法，是公司的人本文化。而人本文化并不是自发形成的，其营造的关键是公司实施的战略性的薪酬和奖励体系。

许多观察家和分析师都认为西南航空的薪酬和奖励体系是以公司整体战略目标为导向来构建的，其报酬体系支撑并不断强化公司的战略目标实现和经营哲学，可变薪酬和奖励计划是公司战略管理流程的重要组成部分。

西南航空的战略性报酬体系可分为四类，即战略性的基本工资、战略性的福利、战略性的激励计划和战略性的特殊贡献奖赏计划。

战略性的基本工资

西南航空公司的工会化程度很高，33 000员工中有81%是工会成员，大部分人员的基本工资被纳入工会合同的框架。集体谈判的过程和最终结果被认为是极富战略性的。一般来说，工资谈判协议会确定与市场水平相一致或稍低于市场水平的报酬水平，这将有助于控制劳动力成本，以确保与公司的低成本战略相适应。同时，工会合同约定的工资和资历相关，这一点非常关键，因为西南航空非常看重员工为公司长期服务和对公司的长期承诺。此外，员工能够通过不同的薪酬计划来分享公司的成功，从而提高他们的总体报酬。事实上，许多西南航空的员工都是百万富翁。

西南航空支付给CEO的报酬要低于同等规模的其他航空公司的CEO的中位数水平。其他高级经理的收入水平稍高于市场平均水平，但他们持有的公司股票就少了很多。这种做法的主要意图是给予公司的高层管理者较少的现金报酬，但通过股票所有权的奖励，让他们分享为股东创造的更多的价值，激励他们致力于公司长期财务业绩的增长。经理们购买股票期权也没有特别的折扣，他们购买公司股票的机会和其他员工一样，以体现内部的公平。

战略性的福利

西南航空提供的福利清单令人印象深刻。它包括传统的福利计划和少数创新的方案。像其他许多公司一样，西南航空为员工提供医疗保险、人寿保险、伤残保险和生活补贴等一系列免费的福利。此外，员工及其家庭成员可免费乘坐西南航空公司的航班并享受其他航空公司打折的旅行机票。员工在一些特殊的日子（生日、结婚纪念日等）能收到公司的特别礼物并且经常有庆祝的机会。一系列福利方案的背后体现的是西南航空的战略意图和经营哲学——"员工是公司最重要的资产"，西南航空将尽最大的努力来帮助和照顾这些非常重要的利益相关者。

战略性的激励计划

两个主要的可变报酬方案是全公司范围的利润分享计划和员工持股购买计划。利润分享计划于1973年开始实施，它鼓励每个员工尽可能地控制成本，因此是富有战略意义的。根据员工的个人收入水平和公司的盈利状况，每位员工都获得同样的分享机会。那些工作时间更长或承担加班飞行任务的员工将获得更大比例的利润分享。过去，该计划以现金和延期支付的退休金这两种方式给员工支付分享的利润，后来，在员工要求改革的建议下,从 1990 年起全部奖金都以延期支付的方式进行。这样,员工就能够在退休的时候得到更多保障。

退休金计划有各种各样的投资选择,其中包括购买西南航空公司的股票。通过这些购买,员工们现在持有了公司 12% 的股票。当股票表现优秀的时候,每个人都能从中受益。因为这项投资,许多服务年限较长的员工在退休时都非常富有。这对组织而言非常重要,有效地强化了员工对组织的长期承诺。

公司的股票购买计划让所有员工和经理们共同分担风险,也分享成功和收益。除进行收益分享投资之外,员工可以用工资额扣除,通过股票购买计划按一定的折扣购买公司的股票。近几年公司与飞行员们签署的合同使得飞行员们能通过股票期权和增加工资延期支付的方式对公司进行更大的投资。

利润分享计划和股票期权计划使得员工能敏锐地意识到公司业绩和他们所获得的利益休戚相关。在西南航空公司的每个基地都设有公司股票价格的显示屏,这样,员工们每天都能看到公司及自己的财务状况。

战略性的特殊贡献奖赏计划

西南航空通过推行一系列特殊贡献奖赏计划,来鼓励和强化期望员工表现的行为,推进公司战略的实施,支撑企业的基本价值观。

在公司总部和各个基地都会有各种各样的特殊贡献奖赏计划,公司的首席执行官和高级经理们会出席这些庆祝仪式并亲自给员工颁奖,他们向员工和优胜者传递的特殊意义是,他们非常鼓励并认可和公司战略及价值观保持一致的员工行为。

这些特殊贡献奖赏计划包括"心中的英雄"奖励计划、总裁奖和"成功精神奖"。"心中的英雄"奖励计划是 1992 年由西南航空公司的文化管理委员会设立的,他们希望设计一种奖励方式来鼓励那些无名英雄——客户很少能看到的在幕后辛勤工作的员工。公司建立跨部门的联合委员会来制定奖励标准和评判优胜者。每年,一个因后台工作而对客户服务产生积极重大影响的团队会被评选出来。这一奖励的获得者要到情人节那天才会正式公布,并在公司总部达拉斯举行盛大的庆祝典礼。优胜团队的名字将被喷涂在西南航空某架携有"心中的英雄"徽章的飞机上,有关这一团队先进事迹的报道将出现在公司飞机上的杂志和新闻通讯中。

一年一度的总裁奖将颁发给那些能极好地表现出推动公司战略目标实现所需的价值观和行为的员工:如关注顾客需求、不辞辛苦地帮助和支持同事、以身作则、信守承诺、服从命令、将快乐带到工作中、支持变革等。每个获奖者都可以得到由公司副总裁签署的纪念章,一份现金奖励和一张纪念日的合影照片。获奖者的照片将被张贴在公司的新闻通讯里。

"成功精神奖"通常是每个月发放一次,奖给 10—12 名极好地按照公司价值观行事的员工。这些奖励的候选者通常由同事或顾客通过西南航空的内部系统进行提名。公司委派的一个跨部门的联合委员会作出最终的评判。每个获奖者都会被邀请到公司的总部,由 CEO 亲自读提名信并颁发象征"成功精神"的小别针和附有 CEO 照片的相框。有关获奖者事迹的报道将发布在公司的新闻通讯上。

西南航空还有其他多种形式的奖励计划，包括"让我们一起做得更好"、"通往未来的机票"、"走一英里"、"帮助之手"、"坚持服务"、"去看做"、"酷兵奖"、"最高扳手奖"、"超级明星"、"闪耀之星"和"荣誉之声"等。这些奖励都有共同的特征，就是不断鼓励员工努力去实现公司的使命、战略和经营目标。

有人认为这些奖励计划是耗费成本的。但正如赫伯·科勒所说："这些计划的价值在于它长远的影响和效果。如果你是一个统计学家，你不会用这些奖赏计划，因为你会说：'如果我们不做，我们可以节省很多钱。'但西南航空在美国航空公司中一直保持最低的客户投诉纪录，谁能说它不值得呢？"

西南航空成功案例的启示

虽然没有普遍适用的薪酬战略，在某个企业获得成功运用的报酬管理体系未必适用于所有的企业，然而，西南航空公司的成功经验仍然具有很强的借鉴意义。其中的关键启示是企业的薪酬体系必须要与组织的战略目标和经营哲学保持高度一致。在西南航空公司的案例中，员工的基本工资、激励报酬（收益分享和股票购买计划）、福利方案和特殊贡献奖赏计划等都紧紧围绕公司的低成本战略、关注客户需求、以人为本、重视员工长期承诺等经营理念来设计和制定。西南航空的报酬制度始终在传达和强调同一个信息，即公司将鼓励那些对实现组织成功发挥关键作用的理念和行为。通过构建战略性的薪酬体系，西南航空公司取得了巨大的成功，它也因此成为全世界最具吸引力和最受赞赏的雇主之一。

第三章 基本薪酬管理

【本章框架】

```
基本薪酬管理
├── 基本薪酬概述
│   ├── 基本薪酬的定义
│   ├── 基本薪酬的四种支付依据
│   └── 基本薪酬的作用
├── 基于职位价值的基本薪酬管理
│   ├── 工作分析
│   ├── 职位评价
│   ├── 薪酬调查
│   ├── 薪酬水平定位
│   └── 薪酬结构的确定
├── 基于能力的基本薪酬
│   ├── 能力的概念界定
│   ├── 基于能力的薪酬体系的优势
│   └── 基于能力的薪酬体系的设计方法
├── 宽带薪酬
│   ├── 宽带薪酬与传统薪酬
│   ├── 宽带薪酬产生的背景
│   ├── 宽带薪酬的优势与劣势
│   └── 宽带薪酬的发展趋势
├── 绩效加薪
│   ├── 绩效加薪的概念界定
│   ├── 绩效加薪与一次性奖金的比较
│   └── 绩效加薪的具体实施
└── 选择最佳付薪方式
    ├── 组织类型
    ├── 发展阶段
    ├── 组织文化
    └── 员工类别
```

第一节 基本薪酬概述

对绝大多数员工来说,薪酬是其收入的主要来源;对企业而言,薪酬是其运营成本的重要组成部分。因此,设计一套既能支持企业战略又能恰当反映员工价值和贡献的薪酬体系,无论对企业还是员工都具有相当重要的意义。基本薪酬作为薪酬体系的重要组成部分,对于企业的薪酬体系建设起着至关重要的作用。

为确保基本薪酬的内部公平性,需要有一个能让绝大多数员工接受的判断公平与否的支付基础。因此,对于一个企业来说,在设计基本薪酬的时候,必须要确定基本薪酬的支付基础。目前,薪酬的支付基础主要有四种,即基于职位(Position)、基于能力(Competency)、基于绩效(Performance)和基于市场工资率(Market Rates)。四种支付基础各有自己的特点,其中,职位和能力多用于确定员工的基本薪酬,而绩效多用于决定奖金或含绩效加薪(Merit Pay)。至于在岗位和能力中具体选择哪一个作为公司基本薪酬的支付基础,则取决于公司的具体情况。除此之外,还需要正确测度基本薪酬的支付基础。如何在选择的基础上将其进行量化是整个薪酬体系构建中工作量最大也是最难的一步,其科学与否将直接影响整体薪酬体系的效率。

在这一章,我们将系统地介绍基于职位和基于能力薪酬体系的构建技术,并在此基础上对企业在构建薪酬体系时应选择的支付基础提出一些建议。无论在何种情形下,我们都需要牢记:任何薪酬实践都是不能被忽略或被普遍认可的,企业薪酬实践的成功与否取决于它的对象和使用环境。

一、基本薪酬的定义

薪酬有先于绩效或后于绩效两种支付类别。先于绩效的薪酬支付是依据职位价值和员工本身所拥有的能力,所产生的收入就是基本薪酬(Base Pay),后于绩效的薪酬支付所产生的收入是变动薪酬(Variable Pay)。绩效产生前支付的风险在于对职位和能力的评价上;绩效产生后支付的风险在于对绩效的评价、大家是否认可绩效评价的结果以及大家是否接受绩效考核所导致的文化。

根据美国《薪酬手册》一书的定义,基本薪酬是 Wage provided to employee before any add-on such as shift deferential, performance bonus, clothing allowance, or overtime. 从这一定义可以看出,基本薪酬是没有任何附加收入的。可以从三个角度来理解这句话:

第一,基本薪酬是固定不变的,至少在相当长(如一年)的时间内是固定不变的,是一种保证。

第二,基本薪酬是维持基本生活需要的收入,换言之,基本薪酬的作用是保证员工的基本生存需要。

第三,基本薪酬是企业与员工第一次交易的价格,是绩效产生以前的,不包含任何附加报酬（如补贴、福利、加班工资等），对企业而言风险很大，但这是必要的风险。

上述三个角度也是基本薪酬的三个重要特点。

二、基本薪酬的四种支付依据

前面已经提到过薪酬的四种支付依据，需要注意的是，每一种薪酬体系背后都是一种薪酬哲学，是一种价值取向的表现。每一种薪酬体系也都有它独特的优势，可以用于特定的薪酬支付目的，但也不可避免地存在着相应的缺陷。下面对四种不同支付依据的基本薪酬体系的哲学思想和优缺点进行分析。

1. 基于职位的薪酬支付体系

基于职位的薪酬支付体系（Pay for Position or Pay for Job），是指根据个人从事的职位的价值作为支付基础的报酬体系。基于职位的薪酬体系的薪酬哲学认为职位的设置最为重要，而薪酬应代表职位的价值所在。这种薪酬体系的优点是：体现职位价值，对事不对人，比较客观；有完善的评估系统，标准较为客观。在某些特定情形下，企业只适合建立以职位为基础的薪酬体系，如从事纺织的传统企业以及企业中的行政岗位等。然而，基于职位的薪酬体系也存在一些问题，例如，它对能力重视不足，设计过程烦琐、耗时，操作复杂，体系固化、变化迟缓，反应不灵活等。基于职位的薪酬支付体系的具体内容将在本章第二节重点介绍。

2. 基于能力的薪酬支付体系

基于能力的薪酬支付体系（Pay for Person or Pay for Competency），是指以个人技能、知识和行为为支付基础的报酬体系。基于能力的薪酬体系的哲学基础认为员工的价值取决于员工的能力，而不是其所在的职位。这种薪酬体系的优点是：鼓励员工发展能力；适合高科技企业以及鼓励员工学习与发展的企业；相对于职位体系而言没有那么烦琐；以角色为基础，灵活宽泛。其不足之处在于：相对于职位评价，能力的评价更难量化；能力薪酬管理不当会导致工资成本膨胀；当薪酬鼓励的能力并非企业所需的情况下，会出现误导员工的情况。基于能力的薪酬支付体系的具体内容将在本章第三节重点介绍。

3. 基于绩效的薪酬支付体系

基于绩效的薪酬支付体系（Pay for Performance），是指以员工的工作绩效或实际劳动成果为支付基础的报酬体系。基于绩效的薪酬体系背后的薪酬哲学认为无论员工的职位和能力如何，他们最重要的价值就是他们所创造的绩效。在这样的哲学指导下，所形成的价值体系也更加偏向于结果导向。基于绩效的薪酬体系在某种程度上可以视作奖金，因为其薪酬水平很大程度上是在工作结束后，根据绩效水平的高低来确定报酬的额度。典型的情况就是某些企业销售人员的薪酬体系，即根据销售业绩来支付佣金的薪酬体系。关于这一部分内容将会在下一章"奖金"中进行详细的介绍和讨论。这种薪酬体系的优点在于：激励性强；

在招聘吸纳人才方面有效果,可以吸引雄心勃勃的人才。其不足之处在于:薪资不稳定,员工的基本生活缺乏稳定的保障;员工难以形成忠诚感;缺乏长期竞争力。

4. 基于市场工资率的薪酬支付体系

基于市场工资率的薪酬支付体系(Pay for Market Rates),是指以目前劳动力市场的工资率作为支付基础的报酬体系。而基于市场工资率的薪酬哲学是认为员工也像商品一样,价格是由市场供求决定的。在这样的薪酬哲学指导下,企业对职位和能力的关注是因为需要将企业内员工同市场水平进行比较,对职位的评价和能力的评估是作为修正比较的参照维度。其设计步骤依然是工作分析、职位评价、薪酬调查和薪酬结构四个步骤。不同之处在于其重点是薪酬调查,因为市场数据是最为重要的参照和决策因素。之前进行的工作分析和职位评价明确的职位价值和任职资格都是将市场数据和自身进行比照的重要依据。其他方面同基于职位和基于能力的薪酬支付体系并没有太大的不同之处。其优点是可以实现薪酬体系的个性化,增强精确性;保证薪酬体系具备外部竞争力。不足之处在于难以形成完备的薪酬体系,企业的自主控制力较弱。

通过对以上四种支付基础的了解,可以发现每一种方法都有其自身的优缺点,因此一个企业往往都不只用一种方法,而是综合选用多种薪酬支付方法。更为通常的做法是,采用一种方法作为主要支付基础,同时兼顾其他支付维度与方法。本章将对最为重要的基于职位的薪酬支付体系和基于能力的薪酬支付体系进行详细的介绍。

三、基本薪酬的作用

通常来说,企业支付薪酬有吸引员工、留住员工和激励员工三大目标。那么,基本薪酬在整个薪酬体系中起到什么样的作用?对于三大目标,基本薪酬在吸引员工和留住员工方面起着核心作用,而变动薪酬(奖金)的作用则更多地体现在激励员工方面。

例如,一家国有企业在实施薪酬变革的过程中,降低了基本薪酬的比例,提高了奖金的比例,那么这次薪酬变革很可能达不到正面效果,反而会产生反作用。这是因为对于大多数国有企业而言,工资总额是既定的,在工资总额既定的情况下,要提高奖金比例,就只能降低基本薪酬。一方面,降低基本薪酬和提高奖金尽管可能会使目标达成更有效率;但另一方面,也可能会牺牲员工的满意度。降低基本薪酬会带来员工满意度的下降,因此在吸引和留住员工方面都会产生负面作用;提高奖金在激励员工、帮助达成目标方面可能会有积极作用,但依然存在着很大的不确定性。

在吸纳和留住核心员工方面,基本薪酬起了很大的作用。值得注意的是,基本薪酬虽然很重要,但并不能代替奖金。虽然基本薪酬在薪酬三大目标的前两个目标中的作用更具优势,但它在第三个目标——企业经营目标的达成中还没有一个定论。所以,"基本薪酬的作用比奖金的作用大"这一观点是权变的观点,在不同的情况下须区别对待。

对于基本薪酬的作用,还有一个很重要的观点,那就是"权利与激励"的概念。这一概念和双因素理论有相似之处①,但在薪酬管理中,两者并不完全一致。

权利与激励理论的基本假设是员工将薪酬中的固定报酬部分看作自己的权利,并且这一固定报酬必须达到一定的程度,能够满足员工最基本的生活需求。如果员工认为自己的权利没有得到可靠的保障,那么其他的薪酬部分(如绩效工资、年终奖、认可激励等)都起不到应有的作用,甚至没有作用。

需要注意的是,员工心中这一权利部分的绝对数量往往比大多数人力资源实践者所认为的要高。这主要是因为随着社会的发展,员工对基本社会生活的标准也越来越高:不仅仅是满足基本的生存需要,也要维持相应社会等级的体面生活。例如,对于一名普通的上班族,其住宿标准往往会是公寓,而非集体宿舍;其饮食标准要求营养美味,而不仅仅是吃饱;并且还具有相应的社交需求(如通讯费用、交通费用、服装费用)等。随着社会层级的提高和社会经济水平的进步,这一标准往往也会提高,如一个大型企业的部门总监的住宿标准可能已经提高至独栋别墅,而非独立的公寓,对交通的要求也需要相应等级的私人用车,而非公共交通。

如果员工认为自己的固定薪酬过低,权利没有得到保障,余下部分需要通过奖金或其他方式来获得,那么这额外支付的成本所产生的效用将会大打折扣,甚至没有效果。

所以,较高水平的固定薪酬是员工基本权利的保障,企业应该为员工支付较高的固定薪酬。即使是对于高层管理者(他们通常需要较高的变动薪酬用以强化激励作用)也必须有足够的绝对数量保证其基本生活。

从美国薪酬协会了解到的数据表明,美国各种管理层级(分为高层管理者、关键经理、专业人员、一般员工)中不同层级的报酬的组成可分为:一般员工的基本工资占到工资总额的95%,甚至是100%,基本上没有奖金的空间;专业人士的基本工资则占到了75%—85%的比例,15%—25%是奖金,股权占的比重很小;关键岗位的经理人员的基本薪酬在35%—45%之间;高管层的基本薪酬比例只占30%。可以发现职位层级越高,基本工资的比重越低,变动部分的比重越高。但有一点不能忽略,即高管的基本薪酬比重看似比较低,但是绝对量很高。尽管基本薪酬和奖金的比重是一个重要的衡量指标,但不能忽视绝对量这一重要的指标。为员工提供一个具有较高绝对值的基本薪酬是十分必要的行为。

高固定薪酬的概念基于产出管理的薪酬哲学。关于成本管理和产出管理的具体内容如下。

文跃然说

成本管理与产出管理

随着现代管理技术不断走向科学化与精细化,人力资源这一重要的生产要素也越

---

① 该理论由赫茨伯格(Fredrick Herzberg)提出,最初发表于1959年出版的《工作的激励因素》一书,在1966年出版的《工作与人性》一书中对1959年的论点从心理学角度作了理论上的探讨和阐发,1968年,他在《哈佛商业评论》(1—2月号)上发表了《再论如何激励职工》一文,从管理学角度再次探讨了该理论的内容。

来越受到大家的关注,许多管理者也都十分看重企业在人力资源上的投入与人力资源为企业带来的产出。但是,不同的管理者对人力资源有着不同的关注点:有的更关注投入的部分,将人力资源当作一种生产成本来节省;有的更关注产出部分,将人力资源当作一种生产资料来创造。而在他们关注的技术层面背后,体现的是更为深层次的管理哲学,是一种哲学思想的变化。笔者在本文中正是要向读者们介绍最新的产出管理与传统的成本管理的异同,以及实现产出管理的关键所在。

产出管理的概念

产出管理与成本管理的概念其实都源自西方管理学界,但在引入中国人力资源管理界的时候并不是十分明确,以至于一部分人还没有真正了解成本管理与产出管理之间的差异和关系。我们首先来看成本管理和产出管理应用于人力资源的具体表现有哪些(参见表 3-1)。

表 3-1 成本管理与产出管理在人力资源上的具体表现

成本管理的基本特征	产出管理的基本特征
1. 把报酬分为固定薪酬和奖金两部分,而且固定薪酬很低,越低越好; 2. 强调考核与罚款,扣得越多越好; 3. 只有少数的人能够拿到全额奖金; 4. 注重通过换人来提高绩效,而不是通过薪酬激励,因而不停地更换组织成员。	1. 把高固定薪酬(绝对数量)当作员工的权利和企业的义务; 2. 更加强调非金钱因素,用非金钱因素来提高绩效,体现全面薪酬思想; 3. 强调创造而不是节省,用有限的成本来获得无限的绩效; 4. 相信越贵的劳动力是越便宜的这一哲学思想。

可以看到,成本管理的哲学思想应用于人力资源管理的时候,企业将员工的报酬视作一项成本,尽可能地节省。因而将其收入拆分为固定工资和奖金,并且固定工资设定得越低,意味着企业的固定支出越少,成本越低。并且在变动工资方面往往通过非常苛刻的考核扣罚大部分奖金,以此来进一步降低人工成本,带来的结果是只有少数人能够拿到全额奖金;其实际发放的薪酬数量总额比薪酬预算只会低不会高。而由此带来的员工低满意度和高离职率通过不停地更换人员来解决,将人力资源视为一种消耗品。

而产出管理的哲学思想在人力资源管理实践中则体现为将高固定报酬视为员工的权利,值得强调的是这里的高固定报酬指的是绝对数量的高,而非相对比例。因为产出管理认为企业有义务为员工提供一个有保障的、体面的生活水平。并且企业为员工支付的报酬不仅仅是货币形式,还会采用各种非货币手段对员工进行激励,如企业文化、认可激励、各种方法论等,体现的是一种全面薪酬的思想。最根本的体现是员工的工资总额没有一个绝对固定的上限,而是强调不断创造,只要员工能够为企业创造更多的收入和利润,企业也会将更多的财富与员工进行分享,因而不会有一个绝对固定的工资上限。其来源是"越贵的其实是越便宜的"这一哲学思想,将人力资源视为一种投资品。

可见,成本管理与产出管理作用于人力资源的时候,不仅仅是技术层面的差异,更多的是他们背后的管理哲学不同以及由不同的出发点带来的不同方式与结果。

第二节 基于职位价值的基本薪酬管理

基于职位的薪酬设计所隐含的逻辑基础是:公司根据职位的相对价值支付给员工报酬。这就要求对职位进行合理的评估。而要对职位进行评估,就必须先解决两个基本问题:
- 该职位主要的工作任务是什么?
- 员工要胜任该职位需要具备什么样的能力?

只有先弄清了职位要做什么以及需要什么样的人来做,我们才能在令人信赖的基础上量化职位价值。要科学地解决这两个问题,就必须首先进行工作分析。工作分析告诉企业有哪些职位;工作评价对各个职位的价值进行排序;薪酬调查重点解决企业薪酬的外部公平性与竞争性;薪酬结构解决企业内部公平性。所以,薪酬体系是一个既追求公平又追求效率的体系。

基于职位的薪酬体系设计的基本框架如图 3-1 所示:

图 3-1 基于职位的薪酬体系设计步骤

一、工作分析

1. 与工作分析相关的基本定义

组织通过职位分析可以得到以下成果[①]:

任务(Task):任务是指为达到组织的某一特定目标所进行的一系列动作(Action,包括体力和脑力两方面)的集合,如扫地、打开水、拧螺丝、制定企业年度生产经营目标等。任务有不可细分和有用两个显著的特点。不可细分是指任务是组成工作的最小元素。从动作研究的角度讲,每一个任务还可细分为一系列的动素,动作研究专家(又称方法研究专家)正是通过研究以消除动作中的冗余部分、研究最佳动素组合以制定最优方法来提高组织的工作效率。比如,扫地可以细分为找扫帚、抓扫帚、挥扫帚等动素,但这些细分所得

---

① 刘昕,《薪酬管理》,中国人民大学出版社,2002年,第59页。

的动素显然不是工作分析所要关注的,所以从这个角度讲,任务是不可细分的。有用是指任务一旦被正确地履行,就能对组织产生一定的效用,推动组织向前发展。扫地这项任务对组织的作用是显而易见的。

岗位(Position):岗位是一个人履行的任务、义务与职责的集合(A Collection of Tasks, Duties, and Responsibilities)。

职位(Job):职位就是一组有着同样任务与职责的相似岗位的集合(A Group of Similar Positions Having Common Tasks, Duties, and Responsibilities)。以清洁工为例,清洁工要承担的任务有扫地、打开水、抹桌子、整理会议室等。如果一个组织上述工作量很大,需要6个人才能完成的话,就说该组织有6个清洁工的岗位,这6个岗位合到一起,就是我们所要研究的职位。职位有三大特征:一是每一个职位都是战略性任务和运作性任务的组合;二是职位在组织中层级越高,战略性任务在职位中所占的分量就会越大,而运作性任务在职位中所占的分量就会越小;三是职位的任职资格要求会随着岗位在组织中层级的提高而提高。

职位簇(Job Family):职位簇是组织中相似职位的集合(A Cluster of Similar Jobs in an Organization)。如大学教师就是一个职位簇,它是助理讲师、讲师、副教授、教授等岗位的集合。

职业(Occupation):职业就是不同组织中相似职位的统称,如教师作为一个职业就是小学老师、中学老师、大学老师等的统称。

工作分析(Job Analysis)也叫职位分析,是通过搜集与工作相关的各种信息并以一种格式把这种信息描述出来,从而使其他人能了解这种工作的过程,明确企业需要哪些岗位、每个岗位的职责、相应的任职资格的一个系统过程和一整套技术。

工作分析所要回答的主要是这样两个问题:

● 该职位应该做什么?怎么做?为什么要做?
● 什么样的人来做是职位最合适的?

职位描述(Job Description):职位描述是对经过职位分析所得到的关于某一特定工作的职责与任务的一种书面记录。它所阐明的是一种工作或某个职位的职责范围及其内容。职位描述并不列举每一种工作的细节。相反,它只提供关于一种工作的基本职能及其主要职责的总体脉络。

职位规范(Job Specification):职位规范是对适合从事该工作的人的特征所进行的描述。职位规范又被称为任职资格,它主要阐明适合从事某一工作或岗位的人所应当具备的受教育程度、技术水平、工作经验和身体状况等条件。

工作分析也可以理解为用一套技术来解决三个问题的过程。三个问题主要是指:企业需要设立哪些岗位?每一个岗位的职责是什么?每一个岗位需要什么样的能力才能胜任?而这一整套技术就是工作分析的各种具体方法,解决这三个问题的过程就是工作分析的过程,这一过程的有形结果是职位说明书和任职资格说明书。

2. 工作分析中需要解决的问题

(1) 如何确定一个组织中的任务?

从上述分析不难看出,任务与岗位是"源"与"流"的关系,不梳理清"源",就不可能处理好"流"。所以说,界定组织应当完成的任务是工作分析的起点。它要回答以下问题:为了实现组织目标,组织需要做些什么?在这些需要做的任务/事情中,什么是应当而且必须承担的?什么是可承担亦可不承担?什么是不应承担的?

① 为了完成组织的目标,需要履行哪些任务/事情?

"人人都管事,事事有人管"是组织高效运行的必要条件。要做到这一点,就必须将组织中的任务/事情先列出来。但由于一个组织中的任务实在太多,如果不遵循一定的原则和方法,那么在列举组织的任务时,难免会顾此失彼。组织的任务不是凭空产生的,每一项任务都有自己的来源,归纳起来有以下三个方面:

● 组织的工作流程和组织的职能。

这是组织任务的一个主要来源,由它们所衍生的任务属于组织的运作性任务(Operational Task)。从理论上讲,组织所有的事情都是由流程所派生的,所以沿着组织的流程,是可以将运作性的任务穷尽出来的。从另一方面讲,企业的任务可以分为生产、研发、管理、市场等四大类别,每个大类又可细分成许多小类。将上述两个方面综合,形成列举任务的两个维度,就可以找出组织的任务(参见图3-2)。

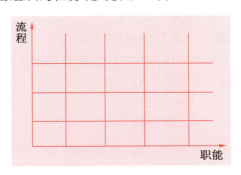

图3-2 组织的任务来源

● 组织战略。

组织战略派生出组织的战略性任务。企业的任务需要支持组织的战略,由组织的战略逐层分解,得到组织的战略性任务。

● 组织解决某些特殊事件。

每个组织由于其所处的特殊环境,会有一些非常规的任务。这类任务是很难从上述两个来源派生出来的,即通常所讲的"突发性的非常规事件"。处理这些事件必然会产生一系列的任务,这些任务也是工作分析所应当尽可能列举的。

② 在需要履行的任务/事情中,哪些是组织所必须承担的?

判断组织是否应当承担某项任务的根本标准是组织履行该任务的收益是否大于成本。如果收益大于成本,组织就可以承担此项任务,否则,组织就不应当承担此项任务。

履行任务的成本由直接成本和间接成本两部分组成。直接成本是指组织为完成该任务所配备的生产资料(如扫帚等)和人工成本(如薪资等),间接成本是指组织维护生产资料的成本、监督成本等。

确定任务对组织的价值,可以从以下三方面去考虑:
- 组织战略:组织战略在很大程度上决定了任务对组织的价值。
- 组织的运作效率。
- 组织所处的特殊环境。

很多情况下,我们很难准确地界定任务对组织的价值,这时可以采用机会成本的办法确定。比如说,扫地对于企业的价值很难根据上述三条原则论证出来,但是我们可以大致将把公司的扫地工作全部交由外部的家政公司承担的成本视为扫地对企业的价值。如果价值大于成本,则组织可以承担此项任务。但有时企业会基于核心竞争力的考虑,把该项任务外包出去。为什么会出现这种情况呢?因为随着竞争越来越激烈,如果企业不能将自己的精力集中在自己最擅长、最具核心竞争力的领域,企业就很难做好。这是亚当·斯密的劳动分工原则在企业与企业之间的体现。根据这一点,组织对自己必须去做而没有能力做好的事,可以采用业务外包的方式,交由外部的专业公司去承担。

(2) 如何将一系列的职责与任务归并到一个职位中?

每个组织都有大量的任务。如何将零散的、非系统性的任务进行组合,使其形成岗位,是工作分析的一个重点和难点。有许多方案来实现任务的组合和岗位的形成,而工作分析的一个主要目的就是要找出效率最高、成本最低的方案。至于如何将任务合并、形成职位,将在下面"工作分析的指导思想"中详细论述。

(3) 如何确定一个职位在组织中的位置(解决职位与周边职位的关系)?

在对职位进行分析时,只有将它放到整个组织的大环境中,才能获取全面的信息。每个职位必然会同组织中的其他职位发生联系,工作分析的一个主要任务就是找出这些联系,并通过分析职位之间现有的信息流和物流,重构业务流程(业务流程重组 BPR)。

(4) 职位在组织中的价值如何?如何评价该职位的工作绩效?

每项工作、每个职位之所以在组织中能存在,是因为它能为组织创造价值,如果某个职位不能为企业创造价值、不能创造比其边际成本更高的价值,那么这个职位在企业中就没有存在的必要。如果某个职位对企业是有价值的,那么如何公正、客观地评价在该职位工作的员工的绩效?解决这两个问题对于人力资源的管理实践至关重要,前者解决组织应付给这个职位多少工资,以建立合理的薪酬体系;而后者解决组织应付给在这个职位上工作的员工多少工资的问题。

(5) 如何确定职位的任职资格?

前面几个方面都集中在"事"上,而事总得有人去做。要完成职位上的任务,就必须具备一定的知识、技能、能力和其他方面(Knowledge, Skill, Ability and Others,以下简称 KSAOs);而人的 KSAOs 是千差万别的,不同的人在相同的职位上会有不同的绩效。如果选择拥有过高 KSAOs 的任职者来从事工作,不仅会导致较高的成本,而且有如果他在这个职位上不能充分发挥他的潜能,其绩效也不一定会高。而 KSAOs 如果太低,则任职者很难按要求完成任务,从而降低组织的运作效率。所以,任职资格要解决的是"合适的人去做合适的事"的问题。

确立职位的任职资格,可以从以下几个方面进行考虑:

- 完成这项工作,需要具备哪些 KSAOs?
- 要使组织在市场中有竞争力,这些 KSAOs 要到什么程度?

图 3-3　确定任职资格的三个维度

从图 3-3 所示的三个维度出发,就能很好地把握职位的任职资格。其中,KSAOs 维度是工作本身要求的,而质量和时间维度则根据外部竞争情况而定。如打字员须具备打字技能是由这个职位本身所决定的,但打字速度要求 60 字/分钟、差错率不能高于 1% 则在很大程度上是根据外部竞争情况而确定的,其目的是使组织在行业中有竞争力。如果组织中的职位不具备竞争力,那么组织整体是很难有竞争力的。

在了解了行业任职资格的通行标准后,组织可根据自身情况,采用领先、跟随或者有意落后的战略,确定组织中职位的任职资格。

- 为了给员工提供合理的岗位通道,引导员工进步,如何将任职资格分级?
- 基于企业的现实,职位的 KSAOs 当如何设定?

3. 工作分析的指导思想

前面讲道,工作分析的主要目的是通过系统的分析,将组织中的任务进行组合,使之形成工作(或职位,下同)。那么在工作分析的过程中,我们应当遵循哪些指导思想,才能使对任务的组合是最优的组合呢?在工作分析的实践中,要做到这一点,应该从以下 10 个方面着手:

(1) 基于战略原则。

在工作分析的过程中,特别是在归并职责和任务到一个职位、确定任职资格和考虑考核要素的过程中,一定要基于组织的整体战略。从企业的战略出发,很容易得出什么职责对企业的价值意义大,什么样的要素技能对于组织是稀缺的等。根据上述推论,在进行工作分析的过程中,就能抓住问题的主要矛盾,否则,就很容易在"茫茫大海"迷失方向,只见树木,不见森林。

(2) 系统性原则。

一个组织在运行的过程中,必然会有大量的任务和职责需要员工去履行,而在这众多的职责和任务中,一些任务必然会有内在的系统性。工作分析的目的就是通过工作分析去寻找任务和职责者的内在关系,并将其自然地归入一个有内在联系的系统之中而形成职位,从而使工作分析对组织是有意义的和高效的。

(3) 专业化原则。

这一条原则和系统性原则是不可分开的,将其单列出来,目的就是要强调专业分工。从连续性和系统性的角度讲,我们完全可以让一个员工完成下料、加工、装配等一系列工作,但这样做显然就没有发挥专业分工的优势,从而使生产效率大大降低,所以必须进行分工,使员工专门负责下料、加工和装备等其中的一个工序,从而提高工作效率。

(4) 全面性原则。

在工作分析中,我们不可能完全准确地预见并涵盖组织未来的任务,但对于组织现有的任务和职责,则一定要将其归并到适当的职位中,也就是说,有事就要有人做,不能遗漏。对于组织重要的任务和职责更是如此。

(5) 能力原则。

能力原则解决的是在工作分析过程中,如何确定一个职位承担的任务和职责的数量。一个职位到底应当承担多少任务?从成本的角度讲,企业当然希望一个职位的任务越多越好,但这里有一个限度,就是要让在这个职位上的员工经过努力能够完成。之所以要经过努力,是因为一个职位的工作负荷要适当:太轻则不利于提高组织的运营效率;而之所以不能太重,是因为如果一个人经过努力还完不成任务,其结果要么是有些任务就没有工夫去做,要么是一个员工成天在职位上疲于奔命,产生严重的挫折感,导致没有人去做,而这显然对组织都是相当不利的。

(6) 权责对等原则。

对某一个职位,如果我们要其履行相应的责任,就应该赋予其相应的履行职责的权力,反之亦然。

(7) 基于现实原则。

在进行工作分析时,经常会产生理想与现实的矛盾。同一职位如果从理想的角度出发和从现实的角度进行分析会得出大相径庭的结果。那么在工作分析的过程中,究竟是基于理想还是基于现实呢?答案是"现实为主,理想为辅"。工作分析的成果会在很大程度上影响人力资源管理的其他工作,如招聘、薪酬等。如果我们的工作分析是基于理想,会出现以下两种情况:

- 假如不按理想模式对现实进行调整。这样的结果显然会导致工作分析与现实工作严重脱节,工作分析的成果就很可能会被"束之高阁",丧失意义。
- 假如按理想的模式对现实进行调整。由于以下两方面因素的制约,使得这样做很难达到预期目标:一是对组织的惯性,即对组织的岗位和机构进行调整需要时间和成本;二是雇员的能力。如果不顾及上述因素,很可能会导致"麦肯锡兵败实达"。

所以,在解决理想与现实的矛盾中,只能"现实为主,理想为辅"。

(8) 效率改进原则。

基于现实,并不是对现有的不合理的因素无动于衷,相反,应根据理想模式的要求,按照组织能够承受的力度,有计划、有步骤地推进变革过程,提高组织的运作效率。

(9) 明确性原则。

这条原则主要涵盖两个方面：一是工作分析的成果（即工作说明书和任职资格书的描述）本身要明确，不能含糊其辞；二是工作分析对于工作的界定（如工作任务、工作责任、工作权限、考核要素、与相关联工作间的关系等）要明确。

（10）激励性原则。

按照体验经济的说法，如果工作本身能给员工提供愉悦的体验，使员工不再因为要谋生而被迫工作，而是因为要感受工作中的愉悦的体验而工作，那么员工的工作积极性和工作绩效必然会相当高。所以，在将任务归并到职位的过程中，应当遵循激励性原则。在这个方面，哈克曼（Hackman）和奥德海姆（Oldham）提出的工作特征模型理论（Job Character Model，JCM）是很有指导意义的。根据该理论，每个职位与激励相关的维度有五个（参见图3-4）。

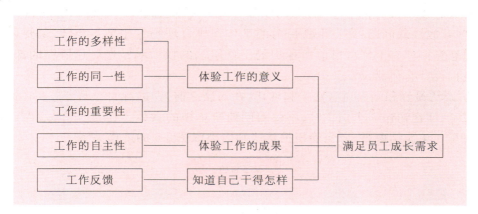

图 3-4　与激励相关的五个工作特征

4. 工作分析的基本技术

（1）工作分析的基本技术。

① 访谈法。通过直接与任职者进行面谈来获得与工作相关的信息。为避免浮夸，对其上级主管也须进行访谈，然后根据记录结果进行整理。

② 观察法。对于需要重复任务的低等级的工作，这种方法是有效率的。职位分析员花上一段时间观察被分配一种工作的雇员们，辨别完成该份工作所必需的技艺、能力和结果。将这些观察到的结果记录下来以备后用。

③ 问卷法。设计职位分析问卷，发送给某项特定工作的所有任职者。征得主管人员的同意后，所得的信息被汇编和记录。

④ 日志法。要求从事工作的雇员每天记现场工作日记或日志，让他们记录下在一天中所进行的活动。其优点是能提供一个完整的工作图景；但缺点也非常明显，即雇员可能会夸大某些活动，或对某些活动予以低调处理。

⑤ 典型事例法。对实际工作中具有代表性的工作者的工作行为进行描述。比如，把文秘人员的打字、收发文件等一系列行为收集起来进行归纳分类，得到有关工作内容、职责等方面的信息。该方法的局限性在于：

- 需耗费大量时间；
- 对于一些不具显著特征的工作行为可能造成遗漏；
- 对整个工作实践缺乏完整的了解。

(2) 工作分析技术应用中应注意的几个问题。

① 在进行工作分析前,最好对工作分析的目的进行宣传,使广大员工明白工作分析的意义,这是成功的第一步,如果这一步走得不好,以后各步骤的效率和效果会受很大影响。

② 如有可能,一般不要用观察法和工作写实法。究其原因,一是太耗时;二是这两种方法并不适用于工作内容不固定的工作;三是这两种方法成功与否在很大程度上取决于写实对象和观察对象的配合程度,若采取的方式不适当,易于引起对方的反感。

③ 问卷调查成功的关键在于问卷的质量。问卷的设计应当基于结果导向,即依据工作分析的最后成果设计问卷。当然,为了取得更广泛的信息,问卷还应当包含更多的内容,如一些开放性的问题:您觉得您目前的工作安排合理吗?如果不合理,主要体现在什么地方?您觉得您有干好您目前所承担的工作所需的权力吗?您对您所在的部门/小组的工作流程设计有何建议?

④ 访谈法最好和问卷调查法一起使用,在访谈之前,先进行问卷调查。在访谈中要注意交叉校验,即在访谈一个员工时,不仅要问他所承担的具体工作,还要问他与周边职位的工作关系。访谈结束后,应当能根据访谈画出类似图 3-5 的工作关系图。

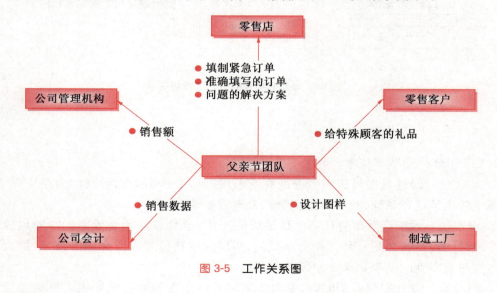

图 3-5　工作关系图

5. 工作分析的样表

下面是我们根据上述指导思想给国内某著名的通讯设备制造商做的一份工作分析。

职 位 说 明 书

公司：××公司　　　　　　　　　　　　　　　　制表日期：2013-07-20

说明书编号		岗位名称	软件组主管	所属部门	研发部
直接上级	经理助理(软件方向)				
工作概述：					

领导软件组成员按时、保质地设计、开发出公司各线产品所需要的通讯协议。把握最新的通讯协议方面的技术动向，组织技术跟踪。

主要职责是：
1. 合理分配、经常检查、指导、督促下属按时、按质完成工作任务；
2. 按时、按质完成自己承担的科研任务；
3. 完成上级交办的其他事项。

在组织结构中的位置：

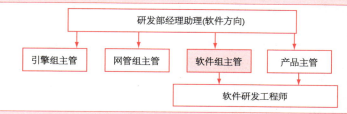

工作任务
见附表

任职资格：	
教育背景	1. 学历：本科； 2. 专业：计算机、通讯或相关专业； 3. 上岗资格证书、证件：若有最好，如CCNA、CCNP、高级程序员等。

技能	项目	标准
	网络方面	了解通讯网络的组网情况，精通网络管理的总体框架和TCP/IP协议，熟悉通讯网络的有关协议。
	软件方面	能熟练使用Tornado开发通讯协议，精通C语言，精通嵌入式编程。
	配置管理	能熟练使用Rational Rose公司的Clear Case对软件进行配置管理。
	外语水平	英语四级，能快速阅读通讯、计算机化方面的科技英语文献。

能力	能力项目	能力标准
	创新能力	在技术上经常有新的创意，创新的效果不错。
	分析能力	遇到难题时能迅速发现问题的症结所在，并找出解决方案。
	管理能力	有较强的组织管理能力，能带领部属顺利达成目标。
	风险管理能力	对技术、人员风险有一定的预测能力，并能想办法尽量解决。

(续表)

经验	工作经历类型	最低时间要求
	软件研发工程师(特指公司软件组的)或类似工作经验	两年

素质	1. 心理素质要求： ● 自信、冷静、稳定、有恒心、有责任心、敢于创新。 ● 有较强的团队精神，对管理工作比较喜欢。 2. 身体素质要求： ● 身体健康。

培训

培训项目	培训时间
项目管理	15天(课程应当涵盖项目管理、人力资源、沟通技巧、团队建设等方面，宜以案例教学的方式为主。)
软件工程	15天

岗位关系

项目	工作岗位
可直接晋升的岗位	研发部经理助理(软件方向)
可相互替换的工作	网管组组长、引擎组组长、产品主管和其他相关岗位

考核要素

关键要素	考核指标	指标解释
工作任务	工作进度	各项工作按计划任务书中规定的进度推进，在规定的期限完成任务。
	工作质量	组内研发的过程质量、阶段成果和最终成果的质量达到质量目标。
	成本费用	项目的费用控制良好，没有突破计划预算。
技术进步	组内技术	项目中通讯协议部分新技术采用和对原有技术的升级改造情况。
	员工技术	员工的技术水平进步情况。
技术文档	文档质量	组内技术文档是否齐全？格式、内容、文档详细程度如何？
员工士气	离职率	主动离职的员工特别是核心员工占组内员工的比率。
	工作态度	员工对工作的态度，如是否认真、负责、积极主动等。
	投诉次数	员工对其工作不满而正式向公司有关部门提起投诉的次数。

工作任务

类别	序号	工作内容
战略性工作	1	根据业内技术发展的动向和市场反馈信息,组织组内员工紧密跟踪网络协议开发方面的新技术,综合大家的思路,提出公司在网络协议研发方面的发展方向和预研项目。
	2	在人力资源部协助下,筛选、培养核心研发人员,促使其健康成长。
一般性工作	1	计划:根据组内成员的工作能力、工作负荷和任务的难度和工作量,分解任务,以书面(个人任务计划单)和口头的形式(临时性的)分配给组内成员。 控制:检查、督促组内员工的工作进度,确保按计划、按质完成任务; 　　　利用版本管理工具,汇总、审查和整理组内成员的代码; 　　　利用 Clear Case 工具,进行软件配置管理。 联系:向引擎组和网管组提供软件组的通讯协议接口。
	2	沟通:将上级的指示精神及时传达给组内成员; 　　　同产品主管就项目中软件技术和组内成员的工作情况进行沟通; 　　　关注员工思想动态,做好员工特别是核心员工的思想工作; 　　　综合下属的思想动态,定期向上级汇报。
	3	招聘:主持对拟进入本组的员工进行面试,向上级和人力资源部提出录用意见; 薪酬:根据员工的工作表现和工作能力,向上级和人力资源部提出薪酬调整建议; 培训:对组内员工的工作提供技术指导,拟订、实施组内培训计划; 考核:考核下属工作绩效,并根据考核结果,向上级和人力资源部提出对员工处理意见。
	4	根据公司和部门的规章制度,加强对员工的职业化管理。
	5	科研:参与技术、产品方案、样机的设计、讨论、评估; 　　　根据组内成员的工作负荷情况,具体承担部分研发工作。
	6	直接上级交办的、或由质量体系文件和其他规章制度规定的其他工作。

【讨论】

判断职位说明书好坏的原则

正确界定职责的原则/标准

职责界定方面的标准:事情要界定正确的标准和原则(诊断工具):

- 专业化原则:一个岗位是不是做了不同专业的事情,如果是,那么是不好的。
- 企业价值原则:事情对实现企业总目标是有帮助的。
- 层级原则:下面层级做的事情是为了配合上面的层级来确定的。
- 事情的数量与个人的能力匹配的原则:避免苦乐不均。
- 效率原则:用最有效率的方式把企业自己的事情做完。外包(更节省成本的时候)出去会更有效率的事情自己做是无价值事件。
- 胜任原则:什么样的能力能够胜任岗位? 岗位说明书中的资历界定是最低要求,要达到的最低程度。

- 行业比较原则：如果同行业的人在人力资源招聘主管方面用本科学历，而我们用专科学历的时候，在能力方面会低于我们的竞争对手；若写得过高，很难找到合适的人选，而且人工成本会很高。
- 比较原则：大家/市场是什么样的，就怎样做。
- 内外平衡原则：行业标准和内部情况相同，在既定的时候保持内外平衡。
- 绩效原则：什么样的能力最利于在这个岗位上的发挥。
- 经验原则。

常见的错误：

- 不专业。
- 个人与组织的一体化。一个岗位的职责界定对组织没有价值，不是组织所需要的。
- 职位是有层级概念的，事情按层级划分。
- 职位中界定的工作超出了人的能力，人将永远得不到好的绩效评价标准。还有的情况是工作低于人的能力，造成苦乐不均。
- 很多可以外包的职责却没有外包——无价值事件过多。

二、职位评价

职位评价是指组织基于职位分析的结果，系统地确定职位之间的相对价值，从而为组织建立一个职位结构的过程，它以工作内容、技能要求、对组织的贡献以及外部市场等为综合依据[①]。

职位评价的主要步骤如图 3-6 所示。

图 3-6　职位评价的主要步骤

1. 确定评价目的

如果职位评价的目的不明确，就很容易在复杂的程序和繁文缛节中不知所措、迷失方向。确定目标有助于保证职位评价的合理和系统化。一般来说，职位评价目的主要有以下三个方面：

（1）职位评价过程通过使每一个职位的报酬与其对组织的相对贡献相适应，来支持工作流程；

（2）职位评价通过建立一个可行的、一致同意的、能减少随机和偏见的工资结构，来减

---

① 〔美〕乔治·T·米尔科维奇、杰里·M·纽曼，《薪酬管理》，中国人民大学出版社，2001 年，第 102 页。

少员工对职位间报酬差别的不满与争端;

（3）职位评价能向员工指明组织重视他们工作的哪个方面,以及哪些方面有助于组织的战略与成功。通过提高员工对于什么是有价值的、为什么会变化的认识,职位评价还有助于员工适应组织变化。

2. 确定评价方案

评价方案主要回答以下两个问题:

（1）评价所有职位还是一部分职位?

组织很少会同时评价所有职位,评价所有职位工作量太大,而且没有必要,因为许多职位是很有可比性的。一般是先对部分标杆职位进行评价,然后再利用插值比较法把其他职位与标杆职位进行比较,建立整个组织的职位结构。

（2）所评价的职位应用同一评价方案还是不同的方案?

许多雇主都为不同类型的职位设计不同的评价方案。之所以这么做,是因为有些因素对某类职位可能是重要的,但对其他职位并不重要。如工作环境对生产性职位是很重要的,但对管理类职位却无关紧要。因此,面对种类繁多的职位,组织不可能接受单一的方案。

3. 选择评价方法

在长期的实践中,人们发展出了很多职位评估方法。我们先介绍四种有代表性的传统方法,即排序法、归类法、点数法和要素比较法,然后介绍两种目前很流行职位评价方法——IPE职位评价系统和海氏职位评价系统。

（1）排序法。

排序法是根据各种职位的相对价值或它们各自对组织的相对贡献由高到低地进行排列。排序法是最简单、最快捷、最容易被员工理解的方法。然而,它会导致许多问题,解决方法既麻烦又昂贵。

两种常用的排序方法是交替排序法和配对比较法。根据心理学的观点,人们比较容易发现极端的情况,而不容易发现中间的情况。于是,人们利用这种原理提出了交替排序法来克服简单排序的缺点。具体做法是:评价者从所有职位中确定出最有价值和最没有价值的职位,然后再从剩下的职位中选出最有价值和最没有价值的职位,依此类推,直至所有的职位都已排列在内。配对比较法是评价者将每个职位与其他职位进行逐一比较,并将每次比较中的优胜者选出。最后,根据每一职位净胜次数多少进行排序。

职位排序中所使用的标准或因素定义不明是排序法本身存在的弊端。如果没有明确定义,评价本身就会成为主观的看法和判断,而且这种看法和判断很难用与职位相关的、令人信服的术语来解释和证实。

此外,排序法要求评价者对所有职位都非常了解,随着组织规模的不断扩大,这将是不可能的。一些组织正试图克服这一困难,它们试图通过先在单一部门内部排列各职位,最后对结果加以汇总,以达到这一目的。

另外,排序法特别是配对比较法需要进行比较的次数一般都比较多,这会把本来很简单的任务变得十分困难。所以,虽然排序法看似简单、快速、费用低,但它带来的新的问题却往往需要费用很高的方法加以解决。

(2) 归类法。

有一个很好的比方可以用来说明归类法。试想将书籍整理到一个有很多格子的书架上,每个格子边上都有一个标签,用来说明该格子内书籍的种类。职位评价中的归类法与此非常类似。其操作要点如下:

① 进行职位分析。理解职位的主要工作职责、工作环境、劳动强度及其对任职者的资格要求等内容。

② 进行职位分类。一般是先分大类,然后在大类下再细分小类。比如说,把企业的职位先分为营销、管理、研发、生产等,然后再在研发下细分为软件研发、硬件研发,在管理下细分为人力资源、财务、行政等。当然,要不要细分以及要细分几次取决于企业的需要。一般认为,两次分类(即先分大类、然后再在大类下分小类)是通常的做法。

③ 制定分等的标准。这是整个归类法中最难的一步。常见的做法是先选择报酬因素,然后制定同报酬因素的数量或基准有关的等级说明书。在完成这一步后,可得到类似于表 3-2 的一张二维表。

④ 将所有职位归类划等。以表 3-2 为例,这一步的主要工作就是把需要评估的职位填入对应的表格中。

表 3-2　职位归类分等二维表

等级	专业人员		文员/技术支持人员	
	机械工程	土木工程	会计	电子技术
1				
2				
3				
4				
5				
6				
7				
8				
9				
10				

（3）点数法。

点数法又称要素计点法,主要有三个基本特点:①有报酬要素;②要素的等级可以量化;③权重反映各要素相对的重要性。在美国,点数法是确定工资结构最常用的方法。点数法与排序法和归类法有明显的差异,因为它为评价者确定了明确的标准——报酬要素。人们以业务活动的战略方向和职位对战略的贡献为基础来确定报酬要素。然后根据各要素在各项职位中的体现,将这些要素加以量化,并且根据它们对组织的重要程度,赋予适当的权数。每个权数以一定的点数来表示。每个职位所占的总的点数就决定了它在整个职位结构中的地位。

使用点数法进行职位评价的操作要点是:

①进行职位分析。目的是理解职位的主要工作职责、工作环境、劳动强度及其对任职者的资格要求等内容。

②确定报酬要素。报酬要素指的是能够为各种职位相对价值的比较提供客观依据的职位特性。常见的报酬因素包括技能、责任、工作条件和努力程度等,这些要素可以大致归为所需的技能、努力、责任和工作条件四类。在点数法的评价方案中,报酬要素非常关键,发挥着中心作用。

报酬要素必须满足以下条件:

- 以工作本身为基础。
- 以组织的战略和价值观为基础。领导层是公司应朝什么方向发展以及如何发展等信息的最佳源泉。显然,领导层认为在职位中哪些报酬要素有利于创造价值是至关重要的。因此,如果战略中提出要提供创新性的、高质量的产品与服务,以及与顾客和供应商进行协作,则对产品创新、与顾客交往有较大责任的职位就应有较大的价值,就应当成为报酬要素。如果业务战略是尽可能地以最低成本为顾客提供产品与服务,则报酬要素就应包括成本控制。需要强调的是,报酬要素一定要有利于巩固组织的文化和价值观,要随组织及其战略方向的变化需要作出相应的变化。
- 利益相关者能够接受。员工和管理者认同工资结构,这对组织来说是非常重要的。相应地,用来确定职位在工资结构中位置的报酬要素也应当而且必须得到认可。为了达到这一目的,需要考虑所有相关当事人的观点。

确定报酬因素中的另一个重要问题是需要多少报酬因素?报酬因素不能太多,其原因一是因素太多操作起来会很麻烦,二是没有必要。一项研究表明,使用 21 个报酬因素的评估结果与使用 7 个报酬因素的评估结果完全一致。当然也不能太少,其原因一是报酬因素过少则不能全面反映职位的价值,二是在向员工和管理者沟通时,他们会认为这样的评估方案太简单和草率因而不接受。至于具体用多少项报酬因素,取决于:第一,这些报酬因素是否能全面反映职位的价值差异;第二,各方利益相关者基本接受。在满足这两个要求的前提下,报酬因素越少越好。

③ 划分要素等级。要素一经选出,就应制定一个量表去反映每个要素内部的不同等级。每个等级可根据基准职位中有代表性的技能、任务和行为来确定。

在划分要素等级时,需要注意:

- 各个等级之间的差别程度应尽可能相等。例如,等级 1 与等级 2 之间的差别应接近于等级4与等级5之间的差别,因为点数差别是一致的。
- 不宜划分太多的等级。使用过多的等级,往往会使评价者很难准确地选出恰当的等级。这又会降低评价体系的可接受性。
- 在描述等级的标准时,尽可能地运用容易理解的术语,让人们非常清楚如何将这些等级运用于各类职位。

④ 根据要素重要性确定其权数。要素的等级确定之后,要素的权重也必须确定。不同的权重反映雇主对各要素重视程度的差别。在这一过程中,领导的参与非常关键。

(4) 要素比较法。

与前三种方法相比,该种方法自问世后就很少有人研究,也从未得到过广泛的应用[①]。根据我们的研究,要素比较法的操作要点是:

① 进行职位分析,理解职位的主要工作职责、工作环境、劳动强度及其对任职者的资格要求等内容。

② 确定报酬因素。要素比较法通常选用心理要求、身体要求、技术要求、工作职责和工作条件作为报酬因素。当然,不同的组织可根据需要进行不同的取舍。

③ 根据报酬要素对待评价的职位进行排序。

④ 根据报酬要素确定每个职位的工资率,得出如表3-3所示的评估结果。

表3-3 关键职位的比较因素

关键职位的比较因素				
职位名称	现行工资率	技术知识	工作复杂性	工作责任
A	$22.00/小时	7.80	5.50	8.70
B	$16.50/小时	6.60	4.95	4.95
C	$13.00/小时	5.85	4.55	2.60

排序法、归类法、点数法和要素比较法的提出时间及其相互之间的关系如表3-4所示。

表3-4 排序法、归类法、点数法和要素比较法之间的比较

	将职位视为一个整体	考虑职位中的报酬因素
将职位与(报酬)量表相比较	Classification 分类法 1909年提出	Point Method 点数法 1924年提出
将职位与职位进行比较	Ranking Method 排序法 1920s早期	Factor Comparison Method 因素比较法 1926年提出

(5) 海氏职位评价系统。

海氏职位评价系统又叫"指导图表—形状构成法",是由美国工资设计专家艾德华·

---

① Bernard Ingster, Methods of Job Evaluation, *The Compensation Handbook*, 4th Edition, McGraw-Hill Professional, 2000.

N. 海（Edward N. Hay）于1951年研究开发出来的。它有效地解决了不同职能部门的不同职务之间相对价值的相互比较和量化的难题，在世界各国上万家大型企业推广应用并获得成功，被企业界广泛接受。

海氏职位评价系统实质上是一种评分法，是将付酬因素进一步抽象为具有普遍适用性的三大因素，即技能水平、解决问题能力和职务责任，相应设计了三套标尺性评价量表，最后将所得分值加以综合，算出各个工作职位的相对价值。海氏认为，各种工作职位虽然千差万别、各不相同，但无论如何总有共性，也就是说，任何工作职位都存在某种具有普遍适用性的因素，他认为最一般地可以将之归结为技能水平、解决问题能力和职务责任。在他看来，职位存在的理由在于它承担了一定的责任，即职位的"产出"。而要有产出，则必然要有投入。这就要求职位的任职者具有相应的知识和技能。具备一定"知能"的员工通过什么方式来获得产出呢？是通过在岗位中解决所面对的问题，即投入"知能"通过"解决问题"这一生产过程，来获得最终的产出，即"应负责任"，如图3-7所示。

图 3-7　海氏评估三要素的关系

根据这个系统，所有职务所包含的最主要的付酬因素有三种，每一个付酬因素又分别由数量不等的子因素构成，具体见表3-5。海氏评估法对所评估的岗位按照以上三个要素及相应的标准进行评估打分，其中，知能得分和应负责任评估分和最后得分都是绝对分，而解决问题的评估分是相对分（百分值），经过调整为最后得分后才是绝对分。

利用海氏评估法在评估三种主要付酬因素方面不同的分数时，还必须考虑各岗位的"形状"，以确定该因素的权重，进而据此计算出各岗位相对价值的总分，完成岗位评价活动。所谓职务的"形状"主要取决于知能和解决问题的能力两因素相对于岗位责任这一因素的影响力的对比与分配（如图3-8所示）。

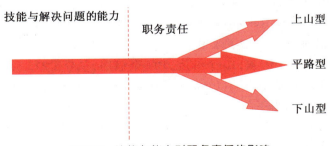

图 3-8　技能与能力对职务责任的影响

表 3-5　海氏职位评价系统付酬因素分析表

付酬因素	付酬因素定义	子因素	子因素释义
技能水平	要使工作绩效达到可接受的水平所必需的专门知识及相应的实际运作技能的总和	专业理论知识	对该职务要求从事子行业领域的理论、实际方法与专门知识的理解。该子系统分八个等级,从基本的(第一级)到权威、专门、技术的(第八级)
		管理诀窍	为达到要求的绩效水平而具备的计划、组织、执行、控制、评价的能力与技巧。该子系统分五个等级,从起码的(第一级)到全面的(第五级)
		人际技能	该职务所需要的沟通、协调、激励、培训、关系处理等方面主动而活跃的活动技巧。该子系统分"基本的"、"重要的"、"关键的"三个等级
解决问题的能力	在工作中发现问题、分析诊断问题,提出、权衡与评价对策,作出决策等的能力	思维环境	指定环境对职务行使者思维的限制程度。该子因素分八个等级,从几乎一切按既定规则办的第一级(高度常规的)到只做了含糊规定的第八级
		思维难度	指解决问题时对当事者创造性思维的要求,该子因素分五个等级。从几乎无需动脑只需按老规矩办的第一级(重复性的)到完全无先例可供借鉴的第五级(无先例的)
承担的职务责任	指职务行使者的行动对工作最终结果可能造成的影响及承担责任的大小	行动的自由度	职务能在多大程度上对其工作进行个人性指导与控制,该子因素包含九个等级,从自由度最小的第一级(有规定的)到自由度最大的第九级(一般性无指导的)
		职务对后果形成的作用	该因素包括四个等级:第一级是后勤性作用,即只在提供信息或偶然性服务上出力;第二级是咨询性作用,即出主意与提供建议;第三级是分摊性作用,即与本企业内外其他几个部门和个人合作,共同行动,责任分摊;第四级是主要作用,即由本人承担主要责任
		职务责任	可能造成的经济性正负后果。该子因素包括四个等级,即微小的、少量的、中级的和大量的,每一级都有相应的金额下限,具体数额要视企业的具体情况而定

(6) IPE 职位评价系统。

IPE 是 Internatioal Positonal Evaluation(国际职位评估)的缩写。IPE 最先由总部设在维也纳的 CRG(Corporate Resources Group)公司提出。2000 年,国际著名的咨询公司 Mercer 并购 CRG 后,对 IPE 进行了改进。

改进后的 IPE 共有 4 个因素,10 个纬度,104 个级别,总分 1 225 分。评估的结果可以分成 48 个级别。4 个因素是指影响(Impact)、沟通(Communication)、创新(Innovation)和知识(Knowledge)。4 个因素下的 10 个纬度如图 3-9 所示。

当然,IPE 还涉及每个因素的评估标准、计分办法、评估程序以及评估结果的处理等,这里不再做详细介绍。

要确保职位评价正确,最重要的工作就是选择正确的评估要素。尽管各种方法选择的评价因素都不尽相同,但本书作者根据多年的教学和实践经验,发现各种方法在最底层是相通的,并可以归纳为三个方面:第一个方面是岗位做了多少事;第二个方面是岗位所要求的能力大小;第三个方面是岗位的工作环境如何。即所有职位价值的影响因素都可

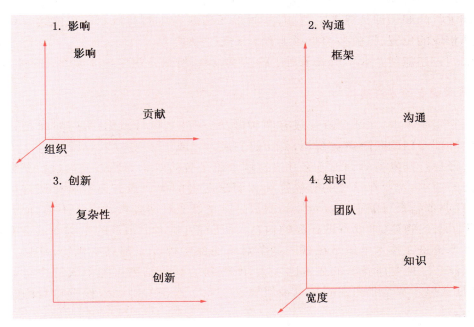

图 3-9 IPE 职位评价系统

以归为事情、能力、环境这三个因素。不论 Hay 的方法还是 IPE 的方法，都没有超出这三个维度。

4．实施职位评价

在选定了评价方法以后，接下来的工作就是具体进行职位评价了。这一步需要解决的一个比较重要的问题是谁应当参与职位评价过程？

与最终结果有利益关系的那些经理和员工都需要参加设计结构这一过程。常用的方法是利用委员会或由来自重要职能部门的代表组成的团体，这些代表包括非管理性员工。这个群体可能只起顾问咨询的作用，但也可以参与设计评价方法、选择报酬要素，并论证所有的主要变动。

设计薪酬体系所要达到的程序公平与员工的参与和接受是紧密相关的。关注设计过程所选方法的公平性，而不是单一地注重结果，就能争取到员工和管理人员更多的信任和对结果的接受。如果员工和经理不参加结构设计，他们就很容易想象结构已按他们个人的喜好重新进行了安排。

三、薪酬调查

1．薪酬调查的意义

薪酬调查的目的是为了了解处于特定行业、地理区域或职能类别（如工程师、人力资源、销售或财务)的职位的外部薪酬水平。在有些情况下,市场薪酬调查所发挥的作用比组织内部进行的职位评价更大。例如,一些市场稀缺人才的薪酬水平可能远远偏离他在组织内部相应的位置,只能按照市场工资率来支付报酬。

薪酬调查还能使企业了解竞争对手的薪酬策略,增强企业薪酬决策的针对性。

2. 薪酬调查的方法选择

对一个组织来说,薪酬调查一般有两种做法:一种是自行组织;另一种是把自己的需求提交给外部专门的薪酬调查公司,委托他们代为完成。

是选择自行开发薪酬调查方案并进行调查还是借助专业的调查公司进行薪酬调查并没有一定的要求,企业在选择的时候需要权衡这两者的优缺点。自行进行调查可以节省成本,并且调查结果可能更符合企业的需求。但是可能对调查技术掌握不够,而且有窃取竞争对手机密的嫌疑,难以获取详尽的信息,并且有可能高估市场的工资率。请专业公司进行调查无论是在技术上还是在减弱竞争对手的保密程度上都具有优势,并且在一定程度上避免浮夸。但是所花费的成本比较大,所得到的调查结果可能不太符合企业的实际需求,并且会担心本企业内部的信息被泄漏。企业在选择的时候应根据自身的实际情况进行权衡。

3. 薪酬调查的基本阶段[①]

如果组织选择自行调查,可以按下面介绍的 7 个步骤进行(参见图 3-10);如果选择借助专业机构进行调查,那么重点就在于与专业机构的合作上,这里不再赘述。

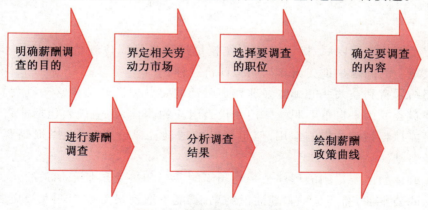

图 3-10 薪酬调查的主要过程

(1) 明确薪酬调查的目的。

一般情况下,企业进行薪酬调查的主要目的如下:

① 构建或评价薪酬结构。许多企业用市场薪酬调查来检验本企业职位评价的结果并构建薪酬政策曲线,这是薪酬调查的最重要的目的之一。如果组织内部职位评价形成的职位结构与外部市场形成的薪酬结构不协调,整合这两种结构是个大问题。

---

① 〔美〕乔治·T.米尔科维奇、杰里·M.纽曼,《薪酬管理》,中国人民大学出版社,2001 年。

② 对薪酬进行定期调整。大多数公司通常要定期地对薪酬进行调整。通常一年调整一次,调整依据即为市场工资率。

③ 避免不恰当的薪酬开支。调整市场的薪酬水平以便与之相适应,薪酬水平过高或过低对于雇主来说都不适宜。

④ 分析与薪酬有关的人事问题。如果员工的辞职率上升与薪酬有关,那么对竞争对手进行薪酬调查是非常必要的。

⑤ 试图评估产品市场竞争对手的劳动成本。一些企业,特别是那些竞争激烈的企业,常常运用市场的薪酬数据来对竞争对手的产品定价和生产制造进行财务分析,以便在竞争中获得竞争优势。

企业在多个劳动力市场中进行竞争,相关劳动力市场的界定取决于薪酬调查的目的。当企业的薪酬体系更依赖于外部市场资料时,选择具有可比性的市场变得更加重要。

(2) 界定相关劳动力市场。

相关劳动力市场主要包括以下几类企业:

① 与本企业竞争从事相同职业或具有同样技术员工的企业;

② 与本企业在同一地域范围内的企业,因为不同地区物价差别大,实际工资率不同;

③ 与本企业竞争同类产品或服务的企业;

④ 与本企业薪酬结构(基于职位的薪酬结构、基于能力的薪酬结构或基于技能的薪酬结构)相同的企业;

⑤ 与本企业规模相同的企业;

⑥ 在本行业中做得最好的企业。这种企业往往在薪酬方面也做得较好,值得借鉴。

确定好相关劳动力市场后,对于调查多少企业并没有一个统一的规定。采取领导型薪酬策略的大企业一般仅与几个(6—10个)支付高薪酬的竞争对手交换数据。咨询公司进行的全国性调查一般超过100家企业。

(3) 选择要调查的职位。

薪酬调查的基本原则是比较组织内部和外部相同职位的类似点,而不是差异点。调查应该确定相似的领域和那些相对保持稳定的工作,作为调查对象的公司也往往是稳定的。

一般来说,薪酬调查仅包括基准职位。基准职位指的是:

① 职位内容是众所周知的、相对稳定的,并且得到从事该职位雇员的广泛认可。

② 能胜任该职位的人的市场供求相对稳定,且不受最近变化的影响。

③ 这些职位能代表当前所研究的完整的职位结构。

④ 这些职位上有相当数量的劳动力被雇佣。

对基准职位要有详细的描述,以使被调查对象能把本组织中的职位与被调查的职位相比较。基准职位集应能涵盖企业的关键职能和层次(如图3-11所示)。

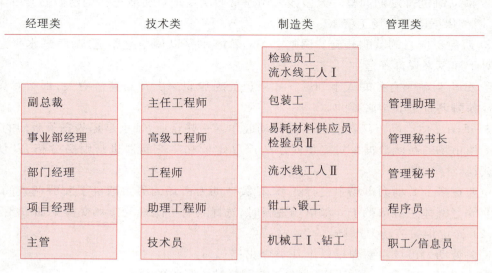

图 3-11 基准职位示意图

资料来源:〔美〕乔治·T·米尔科维奇、杰里·M·纽曼,《薪酬管理》,中国人民大学出版社,2001年,第 213 页。

(4) 确定要调查的内容。

调查内容取决于调查目的和调查中所包括的职位。一般来说,薪酬调查需要采集两类资料:

① 基本资料。这包括公司名称、历史背景、人数、公司结构、财务信息以及公司的合作者等。通过收集这些基本资料,能够了解该公司的规模、支付能力和对劳动力市场的影响程度,以及公司的组织形式、业务流程、各类职位之间的关系、对组织的重要程度等。

② 核心数据。这包括基准职位描述、基准职位的实际工资以及有关公司总薪酬支付等方面的信息。

获得对基准职位的描述是要评价基准职位与本公司内部职位相对应的程度,所以必须得到足够的资料。调查职位与本公司职位的匹配程度,可通过各种手段评估。例如,HAY 公司在许多参与其调查的企业中实施了相同的职位评价方案。这样,不同的组织可根据职位评价的点数以及不同点数的权重与其他组织中的职位做比较。其他的调查只是要求参与者判断一下匹配程度。

薪酬调查中最重要的资料是支付给在职者的工资。这方面的信息包括被调查职位的最低收入、最高收入、中点收入以及最近的工资增长情况等。

薪酬的所有支付形式都应包括在内,以便比较总薪酬的异同,并且准确地评估竞争对手的薪酬情况。要把薪酬的所有形式都包括在薪酬调查之内是相当困难的。例如,把各种福利选择和休假都纳入调查的范围,会使调查变得太复杂,且不实用。解决办法是对福利形式作简单的描述,仅包括最昂贵的和最有价值的福利形式,或者询问一下总福利的费用占总劳动力成本的百分比。

（5）实施薪酬调查。

① 用什么样的方法获取薪酬调查所需要的信息？

获取薪酬调查信息的主要方法有电话调查、邮寄问卷、个人访谈以及一些人力资源管理专家参加的会议、论坛等，其中，应用较为普遍的是电话调查和邮寄问卷。

电话调查可能是最为流行的调查方法，这种调查方法通常用于不寻常的、迫在眉睫的招聘决策的制定中。尽管电话调查有益于快速地收集信息，但效果甚微，因为它会在获得及时性的同时丧失信息的质量。问题的说法很可能前后不一致，答案也可能缺乏准确性。调查所收集到的薪酬信息或许只是对方的最佳推测，而不是调查研究后得出的结论，因此基本不具有可用性。

邮寄问卷通常被行业组织、人事咨询公司、调查公司使用，借以最大化它们在某个领域的数据库的规模。与电话调查相比，这种途径虽然不能提供快速的答案反馈，却能获得更一致的结果。若与电话调查法、个人访谈法相结合，邮寄问卷法会特别有效。作为一种记录工具，调查问卷更有可能获得前后一致的数据，被调查者填写起来也更加方便。收集和评定数据的途径可以是信件、传真、电话或个人亲自处理。

邮寄问卷一种变形的方法是电子问卷，它通常采用电子空白表格或数据库的方式，参与者通过能嵌入数据库的表格回答问题。有时，这些数据库管理系统能在把数据反馈给调查者之前对其自动地完成数据的内部检测和有效性验证。电子空白表格通常能获得普遍的理解，因为掌握 Microsoft Excel、Lotus 1-2-3 等数据管理软件已经成为现代社会不可或缺的技能。这些管理软件都有利于数据录入员在提交数据之前对其进行分类和检验，有利于从办公室常用的其他数据中引进信息，并使致命错误和没有必要的时间支出降至最小。

② 如何设计调查问卷？

在美国，大约 20%—25% 的雇主通过正式问卷调查来收集有关其他雇主报酬水平的信息，使用这种方式应该明确企业进行调查需要获取的信息是什么，并根据这些要求对问卷中可能出现的基本概念进行解释，尽量使填写调查问卷的人易于理解，不容易产生歧义。设计问卷还要考虑使被调查人感到友好，容易接受。

问卷的内容一般包括基本内容和核心内容两部分，基本内容有企业名称、历史、年销售规模、人数、部门、合作者等；核心内容主要包括增加工资的基本数据、工资增长结构等。根据调查的目的不同，企业在设计调查问卷时可以有所侧重。

表 3-6 是某美国企业使用的薪酬调查表的一部分。

表 3-6　某美国企业薪酬调查表

　　调查企业的名称：_____　　　
　　地　　址：_____　行　　业：_____
　　代　　码：_____　完成日期：_____
　　数据完成人姓名：_____　职　　务：_____
1. 所调查企业的主要产品(或劳务)的简要描述：_____
2. 雇佣量：
　　小时工　_____
　　豁免领薪者　_____
　　非豁免领薪者　_____
3. 总量增长和结构调整：
(1) 在过去的12个月中，企业中下列人员是否有所增长？
　　小时工　_____没有_____有　总量或%_____日期_____
　　豁免领薪者　_____没有_____有　总量或%_____日期_____
　　非豁免领薪者　_____没有_____有　总量或%_____日期_____
(2) 在同一时期，是否进行过结构调整？
　　小时工　_____没有_____有　总量或%_____日期_____
　　豁免领薪者　_____没有_____有　总量或%_____日期_____
　　非豁免领薪者　_____没有_____有　总量或%_____日期_____
4. 绩效加薪：
(1) 在一段时期内，企业是否有绩效加薪？
　　小时工　_____没有_____有
　　豁免领薪者　_____没有_____有
　　非豁免领薪者　_____没有_____有
(2) 如果没有，上期的工资额约多少？
　　小时工　　　　$_____
　　豁免领薪者　　$_____
　　非豁免领薪者　$_____
(3) 如果绩效加薪预算，它的情况是：
　　小时工　　　　_____%
　　豁免领薪者　　_____%
　　非豁免领薪者　_____%
(4) 目前预算年度为多长？
　　大致从_____到_____
5. 是否有工会：　　_____没有_____有
　　如果有，列举其名字：_____
6. 生活费用：
　　是否颁发生活费用福利？　　_____不发_____发
　　如果发，数额为多少？适用于那些群体？
　　_____
7. 某些雇员群体是否有工资增值机制：_____没有_____有
　　如果有，是哪些群体，增值的频率和数额是多少？
　　_____
8. 企业的工资是按年度，还是按固定日期增长：

	年度日期	固定时期	日期
小时工	_____	_____	_____
豁免领薪者	_____	_____	_____
非豁免领薪者	_____	_____	_____

9. 工资增长的频率多高：
　　每年的增长次数

	1	2	3	其他
小时工	_____	_____	_____	_____
豁免领薪者	_____	_____	_____	_____
非豁免领薪者	_____	_____	_____	_____

10. 其他可能有助于解释工资状况的信息：_____

（6）分析调查结果。

本阶段的主要工作是，在对调查数据进行校验整理的基础上，得出被调查劳动力市场的薪酬分布情况。

① 频率分布。频率分布指的是将所调查的数据以一定的间距分成多个数据段，以每个数据段所包含的公司数作为该段的薪酬数据出现的频率。表3-7给出了程序分析员职位以2 500美元为间距的薪酬数据出现的频率分布。

表3-7 某程序分析员的薪酬频率分布表

工资区间（美元）	平均工资在此范围内的公司数	所占比例	工资区间（美元）	平均工资在此范围内的公司数	所占比例
40 001—42 500	1	3%	52 501—55 000	3	10%
42 501—45 000	5	17%	55 001—57 500	2	7%
45 001—47 500	4	13%	57 501—60 000	3	10%
47 501—50 000	6	20%	总 计	30	100%
50 001—52 500	6	20%			

② 居中趋势。居中趋势将调查的大量信息简化为能够代表该职位市场薪酬率的一个数据，通常可以用算术平均数、加权平均数或中位数来表示。

算术平均数就是将调查所得到的所有数据相加除以数据个数。这种方法中给予调查中的各个数据相同的比重。尽管算术平均数是测量居中趋势最为常用的方法，但特殊的值（极大或极小的值）可能会歪曲它。所以分析员在分析数据时，可能要计算不止一个算术平均数（例如，去掉极值之后再算一次）。

与算术平均数相对的一种表示方法是加权平均数。将每个公司该职位的平均工资根据该公司中从事该职位的员工人数来赋予权数，由于加权平均数反映了供求规模，因此可以更为准确地反映劳动力市场的状况。

第三种表示方法是中位数，即以升序或降序将所有数据排列，处于中间位置的那个数值就表示该职位市场薪酬的中位数。

③ 离中趋势。薪酬率在中间趋势的分布被称作离中趋势。描述离中趋势的指标主要有标准差、四分值和百分比。

尽管标准差是描述离中趋势最常用的指标，但在薪酬调查中却较少使用。标准差指的是每个值偏离平均值的大小。四分值和百分比是薪酬调查分析中最常用的测量离中趋势的方法。计算四分值时要把所有的数据按从小到大的顺序排列，然后将所有数据分成四组，每组包括25%的数值。有三个四分值，其中第二个四分值与算术平均数相对应。其他四分值对应情况如图3-12所示。如果说某一个数处于第二个四分位上，就说它处于第一个四分值和第二个四分值之间。百分比的意思类似于四分值，薪酬处于第75个百分位上指的是有75%的公司的薪酬率等于或低于这一点。图3-12给出了调查数据按百分比分布的情况。

39 911 美元	最低
40 231	
42 987	
43 597 美元	四分值1,25%
43 883	
44 647	
45 421 美元	四分值2,50%
45 904	
46 244	
46 791 美元	四分值3,75%
47 983	
48 299 美元	最高

图 3-12 调查数据分布图

(7) 绘制市场薪酬线。

可以根据需要采取比较简单的方法构建市场薪酬线,企业通过职位评价得到公司的职位结构,并且通过薪酬调查得到基准职位的市场工资率。然后以职位评价的点数为横轴,以市场工资率为纵轴,两者之间的配合就形成了市场薪酬线(如图 3-13 所示)。

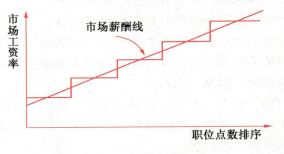

图 3-13 市场薪酬线

4. 数据更新

与市场薪酬线相比较,能够使分析人员了解当前工资竞争力方面的信息。但竞争对手支付的薪酬是经常变化的。尽管竞争对手的调整是没有规律的,但就实践而言,常常假定它们是有规律的。因此,当一项调查经过 3—6 个月收集资料、编码和分析后,得到的数据往往过时了。所以在薪酬决策正式完成前,要根据未来的一个时期来预测具有竞争性的薪酬率。

四、薪酬水平定位

薪酬水平指的是企业支付给不同职位的平均薪酬。薪酬水平决策对组织的总费用会产生重大影响。在其他条件相同的情况下,薪酬水平越高,劳动力成本就越高。但有些公司认为支付高薪可以从更有效率的员工那里得到弥补,高薪可能使员工很少跳槽,从而降低招聘和培训成本。

在确定薪酬水平时,企业需要解决的基本问题是:
- 相对市场平均水平,公司在薪酬上采取何种策略,领先策略、跟随策略还是滞后策略?
- 如果采取领先(滞后)策略,领先(滞后)的比例是多少?
- 在总体薪酬中,基本工资占到多大的比重?

1. 薪酬策略选择

(1) 影响公司薪酬策略的主要因素。

① 公司战略。关于这一部分的讨论,详见本书的第二章"战略与薪酬管理"。需要强调指出的是,这其中并没有"放之四海而皆准"的模式,在应用的过程中需要权变。一般认为,采取成本领先战略的企业,其薪酬水平选择不会采取领先策略。但正如我们在下文将要指出的,如果公司在薪酬水平上采取领先策略能降低公司在招聘、培训等方面的支出,领先策略就是一个很好的选择。

② 人员类别。对有一定规模的企业来说,笼统地说整个公司采取某种策略意义不大。因为如果所有人都按照同样的策略进行支付,会降低企业的竞争力:给一些无需支付领先于市场水平的员工支付过多,会增加公司的成本;反过来,如果薪酬水平过低,会使企业很难吸引和保留企业所需的优秀人才。所以,应根据一定的标准将员工或人力资本分成不同种类,对每一类别的人员采取不同的人力资源管理模式(当然包括薪酬管理模式)是人力资源管理精细化和个性化的一个重要标志。在这一点上,美国著名的人力资源管理专家 Scott A. Snell 建议:对核心人力资本,采取高于市场水平的领先策略;对于普通人力资本,采取与市场工资率相同的跟随策略。

③ 薪酬在公司总成本中所占的比重。从企业的角度讲,如果薪酬在总成本中所占的比例比较低,其采取领先策略不会对总成本产生很大影响。这时,企业"慷慨"所须付出的"代价"并不是很高。这在一定程度上解释了为什么资本密集型行业的平均工资会远高于劳动力密集型行业。

④ 公司的支付能力。公司支付能力在很大程度上取决于公司的盈利能力。盈利能力强、利润水平高的企业,其支付能力一般比较好。在这种情况下,它有条件、有实力采取领先策略。相反,对那些现金流本来就捉襟见肘的企业,即使要采取领先策略有一万条理由,其最终一般多会选择跟随甚至滞后策略,因为支付能力是最大的现实制约。

⑤ 企业文化。目前,这方面的研究资料比较少,但事实上,企业文化的确是影响薪酬水平定位的不可忽略的重要因素。在现实生活中,我们经常可以看到具有很强可比性的公司,其薪酬水平有很大差异,至于因更换高层领导而引起的薪酬水平和薪酬策略的改变更是屡见不鲜。这就说明,除了上述四个"显性"因素外,还有其他因素在背后起作用,而在诸多背后因素中,企业文化无疑是最大的"隐性"因素。企业文化对"人"的关注程度、对"人"的本性的假设、对员工与企业关系的看法等都是影响企业薪酬水平定位的重要因素。

(2) 薪酬策略对公司总成本的影响。

以领先策略为例,其对公司总成本的影响有以下两个方面:

① 增大公司成本支出。在人数不变的情况下,给员工支付的薪酬越高,其成本支出就越大。

② 减少公司成本支出。由于劳动力市场中信息不对称所产生的道德风险和逆向选择以及监督成本的存在,给员工支付高于市场工资率的工资,会因其能吸引素质更高水平的雇员、提高雇员的工作自觉性和士气、培育忠诚、减少监督成本等反而降低总成本。

需要特别指出的是,在上述两个影响中,第一个影响是自然而然就会发生的,而第二个影响并不会自然而然地发生,需要公司采取其他相应的管理手段(如考核等)予以配合。这其中最重要的一点是,不能让员工产生"我拿这么多是我应得的"的"权利感"。在现实中,企业工资水平远高于市场平均工资水平而士气低落、效率低下的例子比比皆是即为明证。

2. 薪酬构成选择

薪酬构成是指在薪酬中,基本工资、奖金(含长期激励和短期激励)及福利(这里主要指非法定福利)所占比重。正如石墨和金刚石虽同由碳原子组成但两者有天壤之别一样,薪酬构成不同,其激励效果也会有很大差别。在决定企业的薪酬构成过程中,主要考虑的因素是:

(1) 激励性:基本工资、奖金和福利的激励功能是不一样的:奖金最强,基本工资次之,福利最弱。所以单从这个角度讲,企业应尽可能地增加奖金的分量,降低福利的比例。

(2) 灵活性:薪酬是有刚性的,一旦涨上去了以后,要降下来就比较困难。与刚性相对应的是灵活性,薪酬的刚性越大,企业在薪酬管理中的灵活性就越小。基本工资的刚性最强,福利次之,奖金最弱。

(3) 附加成本:在国内,养老保险、医疗保险、失业保险等都是以工资(包括基本工资和各种形式的奖金,下同)为计提基数的。所以,对单位而言,工资和奖金是有附加成本的。对员工来说,工资需要缴个人所得税。从这个角度讲,福利无论是对员工还是对企业,都比较"实惠"。

(4) 工作性质:员工的工作性质不同,其薪酬构成也应当有所差别。比如,销售人员和研发人员相比,其奖金所占的比重就应当更大。即便是在研发人员中,从事应用性研究的研发人员的奖金比重也应当比从事基础研发的高。

在确定薪酬构成的过程中,始终要坚持的一条指导思想是:在薪酬预算总量一定的前提下,尽可能地提高薪酬的激励功能。

五、薪酬结构的确定

在构建好反映市场工资率和公司薪酬水平定位的工资政策线之后,接下来的工作就是决定组织的薪酬结构(Pay Structure)。薪酬结构是设计一个以职位点数为基础的薪酬结构图。其基本作用就是告诉我们薪酬晋升的阶梯或是薪酬的运行规则。薪酬结构涉及薪等、极差和相邻的重叠三个重要概念。图3-14是一个薪酬结构图的示例,从中可以更加形象地理解这三个概念。

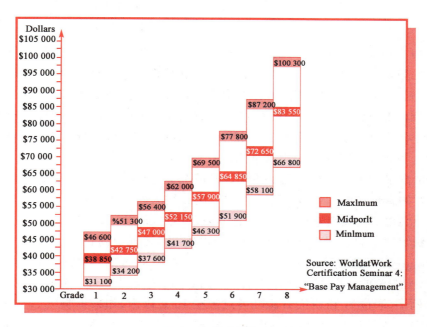

图 3-14 薪酬结构图

图 3-14 是一个标准的薪酬结构图。这个图有几个关键部分：首先，薪酬结构图包含许多长方形，每一个长方形就是一个薪等(Pay Grade)；第二个关键部分是每个长方形的高度，这就是我们所说的级差(Pay Range)；最后一个关键部分就是每相邻的等级之间的交叉重叠部分(Overlap)。

薪等是工作分析和职位评价的结果，是一个企业职位价值的排序，它是把职位分成一个个的宽度。薪等的重要含义在于它的宽度，薪等越宽，这一等级中包含的人数就越多。例如，假定 100 分是一个薪等，很可能科长、副科长就在同一个薪等内；如果说取 400 分是一个薪等，很可能处长、副处长、科长、副科长在同一个薪等内。宽度越宽，既定的总分数里面的薪等数就越少。

级差是指最高收入与最低收入之间的百分比差距。在相同的薪等里面，最高与最低收入差距不一样。这就意味着相同的价值收入会有不同的可能性。级差这个概念最重要的不是宽度，而是高度。

第三个概念是相邻的两个等级之间的交叉重叠部分(Overlap of Ranges)。薪酬结构设计中经常会出现第四个薪等中最高收入比第五个薪等中的最低收入高。这是级差间的重叠，其实是相邻的两个薪等间的收入重叠部分。这就意味着只要在重叠区间内，无论是在第四等还是在第五等，得到的薪酬可能是一样的。重叠越大，收入增长速度就越慢，重叠的一个作用是降低收入增长的速度。

确定企业的薪酬结构主要包括以下三方面的工作：
- 分等；
- 确定每等对应的薪酬区间；
- 确定相邻等之间的交叉。

1. 分等

当组织中存在许多种工作时，需要划分薪等。一个薪等包含价值相同或相似的若干职位。薪等的数目应该适中。在价值最大的职位和价值最小的职位之间点数差异既定的情况下，如果划分的薪等太少，那些在工作任务、责任和工作环境上差别很大的员工被支付相同的薪酬标准，就会损害薪酬政策的内部公平性。另一方面，如果划分的薪等太多，那些在本质上没有什么明显差别的工作就会得到不同的报酬，同样也会损害薪酬政策的内部公平性。设计薪等时主要考虑以下因素：

(1) 职位数量的多少。在其他条件既定的情况下，企业的职位越多，薪等就越多。
(2) 企业的管理倾向。主要考察企业是鼓励比较大的收入差别还是比较小的差别。
(3) 企业文化。主要考察企业是否有能够接受较大的收入差别的企业文化。
(4) 薪酬管理上的便利。为了管理上更加方便，薪等越少越好。

尽管分等时有很强的灵活性，但要设计一个好的分等方案也是很不容易的。其中最大的挑战是，当职位的点数落在分等的临界点附近时，究竟是将其归入较高的等还是较低的等？举个例子，职位 A 和职位 B 距临界点都在 10 点以内，如果将职位 A 归入为较低薪等而将职位 B 归入较高薪等，那么薪酬的差异程度就与职位价值不相称了。解决这个两难问题不能单纯从数字上去分析，它要求我们回过头去看这两个职位本身的性质，去了解这两个职位的升迁途径和工作流程。总之，在分等时，我们一定要牢记，分等的目的是使价值相同或相近的职位归入同一薪等。

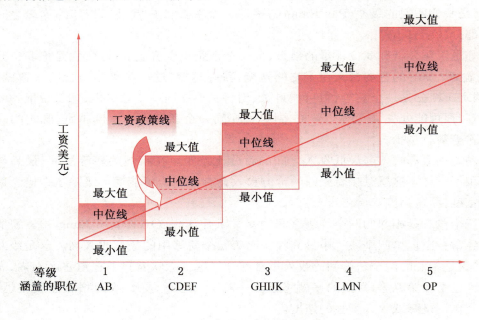

图 3-15 薪酬结构

2. 确定薪等的薪酬区间

职位评估的结果相同或相近绝不意味着在该职位上工作的员工对公司的贡献和价值也相同或相近——员工的贡献和价值大小,除受他/她所在的职位影响外,还会受到他/她的能力、努力程度等因素的影响。所以,在确定了企业应当分多少薪等以及每个薪等应当涵盖哪些职位后,还应给每个薪等设定一个合理的薪酬区间,以恰当地反映这些客观差距。

在确定薪酬区间时,一般分为以下步骤:

(1) 确定薪酬区间的中点(Midpoint)。

中点由市场的薪酬水平和公司的薪酬策略决定,它反映了受到良好培训的员工在其工作达到规定的标准时应该得到的薪酬。

(2) 决定薪等的上限(Maximum)和下限(Minimum)。

薪等的上限和下限分别代表企业愿意支付给该薪等职位的最低薪酬和最高薪酬。由上限和下限所决定的区间即为该薪等的薪酬区间。上下限之差除以下限,即为薪等的浮动幅度。在确定薪酬结构的过程中,一般不直接确定薪等的上限和下限,而是确定该薪等的浮动幅度,再根据浮动幅度和中点计算出薪等的上限和下限。

影响浮动幅度的主要因素有:

① 职位价值。价值越低,其对应的薪等的浮动幅度就越小;价值越高,其对应的薪等的浮动幅度越大。这是因为价值越大的工作,任职者工作绩效的差别就越大,只有薪酬的浮动幅度比较大,才能激励那些承担对组织价值比较大的工作的员工努力工作。

② 职位层级。不管程度如何,组织结构总是呈现某种金字塔形式,级别越高,员工继续晋升的空间就越小。因此,需要设置比较大的浮动幅度来激励他们努力工作。

③ 基本称职和非常娴熟之间的能力差距。能力差距越大,任职者所须付出的努力越大,浮动幅度就越大。

④ 企业文化和管理倾向。强调拉开收入档次,鼓励或接受收入差距的企业,其浮动幅度也会设置得比较大。

当中点和浮动幅度确定后,就可以计算薪等的上限和下限了:

$$下限 = 中点 \div [100\% + (1/2 浮动幅度)]$$

$$上限 = 下限 + (浮动幅度 \times 下限)$$

例如,浮动幅度为30%,中点值为10 000元,则:

$$下限 = 10\,000 \div [100\% + 15\%] = 8\,695(元)$$

$$上限 = 8\,695 + (30\% \times 8\,695) = 8\,695 + 2\,609 = 11\,304(元)$$

(注:以上公式假定浮动幅度的对称性,即中点距上下限的值相等。)

3. 确定相邻薪等之间的交叉

交叉指的是较高薪等的薪酬区间与较低薪等的薪酬区间之间的重叠程度。其形式有有重叠、有缺口和既无重叠也无缺口三种,分别如图3-16所示。

图 3-16　薪酬区间的三种重叠形式

敏锐的读者会发现,相邻薪等之间的交叉设计和这两等的等内浮动幅度是密切相关的。事实上,在决定了所有薪等的薪酬区间后,薪等之间的交叉就自然而然地决定了。之所以还要研究相邻薪酬之间的交叉,主要是基于以下考虑:

- 企业所期望的员工分布。如果希望通过晋升使某薪等的员工人数增多,则要减小该薪等与下一薪等的重叠,甚至没有重叠,形成缺口。
- 企业的管理倾向。为了鼓励员工晋升到某职位,缺口必须足够大,以引导员工去寻求并接受提升机会或接受所需的必要培训。

在交叉与既定的薪酬区间相矛盾时,我们建议根据交叉去调整在上一步中认定的薪酬区间。

第三节　基于能力的基本薪酬

基于能力的基于薪酬设计是指组织依据员工能力的高低从而支付其报酬的方法设计。本节将对三方面内容进行介绍,即能力的概念界定、基于能力的基本薪酬体系的优势以及具体设计方法。

一、能力的概念界定

从宏观的角度上说,组织能力是指组织所拥有的能够为客户带来特别的、与众不同的价值的技能和技术的集合;而从微观角度上来看,能力是指每个个体所掌握的知识、技能、态度以及经验的总和。企业得以维持竞争优势的能力来源于何处?如何发展独特的核心竞争力并维持和不断提高是长期以来学者与管理者们一直关注的问题。

传统观点认为企业的竞争优势来源于产业本身及竞争定位。直到20世纪七八十年代,由于世界经济格局发生重大变化,企业之间的竞争日趋激烈,学者开始认识到之前的战略管理模式存在一定的局限性。开始从过分重视企业中物的因素、企业外部环境转变为重视企业内部人的因素、文化等资源因素。许多学者开始着重研究企业内部的资源、企业能力和知识等对企业竞争优势的影响。

Wernerfelt 的《企业资源观》(*A Resource-Based View of the Firm*) 发表于 1984 年, 这篇文章的发表意味着资源基础论的诞生。资源论对企业存在这样的假设: (1) 企业具有不同的有形和无形资源, 这些资源可转变成独特的能力; (2) 资源在企业间是不可流动的且难以复制; (3) 这些独特的资源与能力是企业持久竞争优势的源泉。作者旨在开发一些用于分析企业资源定位的简单的经济学工具, 并考察由这些分析产生的一些战略选择, 尤其是分析收益率与资源间的关系, 以及管理企业资源的方法。

Wernerfelt 强调了资源对于企业竞争优势的重要性, 并指出企业的能力和外部机会是企业竞争优势的两个重要来源, 企业应更注重自身的资源而不是产品。

能够作为企业能力的资源具有独占性和可转移性两个特点。比如, 矿产就可以视为一种资源, 首先矿产是可以被人类占有的, 其次可以被转移; 同样, 人力资源也具有独占性, 但需要注意的是, 人力资源的所有权不可转移, 而使用权是能够转移的。因此, 人力资源之所以能给企业带来竞争优势不是因为其本身的所有权, 而是在于它的使用权。换句话说, 为企业带来竞争优势的不是人力资源本身, 而是人力资源管理制度。

1990 年, Prahalad 和 Hamel 在《哈佛商业评论》上发表了《公司的核心竞争力》(*The Core Competence of the Corporation*) 一文, 首次提出了核心竞争力 (Core Competency) 这个概念。作者认为, 短期内一个公司的竞争优势源于现有产品的性价比特性, 但从长期来看, 竞争优势将取决于企业能否以比对手更低的成本和更快的速度构建核心竞争力, 进而为公司催生意想不到的产品。

Prahalad 与 Hamel 对核心能力的定义是: 能够使组织为客户带来特别的、与众不同的利益的技能和技术的集合。这不仅仅是整合各种技术, 同时还意味着有效组织工作和提供价值。因此, 核心竞争力是沟通、参与以及对跨越组织界限协同工作的程度。作者还进一步指出核心竞争力应具备以下三个特征: (1) 应当能为公司进入多个市场提供方便; (2) 对最终产品为客户带来的可感知价值有重大贡献; (3) 对手难以模仿。

有形资产会随着时间的流逝而减损, 但核心竞争力却会随着应用和共享的增多而增强。因此, 越来越多的学者开始对核心能力进行了相关的研究, 与此同时, "核心竞争力是企业可持续竞争优势的源泉" 这一观点被普遍接受。

Jay B. Barney 在 1995 年发表的《从内部寻求竞争优势》中最早提出了 VRIO 模型, 并试图通过该模型对企业内部拥有的核心竞争优势进行分析。VRIO 模型从四个维度去分析这一问题, 即价值 (Value)、稀缺性 (Rarity)、难以模仿性 (Inimitability) 和组织性 (Organization)。Barney 认为, 可持续竞争优势不能通过简单地评估环境机会和威胁, 然后仅在高机会、低威胁的环境中通过经营业务来创造。可持续竞争优势依赖于独特的资源和能力, 企业可把这些资源和能力应用于环境竞争中去。为了发现这些资源和能力, 管理人员必须从企业内部寻求有价值的、稀缺的、模仿成本高的资源, 然后经由他们所在的组织开发利用这些资源。

康奈尔大学的 Patrick M. Wright 教授系统地阐述了如何通过人力资源帮助企业获得竞争优势。他通过 VRIO 模型分析组织中的人力资源是否有价值, 并得出人力资源管理得以帮助企业获得竞争优势的条件是: (1) 增加人的价值; (2) 增加人的稀缺性; (3) 增加人的不可复制性; (4) 把人组织起来。

Scott A. Snell 在 Hamel 和 Prahalad 提出的核心竞争力概念基础上，进一步提出了核心能力的判断标准：

(1) 价值性(Valuable)：通过收益与成本之比来衡量企业拥有某项资源的价值，企业获取并持续拥有这项资源的收益成本之比要大于 1，否则，企业得不偿失。

(2) 独特性(Unique)：独特性由社会的复杂性与原因的模糊性两个要素构成。企业核心能力的独特形式是由复杂的社会环境和各种机遇所造成的，因此，其被复制和模仿的可能性很小，企业一旦拥有了这项能力，竞争对手在短时间内难以模仿。

(3) 延展性(Extendable)：企业所拥有的这项能力是可以更新、扩展的，企业应该因地制宜、因时制宜。

(4) 可学习性(Learning)：组织通过持续不断的学习来获取核心能力，即企业需要经历"学习—接受新挑战—积累经验—学习"这一无限循环的过程，这有助于企业获取持续的竞争优势。

根据价值性和独特性两个维度，Snell 将人力资本分为四种类型，分别是核心人才、异质性人才、辅助人才和必备人才。由于每一种类型的人力资本具有不同特征，应分别对其采用不同的雇佣模式和管理方式。人才分类如图 3-17 所示。

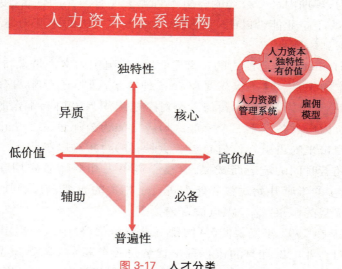

图 3-17　人才分类

Snell 认为，核心能力可分为知识(Knowledge)、流程(Processes)、关系(Relationships)和技术(Technoledgies)四类。人力资本通过组织资本和社会资本发挥作用。人力资本是要被组织化的。

微观层面上的能力(Competency)关注的焦点是某个独立个体所拥有的胜任能力、才干或素质。这是 20 世纪 70 年代著名的组织行为研究学者 David McClelland 针对组织在人员的选聘和甄选中采用传统的智力测验、性向测验等手段所存在的缺陷而提出的，它与心理学中的能力有很大的区别。在心理学中，能力(Ability or Capacity)是指人的一种个性心理特征，这种特征能直接影响活动的效率或效果，性格或气质虽然能够对人的活动产生一定影响，但这种影响并非直接因素，因此在心理学中并不包括这类特征。而在人力资源管理学科中,却将这种性格、动机、态度等个性特征作为胜任能力的一部分。

1993年提出的冰山模型以及后来的洋葱模型都证明了知识、技能属于表层的能力特征,是很容易被发现的,而社会角色、自我概念、人格特质、动机与需要,属于深层的能力特征,仿佛隐藏在水下。但深层特征是决定人们的行为及表现的关键因素。洋葱模型与此类似,不过是把冰山模型中由上而下的顺序变成由外而内的顺序。

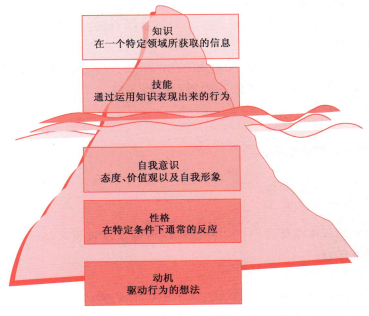

图3-18 冰山模型

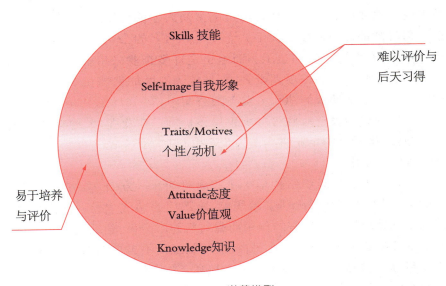

图3-19 洋葱模型

基于冰山模型,"IDS研究"将能力定义为:个体要有效履行职务所必需的技巧、知识、经验、特性和行为。从该定义中可以看出,能力并不简单地等同于"知识"和"技术",它们之间既有联系又有区别。

知识和技术与能力的概括化程度及迁移能力具有本质不同。能力能够概括一个人具有的个性特征,知识和技能却办不到,它们只能代表一个人某一阶段的一部分特征。能力可以迁移到人的所有活动中去,比如,一个人的观察能力很强,那么他在所有的活动中都可以表现出这一特点。而知识和技能的迁移能力却很有限。比如,骑自行车的技能就很难迁移到骑摩托车和开汽车上去。

能力是习得知识和技能的前提,掌握知识和技能的过程能够体现能力的高低,同时,掌握知识和技能的过程也能够使人的能力得到提高。能力与知识和技能是互为前提、互相转化的关系。

二、基于能力的薪酬体系的优势

1. 基于能力付薪方式的产生

导致基于能力的基本薪酬体系产生并使得这种付薪方式越来越受到众多公司重视的原因可归纳为如下三点:

(1) 市场竞争方式的变化。

知识经济时代的竞争是人才的竞争。基于职位的薪酬体系蕴含的逻辑产生于20世纪上半叶以泰罗为代表的科学管理思想。从战略角度看,泰罗的管理思想和管理方法是与大规模生产相适应的,它使企业赢得竞争优势的方式发生了重大改变。但随着世界经济一体化趋势的加强和市场竞争的加剧以及高素质人才的供不应求,各公司发现它们的成功比以前任何时候都更加依赖于员工。许多世界著名的公司已经意识到,要成为世界一流的公司,就要拥有世界一流的员工。而这正是许多企业采用基于能力的薪酬体系的源动力。在美国和欧洲进行的一项调查表明,与能力有关的薪酬机制正在发达国家受到越来越多的关注。在参加调查的700多家美国公司中,有16%的公司已经采用了这种报酬体系,同时,78%的公司表示他们将考虑采用该机制。在欧洲,大约有20%的公司采用了这种办法,并且一半以上的企业将其作为薪酬机制改革的首选方案。

(2) 组织结构的变化。

信息技能的迅猛发展使组织结构扁平化成为可能。一方面,网络状分布的组织团队代替了固定的工作部门或职位,出现了跨职能、跨部门的团队。另一方面,网络使主要承担信息沟通的中间管理层失去应有的作用而遭到精简。结果,企业中的较高职位减少了,这使得传统的升迁机会大大减少,在这种情况下,员工已不再把追求高级管理职位作为职业发展的主要目标,他们需要的是较大的自主权和工作弹性。

扁平式组织结构强调员工参与,鼓励员工扩大自己的工作内容,注重提高员工技能的通用性和灵活性,借以重新构造组织的边界。在这种新型的工作方式中,员工需要做的工作已不局限于工作说明书中指定的任务。他们必须懂得更多、想得更多,必须不断地学习、改革,还要有参与和合作精神。所有这些,都要求基于能力的薪酬体系与之相匹配。

(3) 管理理念发生了变化。

在一个多世纪的发展过程中,企业经营经历了从生产导向到市场导向的演进过程,目前正进入人力资源导向时代。企业管理者必须以一种新的全球思维方式重新思考企业人力资源的角色与价值,建立新的模式和流程来培育企业的核心能力,从而获得竞争优势。将能力与薪酬挂钩,用报酬引导和刺激员工不断学习,是企业不断提升自身核心能力的重要方法。

2. 基于能力付薪方式的利弊与面临的挑战

基于能力的薪酬体系具有以下优点。首先,有利于减少企业推进组织变革和流程重组的阻力,提高企业的灵活性和适应性。其次,有利于鼓励员工对自身的发展负责,使员工对自己的工作生涯有更多的控制力。同时能使员工承担更多、更广泛的责任,而不仅仅是职位说明书中涉及的责任。最后,有利于向员工阐述薪酬与能力、与职位之间的关系,使员工有动力去提高其能力。

在日益以知识和服务为基础的经济中,为能力付酬,对最有能力的人支付最多的钱,似乎是显而易见的且合理的行为。而且一个确实日益增加的趋势是把能力和薪酬挂钩。然而,在决定采用基于能力的薪酬体系以前,我们也应当清楚地看到它的不足。首先,基于能力的薪酬体系通常需要周期性更新能力评估体系,重新鉴定员工的技能。在能力淘汰呈现加速度趋势的今天,这无疑会大大增加企业管理工作的难度。其次,它增加了企业的人工成本。位于洛杉矶的劳动力有效性中心(the Center for Workforce Effectiveness in Los Angeles)在50个美国公司所进行的研究发现,在40%的案例中,与能力挂钩的薪酬体系已经失败,原因主要是由于成本的影响:采用基于能力的薪酬体系后,工资成本平均来说上升了15%,而培训成本上升超过25%。英格兰的CUMMINS发动机公司因为这个原因在车间取消了能力薪酬制度,用团队绩效奖金取而代之。

基于能力的付薪方式也面临着现实的挑战与困境,主要包括以下五个方面。

(1) 能力的认证问题。

确定员工的能力等级是能力工资实施的核心问题。但企业建立自己的能力评价体系存在着很大困难。这个过程至少包括三个方面的内容:一是能力评估机构;二是能力评价的要素;三是能力评价的等级。这个过程是很复杂的。能力评价机构可由企业自身的专业人员和外部聘请的专家共同组成能力评价委员会。评价要素的确定则要结合企业的实际情况,突出本企业的特点,保证这些要素与企业的业务相关。而评价的等级不宜过多,也不宜过少。过多的等级对能力的区分度不够,过少的等级对员工的激励性又不够。一般来说,能力等级设定为4—6个比较合适。

(2) 能力的利用问题。

能力工资面临的一个最大现实问题是如何有效地利用员工所掌握的知识和技能。知识、技能和业绩之间并没有必然的因果关系,企业在推行能力工资时,必须解决好这个问题,否则就会造成劳动成本的大量增加而企业得到的回报却很少。为解决这一问题,一是企业必须结合自身的实际需要确定能力评价要素。二是及时对员工的工作进行重新设计。随着其所掌握的知识和技能的增加,重新设计担任的工作,如让其工作丰富化和扩大化等。三是用业绩考核来调整员工的收入,能力工资只是基本工资,此外,还有一部分报酬是基于业绩的。

(3) 能力的培训问题。

实行能力工资后,企业对培训的需求必然会增大,企业在培训方面投入的成本也会随之增多。为解决这一问题,可以让企业和员工共同承担培训费用。

(4) 能力评价体系的更新问题。

企业要不断更新和丰富能力评价的要素和能力评价的要求,并对员工的能力等级定期进行重新评价。这种做法,一方面可以保证能力评价体系适应企业发展的需要,另一方面也可以促使员工持续不断地进行学习。

(5) 与职位和绩效有机结合的问题。

大多数企业在进行薪酬决策时,除了会考虑员工的能力外,还需要考虑职位数量和内容、目标完成情况等因素。所以,即便使用基于能力的薪酬体系,也不要百分之百地基于能力。基于能力的薪酬体系并不是要完全取代或代替传统的基于职位和基于绩效的薪酬设计,而是要与它们融合,并针对不同的企业和不同的环境而有所侧重。

基于能力的薪酬体系将被越来越多的公司所接受。许多公司意识到,对员工的能力给予直接的、有形的报酬是公司战略得以顺利实施的关键因素。然而,基于能力的薪酬体系并非适用于任何企业,它的实施需要一个相当坦诚。公开的评价过程,需要一种摆脱业已失效的传统薪酬体系的勇气,更需要管理者以满腔的热诚控制变革对员工带来的影响。只有对这一切准备充分的公司才能在新体系下形成自己的核心竞争力。

三、基于能力的薪酬体系的设计方法

能力薪酬设计的基点是实现员工与组织的同步发展,能力薪酬体系设计主要有以下五步:

步骤一:建立属于企业的能力辞典;
步骤二:重点提炼关键岗位的能力模型;
步骤三:给能力定价;
步骤四:建立工资结构;
步骤五:建立基于能力的人力资源管理体系。

1. 步骤一:建立属于企业的能力辞典

能力来源于五个方面,分别是战略层面、流程层面、技术层面、客户需要层面以及问题解决层面。战略层面是指从战略分析中提取能力,当从战略的角度来提取能力时,企业的能力指的是影响战略成功的关键要素。流程层面是指从工作流程中提取能力。基本的步骤是:(1)分析流程;(2)确定流程成功的关键环节;(3)分析为了使流程成功所需要的关键能力;(4)将这些能力细分为能力领域或者能力模块;(5)将能力模块细化为能力构件(可以评价的能力单元)。技术层面是指从技术分析中提取能力。当从技术中提取能力时,能

力指的是那些对技术竞争优势特别重要的因素。客户需要层面则是从客户价值中提取能力,能力指的是满足客户价值的关键要素。而当从解决问题的过程中提取能力时,能力指的是为了解决问题所需要的特别技能。

企业在结合自身的实际情况建立能力辞典时应注意所提取的能力要以战略为导向,聚焦达成战略的关键岗位,使用行为事件访谈法对比出绩优人员达成高绩效的关键行为,并将能力分级,且对每个层级用行为化的语言将其描述出来。行为事件访谈法(Behavioral Event Interview,BEI)是一种开放式的行为回顾式探索技术,是揭示胜任特征的主要工具。这是一种结合 John C. Flanagan 的关键事例法(Critical Incident Technique,CIT)与主题统觉测验(Thematic Apperception Test,TAT)的访谈方式,主要的过程是请受访者回忆过去半年(或一年)他在工作上最感到具有成就感(或挫折感)的关键事例,其中包括情境的描述、有哪些人参与、实际采取了哪些行为、个人有何感觉、结果如何等,也即受试者必须回忆并陈述一个完整的故事。企业需要明白什么样的行为会导致某一类职位的高绩效。采用行为锚定法研究高绩效的人群,并由与其相关的人从不同角度提取出他们的共同点。得到这些核心能力后,再将每一项能力进行分级。行为锚定法是一种以工作行为典型情况为依据进行考评的方法。其基本思路是:描述职务工作可能发生的各种典型行为,对行为的不同情况进行度量评分,在此基础上建立锚定评分表,作为员工绩效考评的依据,并对员工的实际工作行为进行测评给分。

表 3-8 列举了员工素质能力评价样表。

表 3-8　员工素质能力评价样表

素质能力名称及定义		关键事件行为
责任心: 对职责范围内的事情采取不顾得失、善始善终、精益求精的态度。	绩优行为	对涉及部门或公司利益都能积极、主动负责,对工作永不满足;并能欣赏、鼓励他人的责任心,营造负责任工作的氛围。
	绩差行为	能履行自己分内的工作职责,工作结果一般。
组织能力: 通过制定规则及整合、调配各类要素资源,把人员组成一个团队,充分发挥整体效能。	绩优行为	通过合理的机制和发挥个人影响力,使团队成员之间高度信任,互补、高效地支持目标或战略,充分发挥整体效能。
	绩差行为	能够根据行政权力,集合部分人员行动。

关键事件访谈法举例

素质能力	解释	层级
责任心	对职责范围内的事采取不顾得失、善始善终、精益求精的态度。	1级:能履行自己分内的工作职责,工作结果一般。
		2级:对自己分内的工作职责善始善终,为完成工作加班加点,工作结果好并能及时反馈。
		3级:能够站在公司角度考虑问题,积极、主动地完成自己的工作职责并配合别人完成工作,不计较个人得失。

（续表）

素质能力	解释	层级
		4级：对工作精益求精，对公司中的不良现象及工作中发现的问题，能够挺身而出，及时反馈并指出纠正。
		5级：对涉及部门或公司利益的事都能积极、主动地负责，对工作永不满足；并能欣赏、鼓励他人的责任心，营造负责任工作的氛围。
组织能力	通过制定规则及整合、调配各类要素资源，把人员组成一个团队，充分发挥整体效能。	1级：能够根据行政权力，集合部分人员行动。
		2级：集合多人组成团队，建立层级、结构，并制定简单规则，使所有人员有序开展行动。
		3级：建立团队机构和规则，使团队目标统一并合理分配财、物资源。
		4级：建立有效的体制和规则，以身作则地约束和凝聚团队个体，优化人、财、物配置，齐心合力开展工作，氛围良好。
		5级：通过合理的机制发挥个人影响力，使团队成员之间高度信任，互补、高效地支持目标或战略，充分发挥整体效能。

能力分级举例

被评估人姓名	××	部门	营销部	岗位（职务）		经理
素质能力名称		职位要求的素质能力等级和定义				评估等级
1. 责任心	4级	对工作精益求精，对公司中的不良现象及工作中发现的问题，能够挺身而出，及时反馈并指出纠正。				
2. 主动性	4级	能提前做好准备，抓住机遇，超越工作要求。				
3. 信息搜索能力	4级	能够对信息进行提炼，分析、归纳出对企业未来发展有相当参考价值的分析建议或调研报告。				
4. 组织能力	3级	建立团队机构和规则，使团队目标统一并合理分配财力、物力资源。				
评估建议						
评估人		评估日期		年	月	日

2. 步骤二：重点提炼关键岗位的能力模型

在界定组织所需的能力后，通常有两种方法来衡量员工的能力：一是将组织所需的每一项能力视为一个独立的技能部件，对每个技能部件设置技能等级及与之相对应的衡量标准。然后再根据这些标准来衡量员工的能力。二是将组织所需的能力细化到职位簇中，为每个职位簇开发出与其对应的任职资格。然后再根据任职资格的要求来衡量员工所具备的能力。

这两种方法各有优劣。采用后者所得出的能力与职位结合得比较紧密，所以本书更推荐使用该思路。使用该思路来衡量员工能力的关键点在于开发一个适应企业实际情况的任职资格体系。在开发任职资格标准体系时需要遵照以下原则：

(1) 基于战略的原则。在开发任职资格标准时必须高度关注战略,使任职资格中的工作能力不但能满足目前企业运转所需,而且还能和企业战略高度吻合,满足将来的战略所需。

(2) 源于工作的原则。任职资格标准的分类、分级、角色定义和标准开发都要从实际工作中来,要进行深入的工作分析,不能仅从技能本身进行推理。当工作内容和工作对任职者的要求发生重大变化时,要及时修订。

(3) 结果导向的原则。达标、认证的素材应尽可能取自日常工作,尽量减少为获得资格而额外增加工作,更要避免员工为认证、达标而偏离工作。

(4) 牵引导向的原则。能够有效指导员工的日常工作和自学,促进员工不断学习和提高。这就要求角色定义、KSA(知识、技能、能力)的标准开发要尽可能细化、明确,对员工的工作和学习有指导意义。

任职资格体系开发的总体指导方向是"以终点为起点",这里的"终点"包括两层含义:①标准体系。即从任职资格标准体系"应当是什么?"出发,逐步向前推导,得出整个任职资格的标准体系。②工作成果。即从工作成果出发,判断完成"工作成果"所需具备的KSA(知识、技能、能力)。开发的具体步骤如表3-9所示。

表 3-9　任职资格标准体系开发的具体步骤

步骤	含义
Step 1:分类、分级	分几类?每类分几级?
Step 2:角色定义	能做什么?需要做到什么程度?
Step 3:任职资格标准开发	要达到角色定义要求所需要满足的要素

Step 1:分类、分级。

任职资格从纵横两个维度明确了职务对任职者的资格要求。横向的维度通过分类、分专业实现,使同一专业线涵盖职务的 KSA 具有较多的共性。纵向的维度通过分级实现,使不同等级对任职者的资格要求有明显区别。级数的多少由两个因素决定:一是要能拉开档次,使同一级内员工的工作能力相差不致太大;二是要易于构筑体系,易于管理。

要强调指出的是,在分类过程中,不能太过详细,极端的表现是为每一个职位开发出与之对应的任职资格,这样会使任职资格标准开发的工作量相当大,同时对今后的管理和认证工作带来不必要的麻烦。其次,许多职位对任职者 KSA 的要求区别不是很大,也没有必要太过详细。另一方面,分类也不宜太粗,太粗则会使得任职资格中的 KSA 过于抽象或宏观,极端的一个例子是将所有的管理人员(如财务、人力资源等)都归成一类,从而损伤任职资格体系的实用价值。对于这个问题,我们的建议是,任职资格分类最好是基于职位簇,然后在此基础上进行微调。表3-10是对某企业的研发人员和市场营销人员所做的一个分类、分级方案。

表 3-10 分类、分级方案示意表

大类	小类	级数
研发类	软件研发、系统研发、集成电路设计	五级
市场类	客户经理、技术支持、客户服务	五级

Step 2：角色定义。

通过角色定义要规定公司对各级、各类任职者能做什么以及需要做到什么程度的期望，这一步骤是任职资格标准体系的核心。它与之后的任职资格标准开发之间的关系是：前者是"做正确的事"(Do Right Things)，后者是"将事做正确"(Do Things Right)。

在具体概括每层级角色的定义之前，首先需要明确角色定义要遵守的基本原则（参见表 3-11）。

表 3-11 角色定义的基本原则

原则一	要充分考虑行业和竞争对手的情况，以引导公司不断缩小与竞争对手在人力资源能力方面的差距。在一个竞争充分的行业里进行角色定义（特别是"需要做到什么程度"时）必须充分考虑这一点。
原则二	基于现实又不能拘泥于现实。所谓基于现实，是指要根据专业对员工资格的实际要求和员工的具体情况进行设置，不能脱离现实。所谓不拘泥于现实，是指角色定义要具有一定的前瞻性和挑战性，能引导员工朝公司期望的方向不断努力。
原则三	晋升难度要考虑人才成长的自然规律，并根据级别的不同而有所区别。以五级为例，对于前三级（管理类除外）和管理类的监督者的任职资格，在符合学历条件和资历条件的情况下，大多数人经过努力即能获得。对于后两级和管理类的管理者和领导者的任职资格，只有少数员工经过艰苦的奋斗才能在规定的资历年限内获得。
原则四	在同一线内不同级别的晋升难度要基本合理，不同线之间的晋升难度要基本平衡。

角色定义所涵盖的基本内容要包括以下五个方面：承担的责任大小；在本专业领域的影响；对流程优化和体系变革所起的作用；要求的知识的深度和广度、技能的高低；解决问题的难度、复杂程度、熟练程度和领域。表 3-12 是某公司对其岗位任职者在五个层级上的角色定义。

表 3-12 角色定义的通用模板

级别	角色定义
一级	● 有限的知识和技能，主要是从事本专业工作所必须的一些基本知识或单一领域的某些知识点，这种知识往往未在工作中实践过； ● 在本专业领域仅有较少的经验，这种经验是不够全面的，不能为独立工作提供支持。在工作中遇到的许多问题是其从未接触和解决过的； ● 对整个体系的了解是局部的，并对整个体系各个组成部分之间的关联不能清晰把握； ● 只能在指导下从事一些单一的、局部的工作； ● 不能完全利用现有的方法/程序解决问题。

(续表)

级别	角色定义
二级	• 具有基础的和必要的知识、技能。这种知识、技能集中于本专业中的一个领域并且已在工作中多次得以实践； • 能够运用现有的程序和方法解决问题，但这种问题不需要进行分析或仅需要进行不太复杂的分析，工作相对而言是程序化的； • 在有适当指导的情况下，能够完成工作，在例行情况下有多次独立运作的经验； • 能够理解本专业领域中发生的改进和提高； • 工作是在他人的监督下进行的，工作的进度安排也是给定的； • 能够发现流程中一般的问题。
三级	• 具有全面的、良好的知识和技能，在主要领域是精通的，对相关领域也有相当的了解； • 能够发现本专业业务流程中存在的重大问题，并提出合理有效的解决方案； • 能够预见工作中的问题并能及时解决之； • 对体系有全面的了解，并能准确把握各组成部分之间的相关性； • 能够对现有的方法或程序进行优化，并解决复杂问题； • 可以独立地、成功地、熟练地完成大多数的工作任务，并能有效指导他人工作。
四级	• 在本专业的大多数领域精通，对与本专业相关的其他领域也有相当程度的了解； • 对本专业业务流程有全面、深刻的理解，能够洞察深层次的问题并给出相应的解决方案； • 能以缜密分析在专业领域给他人施加有效影响，能推动和实施本专业领域内重大变革； • 能够通过改革现有程序或方法解决本专业领域内复杂的、重大的问题； • 可以指导本专业内的一个子系统有效地运行； • 能够把握本专业的发展趋势，并使本专业发展规划与业内发展趋势相吻合。
五级	• 具有博大精深的知识和技能； • 是业务流程的建立者或重大流程变革发起者； • 调查并解决需要大量的复杂分析的系统性的、全局性的或特殊困难的问题，其解决方法往往需要创造新的程序、技术或方法； • 可以指导整个体系的有效运作； • 能够洞悉和准确把握本专业的发展趋势，并提出具有前瞻性的思想。

Step 3：任职资格标准开发。

任职资格标准开发要解决的问题是：明确要达到角色定义中的要求，任职者应当掌握并具备的知识、技能、能力以及专业经历等。需要注意的是，任职资格标准开发需要遵照如表3-13所示的原则进行。

表3-13　任职资格标准开发原则

原则一	单元模块化。KSA的标准应尽可能模块化，要尽可能形成"积木"。这样做有三个目的，一是提高标准的复用性，减少标准体系开发的工作量；二是为便于培训的课程开发和实施；三是能充分利用资源，减少认证的工作量，提高认证的可信度。
原则二	能够衡量。标准必须能够衡量，否则在认证的过程中将产生麻烦，影响任职资格的权威性。

在具体从角色定义的模块导出所需相关的KSA以及专业经历时，可以采用以下方法：①仔细阅读工作说明书，收集与职务有关的信息；②根据角色定义，每个角色确定3—5个标杆人物；③深度访谈标杆人物，收集要达到角色定义中的要求所必备的KSA和专业经历；④综合、分析、校验同一专业内不同级别标杆人物访谈信息，"去伪存真、去粗取精、由表及里、由此及彼"，分模块撰写KSA和专业经历要求；⑤验证、修改上述KSA和专业经历要求。

在任职资格标准体系开发过程中信息的获取问题也至关重要。在理解了任职资格标准体系的开发思路后，怎样尽可能多地从相关方面获取准确信息，就成了任职资格标准开发成败与否的关键。这里存在信息获取的来源和信息获取的方法两个相互关联的问题。

第一,信息获取的来源包括四类对象人群,分别是公司的高级主管、管理者与监督者、雇员以及组织内外部的客户。

公司的高级主管普遍面临着持续不断的增进销售量、利润和股东收益的压力。任职资格标准不但要反映出员工应该取得的业绩,还必须与组织期望树立的整体形象相一致。因此,对于什么是公司需要的工作业绩以及实现这些业绩所需要的能力,他们的观点通常是最具有前瞻性和全局性的。引入他们的看法能确保模型包含从现在到未来3—5年组织所需的能力,以及从组织整体层面来看的核心能力要求。

管理者、监督者和核心员工一起共同负责组织中各项活动和流程的具体运作,他们要确保公司能不断开发出新的产品和服务,保证组织高效运转。企业要求他们不断地审视成本支出和投资的情况,以确保资产盈利率最大化。此外,他们还必须对资本、技能和人力之间配置的优化提出意见。因此,他们对本部门中什么是卓越的绩效水平以及达到这种水平所需的技能了如指掌。

雇员必须完成组织分派的特定任务,并实现特定的目标。作为一线工人,他们了解履行自己的职责所需的技能和技能水平;了解生产活动的不同组织方式;了解绩效的差别。这些都是鉴别核心素质所需要的关键信息。让员工参与建模的过程还能确保他们最终认可并接受模型和素质各水平之间的差别。

公司内外部客户是提取核心素质的丰富信息源。客户是由企业的一系列素质产生的产品和服务的终极接受者。外部客户提供的素质信息特别有助于销售和服务型公司任职资格标准的建立,因为销售和服务人员与客户相处的时间超过了与组织内其他人员相处的时间。

第二,常见的信息获取方法有访谈法、问卷调查法、专家小组法等。与工作分析不同的是,在任职资格标准的开发过程中,组建一个由人力资源管理专家和待开发职系的资深专家组成的小组,是非常有必要的。

3. 步骤三:给能力定价并建立工资结构

能力与基本工资挂钩有两种方式:一种是直接挂钩,即员工的基本工资由员工能力决定;一种是间接挂钩,即员工的基本工资由员工所在职位和员工的能力共同决定,其中,职位决定薪等,能力决定基本工资在薪等内的具体位置,即薪级。除此之外,为能力定价时还要考虑市场因素,因此,薪酬调查显得尤为必要。

首先,能力与基本薪酬的设计方式需要确定的薪酬体系和薪酬结构。在确定薪酬体系时,由于在职位评估的过程中是对全公司所有的职位用同一套标准进行评估和比较,所以在将评估结果与薪酬相联结时,一般采用的是统一的薪酬体系。但在衡量员工能力的过程中,采用的是分类办法,只是对同一职系(或职位簇,下同)中的能力进行了分级,不同职系之间的能力并没有进行深入的比较。所以,在设计基于能力的薪酬体系时,首先要解决的一个问题是,是采用统一的薪酬体系还是针对不同的职位设计不同的薪酬体系。

每一种方法都有自己的优缺点。统一的薪酬体系的优点在于管理起来相对简单,但缺点也很明显,即很难设计出一个基于能力的且完全覆盖不同职系的薪酬结构。与此相反的另一个极端是,每一个职系都有与之相对应的薪酬体系,这样做的好处是在构建薪酬结构时非常简单,而且针对性和灵活性都很强,但不足也是很明显的,就是在管理上会带来许多不便。所以,在实践中最好是走中间路线,即在构建基于能力的薪酬体系时,将相似的职系合并起来,采用同一个薪酬结构。比如,针对前面任职资格标准体系开发中提到的分类、分级方案,在建立薪酬体系时,完全可以把把软件研发系列、系统研发系列和集成电路设计系列归并为研发类,并在此基础上建立研发类的薪酬体系。

在确定薪酬结构时,与基于职位的薪酬设计类似,都需要重点解决三个问题,即分等(Grade)、确定每等对应的薪酬区间(Range)以及确定相邻等之间的交叉(Overlap)。

上节所述的解决这三个问题的思路对基于能力的薪酬设计基本上是适用的,但由于基于能力的薪酬体系和基于职位的薪酬体系的支付基础有着根本的不同,所以,在确定基于能力的薪酬结构的过程中,也有一些自己的特点。

在分等的问题上,如前所述,在开发任职资格标准体系的过程中,已经有了分级的概念,所以分等在这里并不是一件复杂的事情,与能力分级一一对应的分等就是一个很不错的选择。

在设计薪等的薪酬区间时,一般应考虑以下因素:(1)能力跨度。能力跨度越大,向上晋升所需的时间越长,薪酬区间就应当越大。(2)人员分布。如果能力分级合理,落在各级间的人数将近似地呈正态分布。为合理反映落在同一薪等人员的能力和绩效差距,人数越多的薪等的薪酬区间应越大。(3)企业文化和管理倾向。强调拉开收入档次,鼓励或接受收入差距的企业,其浮动幅度也会设置得比较大。

在决定基于能力的薪酬结构的等间交叉时,主要考虑的是人才成长的自然规律。一般来说,人们对某种能力的掌握开始速度比较快,在到一定程度后,会出现一个"高原平台期",在这段期间内,人们的能力增长缓慢,甚至出现停滞。只有少数天资聪颖或者经过艰苦努力的人才能突破这个平台期而进入更高层次。与此相适应的是,与平台期前对应的薪等之间不应当有重叠,甚至可以出现缺口,这样设置的目的是从利益上引导员工成长;与平台期及突破平台期后对应的薪等之间,应当有一定的重叠,突破平台的难度越大,所需的时间越长,重叠区间就应当越大,这样设置的目的是为了解决能力升级机会与激励之间的矛盾。当然,也有与之相反的思路,比如,为了鼓励员工突破平台期,将下一薪等的起点工资定得很高从而形成缺口。这两种思路没有对错之分,只有取舍之别,这就要求我们有权变的思想。假如企业的高级人才特别缺乏,就应当尝试后一种思路。如果不是这样的话,前一种思路是更现实的选择。

在能力与基本薪酬间接挂钩的设计方式中,基于职位的薪酬体系设计即是一个例子。之所以这样说,一是因为在进行职位评价时,我们已经充分考虑了职位所需要的能力水平;二是确定薪等、员工在薪等内的具体位置(即薪级的决定)与晋升一般都是基于绩效和能力的。但这种挂钩是很松散型的挂钩,在这种薪酬体系下,员工的基本工资在很大程度上由其所在职位决定。

更为紧密的间接挂钩方法是现在越来越流行的工资宽带化(Broad Banding),也被称作宽带薪酬,有关宽带薪酬的详细内容将在后面的章节中具体介绍。表 3-14 是对传统薪酬与宽带薪酬的比较。

表 3-14　传统薪酬与宽带薪酬的比较[①]

比较维度	传统薪酬	宽带薪酬
薪等与薪级	薪等与薪级更小、更窄	薪等与薪级更大、更宽、更高
职位分类	职位归类细分	职种简单归类
付薪依据	以严格的职位评价作为支付依据	以职位或职业生涯作为依据
灵活程度	较为严格、刚性较强	较为灵活
管理授权	薪酬管理主要功能在人力资源部	薪酬管理主要功能在基层管理者手中

与传统的严格基于职位的等薪酬模式相比，宽带薪酬具有以下特征：

（1）打破了传统薪酬结构所维护和强化的等级观念。减少了工作之间的等级差别，有利于企业提高效率以及创造学习型的企业文化，也有助于企业保持自身组织结构的灵活性和有效地适应外部环境的能力。

（2）引导员工重视个人技能的增长和能力的提高。在传统薪酬结构下，员工的薪酬增长往往取决于个人职位的提升而不是能力提高，因为即使能力达到了较高的水平，但在企业没有出现职位的空缺时，员工仍然无法获得较高的薪酬。而在宽带薪酬体系设计下，即使是在同一个薪酬宽带内，企业为员工所提供的薪酬变动范围也可能会比员工在原来的五个甚至更多的薪等中可能获得的薪酬范围还要大。这样，员工就不需要为了薪酬的增长而去斤斤计较职位晋升等方面的问题，而只要注意发展企业所需要的那些技术和能力就可以获得相应的报酬。

（3）有利于职位轮换。在传统的薪酬结构中，员工的薪酬水平是与其所担任的职位严格挂钩的。由于同一职位级别的变动并不能带来薪酬水平上的变化，但这种变化使得员工不得不学习新的东西，从而工作的难度增加，辛苦程度更高，这样，员工不愿意接受职位的同级轮换。而在宽带薪酬制度下，由于薪酬的高低是由能力来决定而不是由职位来决定，员工乐意通过相关职能领域的职务轮换来提升自己的能力，以比来获得更大的回报。

（4）有利于提升企业的核心竞争优势和企业的整体绩效。在宽带薪酬体系中，上级对下级员工的薪酬有更大的决策权，从而增强组织的灵活性和创新性思想的出现，有利于提高企业适应外部环境的能力。

与基于职位的薪酬设计一样，为确保公司给员工支付的薪酬具有外部竞争力，在基于能力的薪酬设计时，也要进行薪酬调查。但与基于职位的薪酬调查不同的是，我们很难甚至有时候根本不能直接基于能力去调查某种能力在市面上的工资，其原因一是不同组织需要的是不同的能力，而且即便是相同的能力，不同的组织也有不同的度量方法；二是很难准确地对外描述组织定义的某一具体能力水平（有时候也是基于保密的需要，对公司来说，能力分级的具体标准在人力资源管理中是比薪酬水平更为重要、更为核心的机密）；三是与基于职位的薪酬体系相比，目前实施基于能力的薪酬体系的组织并不普遍。所以在进行薪酬调查时，最好先把能力水平对应到标杆职位，再按上一节所讲的薪酬调查方法进

[①]〔美〕乔治·T.米尔科维奇、杰里·M.纽曼，《薪酬管理》，中国人民大学出版社，2001年，第235页。

行调查。一种简化的方法是：只调查每一个任职资格系列最有代表性的级（如落在该级的人数是该系列中最多的）所对应的标杆职位的市场薪酬水平，然后以此为基准，利用内部比较的方法确定其他级的薪酬。

4. 步骤四：建立基于能力的人力资源管理体系

基本薪酬管理的两个核心：基于职位的薪酬体系和基于能力的薪酬体系。人力资源管理也有两个部分：一是基于职位的人力资源管理体系，另一个是基于能力的人力资源管理体系。

人力资源管理体系主要包括招聘、培训、薪酬、绩效等多个模块。基于能力的人力资源开发与管理体系的基础主要有两个：一是企业人力资源开发与管理的实践一定要有利于形成企业的核心能力，要依据企业核心能力的要求对人力资源系统进行整合与管理；二是要在对人性的深刻理解及人才价值本位的基础上，为员工成长和发展提供职业发展通道。

基于能力的人力资源管理体系的构建，应该涉及人力资源管理的各个层面，如在招聘层面应该注意一开始就选择合适的应聘者，培训则要基于能力进行培训方案设计，在绩效管理方面管理者应该注重绩效与能力提升间的联系，而薪酬管理层面则需要致力于打造基于能力的薪酬管理体系。只有从各个模块入手，才能最终搭建基于能力的人力资源管理体系。

第四节 宽带薪酬

一、宽带薪酬与传统薪酬

薪酬结构通常会涉及传统薪酬和宽带薪酬两个概念。传统薪酬结构是以职位为基础的薪酬结构，其基本特征是有很多层级，薪等和薪级比较小。宽带薪酬则和传统薪酬有所不同，反映在薪等数量、薪等高度和重叠三个方面就是宽带薪酬整个薪酬体系分的薪等比较少，通常只有4—8个薪等，而传统的薪酬体系通常有10—40个薪等；宽带薪酬薪酬体系的每一个薪等的薪酬区间比较大，波动区间往往可以达到100%—400%，而传统薪酬结构往往只有10%—120%；在薪等重叠方面，宽带薪酬的不同薪等间重叠较大，相当比例的员工虽然处于较低薪等，但却比较高薪等中的较低薪级收入高，这也鼓励员工的职业生涯发展并不一定是要级别的晋升，而传统薪酬结构重叠较小，如果级别不能晋升，收入很难提高。宽带薪酬开始流行于20世纪90年代，GE是比较早的用到这个概念的企业。

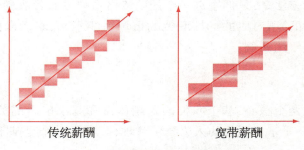

图 3-20 宽带薪酬与传统薪酬的区别

宽带薪酬定义的第一个要点是薪等数量变少,波动幅度变大;第二个要点是宽带薪酬的两种形式:一是以职位评价为基础的宽带结构,二是以职业生涯路径为基础的宽带结构。

以职位评价为基础的宽带结构实际上是传统结构的一种变种,只不过是把分数隔断了,变得更宽一点。例如,原来的销售助理也可以分为 1—10 个不同的等级,每个等级都处于不同的薪等,每个薪等的薪级都很扁。但宽带薪酬将这 10 个等级的助理都放到一个薪等中,于是薪级的高度被拉长。

以职业生涯为基础的宽带结构甚至不需要职位评价,直接用职业阶梯作为宽带薪酬支付的基础,比如,大学教师的工资序列就是很典型的以职业生涯为基础的薪酬,一般大学教师的工资序列包括助教、讲师、副教授和教授四个等级,但在这四个阶梯中并不涉及职位评价。

因此宽带薪酬是根据工作角色及其能力要求,将职位分成几个简单的层级,以供公司有弹性地管理员工发展、绩效及薪酬的一种薪酬结构。宽带薪酬不需要对每一个职位都进行特别系统的评价,而只是进行简单的分类,将职位划分为几个层级,将薪酬结构中的几个等重新划分为少数几个跨度范围更大的等,即把 4—5 个传统的等合并为只有一个上下限的等。

二、宽带薪酬产生的背景

在已有的传统结构的基础之上,为什么会出现宽带薪酬这一全新的做法呢?宽带薪酬产生的第一个原因是组织结构的变化。最近几十年来,组织构架一个重要的变化就是组织扁平化,而扁平化的组织构架要求扁平化的薪酬,这是薪酬结构从传统变到宽带的最关键的原因。

此外,薪酬的灵活性问题也是原因之一。薪酬结构强调组织对外部变化的反应速度,例如,在传统薪酬结构中,由于薪等较多,作出反应可能要很长的时间。而宽带薪酬则体现了薪酬变化的灵活性,并提高了对外部市场的反应速度。

第三个原因是对基层经理授权的强调,即强调基层经理的自主性管理理念和管理趋势。传统结构下薪酬管理主要集中于人力资源部,而在宽带薪酬里面,波动区间通常在 100%—400%,这就意味着如果最低薪酬是每年 10 万元的话,同样的等里面,最高薪酬是年薪 40 万元。同一等级中薪酬的差别很大程度上取决于基层经理。因此,在当前越来越强调基层经理作用的时代,采用宽带薪酬适应这一要求。但这对于直线经理的管理能力和公正性有特别高的要求。直线经理能力再强,要决定员工的具体位置是一个非常困难的事情,处理不当就会引起员工的不满。

第四个原因是知识经济时代的大背景需要,相应的薪酬支付要求以个人的能力为基础,而不是以职位为基础;而宽带薪酬则更强调对知识的重视。

第五个原因是宽带薪酬符合对合作的要求。传统结构下员工之间很难合作,每个人的职责边界是有限的,做多少事给多少钱。宽带薪酬波动区间较大,大家不会在意分内工作是什么,提供了员工选择团队合作的动机。

以上五个原因,既是宽带薪酬产生的背景,也是宽带薪酬的五大功能。

三、宽带薪酬的优势与劣势

总体来说,宽带薪酬具有五大优势:(1)能够适应外部快速的变化,具备较大的弹性。不需要升迁就可以解决薪酬的变动问题,比较灵活。(2)有利于减少层级并加强授权。(3)减少横向调动的阻碍以鼓励多种技能的发展。(4)对出色的人才能够给予更大的奖励幅度与空间。(5)宽带薪酬强调与外部市场的连接,可以随时根据市场信息进行调整。

宽带薪酬在创造组织效益方面有节约管理费用、降低高绩效员工的流失率、加强低绩效员工的流动、提高薪资满意度和提高组织绩效等功能。

与此同时,使用宽带薪酬的组织需要注意:(1)以职位为基础的宽带薪酬需要强大的绩效管理体系,以确保个人的贡献得到了适当的回报,同时需要人力资源和一线经理具有较强的能力解释市场数据和岗位价值,增强一线经理与员工之间保持良好的沟通。(2)以职业生涯为基础的宽带薪酬降低了传统的晋升机会,支付的薪酬水平会变得高于目标值,结果容易引起工资膨胀、较少体现出内部公平、内部矛盾增多等。同时需要较强的市场阐释和沟通技巧,需要强大的绩效管理体系。

具体来说,首先,宽带薪酬最大的问题是过于灵活,谁在哪个位置上直接涉及内部公平性问题,因此通常很难确定每个人的位置。其次,对授权的要求比较高。很多大的事情是公司规定的,具体在什么位置上是由基层经理操作的。很多公司授权体系经常不配套,因为权力的赋予经常是滞后的。第三是成本控制问题。第四是晋升的规则问题。第五是市场问题。宽带薪酬底部和高线通常是根据市场水平确定的,但人的水平经常跟市场水平没什么关系。100%—400%的差距是市场决定的,但是100%—400%之间的人却是主管经理决定的。宽带薪酬吸纳人的能力和留住人、激励人的能力都有问题,很可能上下水平都是市场水平,但中间的是主观决定的。

四、宽带薪酬的发展趋势

基于上述阐述,为了解决宽带薪酬的缺点,学者们进一步提出了第二代宽带薪酬体系的概念。由于第一代宽带薪酬结构容易与市场脱节,同时存在着内部公平性和市场膨胀的问题,这直接导致使用宽带薪酬的企业逐渐失去竞争力。很多企业对此感到非常困扰,但几乎没有企业会变回传统薪酬。我们需要的解决方法不是回归,而是改造,使其变成一套既能继承宽带薪酬的好处又能解决市场问题的体系。

解决宽带薪酬与市场脱节主要有两个方法:一是为每一个职位制定一个价格。比如,会计是一个职位,工程师是一个职位,大家都在宽带里面,但要为每一个职位或者岗位制定一个价格。第二是一个岗位不只有一个价格,把每个岗位与市场挂钩。

第一代宽带薪酬中,员工的表现及所获报酬直接取决于基层经理的判定,每个岗位逐渐脱离市场价值;第二代宽带薪酬结构中,需要估算每个岗位的市场价值,或者确定出每个岗位的市场价值的最低区间。每个岗位不仅可以纵向波动,还可以横向波动,例如,一个岗位可以有不同的运行年数的要求。总之,第二代宽带薪酬的解决方案是把宽带里面的职位跟市场价值相挂钩,原来是由基层经理决定某一职位的员工薪酬,而现在要看其在市场上的价值,因此基层经理的作用相对之前有所降低,但基层经理具有调节职位横向波动的作用。为什么这种解决方法能继承宽带的好处并且跟市场挂钩呢?首先它回归了市场,其次它有波动的区间,区间越大调节的余地越大。因此,第二代宽带薪酬体系是把职位体系和职业生涯的薪酬体系结合起来的新型薪酬体系。

第五节 绩效加薪

一、绩效加薪的概念界定

绩效加薪(Merit Pay)是一种基本薪酬加薪方式,即根据员工绩效的高低对其基本收入进行调整的一种方法,强调员工基本薪酬的增长要与绩效挂钩,是基本工资的一种永久性增加,其目的是解决基本薪酬稳定性和灵活性之间的矛盾。

绩效加薪解决的是固定薪酬增长的问题,虽然与绩效挂钩,看起来是一种奖金制度,但它增加的是固定薪酬的基数,而不是变动薪酬(奖金)。并且绩效加薪具有自身的特点,其特点可以被概括为以下五个方面。

(1)基本工资的附属性。由于绩效加薪的奖励金额非常小,加薪比例通常控制在3%—5%,虽然属于永久性加薪,但不能替代奖金制度对薪酬管理的作用。也由于其具有对于基本工资的附加性,因此它被划归基本工资的范畴中来。

(2)根据个人绩效表现而调整。绩效加薪的目的是根据个人的绩效表现来奖励员工,并鼓励可能的最好的绩效,其调整依据是组织中员工个体的绩效表现,而奖金更多是与团队绩效联系在一起。

(3)累加性原则。绩效加薪体现了对已发生的工作行为或已取得的绩效成果的认可和奖励,它的一个显著特点即增加部分是直接加到基本工资中去的,每一次加薪后基本工资额都获得增长,下一次加薪是在已经增加了的基本工资额的基础上进行的,也就是说,绩效加薪具有很强的累加性,它会增加基本工资的固定基数,同时不断增大工资支付成本。尽管如此,有关调查数据显示,美国有大约90%的企业运用了绩效加薪。

(4)绩效加薪与绩效评价直接关联。这种关联体现在两个方面:一是加薪幅度根据绩效评价结果进行安排;二是进行加薪的时间一般跟随评价期的结束,安排例行加薪期(Common Review Period)。需要注意的是,由于绩效加薪的累加性,在安排涨幅时一般要求基本工资额越高,对加薪幅度越要进行一定的控制,否则支付成本将会快速增长;相反,也不能因为强调控制成本而使加薪的幅度失去其基本的奖励意义,所谓要达到"最低限度有意义的加薪"就是指要支付员工认为有奖励意义的最低的加薪额。

(5)考虑到最低要求和组织增加薪酬的能力。绩效加薪计划一方面要符合员工对于薪酬增长的期望,另一方面也要考虑组织成本。

本章的第一节介绍了薪酬有三大目标以及基本薪酬的作用,根据权力与激励理论,我们认为应该为员工支付较高绝对水平的固定薪酬。在这样的情况下,企业能够很好地保障员工的权利从而起到一定的激励效果。但不可否认的是这样会存在一个道德风险的问题,即如果员工拿了很高的固定工资但却不认真工作怎么办?绩效加薪制度正是这一问题的解决办法。绩效加薪一方面将个人绩效与个人薪酬联系起来,能够实现相应的个人激励;另一方面,绩效加薪也能提高员工的组织承诺,通过组织承诺来规避道德风险。

二、绩效加薪与一次性奖金的比较

一次性奖金是一种没有累加性的绩效加薪方式,而传统绩效加薪具有累加性。由于原来的每一次绩效加薪都是要增加工资基数的,所以工作资历长(经历了多次加薪)的员工工资基数会比较大,新进入者就难以较快地获得相当的工资水平;此外,那些已获得很高工资积累的员工可能目前的绩效并不是令人满意的。

一次性奖金同样强调加薪与绩效评价结果的直接联系,但在每次加薪时并不增加工资基数,而是在每一次加薪期时按该周期内的绩效评价水平给予一次性的奖金,这部分奖金不累加到基本工资中去,下一次加薪仍然在原来基本工资额的基础上进行。因此,一次性奖金在一定程度上可以克服累积性绩效加薪带来的成本增加问题,从表3-15中可以看出这一点。

表3-15 一次性奖金与绩效加薪对工资成本增加影响的比较　　　　　　　单位:元

2010年某员工A的基本工资额:3 000		
加薪方式	一次性奖金	绩效加薪
2010年底加薪 加薪幅度:4%	获得加薪量:3 000×4%=120 支付总额:3 000+120=3 120	获得加薪量:3 000×4%=120 支付总额:3 000+120=3 120
2011年该员工的基本工资额	3 000	3 120
2011年底加薪 加薪幅度:5%	获得加薪量:3 000×5%=150 支付总额:3 000+150=3 150	获得加薪量:3 120×5%=156 支付总额:3 120+156=3 276
2012年该员工的基本工资额	3 000	3 276
2012年底加薪 加薪幅度:6%	获得加薪量:3 000×6%=180 支付总额:3 000+180=3 180	获得加薪量:3 276×6%=197 支付总额:3 276+197=3 473
2013年该员工的基本工资	3 000	3 473
经过三次加薪之后基本工资增量(%)	(3 000−3 000)/3 000×100% =0%	(3 473−3 000)/3 000×100%=12.4%

可见，一次性奖金能比较有效地控制工资成本，它向员工传递了这样一种信息：基本工资不是每年都会增加的，基本工资会具有一定的稳定性。但它同时也可能带来奖励性不足的问题。在实际操作中，一些折中的方法可能会更适用，比如，对积累性加薪和一次性奖金的加薪幅度作出不同的安排，使一次性的加薪幅度较大，累计加薪的幅度较小但保持稳定地提高；或者在加薪期上作出相互配合的安排，绩效加薪可以固定在较长的支付周期上，而一次性支付的周期不宜过长，可以配合绩效评价的对象层次及长、短期进行支付。一般来说，绩效评价层次越高（组织绩效）要求支付周期越长；相反，绩效评价单位越小，一次性支付可以相对有较高的频数，如按月份或季度进行一次性地针对部门、团队的加薪等。

三、绩效加薪的具体实施

实施基于绩效的加薪计划可以分为以下 8 个步骤：确定奖励什么、确定绩效标准、制定预算、制定相关政策、组织实施、有效沟通、组织培训、评估绩效加薪计划。

1. Step 1：确定奖励什么

在设计绩效加薪计划之前，组织需考虑以下因素：(1)组织的价值观是什么；(2)哪种类型的个体应该给予奖励；(3)组织的支付能力；(4)组织沟通绩效加薪计划的能力及意愿；(5)组织执行绩效加薪计划的能力等。

在一些组织中，上述因素是高级管理人员的规划结果。而在另一些组织中，则是依靠正式的绩效管理和目标设置管理，运用结构化的人力资源规划。但不论如何规划，都要求员工必须清晰地理解组织价值观及期望。成功的绩效加薪计划需要个人目标符合组织特点、战略计划和目标。

一旦个人和组织目标之间的联系建立，绩效加薪计划可以使个人目标和组织目标趋于一致。正确使用绩效加薪计划，能够强化符合组织特点、战略计划和目标的个人成就。

2. Step 2：确定绩效标准

发展绩效加薪计划的第二步是设计一套确定和评估个人绩效的体系。绩效标准，即绩效目标，是一套书面声明，帮助决定员工对组织的使命作出何种程度的贡献。这些标准建立在评估员工贡献和定义预期绩效水平的基础上。

决定何种标准最符合组织的需要是至关重要的，考虑客观标准（质量、完成工作的数量）的同时，还应考虑诸如团队合作、客户服务等的主观维度。

工作标准的文本化是绩效评估过程必不可少的，下一年的绩效标准通常是由高管和员工在年会上根据上一年的绩效表现制定。另一部分公司是由管理者和员工合作完成，管理者设定目标后和员工进行交流，员工可就自己的绩效目标与管理者进行讨论。中国企业由于缺乏工会制度，通常是由高管根据战略目标制定绩效标准，再层层分解。

为确保绩效标准得到员工的认同，应考虑下列行为：(1)强调结果和行为而不是个人特征；(2)员工应参与标准设定；(3)标准应灵活可变。

3. Step 3:制定预算

任何绩效加薪计划的重要特征之一是制定被管理层认可的预算。预算程序应包括确定预算规模及分配资金的单位。薪酬增长预算通常基于以下因素:

(1) 实际或预期的组织财务结果;
(2) 生活成本及通货膨胀;
(3) 行业趋势;
(4) 竞争因素(如保持率以及招聘成功率);
(5) 劳动力成本和工资的市场竞争力;
(6) 整体绩效及需求。

大部分期望提高利润率的组织会购买相类似企业的薪酬预算调查数据,以此调查数据以及公司的财务状况为基础,高管层会用当前工资总额的某个百分比作为调薪底限。

制定预算规模以后需要确定分配款项的方式。最简单、常用的办法是将统一的预算以恰当的百分比分配到各部门。在此情况下,各部门共同分享薪酬增长。

4. Step 4:制定相应的政策

为确保薪酬与绩效之间的关系符合组织的使命,薪酬增长应考虑员工的贡献等级。员工的绩效变化应该是可测量的,并需要通过一些必要工具进行测量和管理,用以确定适当的奖励。这些工具应在制定政策中体现,即体现于支配薪酬增长和实行指导方针的过程中。

薪酬增长的规模、时间以及实施是制定绩效加薪计划政策的关键问题。时间即组织何时使用绩效加薪计划。调查数据表明,最常见的做法是在公司周年日期时使用。在平常日进行的对合格员工的一次性考核会不断加重管理层和人力资源部门的负担。管理者可以随时收集对员工的评价结果,这样员工的相关表现可以作为作用因素,管理者更易决定员工能否获得奖励。年度性的考核办法使得管理负担分散于整年,但是工资的增长并没有那么显而易见,弱化了收入变化的影响。因此,应根据多种因素考虑,如员工绩效数据的有效性、组织管理及人力资源管理的有效性等。

5. Step 5:组织实行

传统绩效加薪计划中,只要员工持续留在企业中,薪酬就会持续增长。增长是永久性的,它们的价值也会随时间而得到额外增加。另一种是一次性增长,一次性增长代替了传统的基本薪酬的增加。典型的一次性增长是通过绩效加薪计划发放年度奖金。与奖金计划类似,必须每年依靠优秀的绩效才能重新获得。

6. Step 6:有效沟通

管理层、人力资源部门以及员工之间诚实、开放的沟通是绩效加薪信息得到传送和强化的方式。深入的沟通允许雇员测试组织的承诺,哪些信息是组织向员工隐瞒的。沟通建立了关于重要问题的对话机会,加强员工归属感,并提高整体信任感。

成功的沟通机会需要对过多和过少信息进行谨慎的平衡。管理层应该就绩效加薪计划与员工沟通足够的信息用以体现诚意,但过多的信息则会影响管理能力。一个广泛的沟通计划应该包括如下要素:(1)关于绩效评估程序及过程的一般信息;(2)关于组织薪酬计划的一般信息(如如何决定薪酬、工作如何评价等);(3)关于绩效加薪计划的具体信息(如薪酬增长预算、绩效等级分别、绩效加薪矩阵等);(4)个人薪酬增长的规模,绩效加薪的最大值、最小值及平均规模等信息。

7. Step 7:组织培训

一个成功的绩效加薪计划需要管理者作出关于绩效评估及奖金分配的重要决定。当务之急是管理者能够客观、严格地评价员工的行为和绩效。为确保管理者理解绩效加薪计划的要求,应该提供包括以下内容的培训:如何建立将个人努力和成就与商业计划和战略联系起来的绩效目标;如何公平持续地衡量和评价绩效;如何提供反馈的内在方式(如辅导及赞扬)和外在方式(如薪酬增加和激励性的奖励);如果适用的话,如何使用绩效加薪矩阵来分配奖金;如何与员工沟通绩效评估和奖金分配。诚信是得到员工关于绩效加薪计划的良好反馈的关键,员工需感受到薪酬增长及实施过程是准确、公平的。

8. Step 8:评估绩效加薪计划

为确保绩效加薪计划能够有效地应对组织的薪酬需求,应进行系统性的评估。很多因素可以分析绩效加薪计划的有效性,如员工满意度、工作满意度、员工对薪酬以绩效为基础的感知、对于绩效评估过程的接受和信任、员工对管理层的信任、员工与组织绩效、员工承诺、实际绩效及实际加薪的相关性等。

评估绩效加薪计划执行前后这些因素的变化情况,就能得到有用的信息。调查方法有员工态度问卷、焦点团队讨论以及小道消息反馈等。

增加绩效加薪计划有效性的一个挑战是为避免固定成本增加而无法持久。另一挑战是即使在额外成本预算非常小的情况下,仍要为绩效加薪计划提供足够动机。最后的挑战是如何协调基本薪酬与可变薪酬以提高个人绩效。

第六节　选择最佳付薪方式

在选择使用什么样的付薪方式时,企业需要结合自身组织类型、发展阶段、组织文化、员工类别等方面的内容进行综合考虑,并最终选择最适合的薪酬体系。

一、组织类型

基于能力的薪酬体系并不是对所有组织都适用。在能力是组织获取竞争优势的关键因素时(如软件开发公司、管理咨询公司),基于能力的薪酬体系确实非常合适。如果公司从事高度有组织的活动,劳动分工非常细,执行的是低成本的战略,基于职位和基于绩效的薪酬体系会更好。

二、发展阶段

如表 3-16 所示,不同的组织发展阶段也需要有不同的薪酬支付形式作支撑。

表 3-16　组织中报酬管理的变迁①

关注能力 \ 关注职位	低	中	高
高	初创阶段或企业家型企业 重点:方便合算 类型:以个体为基础的任意方法 途径:主观 确定者:CEO　90% 　　　　员工　10%		持续变化竞争激烈的环境 重点:组织的有效性 类型:以个体为基础的一体化报酬体系 方法:市场定价/能力工资 确定者:CEO 或直线管理者 50%,员工 30%
中		早期成长阶段 重点:内部公平性 类型:以工作分析为基础的体系 方法:排序/等级分类 确定者:CEO 或直线经理 60%,员工 40%	竞争越来越激烈的环境 重点:对员工个人的激励 类型:以工作为基础的体系+激励计划 方法:点数法或因素分析 确定者:CEO 或直线经理 50%,员工 50%
低			晚期成长阶段 重点:控制 类型:以工作分析为基础的体系 方法:点数法或因素分析 确定者:CEO 或直线经理 20%,员工 80%

从表 3-16 可以看出,组织在初期阶段和处于高度竞争的环境时,更适用于基于能力的、比较灵活的付酬方式,而在成熟阶段和衰退阶段则适合于基于职位的、相对来说比较呆板的付酬方式。

三、组织文化

在一个坚信和强调个人成就理念的组织内,基于能力的薪酬体系可能是比较好的选择。相反,在强调团队作用、最终产出必须由团队成员通力合作方能完成的组织里,过分强调个人能力,很可能会适得其反。

基于能力的薪酬需要开放的、参与式的组织文化,没有这样的文化作支撑,基于能力的薪酬是很难取得成功的。

---

① 〔美〕伯杰等著,文跃然等译,《薪酬手册》,第 4 章,清华大学出版社,2006 年。

四、员工类别

研发人员的工作可能用传统的职位评价技能很难确定其价值,并且其工作内容可能也是难于观察到的,更适用于基于能力的薪酬体系。行政人员的工作比较稳定且容易描述,适合于基于职位的薪酬体系。

本章重点回顾

- 基本薪酬的定义;
- 基于职位价值的基本薪酬设计;
- 基于能力的基本薪酬设计;
- 宽带薪酬;
- 绩效加薪的概念与方式;
- 如何选择付薪方式。

思 考 题

1. 基本薪酬的意义和作用是什么?
2. 工作分析的基本指导原则是什么?
3. 什么是职位评估?职位评估的基本方法有哪些?
4. 什么是薪酬结构?在设计薪酬结构时,应当考虑哪些主要因素?
5. 薪酬调查的基本流程是什么?如何进行薪酬调查?
6. 什么是能力?如何衡量员工的能力?
7. 什么是宽带薪酬?其优缺点和主要功能有哪些?
8. 绩效加薪的概念和作用是什么?
9. 在选择付酬基础时,主要应当考虑哪些因素?
10. 企业文化与薪酬制度之间有什么关系?

第四章 奖金管理

【本章框架】

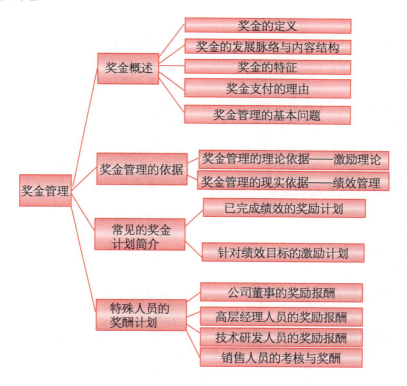

第一节 奖金概述

一、奖金的定义

"奖金"已经被广泛应用于企业人力资源管理实践中,这个在日常生活中大家都很熟悉的词语,在薪酬理论的研究层面上却有着并不统一的界定。通过总结目前国内外权威的薪酬教材及相关专著,理论界对"奖金"含义的界定可以分为以下三种思路:

(1) 强调薪酬与绩效挂钩(Pay Linked to Performance)产生的可变性和激励性,以整个绩效工资体系(Pay for Performance)体现"奖金"的全部含义。如美国最权威的薪酬专家乔治·T.米尔科维奇(Gerge T. Milkovoch)和杰克·M.纽曼(Jerry M. Newman)所编著的《薪酬管理》(第六版)一书就是以这样的思路来编排"奖金"的全部内容的,在这种编排下绩效工资计划与激励计划共同组成"奖金"的范畴。

(2) 基于薪酬与绩效挂钩产生的可变性和激励性,但将绩效工资纳入基本工资范畴,而以激励工资(Incentive Pay)计划作为"奖金"的主要含义。如约瑟夫·J.马尔托齐奥所著的《战略薪酬:人力资源管理方法》及加里·德斯勒所著的《人力资源管理》等,在编排"奖金"的内容时就体现了这样的思路。

(3) 不仅仅将"奖金"的激励性体现在薪酬与绩效挂钩上,还进一步认为薪酬可以通过与能力、技术、知识等因素挂钩来体现激励性。

在这些并不完全统一的内容结构安排下,一些专用于表示"奖金"意义的术语也有着不同的层次含义,如:"奖金"可以是绩效工资体系(Pay for Performance)下的绩效工资与激励工资的总和,也可以单指激励工资;此外,从"奖金"的可变性上它也可以被界定为可变薪酬(Variable Pay);从它的激励性和风险性上又有激励计划(Incentive Plan)、风险工资(Risk Pay)的说法……如此种种,不一而足。

尽管在概念表述上看起来是有着种种差异,但"奖金"所包含的基本内容是比较明确的,通过多年对薪酬管理理论和实践的研究,并借鉴国内外学者的观点,本书从以下三个角度定义奖金:

第一,奖金是报酬的一种,是组织给予员工的超过标准绩效的支付。任何奖励计划都是超过标准绩效的支付。

第二,奖金数额依据员工超过标准绩效的多少而支付,因此,奖金是一种变动收入,这是定义的核心。

第三,企业跟员工的交易分两次进行:第一次为基本工资,依据岗位价值和员工静态能力而定;第二次是员工完成绩效之后再进行支付,即奖金。

因此,奖金是为了奖励那些已经(超标)实现某些绩效标准的完成者,或为了激励追求者去完成某些预定的绩效目标而在基本工资的基础上支付的可变的、具有激励性的报酬。简单地说,奖金就是为了奖励完成者和激励追求者所支付的报酬,其支付依据主要是绩效标准。

二、奖金的发展脉络与内容结构

正如约瑟夫·J.马尔托齐奥在其书中所说:"根据员工的绩效来支付报酬是 20 世纪美国薪酬实践的一个里程碑。"从薪酬管理实践的历史发展来看,对员工报酬的支付经历了由按资历支付(Seniority Pay/Longevity Pay)到按绩效贡献进行激励的过程。在(美国)20 世纪 30 年代,员工的资历是其获得加薪的主要依据,当时的薪酬支付理念认为员工的工作资历越老,在公司任职时间越长,其经验就越丰富,技术就更加熟练,从而对组织的贡献就会越大;同时,由于在整体的人事管理观念上缺乏对员工的人本关怀和投资意识,雇主方认为只要给员工支付了公平、稳定的工资,使其生活获得了基本保障,员工就会尽心尽力地完成本职工作,而忽略了员工的成长和对员工的激励。然而,随着世界经济形势的发展,特别是 20 世纪 80 年代以来市场细化、竞争加剧及产业微利化等经济现实,促使人们对人事管理产生了更为深入的关注及根本观念上的转型,相应地,对人员的激励也日益重视,"按绩效支付报酬"从而成为薪酬分配的主流导向。

薪酬与绩效挂钩的分配理念强调了薪酬与绩效的直接达成状况及绩效目标的联系性,在具体的薪酬管理实践中,它也经历了多种形式的发展:如最初的绩效加薪,一次性奖金(或者叫绩效奖金),个人(关键有功人员)特别奖励,针对个人、团队、组织的激励计划,按时期进行划分的长、短期激励计划,对特殊员工的激励计划等。而这些形式就构成了奖金的内容结构,具体内容见图 4-1。

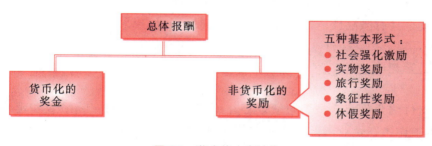

图 4-1 奖金的内容结构

注:1. 这五种基本形式见 Jerry L. McAdams Watson Wyatt worldwide 的专题文章(薪酬手册第二十章)。
2. 货币化奖金的具体结构见表 4-1。

表 4-1 货币化奖金的具体结构

奖	金
奖金的可变性和激励性基于按绩效付酬的发展要求	
对超标准绩效达成的奖励: 绩效工资计划(Pay for Performance)	对绩效目标的激励: 激励工资计划(Incentive Pay)
绩效加薪(Merit Pay) 一次性奖金(Merit Bonuses) 个人特别绩效奖	个人激励计划(Individual Incentive Plans) 团队激励计划(Group Incentive Plans) 组织激励计划(Organizational Incentive Plans)

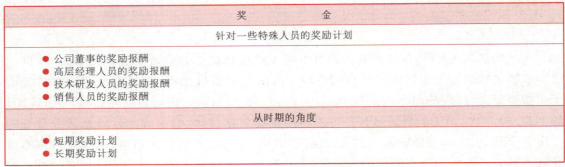

(续表)

奖 金
针对一些特殊人员的奖励计划
● 公司董事的奖励报酬 ● 高层经理人员的奖励报酬 ● 技术研发人员的奖励报酬 ● 销售人员的奖励报酬
从时期的角度
● 短期奖励计划 ● 长期奖励计划

三、奖金的特征

首先,奖金具有变动性。奖金是灵活的,奖金的多少与员工的付出或贡献成正比:付出的越多,越有可能得到更多的奖金;反之,奖金越少。所有的奖金都是额外的报酬。严格意义上说,是超出标准绩效的报酬。

其次,奖金具有高绩效标准性。在我国很多的国有企业中,奖金都是对基本薪酬的补充,实践中更多的时候是以基本薪酬的方式支付的。因此,要特别注意区分奖金和绩效加薪的概念。所谓绩效加薪,是以基本工资为基础的变动部分,通常是以绩效为基础来支付。基本薪酬的一大弱项就是过于僵化,灵活性不足。从美国的经验来看,有两种方法可以使基本薪酬变得灵活,分别是绩效加薪和宽带薪酬。

最后,奖金具有激励性。这一点将在下文详细论述。

四、奖金支付的理由

第一,支付奖金是由于员工的绩效存在不确定性。员工的实际绩效和理想绩效是脱节的。据本书作者在企业内部多年实践的观察,员工的理想绩效和实际绩效之间的不一致是常态,这种情况下,如果报酬全部是固定的话,就会在管理上产生困难:当员工的实际绩效高于理想绩效的时候,多出的部分得不到表彰,员工久而久之就不愿意努力工作了。因此,当绩效是不确定的时候,如果没有与之对应的变动收入,报酬制度就很难有效运转。

第二,奖金可以直接增加激励作用。激励理论探讨的是激励和人的绩效的关系,即要不要给予员工激励、给了激励之后绩效会有什么改变。不管是哪种激励理论,其基本的结论都是人只有在有效激励的情况下才会有效地工作。薪酬的一个重要目标是激励。从这个角度来说,奖金便成为具有良好激励效果的薪酬支付形式。

第三,奖金可以帮助企业适应外部变动形势的需要。企业面临的形势在不断变化,只有作出反应和迅速调整的企业才能生存下去。德鲁克曾说,企业唯一不变的就是变化本身。企业要经常变化,但如果制度不灵活,就无法对外部环境作出反应。例如,当企业遭遇市场低迷的时期,打开局面的行之有效的办法之一就是降低产品价格以增加产品销量,因此需要降低成本;而成本部分可以分为人工成本和与人工无关的物质成本。物质成本经常可以降低,但人的成本(特别是固定报酬方面)则很难降低。如果一个企业薪酬过于固定,对外部的反应能力就必然会大大下降。薪酬里面反应最快的部分就是奖金。奖金使得企业的薪酬结构变得非常灵活。

第四,奖金可以帮助企业降低成本。一般而言,奖金的投入产出比可能比固定薪酬的投入产出比要高。同样是工资中的一元钱,放在基本薪酬中对员工的激励作用较少,员工只会为企业贡献较少的产出;而如果将其放在奖金部分,那么将起到较大的激励作用,带来更高的绩效。

第五,奖金可以帮助企业控制风险。投资决策的最大问题是风险控制。人力资源的使用本身同样具有风险,包含道德风险、能力风险和薪酬风险。道德风险可以用一系列量表进行测量;降低能力风险可以采用一系列测评方法对其能力进行正确的评价;而对于薪酬风险,奖金就成为控制其风险的一个方法。奖金的比例越高,就越利于企业控制薪酬风险。即便招聘时对于员工的能力没有做到正确评估也没关系,企业可以根据其实际绩效付酬,这个风险就大大减少了。从对员工的能力付酬的角度来讲,基本薪酬是预付薪酬,奖金却是实物交易,根据员工的绩效表现支付。

第六,奖金可以诱导员工完成经济目标。薪酬体系具有让员工满意、留住核心员工和达到经营目标三个目标。前两个目标主要依靠基本薪酬实现,而奖金计划更有利于帮助完成企业的经营目标。所有的奖金计划(如收益分享计划等)都与企业、部门和个人的目标紧密联系。

【思考:薪酬体系的灵活性有什么作用?】

第一,促进变革。企业要不断地变革才会有生存的可能性,薪酬体系灵活性可以支持变革,这一点可以进一步从变革理论的角度去理解。第二,支持授权。薪酬实际是一种权力安排,重视奖金的作用,相当于发挥直线经理人对员工绩效的判断和回馈力度(奖金分配一般是由直线经理实施),而这往往更能让真正高绩效的员工获得恰当的激励。灵活的薪酬体系比僵化的薪酬体系要好。在灵活性方面,基本薪酬的作用小,奖金的作用相对较大。

【思考:关于奖金的三个讨论】

讨论1:奖金的作用是有限的

奖金计划的失败率并不低,即一个奖励计划实施之后很有可能无法达到既定的效果。这也说明基本薪酬是很重要的激励手段。奖金的激励作用经常是短期的,员工被奖金激化出来的激励作用随着任务完成和奖金到手就结束了。当企业实行短期的奖励计划时,员工(特别是知识型员工)就很难有持续的高绩效。短期激励会产生短期动机,长期激励会产生长期关注。员工内在的长期的工作动机需要运用多种措施,企业必须造就一个环境,影响员工努力工作,自觉产生高绩效。

讨论2:当奖金变成一种贿赂

奖金成为贿赂是指当企业需要让员工完成某项工作或任务时,必须承诺给他奖励(钱)。在这样的激励下,除了发生短期激励的问题,员工的心态也会变得浮躁和冒进,从而失去了对完成任务本身的关注。本书作者在联想集团长期的咨询实践中发现,避免使奖金成为贿赂的方法有两种:一是对员工长期动机的培养,二是塑造企业与员工相互信任的环境。当员工信任企业会公正地对待他时,就不会把注意力放在与企业讨价还价上,因而会缓解"奖金是贿赂"这个问题。

讨论3:奖金越来越流行,是因为忠诚感发生了变化

在过去计划经济体制下,很多员工一辈子在一个机构工作,很容易对雇主或机构建立忠诚感。然而,现在企业面临重组、缩减规模以及人才争夺等局面,使得员工的工作模式发生了变化,很少有人一辈子在一个机构工作。很多雇员都在思考:如果我冒了风险,我将得到什么样的好处?员工和企业之间从根本上讲是交易关系,计划体制下是忠诚交换高报酬,后来交易模式发生变化,员工向企业提供高绩效,企业给员工高奖金,变成奖金与高绩效之间的交换。

五、奖金管理的基本问题

奖金管理要着重关注三大基本问题,即奖金支付的对象和目标、奖金支付的数量以及奖金支付的方法和方式。企业只要把握住上述三个方面,就能够把奖金管理和运用好。

- 奖金支付的目标:即"凭什么支付奖金?"或"奖金从哪里来?"的问题。
- 奖金支付的数量:即"支付多少奖金?"的问题,例如,企业在确定应发奖金总额时,通常会与企业的实际销售额或利润额挂钩,从中抽取一定比例作为奖金;同时,各部门所获得的奖金数量又与其相对贡献值有关。
- 奖金支付的方法和方式:目前业界存在多种奖金支付方式,典型的如股票期权、利润分享、收益分享等,企业选择何种奖励方式将会影响着对员工的激励效果和企业成本。

1. 奖金支付的目标

企业实行奖金支付的目的是在绩效与薪酬之间建立起一种直接的联系,而这种绩效既可以是员工个人的绩效,也可以是企业中某一业务单位、员工群体、团队甚至整个公司的绩效。由于在绩效与薪酬之间的这种直接联系,奖金支付对企业的绩效目标起着非常积极的重要作用。简单地说,奖金支付的目标就是让员工有更高的绩效。

从企业管理者角度来说,支付奖金就是对员工绩效的认可,就是为了能够激励员工取得更高的绩效。而奖金支付的核心问题就是激励哪些方面可以提高绩效。从本质上说,企业奖金的支付与绩效是相联系的,具体来说,企业奖励的是企业要进行考核的,而企业考核的是能够驱动绩效的。因此,奖金支付的目标问题又可以转化为讨论什么样的因素可以推动员工和企业绩效,即寻找绩效驱动力。

绩效驱动力又可以分为个人层面上的和组织层面上的,这个问题将在后面章节详细介绍。

2. 奖金支付的数量

奖金的数量可以从绝对量和相对量两个角度考虑。

(1) 奖金的绝对量关注的是支付多少奖金能起到最基本的激励作用的问题。这个绝对量也就是所谓的"最低限度有意义的加薪"(Just-meaningful Pay Increase),在马尔托齐奥(Martocchio,2001)看来,这个量取决于人们的生活成本、对待工作的态度和他们对工作回报的期望。同时他也指出,其实并没有一种具体的计算工具或者公式能够精确地计算出这个概念性的数值,它表达的是人们内心的一种心理期望。因此,可以针对"激励"这个概念本身进行一些考量和区分:所谓的"激励"(Incentive)其更多的含义指的是制度性的外在诱因,这个外在诱因的作用是调动起被激励者内在的行为动机(Motivation),从而促使员工积极、能动地按照企业所需要的行为方式去行事,为企业创造绩效。因此,奖金支付的数量能起到基本激励作用的问题实际上与被激励者内在的动机性问题密切联系起来。

(2) 在奖金的相对量上,可以从两个角度来理解:

一是奖金的内部比例问题,即考虑奖金额度要占到总报酬(或者是固定工资)的比重为多少才能发挥基本的激励性。很多研究从不同的角度提供了一些比例数据,比如有的研究认为奖金的比重控制在20%—30%是合适的;有的认为奖金比重低于10%—15%就会失去其激励作用;有的更关注底限,认为奖金的比重至少应该占到工资总额的3%以上,这是使奖金支付具有激励性的必要条件。其实,不必花过多精力去探究出一个绝对标准的比例数字,最合适于管理实际要求的比率才是最好的,它们往往都有着具体针对性。必须强调的一点就是,之所以思考这个比例问题,其根本目的是在于使读者明确:通过把握和调整这个比例,可以对奖励的可变性(Variable)、风险性(Risk)及由其所引致的激励性(Incentive)进行把握和调整,尤其是可以和由固定报酬引致的稳定性进行权衡(如图4-2所示)。

图 4-2 奖金占总报酬的比例

此外,很多因素对这个比例安排会产生影响。比如,公司所处的行业特点、面对的市场环境以及公司自身的成长阶段等,在具体设计这个比例时对这些因素都要有所考虑。下面以公司的成长阶段为线索来分析一下这个比例的安排与调整问题。企业的生命周期理论以企业生命曲线描述了企业的成长阶段,针对不同阶段的特点,可以大致把握住各个阶段上企业薪酬结构安排的主要特征和基本设计原则(见图4-3)。

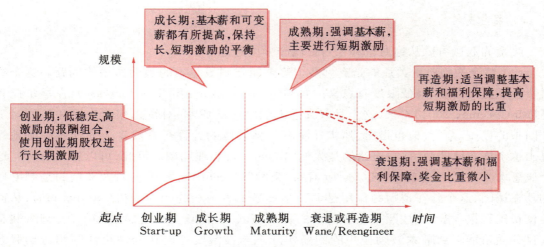

图 4-3　企业生命周期各阶段薪酬结构安排

二是奖金的外部比较问题。即相对于企业的外部竞争者所支付的奖金水平来分析和确定自身的奖励水平在行业中所处的位置,是选择领先(Lead)、跟随(Follow)还是滞后(Lag)?是基于行业的平均奖金水平进行比较,还是以行业"领头羊"企业的支付水平为标杆?目前,大多数的薪酬调查把主要的注意力集中在基本工资的比较分析上,相对忽视了对奖金的比较问题。这在很大程度上可能是由于奖金本身的可变性和设计的具体性使得外部比较变得复杂而具有难度,但如果对外部的奖酬水平或其比例构成情况能够有所把握的话,这个信息对帮助企业优化其薪酬结构必然是有意义的。

总之,可以从两个角度来关注奖金支付的相对量安排问题:一是奖金的内部构成分析;二是奖金的外部比较分析。前者是通过分析奖金在总报酬中所占的比重来对企业实际所需的激励性和稳定性进行权衡和优化,这个分析可以基于企业内部的历史数据或者长期运用的某种回归模型来进行;后者则更多地关注企业所处的外部行业环境,使企业可以从外部竞争的视角来考量自身的奖金支付水平,尤其在企业缺少历史数据积累的情况下,外部信息有着较强的参照作用。

3. 奖金的支付方式

奖金的支付方式分为以下四种不同的维度。

第一,时间维度。根据时间维度,奖金支付的方式可以分为短期奖励和中长期奖励两类。短期奖励计划的周期一般为一年以下,如年终奖和季度奖等。而中长期奖励计划一般是一年以上,如股票期权、中高层任期奖励计划等。短期奖励的作用在于时效性,中长期的作用是使得员工为企业的长期目标而努力。中高层,特别是高层奖励计划是中长期的,因为企业的成功依赖于中高层的长期的、持续的努力,因此企业倾向于用中长期的奖励计划来留住核心员工。

第二,支付对象大小维度。根据此维度,奖金可以分为个人奖励计划、团队奖励计划和组织整体奖励计划三类。在个人奖励计划中,每个人的奖金取决于个人的绩效,与组织和团队无关,这种奖励方式对个人的激励作用是最直接的。团队奖励计划的支付依据是团队的整体绩效而不是个人的绩效,个人所能获得的奖金数量取决于团队绩效,与个人的绩效不直接相关,因而这种奖励计划实质上能够鼓励团队成员的相互合作。在组织整体奖励计划中,个人的奖金取决于企业的整体绩效,而非个人或者团队的绩效。整体奖励计划对个人的绩效激励不直接,但其存在的理由是团队的绩效比个人的绩效之和加起来要高。因此,在制定奖励计划的时候,要充分考虑行业特征与企业内部的经营状况。

第三,奖金的来源维度。根据奖金来源,奖励计划可以分为物质奖励计划与精神奖励计划。所谓物质奖励计划是指奖金来源是货币或者其他物质性的奖励,典型的如利润分享计划和收益分享计划;而精神激励计划是指奖励的内容并非是实物性质的,却依然能够给员工带来精神上的激励,典型的如认可激励计划。

第四,人员特征维度。根据支付的人员的不同,奖励计划可以分为多种,如一般员工的奖励和针对高层人员、销售人员、研发人员、专业人士的奖励计划等。而在企业管理实践中,比较常见的奖励计划有管理人员奖励计划、销售人员奖励计划、研发人员奖励计划。因为这三类人员的地位或者工作性质较为特殊,需要量身定制相应的奖励计划。

【思考:企业是不是所有的奖励计划都应该被同时使用?为什么?】
《薪酬手册》的作者认为薪酬是一个体系,体系里的每一个部分都是为了解决某一个问题而生,每一个部分都有自己的功能,要解决什么问题就用相应的方法。要解决成本浪费的问题,就使用成本节省激励计划;若想要提高客户满意度,则可以制定相应的客户服务激励计划;此外,还可以有质量改进计划、管理效率改进计划等。如果企业想使得整个薪酬体系发挥出管理方面的效果,其实掌握一两种奖励计划就可以了。

第二节 奖金管理的依据

一、奖金管理的理论依据——激励理论

1. 奖金管理的根本问题——人为什么会被激励

奖金管理实践,要解决的是一个非常复杂的问题,即人为什么会被激励。如果管理者不能认识并解决这个问题,就很难从管理上采取有效的措施和手段激励员工努力工作。

那么,人怎么会被激励?基本可以认为,人在不同的阶段会受到不同的激励因素的影响。然而,不管是从理论还是实践方面,人们对于这个根本问题的认识总是有限的;另一方面,企业又总是要求员工发挥最大的潜能,希望通过有效的手段激励员工取得更高的绩效。因此,只有深刻地理解和把握激励理论,从本质上理解员工被激励的原因和机制,才能清楚地理解奖金发挥作用的原理。

2. 激励的含义及其特征[①]

激励一词源于拉丁文"Movere",它的意思是"驱动"。随着激励理论的演变和发展,国内外学者对于激励有着不同的理解与认识:

- 对行动方向、强度和持久性的共同(直接)影响(Atkinson,1964)。
- 行为是怎样开始、被加强、被持续、被指引、被停止以及当所有这些进行时,生物体会出现什么主观反应(Jones,1955)。
- 在工作态度、工作技巧和任务理解的影响作用保持恒定以及操作环境条件不变的情况下,激励与一系列解释个体行为的方向、幅度、持久性的变量和自变量关系有关(Campbell & Prichard,1976)。

通过对上述定义的分析,不难发现,实际上它们几乎都包含了激励现象的三个共同特征,这也构成了激励概念和行为的三个基本要素,即:

(1) 什么激励着人类行为;
(2) 行为的方向或渠道是什么;
(3) 怎样保持或持续行为。

在对工作中的人类行为解释上,这三个成分都代表着一个重要因素。首先,这个概念是指个体以某种方式行动的内在积极力量和环境力量。其次,部分个体存在目标导向的思想,他们的行为被指向某些事情。最后,环境力量是影响个体内在力量的因素,即环境力量既能强化他们的动力强度和能量方向,也可以阻止他们的行动过程。

3. 主要的激励理论

本书主要探讨三类激励理论,即早期激励理论、内容型激励理论和过程型激励理论。其中,早期激励理论主要介绍对激励理论的早期研究成果,简单而经典,为后人继续研究奠定了良好的理论基础,指明了研究方向;内容型激励理论重点研究激发动机的诱因,这种理论着眼于满足人们需要的内容,即人们需要什么就满足什么,从而激起人们的动机;而过程型激励理论着重研究人从动机产生到采取行动的心理过程,它的主要任务是找出对行为起决定作用的某些关键因素,明确各因素之间的相互关系,以预测和控制人的行为。

(1) 早期的心理学方法。

① 本能论。

本能理论是著名精神分析家弗洛伊德从本能出发解释人的行为动机的理论。弗洛伊德认为,人有两种本能:一种是生的本能,它代表着爱和建设的力量,指向生命的生长和增进;另一种是死的本能,它代表恨和破坏的力量,表现为求死的欲望。

麦克道格在1980年的著作中把本能定义为"一种遗传的、先天的倾向,它决定了拥有者对一类特定目标的直觉或注意、对目标知觉过程中的特定经历情感兴奋、以特定的方式对目标采取行动或至少经历这类行动的刺激。"

[①] 摘自:〔美〕波特、〔美〕比格利、〔美〕斯蒂尔斯著,陈学军等译,《激励与工作行为》,机械工业出版社,2006年。

② 内驱力理论。

内驱力理论(Drive-reduction Theory)是美国心理学家赫尔(Hull,1943)提出的一种动机理论。他认为,机体的需要产生内驱力,内驱力激起有机体的行为;要形成学习行为,必须降低需要或由需要而产生的内驱力;为了使被强化的习惯产生行动,必须要有与之相适应的诱因,而且必须引起内驱力;产生某种行为的反应潜能(sER)等于内驱力(D)、诱因(K)和习惯强度(sHR)的乘积。因此,赫尔的理论体系可用下列公式来表示:

$$努力 = 内驱力 \times 习惯 \times 诱因$$

赫尔的动机理论主要有两点:
- 有机体的活动在于降低或消除内驱力;
- 内驱力降低的同时,活动受到强化,因而成为促使提高学习概率的基本条件。

(2) 内容型激励理论。

① 马斯洛(Abraham Maslow)的需求层次理论(Hierarchy of Needs Theory)。

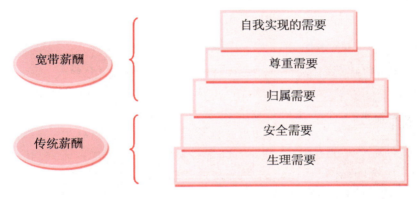

图 4-4　需要层次理论模型

主要的理论含义:

马斯洛认为人的需求分为以下五个层次:
- 生理需要:这是人类维持自身生存的最基本要求,如人对食物、水、空气等的需求。这是人类最基本的需要,这些需求的缺失将导致人无法生存。
- 安全需要:每种生物都有寻求安全环境的动机。人类对于安全方面的需求包括人身安全、职业保障、安全的工作环境等。
- 归属需要:每个社会人对于感情和友爱的需要,比如亲情、友情、社会交往的需要。
- 尊重需要:人类对于社会认可和尊重的需要,包括自信、自尊、对他人的尊重、被他人尊重等。
- 自我实现的需要:这是最高层次的需要,是指实现个人理想、抱负,将个人的潜能发挥到最大限度,以追求自我实现。

该理论包含如下要点:
- 人的行为受其内在需要所激励。
- 人的需求是有层次的,需求不可能完全得到满足,它们循环运转。

- 当低层次的需求得到满足时,人们会追求高层次的需求,因而高层次需求变得具有激励性。
- 当某个层次的需求迟迟得不到满足时,失望和泄气就会产生。

该理论对奖金的影响和指导:

- 只有在人们基本生活需求获得满足的基础上,奖金才能更好地发挥作用,而这种基本需求应该由基本薪酬来满足。
- 应注意避免由奖金的可变性带来的风险影响员工的基本需求。
- 应注意货币性激励与非货币性激励的配合,奖金与成就、认可或赞赏等结合在一起可能产生更大的激励作用。
- 对处于不同需求层次的员工可选择相应的激励方式。

② 赫兹伯格(Frederick Herzberg)的双因素理论(Motivation-hygiene)。

传统的观点认为满意的对立面是不满意,而赫兹伯格认为满意的对立面是没有满意,不满意的对立面是没有不满意(见图 4-5)。

传统的观点:

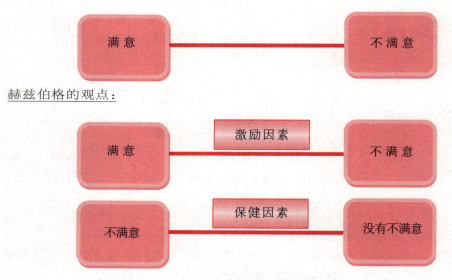

图 4-5 赫兹伯格的双因素理论

主要的理论含义:

- 保健因素和激励因素会对人的行为产生影响。
- 保健因素与人的基本生活需要、安全等相关,主要对人的"不满意"产生影响。如果缺乏该种因素则导致人们不满意,从而发生阻碍工作的行为,但即便保健因素再充足,也只能消除人们的不满情绪,也不会产生满意情绪和激励作用。
- 激励因素与成就、认可、晋升等相关,主要对人的"满意"产生影响。如果缺乏该种因素,将不会给人带来满意,但不会导致人的"不满意";而充足的激励因素则能够使人感到"满意",从而产生激励作用。

对奖金的影响和指导:

- 基本工资能完成保健因素的全部作用，满足人的基本需要，使员工没有不满意。
- 保障性的报酬不能过高，因为它只能促使员工产生最低而不是优异的绩效，成功的、分享性的计划将会有激励作用。
- 奖金应该与认同、娱乐、成就等需求结合起来发挥出激励因素的作用，其他一些因素（如人际关系、工作责任、工作条件等）都会对绩效产生影响。

③ 奥尔德弗（Clayton Alderfer）的 ERG 理论。

主要的理论含义：

人们共同存在的 3 种核心需要是生存的需要、相互关系的需要和成长发展的需要。

- 生存需要（Existence）：和人生存所需要的基本物质需要相关，和马斯洛的生理需要和安全需要相对应。
- 关系需要（Relatedness）：包括人们生活和工作中所涉及的人际交往关系，和马斯洛的归属需要和尊重需要相对应。
- 成长需要（Growth）：这与个人发展、潜能开发相关，对应于马斯洛的自我实现需要和自我尊重需要。

该理论包含如下要点：

- ERG 理论并不强调需要层次的顺序，认为某种需要在一定时间内对行为起作用，而当这种需要得到满足后，人们可能去追求更高层次的需要，也可能没有这种上升趋势。
- ERG 理论还提出了一种叫做"受挫—回归"的思想。当较高级需要受到挫折时，可能会降而求其次。
- ERG 理论还认为，某种需要在得到基本满足后，其强烈程度不仅不会减弱，还可能会增强。

对奖金的影响和指导：

- 制定奖励计划时，要考虑不同员工的不同需求，同一员工也可能存在不同需要。
- 奖励认可要及时，奖金的发放要在第一时间完成，否则会使员工的积极性受挫。

④ 麦克利兰的成就动机理论。

主要的理论含义：

麦克利兰提出了三种需要理论，他认为个体在工作情境中有三种重要的动机或需要，即成就需要、权力需要和亲和需要。人的这些需要是可以学习或获得的。

- 成就需要（Need for Achievement）：争取成功并希望做得最好的需求。具有高成就需要的人青睐于具有高挑战性的工作任务，喜欢冒险，责任意识强且专注于完成任务。
- 权力需要（Need for Power）：影响或控制他人且不受他人控制的需要。高权力需要的人喜欢指导和控制别人，注重争取地位和影响力。他们冷静、善辩、乐于演讲，为了获得地位和权力或与自己已具有的权力和地位相称而努力。
- 亲和需要（Need for Affiliation）：建立友好亲密的人际关系的需要。高归属需要的人有强烈的动机获得他人承认和安慰，喜欢与人交往，关注别人的感情。

对奖金的影响和指导：

- 要学会利用奖励计划诱导员工产生激励动机,提高工作效率。
- 单纯的奖金计划不能满足员工多样化的需求,因而需要将其和其他人力资源激励手段相结合。

(3) 过程型激励理论。

① 维多克·弗洛姆(Victor Vroom)的期望理论(Expectancy Theory)。

主要的理论含义:
- 一种行为倾向的强度取决于个人对这种行为可能带来的结果的期望程度及这种结果对行为者的吸引力。
- 员工的绩效是期望、关联信心和效价三方面的结果。第一,期望是员工对自身完成工作能力的判断,体现努力与绩效的关系;第二,关联信心是指员工对达到绩效后组织会给予奖励的信任程度,体现绩效与奖励的关系;第三,效价是指员工对组织所给予的奖励报酬对于个人的价值判断,体现奖励与个人目标的关系。

对奖金的影响和指导:
- 员工对自身能力的评价是重要的,组织要为使其达到绩效目标而提供培训和资源;
- 工作职责要明确,绩效目标要清晰,报酬和绩效的挂钩要有明确的制度保障和落实;
- 奖励要达到员工的效价。

② 波特—劳勒综合激励模型①。

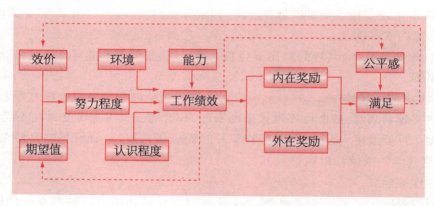

图 4-6　波特—劳勒的综合激励模型

主要的理论含义:
- "激励"决定一个人的努力及努力的程度。
- "角色概念"指一个人对自己所扮演的角色(如做管理人员、工人、教师、学生)在思想上是否明确。
- 一个人努力程度的大小、角色概念明确的程度以及技术与能力的高低三个因素,决定他取得成绩的大小。
- 经过"评价"后,他得到相应的奖励或惩罚。他用自己认为公正的原则对自己得到

---

① 摘自:Lyman W. Porter, Edward E. Lawler, *Managerial Attitudes and Performance*, Richard D. Irwin, 1968.

的奖励或惩罚加以衡量。如果他认为符合公正的原则,他会感到满意;否则,就会感到不满意。

对奖金的影响和指导:
- 金钱需要始终是人类的第一需要,是人们从事一切社会活动的基本保证。因此,金钱激励是激励的主要形式,如发放鼓励性报酬、奖金、公司支付保险金,或在员工作出成绩时给予奖励。
- 股票激励是一种更为先进的激励方式,是分配制度的创新,尤其适用于知识型员工。

③ 公平理论(Equity Theory)。

主要的理论含义:
- 亚当斯认为,员工会把自己的结果—投入比和另一群人的结果—投入比进行比较,比较结果可能出现以下三种情况:

$$(1)\ OA/IA > OB/IB;$$
$$(2)\ OA/IA = OB/IB;$$
$$(3)\ OA/IA < OB/IB.$$

其中:OA 代表员工 A 的产出,OB 代表员工 B 的产出;
　　　IA 代表员工 A 的投入,IB 代表员工 B 的投入。

- 当出现第二种情况,即员工感觉到自己的产出和投入是对等时,他们会认为企业是公平的,他们会受到激励。
- 当出现第一种或者第三种情况时,他们会觉得组织是不公平的。员工有动机来改变这种不公平的现状,亚当斯描述了六种恢复公平的方法:

第一,改变投入;
第二,改变结果;
第三,扭曲投入或结果;
第四,离开工作;
第五,采取行动企图改变参照者的投入和结果;
第六,改变比较对象。

- 产出投入比包括员工对自己在组织内部的经验比较和与他人在组织外部经验进行的比较。

对奖金的影响和指导:
- 对员工的投入和产出要有充分的界定和依据。
- 奖金发放不仅要注重绝对公平,更重要的是相对公平。
- 绩效的评价过程要有公平性,绩效的改进能及时得到奖励。
- 个人之间报酬的可比性要有充分的绩效依据,对其相对差距要有良好的控制。

④ 目标设置理论。

主要理论含义:

- 目标的特征和意义本身(针对性和挑战性)对人具有激励性。
- 这种激励性可以通过目标达成后获得的绩效反馈和奖励报酬来实现。

对奖金的影响和指导：

- 目标设置必须符合激励对象的需要。基于目标设置理论的奖励计划的实施要注意目标的制定要符合被激励者需求。
- 让员工参与目标制定过程，有助于员工接受任务并认可奖励计划。
- 报酬奖励一定要与绩效目标有直接的联系，奖金量和奖励程度要与目标的特征和实现难度相匹配。
- 要在工作过程中及时、有效地给予员工绩效反馈，持续沟通。

⑤ 强化理论(Reinforcement Theory)。

主要的理论含义：

- 目标对行为有引导作用，这种作用由于提供了与其目标相符的报酬而获得强化。
- 强化分为四种类型：

第一，正强化。即奖励那些符合组织目标的行为，以便使这些行为得以进一步地加强、重复出现。

第二，惩罚。当员工出现不符合组织目标的行为时，采取惩罚的办法，可以约束这些行为少发生或不再发生。惩罚是力图使所不希望的行为逐渐削弱，甚至完全消失。

第三，负强化。负强化强调的是一种事前的规避。

第四，忽视。就是对已出现的不符合要求的行为进行"冷处理"，达到"无为而治"的效果。

- 行为一旦被强化，便要及时给予报酬和奖励。
- 一旦报酬或奖励不再被提供，行为将不再继续。

对奖金的影响和指导：

- 奖励报酬与绩效目标一定要有紧密联系，并且要及时作出，持续强化。
- 要依照强化对象的不同采用不同的强化措施。
- 当需要减少或抑制某种行为时，可以通过拒绝支付报酬奖励而进行负强化。
- 采用非固定时间的奖励可以有效避免员工对奖励计划的依赖，防止奖金变成对员工的贿赂。

二、奖金管理的现实依据——绩效管理

对于"奖励什么"的问题，在第一节中已经作出了概念上的回答，即奖金是为绩效而支付的，企业要考核什么，就奖励什么。考核的本质实际上就是通过评价来明确界定绩效对于企业或个人的意义和价值，这个意义和价值所获得的经济性反馈就是所谓的"奖金"。因此，"奖励什么"的问题就可以转化为"考核什么"的问题，从而可以通过绩效管理和绩效考核的相关内容来对这个基本问题作出具体的回答和解决。本节将对人力资源管理中一个重要的功能环节——绩效考核作系统的具体介绍。

1. 绩效驱动力

奖励的是要进行考核的,考核的是能够驱动组织绩效的,能够驱动组织绩效的因素即为绩效驱动力。根据层级的不同,绩效分为个人绩效与组织绩效,因而绩效驱动力也分为个人层面的绩效驱动力与组织层面的绩效驱动力。

关于个人的绩效驱动因素,麦克兰德的理论认为能力×激励=绩效。个人绩效与能力和激励有关,两者缺一不可,一个人即便有很好的能力,但如果得不到有效的激励,他不能有很好的态度,也不会有很好的工作绩效。只有当一个人有好的能力,又受到了有效的激励,他就能产生好的绩效。好的能力加好的态度等于好的绩效。员工的个人能力无法在短时间内得到改变,但可以提供有效的激励来端正员工工作态度,因此,有效的激励是个人绩效的最为主要的驱动因素。

关于企业层面的绩效驱动因素,可以借用平衡积分卡(Balance Scored Card)来分析。卡普兰(Robert S. Kaplan)和诺顿(David P. Norton)认为,有四个因素在驱动企业层面的绩效:一是财务因素(Financial),二是客户因素(Customers),第三个因素是内部管理(Internal Business Progress),第四个是学习与成长(Learning and Growth),也就是人力资源或者能力因素。但值得注意的是,他们并非认为这四个因素都能适用于所有企业,而应根据企业自身业务特点和文化寻找自身的绩效驱动力,进而提出自身考核的几个方面。

2. 按绩效付酬的逻辑前提:绩效考核

奖金的核心意义在于按员工的绩效来为其支付报酬和奖励。因此,对"如何界定绩效的含义"以及"如何进行绩效水平的衡量和考核"这两个问题的回答就成为奖金支付的逻辑前提。

首先,"绩效是什么"的问题一直处在争论之中。绩效的主体是个人还是团队和组织?绩效是行为还是结果?绩效会受到其他哪些因素的影响?很多研究者仁智各见,有学者认为绩效是由特定的工作职能或活动产生的结果,因此绩效和所从事的工作有关,而与从事工作的人的特质无关(Bernardin,1995)。而另外一种来自心理学的观点却强调"绩效可以被定义为行为的同义词,它只包括与组织目标有关的,并且可以按照个体的贡献程度进行衡量的行动或行为"(Campell et al.,1993)。后来,Richard S. Williams 又引出所谓"能力"的说法而使得绩效的概念更为"混乱"。可是,不论理论研究在概念上或者表述上有着怎样的差异,人们在具体管理实践中对于绩效的管理和考核往往是从组织的实际需要出发的:组织需要的绩效是什么,人们就可以通过管理使"绩效"成为什么,进而决定了企业考核什么和奖励什么。对绩效进行考核,就能了解绩效对于组织需要的有用性和意义,从而绩效就提升为价值,因此可以通过奖金来对绩效进行价值奖励。

同时,在对绩效进行考核时,需要认识到更为重要的一点:绩效考核不是独立的,绩效考核的目的不仅仅是为了考核而考核,而在于通过考核促进员工绩效水平的提升与改进,绩效考核应作为整个绩效管理系统中的重要部分而存在。20世纪80年代后期和90年代初期,绩效管理(Performance Management)的概念或观念开始兴起,受到了广泛的讨论。许多研究者提出了各自的绩效管理模型。总而言之,"绩效管理的中心目标是挖掘员工的潜力,提高他们的业绩,并通过将雇员的个人目标与企业战略结合在一起来提高公司的业绩"(Incomes Date Stuior 1992)。这是一个包括了考核计划制定、考核指标体系设计、绩效考核执行、绩效反馈、激励、培训发展的系统管理过程。

从绩效管理和薪酬管理的职能系统角度来看,绩效考核既是绩效管理的重要环节,也是奖金管理的基本前提,为奖金支付提供了依据和标准。同时,奖金支付也成为促进绩效管理的各个环节得以有效运转的有力手段。绩效考核与奖金管理两者间的逻辑关系就成为这两个人力资源管理职能系统之间最为明确的切合点,使绩效管理和薪酬管理发生了最为直接的联系。其关系如图4-7所示。

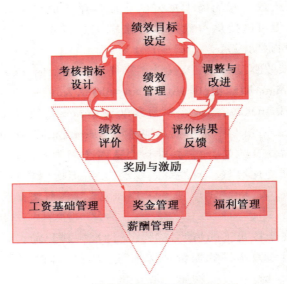

图 4-7 绩效管理与薪酬管理的关系

3. 绩效考核的一般方法

对绩效进行考核最为基本的方法包括以下几种。

(1) 图尺度考核法(Graphic Rating Scale,GRS)。

图尺度考核法是最简单和运用最普遍的绩效考核技术之一,一般采用图尺度表(工作绩效考核表)填写打分的形式进行。一张典型的绩效考核表一般要包括以下内容:

- 员工基本情况(姓名、职位、所在部门等)。
- 绩效考核原因(年度例行考核、晋升、绩效不佳、工资、试用期结束、其他)。
- 考核时间(员工任职时间、最后一次考核时间、正式考核时间)。
- 考核等级说明。一般可以采用 OVGIUN 标准:

O——杰出(Outstanding):绩效十分突出,明显比其他人的绩效优异;

V——很好(Very good):工作绩效明显超出职位要求,绩效完成质量高,并且在考核期间一贯如此;

G——好(Good):符合职责要求,达到了称职和可信赖的绩效;

I ——需要改进(Improvement Needed):存在一定缺陷,需要进一步改进;

U——不令人满意(Unsatisfactory):绩效水平总体而言不能让人接受,必须立即加以改进,一般被考核在这一级的员工不能获得奖金;

N——不做考核(Not Rated):在绩效等级表中没有可以利用的标准或因时间太短等因素而无法作出考核结论。

- 绩效考核要素(也就是考核指标。一般性的绩效指标包括质量、生产率、工作知识、可信度、勤勉性、独立性等。在考核表中要对每一个要素作出定义,如可信度指是指员工在完成任务和听从指挥方面的可信任程度。然后按考核等级标准打分。最好在分数后面付上一些事实举例和评语。当然,不同的考核精度对指标的细分要求不同,要提高考核精度可以将指标作更为细致的分解)。
- 填写打分说明和考核人签字(将以上这些基本内容进行结构化整合,体现为表格的形式就成了一张绩效考核表,在表格上对每个考核要素按标准等级进行打分,最后的总分就可作为被考核者的考核结果)。

(2) 交替排序法(Alternative Ranking Method, ARM)。

交替排序法是一种较为常用的排序考核法。其原理是:在群体中挑选出最好的或者最差的绩效表现者,较之于对其绩效进行绝对考核要简单易行得多。因此,交替排序的操作方法就是分别挑选、排列出"最好的"与"最差的",然后挑选出"第二好的"与"第二差的",这样依次进行,直到将所有的被考核人员排列完全为止,从而以优劣排序作为绩效考核的结果。

交替排序在操作时可以使用绩效排序表,表 4-2 是一张典型的交替排序的绩效考核表。

表 4-2 交替排序的绩效等级考核

交替排序的绩效等级考核

考核要素(指标):_____

排序说明:针对所要考核的每一种考核要素,先列出所有员工的名单,将绩效考核的最优者姓名排在第一行,将考核最低者的姓名排在最末一行,然后依次类推,交替排序直至所有的员工都被列在等级里。

考核等级最高的员工

1. _____   5. _____
2. _____   6. _____
3. _____   7. _____
4. _____   8. _____ 考核等级最低的员工

注意,在实际运用时,表中的考核要素可以是针对每个要素都排序一次,也可以是多个要素综合后总体绩效结果的排序。

(3) 配对比较法(Paired Comparison Method, PCM)。

配对比较法是一种更为细致的通过排序来考核绩效水平的方法,它的特点在于对每一个考核要素都要进行人员间的两两比较和排序。这样使得在每一个考核要素下,每一个人都和其他所有人进行比较,所有被考核者在每一个要素下都获得充分的排序。

例如,要对 A、B、C、D 四个人就考核指标"Ω"进行配对排序,可以通过配对比较考核表(见表 4-3)来进行:首先明确写出所要考核的指标("Ω"),然后将所要进行比较的员工姓名分别列在表的第一行和第一列,并选定行或列作为比较的主导(表 4-3 选择行作为比较的主导,即意味着行对于列进行比较),接着进行两两比较,在该指标下两者中较优的那个标上"√",较差的标上"×",两两比较完成后所得"√"越多,表明该员工在指标"Ω"上完成得越好。同样,在每一个指标下都可以这样排列出绩效等级来。

表 4-3　就指标"Ω"所进行的配对比较

比较对象	A	B	C	D
A		×	√	√
B	√		√	√
C	×	×		×
D	×	×	√	
对于指标"Ω"员工 C 的评价等级是最高的; 对于指标"Ω"员工 B 的评价等级是最低的。				

(4) 强制分布法(Forced Distribution Method,FDM)。

强制分布法是在考核进行之前就设定好绩效水平的分布比例,然后将员工的考核结果安排到分布结构里去。绩效水平的分布如表 4-4 所示。

表 4-4　绩效水平强制分布表

绩效等级	绩效强制分布比例	绩效等级	绩效强制分布比例
绩效最好者	15%	绩效低于一般要求者	20%
绩效较好者	20%	绩效极差者	15%
绩效一般者	30%		

如果员工被评定在等级最差的绩效分布群里而遭到了降职或解雇,这就是所谓的"末位淘汰制"。通用公司(GE)的绩效评定就将末位的 10% 作为强制淘汰的对象。可以看出,强制分布法是一种很强硬的考核方式,如果低绩效的分布范围过大并且低绩效带来的后果会很严重(如直接解雇等),则会给考核对象产生很强的危机感,一方面可能会相应产生很强的激励性,一方面也可能由于危机感太强而产生消极心理,因此,在使用这种方法时要充分考虑被考核对象规模、组织的绩效文化等背景情况。一般情况下,3%—4%的末位区是比较适中柔和的,强硬一点的话可以达到 5%—10%。

(5) 关键事件法(Critical Incident Method,CIM)。

关键事件法是一种通过员工的关键行为和行为结果(事件)来对其绩效水平进行考核的方法。一般由主管人员将其下属员工在工作中表现出来的非常优秀的行为事件或者非常糟糕的行为事件记录下来,然后在考核时点上(每季度,或者每半年)与该员工进行一次面谈,根据记录共同讨论来对其绩效水平作出考核。

这种通过对具有典型意义的特殊事件进行参与式讨论的考核方法一般可以作为其他度量性考核方法的有益补充。它的最大的优点在于能够为解释绩效考核的结果提供事实依据,并且有益于为消除员工的不良绩效行为提供具体参照,但这种方法不易对绩效水平作出等级区分的考核,而且对考核者的跟踪观察能力要求较高。

(6) 行为锚定等级考核法(Behaviorally Anchored Rating Scale,BARS)。

行为锚定等级考核法与关键事件法一样,都是基于对被考核者的工作行为进行观察、考核,从而评定绩效水平的方法。行为锚定法同样也关注员工的最优行为和最劣行为,与关键事件法不尽相同的是,它不仅仅只记录下这些关键行为,同时还对这些从最优到最差的行为进行等级划分与量化,它对每一个行为等级作出描述和界定,并且赋予点值或分数实现量化的目的。这样,行为锚定法实际上是将关键事件法的描述性考核和等级量化式的考核进行结合,能够更为有效地发挥两者的优点,因此它具有更好的公平性和有效性。

建立行为锚定的等级考核通常需要有以下几个步骤:

- 收集关键事件,由主管或其他对工作熟悉的考核人员完成对最优绩效行为和最差绩效行为的描述;
- 明确绩效考核要素(指标),并且将关键事件分配到考核要素中去;
- 对已经分配到绩效要素中去的关键事件进行整理和分级(一般每一个考核要素下会有6—7个关键事件等级);
- 按其优劣等级对各个行为级别进行赋值(一般是按7点或9点进行等级计分)。

通过行为描述、分级、赋值等一系列步骤之后,就形成了一条所谓的"行为锚",就可以使用这个工具去对员工的绩效水平进行考核。图4-8给出了一条关于招募海军时招募人员"推销技能"的"行为锚"的例子①。

考核要素:推销技能

考核要素的界定:说服候选人加入海军的能力;用海军所能提供的福利和各种机会来有效地使候选人对海军产生兴趣的能力;将不同的推销技术有选择地运用到不同候选人身上的能力;有效地推翻对参加海军所存在的异议的能力。

9 — 如果一位候选人说他只对核武器感兴趣,如果不是从事此类工作他是不会参加海军的,这个时候,招募人员并不放弃,而是与这位年轻人谈起电子领域的技术,并强调在海军中可能获得电子技术方面的培训。

8 — 招募人员会严肃地对待反对加入海军的意见,努力用相关的和反面的事实来驳倒这种观点,为海军职业进行辩护。

7 — 当与一位高年级高中生交谈时,招募人员会提起出自同一学校的已经加入海军的其他同学的名字

6 — 如果一位候选人只适合海军中的一种工作,那么招募人员将极力向其传递这样一种信息:这种工作是极为有意义的。

5 — 当一位候选人正在犹豫应当加入哪一种军种的时候,招募人员应当尽力描绘海军在海上的生活以及在港口的意义。

4 — 在面谈中,招募人员对一位候选人说:"我将尽力将你送入你想要去的学校,但是坦率地说,至少在今后的三个月之内,它还不会开学,因此你为什么不做出第二次选择并且马上就走呢?"

3 — 尽管一些候选人一再强调他已经决定参加海军了,可招募人员还是坚持向他再提供一些小册子和电影资料。

2 — 当一位候选人陈述了反对加入海军的意见时,招募人员就终止了谈话,因为他认为此人肯定是对加入海军不感兴趣。

图4-8 海军"推销技能"行为锚

(7) 目标管理法(Management by Objectives, MBO)。

目标管理法是一种以目标为导向的绩效考核方法,其内在的假设认为绩效的全部意义在于目标的实现和完成,即有意义的绩效是指事先订立好目标并能够促进目标实现的。因此通过这种方法所建立的绩效考核体系是与整个组织的目标体系相伴而生的,对绩效水平的考核过程也就是将工作结果与事前订立好的目标要求进行比较的过程。其实施步

---

① 该例选自:加里·德斯勒著,《人力资源管理》(第六版),中国人民大学出版社,1999年,第345页,本处进行了一定修改。

骤一般包括以下几个方面：
- 确定组织目标：组织目标可以是下一年的工作计划，也可以是整个组织的战略目标；
- 确定部门目标：部门目标由组织目标分解而来，一般由部门领导与其上级共同制定；
- 讨论部门目标并分解到个人目标：部门目标确定后应该在部门内获得更为充分的讨论，在部门领导和部门员工的集体讨论中设定员工个人的绩效目标（一般个人目标是短期性的）；
- 对工作的绩效结果进行考核：即将绩效完成状况与目标要求进行比较；
- 提供反馈。

可见，实施目标管理法的关键在于目标设置的明确性和有效性，要注意不同层次目标之间的逐级分解落实的逻辑关系和体系结构，同时要避免因共同讨论来制定绩效目标而导致的效率低下和时间浪费。

（8）总结与比较。

在介绍完以上几种绩效考核的基本方法之后，将其各自的优、缺点进行一个总结性的比较，见表4-5。

表4-5 绩效考核基本方法的优缺点

绩效考核的基本方法	优点	缺点
图尺度考核法（GRS）	使用简便，能够形成具有等级量化的绩效考核结果	考核的等级标准可能缺乏明确性，考核标准受主观判断的影响较大
交替排序法（ARM）	从优劣程度最极端者开始入手，着眼于相对性的考核，可能比较简便；针对于单个指标进行，可能在比较上有充分性	缺乏明确具体的考核结果，仅仅是排序结果；只适用于人数较少的考核对象群；当绩效水平较为相近时，较难做出区分
配对比较法（PCM）	针对单个指标一一进行，人员间两两比较，对比很充分；结果有具体的量化标记	只适用于数量很少的考核对象，否则，两两比较工作量很大；适用于指标数量较少的考核体系
强制分布法（FDM）	考核对象最终都会被归入到某一绩效水平区间，并且各水平分布上人数预知；有较强的压迫性，可能产生较强的激励	强危机感也可能产生消极行为；由于是强制分布，所以对考核的准确性和公平性要求很高，结果可能因分布要求而失真
关键事件法（CIM）	有助于确认"正确的"和"错误的"行为，有良好的行为指向；能为考核结果提供事实证据	考核结果缺乏可比性，难以确定相对绩效水平和排序；对考核者的跟踪观察记录等能力要求较高
行为锚定等级考核法（BARS）	结合了行为描述与等级量化的优点，结果很精确	对行为锚设计的科学性要求很高
目标管理法（MBO）	与目标体系充分联系，结果明确；要求充分的沟通，有利于考核者和考核对象对绩效目标的认同	对目标设立的准确性和有效性要求很高；沟通成本较大，可能缺乏效率，浪费时间

4. 绩效考核的参考工具

（1）平衡计分卡（Balance Scored Card）。

平衡计分卡由美国哈佛商学院教授 Robert S. Kaplan 与美国复兴全球战略集团总裁 David P. Norton 于1992年提出。作为一种绩效考核模型，平衡计分卡由四个方面的指标组合成一个结构化的指标体系,并且各个方面的指标之间有着相互驱动的因果关系,其相互驱动的效果又紧密结合并支持组织的愿景与战略。它对绩效的价值判断认为,好的绩效一定是整体性的,单方面做得好不能说明问题,四个方面要取得绩效效果的相互平衡,这也正是该工具命名的由来。其模型结构如图4-9所示。

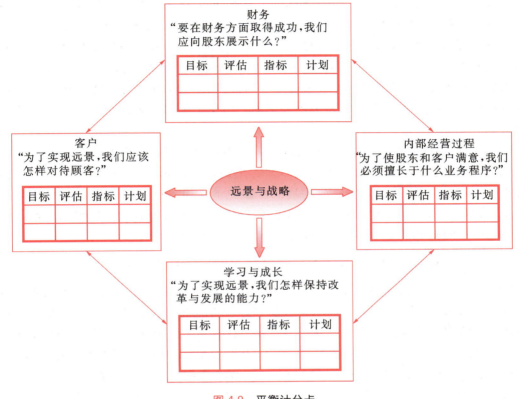

图4-9 平衡计分卡

可见,其四个方面的指标设计分别针对着四个问题的回答:财务方面(Financial)回答怎样满足股东的要求;内部经营方面(Internal Business Progress)回答组织必须在哪方面擅长或精专;学习与成长方面(Learning and Growth)回答如何使能力得到持续的发展和提高;客户(Customers)方面回答怎样满足客户的要求。通过这四个方面的指标构架来对绩效进行监控和考核,使战略落实于实际的绩效,并可以为绩效的改进提供突破点。多维度绩效考核因素的相互权衡、战略导向作用的落实以及动态的管理实施是平衡计分卡的三个显著特征。

一般而言,平衡计分卡是针对组织,更确切地说是针对经营战略单位(Business Strategy)的整体绩效考核而用的,但整体绩效也是落实于各个管理职能而实现的,因此平衡计分卡也得以在具体的职能领域里发挥作用,也可以用它来对一个部门、团队或者他们的管理负责人进行绩效水平的考核。

此外,平衡计分卡的使用要求较高的管理基础,操作和维护有一定的复杂性,对使用人员的要求也比较高。平衡计分卡最大的不足在于它的战略基础不稳定,也就是说并不是每个公司的战略都可以以它的四个方面作为落脚点。用卡普兰(1992)自己的话说:"即使一套很好的平衡计分测评指标,也不能保证战略的成功。平衡计分法只能把公司的战略转化为具体的、可以测度的目标。"

(2) 经济增加值(Economic Value Added,EVA)。

1982年,美国人M. Stern与G. Bennett Stewart合伙成立Stern Stewart & Co.财务咨询公司,推出了能够反映企业资本成本和资本效益的EVA指标。该公司此后专门从事EVA应用咨询,并将EVA注册为商标。经济增加值(EVA)被认为是比其他任何指标都更精确地紧抓了企业的真正经济利润(Economic Profit)的财务指标,是与为股东创造财富联系最直接的指标。经过近20年不遗余力的推广,经济增加值已经为美国资本市场和企业所接受。越来越多的企业集团采用经济增加值作为下属子公司业绩评估和经营者奖励的依据。

EVA的核心理念是:资本获得的收益至少要能补偿投资者承担的风险。从计算的角度看,EVA等于税后净利润减去资本成本。这里的资本成本是指经营所用资本的成本,是为补偿公司投资者、债权人所必要的最低收益。资本成本反映了资本市场对公司未来获利能力和风险水平的预期。所以,EVA就可以表示为资本收益率r和资本成本c之间的差额与用于经营的资本的经济账面价值的乘积。计算公式如下:

$$EVA = (r-c) \times 资本 = (资本收益率 - 资本成本) \times 资本$$

EVA采用单一财务指标的形式,从企业经营给股东带来财富增值的角度,对公司的绩效水平进行考核,简单且易于操作,并且能够弥补传统的会计处理方法只反映债务成本却忽略股权资本的成本这个缺点。此外,EVA不仅仅可以从利润的财务角度考核公司的业绩,也能够更为直接地将绩效与经营管理人员的激励机制挂钩,用EVA进行考核时,经营者不仅要注意他们创造的实际收益的大小,还要考虑他们所应用的资产量的大小以及使用该资本的成本大小。这样,经营者的激励指标就与投资者(股东)的动机(使其财产增值)联系起来。可以使所有者和经营者的利益取向趋于一致,促使经营者像所有者一样思考和行动。这可以在很大程度上缓解因委托—代理关系而产生的道德风险和逆向选择,最终降低全社会的管理成本。作为激励制度安排,一般奖励给经营者的奖金是EVA的一部分。

总之,采用EVA作为进行绩效考核的核心指标,有利于获得所谓的"4M"优势,即有利于:

- 衡量(Measurement)业绩:为考核企业绩效提供了最为准确的财务指标。
- 管理体系(Manage System)的建立:为企业建立系统化的价值考核体系、增加整体的成本观念提供促进。
- 激励(Motivation):EVA能为激励性薪酬提供强大的基础,让管理者能从EVA的改进中分享到上不封顶的收益,管理者只有通过为股东创造价值才能有更多所得。
- 理念体系(Mindset)的建立:EVA以一种理念和能够正确度量业绩的目标凝聚了股东、经理和员工,并形成一种框架指导公司的每一个决策,在利益一致的激励下,用团队精神大力开发企业潜能,有利于建立持续改进的理念体系。

EVA 也有其局限性，EVA 不适用于金融机构、周期性企业、风险投资公司、新成立公司等企业，并且会受通货膨胀和公司折旧计划的影响。

（3）GREP 体系。

GREP 体系是由本书主编、中国人民大学劳动人事学院文跃然教授结合其 20 余年来大学教学和企业管理咨询实践的经验积累，提炼总结出来的一套立足中国本土、分析和研究企业问题的系统框架。利用 GREP 体系可以进行组织诊断、战略及文化分析，并设计人力资源管理框架。

根据 GREP 理论，影响企业内部竞争力的要素是一个系统，这个系统主要由企业的治理结构（G）、企业的资源（R）、企业的企业家（E）和企业的产品或服务（P）等四大要素构成。如果一个企业在这四个方面的任何一方面做得不好，企业都可能不"存在"，当然也不可能具有相对于同行的竞争优势。

在 GREP 理论看来，企业的最终绩效可以用企业生命力的健康程度来表达。该理论采用 5 分制来表达企业的健康程度，并把企业的健康区域分成几个程度，3 分以下的指标为不健康，3—4 分是比较健康，4 分以上非常健康。这样，GREP 之间的四个要素对企业健康而言，都是手段指标，或者都是"绩效驱动因素"。支持这些因素健康的人力资源因素为人力资源绩效驱动因素。企业绩效（生命力健康程度）、企业绩效驱动力和人力资源绩效驱动力之间的关系大体上可以描述为：GREP 人力资源绩效驱动力考核导致企业绩效驱动力的完善，企业绩效驱动力的完善导致企业健康程度的改善。

同时，GREP 理论认为，战略人力资源是导致企业生命系统完善的人力资源活动。它包括两个部分：一是以 GREP 战略为基础确认企业在 GREP 上要改进的方面，并确认以 GREP 绩效驱动为中心的企业层面的考核体系；二是以 GREP 绩效驱动因素为基础，确认人力资源管理的主要工作（职位设计、招聘、培训、考核和薪酬）和人力资源管理体系的测量指标体系（GREP 人力资源计分卡）。

GREP 战略人力资源定义最想解决的问题是基于 GREP 的人力资源体系和企业生命力之间的关系，它的具体载体是 GREP 绩效驱动体系和人力资源传导机制。它是一个包括四个步骤的过程，即 GREP 战略设计、GREP 驱动体系设计、GREP 人力资源传导机制构建和 GREP 结果评估。

第一步，以 GREP 为基础来制定战略。主要包含两个工作：一是以 GREP 诊断工具为基础，考察企业在 GREP 四个方面存在的问题；二是确认最重要的问题，并找到问题的解决方案。

第二步，确认 GREP 考核指标。经过第一步，管理者很清楚一个企业在一个时期内主要改进的工作。假设股权制度变革是一个重点，那么就以此为基础把"股权制度的变革"作为一个重要的考核指标，这样的指标是企业完善生命力最重要的指标，因此叫"GREP 绩效驱动力"。一个企业同时应该在 GREP 四个方面有多个 GREP 绩效驱动力，其结构可以用图 4-12 来示意。

第三步，构建 GREP 人力资源传导机制。GREP 人力资源传导机制是连接 GREP 绩效驱动因素和企业生命力改善这两个环节的中间环节，包括两个部分：一是企业基于 GREP 改善重点必须进行的人力资源工作，即为了使 GREP 改善重点或者 GREP 绩效驱

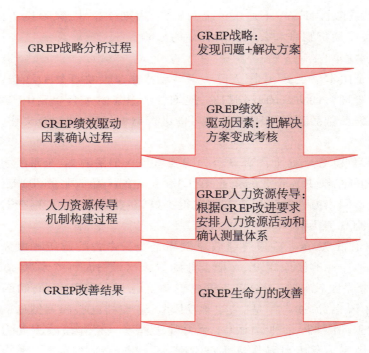

图 4-10 GREP 战略人力资源结构

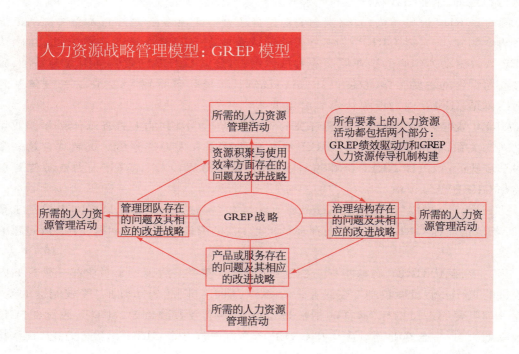

图 4-11 GREP 模型

动因素落在实处,在人力资源管理的每一个方面应该做什么?通常要回答的问题是:还缺多少这方面的人才?人力资源管理的五个方面应该怎么配合?通过回答这些问题来构建

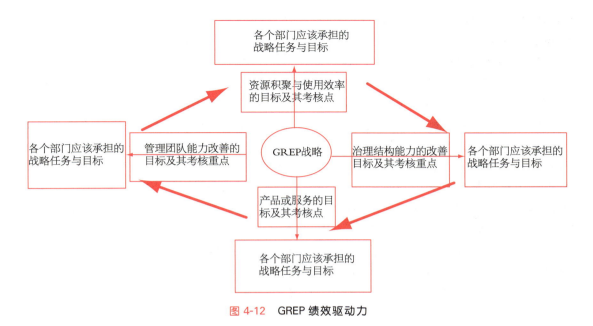

图 4-12 GREP 绩效驱动力

人力资源管理每一个板块的工作重点。二是确认人力资源管理运行是否到位的考核体系。这个考核体系被称为 GREP 人力资源计分卡。

第四步,检查 GREP 健康程度的改善情况。共包含三个做法:一是确认企业 GREP 计分卡中的考核指标是否都已经落实;二是确认人力资源计分卡中的考核指标是否落实了;三是用 GREP 评估系统诊断企业的 GREP 系统是否比原来更好,是否达成了预定的目标。如果结果是肯定的,那么企业就可以找一些新的问题,重新设计一套 GREP 计分卡和人力资源计分卡;如果结果是否定的,就要检查在方法论和执行上有什么问题。

通过使用 GREP 计分卡和人力资源计分卡这两个概念,表达了两个非常重要的驱动力,即企业绩效驱动力和企业人力资源绩效驱动力。企业绩效驱动力是在企业层面要做好企业的关键因素;而人力资源绩效驱动力是为了使企业绩效驱动力完善的人力资源方面的关键因素。它们告诉人们,一个企业要做好,哪些因素必须纳入考核体系中,以及为了完成上述工作,哪些是必须要做的人力资源工作。

人力资源绩效驱动力、企业绩效驱动力、战略和企业绩效(用生命力健康程度来衡量的)之间形成了一个真正的因果关系:要有好的生命力状态(GREP 生命力系统),必须发现生命力系统中存在的问题和找到问题的解决方案(战略);要解决这些问题,必须以此为基础形成企业层面的考核指标(GREP 计分卡);要完成 GREP 计分卡中的工作,离不开人力资源体系的配合。因此,人力资源体系必须在能力上和机制上找到问题和问题的解决方案,形成人力资源计分卡。只有完成人力资源计分卡的工作,企业的生命力系统才能够得到改善。GREP 计分卡只是指出了 GREP 生命力系统改善的方向,而人力资源计分卡则把这种方向通过行动变成可能。

5. 绩效考核的相关问题

以上介绍了几种最为基本的绩效考核的方法和常用工具,但是,绩效考核作为绩效管理体系中最为重要的一环,其本身也是一个系统化的流程,不仅仅要选择合适的方法和工具,还必须系统地思考绩效考核过程中所必须回答的以下七个基本问题。

(1) 考核对象的层次安排。

绩效考核对象的层次安排解决的是"考核谁"的问题。这是一个首先要考虑的主体界定问题。绩效考核是可以针对个人的、团队的(或部门的)及组织的,考核的主体对象层次不同,所要求的考核指标、考核方法等就是不同的。上文介绍的几种方法基本上都是针对个人考核的,当要针对一个团队或者整个组织进行绩效水平的考核时,这些方法基本上就无法适用了,从而需要根据不同的对象层次特征作出具有针对性的分析,一般需要考虑到:进行考核时是各个层次都面面俱到,还是有所侧重;每个层次细化到什么程度,即考核精度的安排;不同层次的考核周期如何安排;指标、方法如何有针对性;考核结果怎样与奖金挂钩以体现最充分的激励性,等等。

考核对象的层次不同,导致了各自绩效考核的流程安排不同,相应地,就要求在"按绩效付酬"支付奖金时作出不同层次的奖励计划,从奖励对象的层次上看,激励计划包括了个人、团队和组织的激励计划(如前文图4-1"奖金的内容结构"所示)。如果更进一步将对象细分,在个人或团队中又包括了销售人员/团队、职业管理人员/团队和科技研发人员/团队等,针对这样的分解,在绩效考核和奖金支付上又会有不同的安排。

(2) 考核者的角度安排。

考核者的角度安排解决的是"谁来考核"的问题。自从Borman与Motowidlo在对绩效的研究分析中提出了"任务绩效"(Task Performance)和"周边绩效"(Contextual Performance)的概念之后,绩效考核的角度安排受到人们的关注,许多类似于所谓"360°考核"的多角度考核方法应运而生。这实际上是要求在进行绩效考核时要对考核者的角度进行选择与安排。

一般来说,考核者的角度有这样几种:

- 直接主管(自上而下的考核,是最为常用的考核角度;直接主管在考核下属时被认为是占有最有利的位置);
- 同事(有利于自我管理团队的开发与建设,但要注意避免"互相标榜");
- 自我考核(一般会有自我表扬的倾向,可以和其他角度配合使用);
- 下级考核(一般采用下级匿名的形式,作为一种反馈存在,有利于管理者提升管理技能);
- 客户(外部导向的考核角度,能促进员工对直接顾客的更大关注);
- 专门的考核委员会(一般由直接主管和3—4位其他方面的管理人员组成,甚至包括外部专家组成的考核委员会来进行绩效考核)。

是选择多角度还是单一角度的考核方式,要根据考核的目的要求、运作成本等具体的情况来做选择,并不见得角度越多、越全,考核效果就越好。

(3) 考核周期的安排。

考核周期的安排是解决"什么时间进行考核"的问题。从考核的时期上看,一般分为例行性的考核和非例行性的考核,前者包括月度考核、季度考核、年度考核和基于生产周期的考核,此外,管理能力很强的组织也可以进行每日的考核,如海尔的"日清日结"模式就是典型的日考核;非例行性的考核一般是针对特别发生的业务、项目等,按照其具体进程来安排考核周期。需要注意的是,当考核对象是多层次安排的时候,考核周期对不同的对象层次也可以做不同的安排,以形成长、短期考核的结合与补充,保持对绩效水平的持续监控。

相应地,从时期角度来看,作为与绩效考核周期的配合,奖励计划也包括了长期激励计划和短期激励计划。

(4) 考核指标体系的设计。

考核指标解决的是"考核什么"的问题。考核指标的设定一般要求满足SMART原则,即指标必须是具体描述的(Specific)、可以衡量的(Measurable)、可以通过努力实现的(Achievable)、有结果导向性的(Result Oriented)及有时间性的(Timed)。在操作中还要求对指标作出明确的定义、设定计算公式、指明数据来源及进行权重安排等。

从不同的角度,考核指标可以作出如下的几种对应划分:

- 财务指标与非财务指标;
- 单指标与多维度指标;
- 绝对指标与相对指标;
- 基本业绩指标与关键业绩指标(KPI);
- 固定指标与改进指标,等等。

在一个考核体系下设置指标时,要根据具体需要来进行指标种类选择和性质判断,没有最好的指标,只有最合适的指标。

(5) 考核方法的选择和应用。

考核方法是解决"怎样考核、用什么工具去考核"的问题,是对考核手段的选择和运用。上文已经介绍了几种最为基本的绩效考核方法,而且认为这些主要都是适用于个人考核的一般性方法,在考核实践中不仅要注意这些基本方法的结合及改进运用,还要注意针对不同的考核对象层次采用不同的考核工具。

(6) 沟通与反馈。

如上文已述,绩效管理系统是一个从考核计划建立、绩效目标分析、方法选择、考核执行到绩效反馈的完整过程。因此,要使绩效考核能够发挥其应有的导向作用,反馈就必不可少,它所回答的是"考核完了之后做什么"的问题。

广义上的反馈可以指与绩效考核结果挂钩的薪酬变动、职位变动、发展培训安排及职业生涯规划等后续的人力资源管理内容,为了使这些逻辑关系得以实现就需要做一系列的制度安排,那些有利于促进绩效沟通的制度和方式一般就作为狭义的"绩效反馈"存在,主要指的是绩效面谈和绩效申述。

绩效面谈一般由被考核者的上级主管或专门的绩效管理人员来进行,面谈内容一般涉及考核结果中的正面信息(如表扬、加薪、晋升等)、负面信息(如提出改进方面、减薪、降职等)和与其他相关人员的横向比较等。通过绩效面谈可以向员工反映其职务的执行情况和执行结果,为员工创造了解自己优缺点的机会,培养员工的自我开发态度;同时,有效的绩效面谈是一种营造良好沟通氛围,结成上下级之间、团队成员之间良好人际关系的手段。在面谈过程中要求谈话直接而具体,要以充分的绩效考核的资料作为证据;但要避免直接的批评和指责;同时不能是面谈者一味地发言,要鼓励被访谈者多说话;再者,面谈的时间(一般员工不超过1小时,管理人员一般要在2—3小时)和地点要合适(安静,避免打扰)。

有时,在面谈的沟通过程中允许员工进行口头申述,也可以在面谈之后通过提交标准化的申述表格进行申述,申述权应该是员工在接受考核之后所拥有的正当权利,有效地引导其使用申述权将有利于考核的准确性,也有利于后续的调薪等职能顺利进行。

(7) 考核过程中要注意避免的问题。

绩效考核中要注意避免一些可能导致考核结果失真的问题,如:

- 考核标准不明确(Unclear Performance Standards):考核标准如果缺乏明确的界定,则会使考核者产生各自不同的理解,因此可以对一些诸如"很好"、"好"等抽象的考核等级进行具体的界定;
- 晕轮效应(Halo Effect):指考核者如果特别关注某方面的绩效,那么对这方面绩效的考核就可能影响到其本来的整体绩效水平;
- 居中趋势(Central Tendency):在进行考核时可能出现回避最低或最高等级考核的倾向,而使得考核结果趋于折中化;
- 偏松或偏紧倾向(Strictness/leniency Tendency):考核者可能因为种种原因(这些原因往往涉及一些人际关系)对被考核者作出偏松或偏紧的考核,而使得考核结果偏高或偏低;
- 近期行为偏见:被考核者在知道考核周期的情况下,可能在考核快要开始的一段时期内故意作出良好的绩效行为;考核者也有可能对近期发生的行为印象深刻;
- 个人偏见(Bias):由于考核者个人的好恶观点、歧视意识等造成的考核不公和失真。

由此不难看出,绩效考核是一个系统的过程,需要系统地思考问题,这些问题及解决内容包括:

- "考核谁?"——考核对象的层次安排。
- "谁来考核?"——考核者的角度安排。
- "什么时候考核?"——考核周期的安排。
- "考核什么?"——考核指标体系的设立。
- "怎样考核,用什么工具去考核?"——考核方法的选择与应用。
- "考核之后做什么?"——反馈机制的建立与应用。
- 考核过程中要注意避免一些可能导致考核失真的问题。

第三节 常见的奖金计划简介

从本章开篇图示的"奖金的内容结构"(见图 4-1)中可以看到奖金支付常用的几种方式,作为对已完成绩效的奖励,其主要方式包括一次性奖金(Merit Bonuses)和个人特别绩效奖;作为对绩效目标的激励,其主要方式按奖励对象可分为:个人激励计划(Individual Incentive Plans)、团队激励计划(Group Incentive Plans)与组织激励计划(Organizational

Incentive Plans）。本节将对这几种方式展开详细的介绍。

一、已完成绩效的奖励计划

1. 一次性奖金

一次性奖金是一种没有累加性的绩效加薪方式，是对传统绩效加薪的一种改进。由于原来的每一次绩效加薪都是要增加工资基数的，所以工作资历长（经历了多次加薪）的员工工资基数会比较大，新进入者就难以较快地获得相当的工资水平；此外，那些已获得很高工资积累的员工可能目前的绩效并不是令人满意的。

一次性奖金与绩效加薪的比较在第三章已经详细介绍过了，在此不再赘述。

2. 个人特别绩效奖

个人特别绩效奖是一种针对个人特别突出的优质业绩进行奖励的方式，也类似于所谓的"个人突出贡献奖"等奖项。其最突出的特点在于这样的奖励具有极强的针对性和灵活性，往往可以通过这种奖项来突破一些基本奖励制度在支付额度、支付周期及支付对象上的局限。它的机制比较简单，即谁干出特别突出的业绩就特别奖励谁，而且这种奖励往往是一般奖励所难以一次达到的水平。比如，玫林凯化妆品公司对其业绩突出的女销售人员提供粉红色的凯迪拉克轿车、名贵的貂皮外套和钻戒作为特别奖励。可以想象到这种专指的奖励对激励获奖者本人将会产生很大的作用，不仅如此，试想当其他员工实实在在地看见获奖者的喜悦时会有怎样的感受？他们自己通常也会为了获得这份惊喜而暗自付出加倍的努力。因此，个人特别奖励往往具有较好的以点带面的激励效果。

当组织规模较小时，个人特别绩效奖在设计和实行上可以随意一些。但当组织规模较大时，将其制度化和系统化可能会带来更好的效果。一般来说，做好特别奖励要把握好基本的几个环节：

- 明确特别绩效目标：这是解决特别奖励标准的问题，有时特别绩效目标是预先制定好的，达到了就奖励，比如给销售人员预定的超额销售量；有时特别绩效标准没有预定而是事后做出来的，这时就需要进行特别绩效认可。
- 评定和认可特别绩效：认可特别绩效是关键环节，这种认定虽然一般由上级认定者作出，但如果能使广大员工都能认可甚至心悦诚服，这种奖励便会取得最好的效果；否则，如果这种认可过于集中于个人主观而缺乏广泛接受性的话，结果往往就会适得其反，带来的不满会大于激励；这其中就涉及认可方式选择（正式还是非正式）、认可频率、认可对象的范围安排等问题。
- 确定奖励方式和水平：奖励方式上可以考虑是运用货币性的直接支付还是非货币性的特别奖励，后者具有多样性和灵活性，可以有实物奖励（车、房、专业工作器材等）、象征性奖励（某种认可证书、称号等）、地位标志性奖励（优先的停车位、环境优越的工作间等）以及旅游休假等形式；各种奖励方式都要求安排好奖励水平。
- 保证特别奖励的实行公平性：可以通过制度化来保证特别奖励的一致性、稳定性和公平性,当然,如果在实行中遇到新情况则要求对制度作出调整。

二、针对绩效目标的激励计划

无论是一次性奖金还是个人特别绩效奖,都是对已经或超标完成绩效进行的奖励,这样的支付方式也可以统称为绩效工资计划或者绩效奖金计划;为了激励员工更好地实现预先设定好的绩效目标,一些激励计划则作为奖金方式受到了广泛的运用。激励计划的操作原则就是通过将员工的实际业绩与事先确定的绩效目标进行比较,进而确定其奖金额度,达到绩效目标则给予一定额度的加薪,超标完成奖励额度更大,没有达到绩效标准则没有奖金甚至减薪。激励计划和以上介绍的绩效奖金计划的相同之处在于两者都与绩效直接挂钩,不同之处在于:

- 绩效奖金一般针对员工过去的、已经完成的绩效水平进行奖励;激励计划则针对预定的绩效目标进行激励。
- 绩效奖金中的绩效加薪是基于基本工资的,具有累加性;激励计划一般都是一次性付给,不会持续地增加基本工资。
- 绩效奖金一般情况下关注员工个人的绩效;激励计划更具可变性和灵活性,除了针对个人,它也可以将奖金支付与团队、组织的整体绩效相挂钩,当团队或组织的整体业绩下降时,员工个人的奖金也会减少,从而避免一贯的奖金累加。
- 绩效奖金一般都是在绩效完成后按其评价等级确定加薪额度;激励计划则往往是在订立绩效目标的同时就预先设定好相关支付额度,员工事先可以知道其支付额。

激励计划按照支付周期可以划分为短期激励计划和长期激励计划。短期激励计划可以针对广大员工也可以针对特定的员工群体(如销售人员),只要他们的绩效目标是易于设定并可以在短期内见效。短期激励计划一般采用数量化的绩效标准,按月度、季度进行支付,比如某公司的短期激励计划安排:每个季度如果资本回报率超过了 8% 的目标,员工就可以得到一天工资额的奖金;如果回报率达到 9.6%,则员工可以得到等于两天工资额的奖金;如果实现了 20% 的资本回报率,则员工可以得到相当于 9 天工资额的奖金。长期激励计划以年度为支付周期,往往与授予股票、股权等有关,除了针对高层管理人员或专业技术人员,对普通员工进行股权奖励也很常见。

激励计划按照激励对象的角度可以划分为个人激励计划、团队激励计划与组织激励计划,每个对象层次都可以有长、短期的激励安排。

1. 个人激励计划(Individual Incentive Plans)

个人激励计划是用来激励员工个人为实现其绩效目标而运用的一种奖金支付方式。这就要求在制定激励计划时必须首先考虑一个基本问题:为什么而支付?即绩效标准导向性的明确问题。绩效目标的设定本质上体现了组织对员工的绩效要求和导向,这些标准可以是生产率(产量的或质量的)、顾客满意度、安全性或出勤率等。如果组织关注员工的工作结果,则绩效标准可以是结果导向的,如果是关注员工的行为,则标准可以侧重于行为导向;对于不同工作种类的员工其绩效目标往往也是不尽相同的,如生产工人和管理人员的绩效目标就会有各自的针对性。其次,在明确指标性质的导向之后,必须考虑到标准的可达到性问题。制定的绩效水平标准必须是员工通过其努力可以达到的,如果员工对工作的结果不能进行有力的控制,激励效果往往很难产生。针对激励计划方案进行选择时,个人激励计划又分很多种类,一般包括针对生产人员的产出激励计划、针对一般管理人员的管理激励计划及关注员工行为的行为鼓励计划。

(1) 针对生产人员的产出激励计划。

针对生产人员的产出激励计划一般是将员工的生产率作为绩效标准,按产量标准的完成情况支付奖金。在这里,产量(生产率)指标的设定有两种方式:一种是以单位时间内的产量为绩效标准,一种是以生产单位产量所消耗的时间为绩效标准,具体的一些支付方式如表4-6所示。

表4-6 针对生产率的个人激励计划类型

以单位时间内的产量为绩效标准	以生产单位产量的耗时为绩效标准
● 直接计件工资计划 ● 泰勒差别计件工资计划 ● 梅里克多重计件工资计划	● 标准小时工资 ● 哈尔西50—50方法 ● 罗恩计划 ● 甘特计划

直接计件工资计划是使用最为广泛的一种个人激励方式,它以单位时间内的产量为支付标准,对超额产量支付奖金。在操作上首先要确定计件工资标准(一般是一个单位时间内的产出量:m单位/小时)作为绩效目标,这个计件标准值一般通过工作时间研究来确定;然后设定激励工资率,即员工产量超过m单位后每多生产一个产品所获得的奖金额(w),只要员工在单位时间内的产出水平高出m这个标准就可以获得奖金,多生产了n个产品就获得n×w的激励工资。表4-7是一个典型的直接计件工资计划的例子。

表4-7 直接计件工资计划示例

计件工资产量标准(由时间研究确定)	50单位/小时	
工资最低保底额	20元/小时	
激励工资率(超过50单位后的单位产量工资)	2元/单位	
产量标准	支付奖金量	支付单位时间工资总量
50单位或低于50单位/小时	0元/小时	20元/小时 (只获得保低工资,没有奖金)
60单位/小时	(60−50)×2=20元/小时	20+20=40元/小时
70单位/小时	(70−50)×2=40元/小时	20+40=60元/小时

直接计件工资计划很容易被员工理解和接受,支付计量简单易行;但要使计件激励计划有效运行就必须使绩效标准具有一致的认可性和公平性,这就对工作时间研究提出了很高的要求。在美国,这个标准通常由工会和雇主方集体谈判来制定。

泰罗差别计件工资计划和梅里克多重计件工资计划同直接计件工资计划一样都是以单位时间的产量标准为绩效指标来支付奖金的,它们与直接计件计划最大的不同就在于其计件工资率是有层次区分的。泰罗差别计件工资计划由科学管理的开山人泰罗创立设计的,它在设定了标准产量(m 单位/小时)和单位产品标准工资率(p 元/单位)的基础上使用了两个不同层次的工资率水平:当员工的实际产出水平高于 m 单位/小时,则该员工可以获得高于 p 元/单位的计件工资率;反之,当员工的实际产出水平低于 m 单位/小时,他获得的计件工资率相应也就低于 p 元/单位。这样,员工所获得的计件工资变动性更大,工资的保底性变得更加微弱,计件工资支付能增也能减,这在一定程度上对员工形成了更为强烈的激励性。梅里克多重计件工资计划的设计原理和泰罗计划是相同的,只是在计件工资率层次的划分上更加细致,进行了三个档次的划分。表 4-8 是一个典型的泰罗和梅里克计划的例子。

表 4-8 泰勒差别计件工资计划与梅里克多重计件工资计划示例

产量	计件产量标准:10 单位/小时					
	单位产品标准工资率:5 元/小时					
	工资率层次标准					
	单位产量的泰勒计件工资率	泰勒计件工资		单位产量的梅里克计件工资率	梅里克计件工资	
7 单位/小时	0.50 元/单位	3.50 元/单位	一层	0.50 元/单位	3.50 元/单位	一层
8 单位/小时	0.50 元/单位	4.00 元/单位		0.50 元/单位	4.00 元/单位	
9 单位/小时	0.50 元/单位	4.50 元/单位		0.60 元/单位	5.40 元/单位	二层
10 单位/小时	0.50 元/单位	5.00 元/单位		0.60 元/单位	6.00 元/单位	
11 单位/小时	0.70 元/单位	7.70 元/单位	二层	0.70 元/单位	7.70 元/单位	三层
12 单位/小时及以上	等同于 11 单位/小时的标准					

可以看出,泰罗计划和梅里克计划通过对计件工资率的分层次处理,使得工资支付具有更为细致的量上的差异性和可变性,体现了"多劳多得,少劳少得"的支付原则,使工资支付在奖励性和惩罚性两方面都发挥了作用。以上的几种方式都是以单位时间内的产量为标准来设计的工资支付计划,而另外一类以生产单位产量的耗时为绩效标准的支付方式也有其特点和作用,下面介绍的几种类型就属于这一类。

标准小时工资计划是以完成单位产量所消耗的时间为绩效标准来支付激励工资的形式。实行这种计划一般要求首先确定以正常的技术水平完成工作所需的时间(标准工时),然后确定这项工作的计时工资率,比如,经对某搬运工种的时间动作研究发现,一个合格的搬运工人完成一份搬运工作的平均时间为 1 小时,确定标准小时工资 p 元/小时,如果某位技术水平高、动作熟练、体力强于一般人的搬运工只用 40 分钟就完成了一份搬运工作,他仍然可以得到 p 元的小时工资,而可以享受 20 分钟的闲暇或继续提高生产率以获得更高的奖励。此外,有一种所谓的"贝多计划"(Bedeaux Plan)作为标准工时计划的发展形式,它不计算完成一项完整工作的时间,而是将一项工作细分为简单的动作,然后以中等技术熟练水平工人的工作时间作为标准工时,确定标准小时工资。同样,如果工人完成工作的时间少于标准工时则可以获得激励工资,奖金额是缩短时间量的函数。

标准小时工资计划对于那些生产过程不是很容易具体控制,技巧要求较高、工作周期较长的工作和职位比较适用。

哈尔西(Halsey)50—50计划也是标准工时计划的一种变种,它的特点在于通过使员工和雇主平均分摊成本节省的余额来激励员工更有效率地工作。它同样也需要首先通过时间研究确定完成一项工作任务的时间限额作为标准工时,比如,完成一项工作的标准时间是T小时,每小时的工时工资是p元/小时,那么可以预算出一个员工完成这项工作的人工成本为p×T＝P元,如果员工一旦因技术水平的提高而低于限额时间完成了工作(仅用了t小时,t＜T),使得人工成本得到节省,这部分省下来的成本(△＝P－p×t)就按50—50的比例在公司和员工之间分摊,从而使员工获得了由于自身生产率的提高而实现的成本分享。

罗恩(Rowan)计划类似于哈尔西计划,也提倡在雇主和员工之间分享由于工作时间缩减而带来的成本节省,不同的是它在分享成本节余时,分享比例上有一定的差别安排,不再是简单的对半开。比如,完成某项工作的工时标准是6小时,而员工实际的完成时间是4小时,这时他可以得到成本节余的30%作为奖金;而如果是在3小时以内完成了这项工作,那么该员工可以获得40%的成本节余分享。

甘特(Gantt)计划和以上两者的不同之处则在于:它将完成工作的工时标准设置为需要员工非常努力才能达到的水平,也就是不以平均的工时而以高于平均水平的要求为标准,并且规定不能在这个高工时标准下完成工作任务的员工只得到预先订立好的保障工资,如果一旦员工在这个时间标准上甚至比这个标准更有效率地完成了工作,那么他就可以获得这样一个工资额:激励工资＝保障工资×(1＋120%×节余时间),这种激励安排表明:只要员工能够在这样的时间标准上或提前于这个标准完成了工作,它所获得的报酬增长就会快于产出的增长。

表4-9 生产性员工个人激励计划的优缺点比较

优　　点	缺　　点
1. 在提高生产率、降低生产成本和增加工人工资方面有实际的作用	1. 可能会在追求产出最大化的员工和关注日渐下滑的产品质量的管理人员之间出现更大的冲突
2. 同根据工时付酬相比,要求工人维持一个合理的产量水平只需要较少的直接监督	2. 引进新技术的尝试可能会受到部分员工的抵制,因为他们很在意新技术对产量标准的影响
3. 在大多数情况下,如果组织与工作的测度标准能随之提高,依据产出付酬的制度,同依据工时付酬的制度相比,能更加精确地估算人工成本,这将有助于成本与预算的控制	3. 对于提高产量标准的忧虑会削弱工人提出生产方法革新建议的积极性
	4. 有关设备保养很差的抱怨不断增加,这会妨碍员工为获得更多的奖励而不断努力
	5. 由于有经验的工人在在职培训方面不愿合作,灰心丧气的新员工的流动率不断上升
	6. 加剧工人和管理人员之间互不信任的态势

以上这些是针对生产性员工的个人激励计划,表4-9对这些激励计划的优缺点进行了总结①。

(2) 针对一般管理人员的管理激励计划(Management Incentive Plans)。

这里的管理激励计划是针对一般性的部门、职能管理人员的个人激励计划,是指当其

---

① 资料来源:T. Wilson, Is It Time to Eliminate the Piece Rate Incentive System?, *Compensation and Benefits Review*, Iss. 24, no. 2,1992, pp. 43-49; Pinhas Schwinger, *Wage Incentive System*, New York:Halsted, 1975.

所管辖的部门(或职能单位)达到或超过预定的有关销售、利润、生产或其他方面的目标时,对经理个人进行奖励的激励方式。管理激励计划与前文所述的计件激励计划最关键的区别在于目标设定的要求不同:计件制的绩效标准往往与具体产出相关,指标简单且具有明确的量化特征;管理激励的指标则往往比较复杂,既包括一些量化的指标也包括一些难以量化但确实可作为衡量部门或团队整体绩效的标准,正因为如此,一些具有广泛涵盖性的指标系统或模型(如前文介绍的平衡计分卡)一般在运用于评价部门或团队的整体绩效的同时,也可以作为对经理个人的评估系统得以运用,它以较为全面的绩效指标作为对管理人员支付奖励的依据更加具有说服力。

此外,如果部门的业务或职能性质可以通过一些数量化的指标来进行评价,这时对其管理者的激励支付就可以和这些关键的指标进行挂钩,如销售部门的销售额、市场部门的市场占有率等,只要在其他基本质量指标都达到的基础之上,这些预定的额度指标获得实现并超标完成,经理人员就可以得到一笔奖金。

约瑟夫·J.马尔托齐奥在其书中指出,这类管理激励计划的理论背景来自目标管理,其基本原则就在于将目标管理作为奖金计划的一部分,事先让经理人员明确其工作目标,通过设定相应奖励激励其完成目标。

另外,针对一些高层经理人员设立激励计划时,往往是采用一些长期的、与股权相关的激励计划,这部分内容将在下一章的"高层经理人员的激励"一节中详细介绍。

(3)行为鼓励计划(Behavior Encouragement Plans)。

行为鼓励计划是针对员工的某种具体的优良行为进行奖励的方式,一般用于鼓励良好的出勤率或安全纪录,这种奖励计划适用于对出勤、作业安全性要求很高的员工,如保安、工程的巡查人员、施工人员、矿山的井下工人等。表 4-10 是某美国公司奖励员工优秀出勤率的一个例子。

表 4-10 奖励员工出勤的行为鼓励计划

说明:每季度末(每 3 个月),出勤率高的员工可以根据下列制度得到奖金。注意,缺勤天数不包括公司批准的缺勤(包括休假、病假、陪审团义务、丧假、兵役、法定节假日和学习等)。	
缺勤天数	奖　　金
0 天	250 美元
1 天	200 美元
2 天	100 美元
3 天	50 美元
4 天	25 美元
全年无缺勤:给予年度全勤奖 1 000 美元	

(4)推荐计划。

推荐计划是一种比较特殊的个人奖励计划,它不针对员工的工作绩效,而是对那些为公司成功介绍了新客户或者推荐了合适人才的员工进行奖励。这种特别的奖励计划一般适用于公司急需人才的人力资源吸纳期,当雇员为公司的空缺职位成功推荐了合适人员就有获得奖金的机会,只要被推荐来的人工作一段时间后(至少 30 天),期间各方面表现确实符合公司要求,获得了用人部门的认可,则推荐奖金就可以兑现。推荐计划的基本观点认为公司现有的人员比招聘代理机构更熟悉本公司的文化和用人要求,因此可以更有效地为公司推荐合适的人选。

2. 团队激励计划(Group Incentive Plans)

当人们的工作要求使得大家需要更多的协同和合作并以团队形式来完成工作时,对群体的激励就成为大家日益关注的问题。团队激励计划就是用于对员工的集体绩效而不是员工的个人绩效进行奖励的方式,它的激励对象是群体,这种群体可以是一个团队、一个部门、一个公司的分部,甚至扩大到整个公司。总而言之,它所关注的是群体的整体绩效,目的在于通过这样的激励使人们实现其群体绩效目标。

由于激励对象是群体,对群体的激励就必然有着不同于个人激励的特点和要求,因此,在选择团队激励计划时必须考虑到它的应用特性,表 4-11 对这两类激励计划的一些特征进行了比较。

表 4-11 个人与群体激励计划的应用特性比较

特 征	应用个人激励计划	应用团队激励计划
绩效指标	存在易于监控的个人绩效指标,工作的完成与他人的绩效关系不是很大	产出是集体协作的结果,个人对集体绩效的贡献较难衡量;指标一般具有较广的涵盖性(平衡计分卡是一种可用于群体绩效评价的典型的指标体系方式)
绩效标准	绩效标准比较稳定、明确	个人绩效标准会随群体目标的变化而变化
激励导向	关注激发出个人的专长和个人的突出效率,同时保持公平	关注群体目标和绩效,个人贡献指向群体成果,可能会避免平均化
互动程度	基本要求大都事前确定	个人的绩效目标和群体目标充分进行沟通、融合或调整

团队激励计划的种类大致有以下四种:

- 班组或小团队奖励计划(Team-based Incentives)
- 收益分享计划(Gain Sharing Plan)
  - 斯坎伦计划(Scanlon Plan)
  - 拉克计划(Rucker Plan)
  - 提高分享计划(Improshare/Improved Productivity Through Sharing)
- 利润分享计划(Profit Sharing Plan)
- 风险收益计划

下面我们分别来具体介绍:

(1) 班组或小团队奖励计划。

班组或小团队奖励是团队奖励计划中最简单也最接近个人奖励计划的一种,它与个人奖励计划的不同在于每个成员只有在班组或团队的目标实现后才能获得个人的奖励,如果仅仅是个人的目标实现而群体目标并没有达成,个人仍然是不能获得奖励的。比如,需要一个团队去完成一份调查报告,其中就有组员去做调查设计,有人去实施调查、收集数据,有人去分析调查结果并撰写调查报告,直到最后报告完成了,大家才能获得相应的奖金;如果只是完成其中的某个步骤而非整体完成目标,那么任何人都不会得到奖金。

奖金发放时,奖金在组员间进行分配的方式常有以下三种:

- 组员平均分配。这样在一定程度上有利于加强个人之间的合作,但另一方面也可能因为缺乏奖励层次而形成吃平均主义"大锅饭"的不良结果。
- 组员根据其对班组绩效的贡献大小得到不同的奖金。相对来说,奖金与个人贡献挂钩更具有激励性,但对个人的贡献评价提出了很高的要求,否则会产生个人之间在利益分配上的矛盾。
- 根据每个组员的基本工资占班组所有成员基本工资总数的比例确定其奖金比例。这种方式基于一种基本的付酬理念,即拿高工资的人比拿低工资的人对组织贡献大;此外,这种方式比较容易计量和实施。

(2) 收益分享计划。

收益分享计划是通过提供给员工参与企业收益分享的权利来进行团队员工激励的一类分配方式的总称。一般而言,收益分享计划是在企业和员工之间分配由于成本节省或者员工参与提出具有建设性意见而带来的收益。但实质上,收益分享计划是通过员工参与来提升组织绩效的一套系统方法或者管理哲学。它的基本假设是:聪明会产生高绩效;聪明无止境,辛苦有极限;只要把员工的聪明才智发挥出来,绩效是无极限的;但如果让员工辛苦地工作,那么所能取得的绩效是有限的。实现聪明工作的方式有员工参与与团队合作两种。

这类分享计划通常有几种不同的方案,每种方案都有其自身的特点和适用性,几种较为常见的方案是斯坎伦计划(Scanlon Plan)、拉克计划(Rucker Plan)和提高分享计划(Improshare/ inproved Productivity through Sharing)。

- 斯坎伦计划。

斯坎伦计划由美国联合钢铁工人工会的官员约瑟夫·斯坎伦于 1937 年首次提出,该计划最核心的特点在于强调员工的参与及合作,它通过收益的分享与分配机制来推广员工间相互合作的管理哲学;同时推崇通过积极参与使个人目标与组织目标达成一致,激励员工通过实现个人目标而实现团体目标;最终与员工分享由于他们的成本节省建议而带来的收益。

在具体的计划施行中,员工参与制度是斯坎伦计划的一个重要组成部分。员工参与制度包括两个层次的正式建议机构,即部门委员会(或者是生产委员会)和行政委员会(或者是审查委员会),前者负责鼓励和帮助员工提出建议,并对建议进行收集和初步分析鉴定,然后将经过初步筛选的建议提交给后者,并且由后者决定是否采纳,一旦建议被采纳并且成功地发挥了节省成本的效用,全体员工都将获得收益分成。

斯坎伦计划在分享收益时,一般通过计算斯坎伦比率作为奖金支付的基准,基本公式为:

$$斯坎伦比率 = \frac{劳动力成本}{产品销售价值}$$

其中,产品销售价值(Sales Value of Production, SVOP)是销售收入和存货价值之和,斯坎伦比率较小时,说明劳动力成本较之于 SVOP 较低,这个比率越小,劳动力成本就获得了越多的节省,节省而来的收益就作为奖金分配给大家。表 4-12 是一个斯坎伦计划的例子。

表 4-12 斯坎伦计划奖金分配示例

2002 年某团队的斯坎伦比率基准数据(基准斯坎伦率)
SVOP = 10 000 美元(其中 7 000 美元是销售收入,3 000 美元是存货价值) 劳动力成本(总工资额) = 4 000 美元 斯坎伦比率 = 4 000 美元/10 000 美元 = 40%
2003 年斯坎伦奖金发放期数据
SVOP = 950 美元 按基准斯坎伦比率计算的计划劳动力成本(计划工资额) = 950 美元×40% = 380 美元 本年度实际劳动力成本(实际发放工资额) = 330 美元 节省成本 = 380 美元 − 330 美元 = 50 美元(这 50 单位的节余就作为奖金发放给团队员工) 本年度的斯坎伦率 = 330 美元/950 美元 = 35%(较之于去年降低了)

- 拉克计划。

拉克计划是由艾伦·W. 拉克于 1933 年提出的,其基本原理类似于斯坎伦计划,都强调鼓励员工的合作与参与,只是在计算奖金支付基准时采用了更为复杂的公式。拉克计划使用一个增加值公式(Value-added Formula)来计算生产力,以拉克比率作为奖金发放的基准,其计算公式为:

$$拉克比率 = \frac{增加值}{计划参与人的雇佣总成本(薪金、工资、工资税和边缘薪酬)}$$

公式中的增加值是产品销售价值和产品原材料的购买价值之间的差额,即

$$增加值 = 净销售额 − 原料成本、购买供给和服务的成本$$

增加值与计划参与人的人工成本之比值就是拉克比率,它实质上是以拉克比率作为衡量生产力水平的奖金支付基准,其分配计算方式与斯坎伦计划大致相同,举例如表 4-13 所示。

表 4-13 拉克计划举例

2002 年某公司的拉克比率计算
净销售额 = 7 500 购买原材料成本 = 3 200 购买各种供给的成本 = 250 购买服务的成本 = 225 增加值 = 7 500 − (3 200 + 250 + 225) = 3 825 雇佣成本 = 2 400 拉克比率 = 3 825/2 400 = 1.59
2003 年拉克奖金发放期数据
增加值 = 670 雇佣成本 = 625 拉克比率 = 670/625 = 1.07 以上年度拉克比率(1.59)为基准的增加值标准 = 625×1.59 = 994
显然:本年度增加值 670 小于上年度的增加值基准要求 994,说明本年度的绩效比上年度下降了,没有增加值余额,从而员工得不到收益的分享。

可以看出,拉克计划和斯坎伦计划的关键不同在于拉克计划更关注多方面的成本节省,斯坎伦计划则只关注人工成本的节省;另外,拉克比率越大说明公司的绩效水平越好,相反,斯坎伦比率越小说明人工成本越得到了节约,对公司越有利。此外,两者都需要通

过一些专门的委员会进行实施,这些委员会在组织这些奖金计划实施的同时也负责培养和营造这些计划背后所提倡的合作和参与氛围。

- 提高分享计划。

提高分享计划是由米歇尔·费恩于1973年发明的。该计划是根据劳动时间来衡量生产力水平,而不是像以上介绍的两种计划那样以节约的成本来作为分配的收益。这一计划的目的是要激励员工用尽可能少的时间生产出尽可能多的产品,因此它更适用于激励生产性的员工团队。它的支付周期较之以上的计划要短一些,一般是按周支付。

提高分享计划的奖金是通过劳动时间比率公式(Labor Hour Ratio Formula)来进行计算的。它首先要求通过一些对工作的历史资料分析,或者相关研究确定某种生产力标准,一般可以是生产单位产品的标准小时数,实际劳动时间与这个标准工时数的比率就是所谓的劳动时间比率,通过这个比率来作为奖金支付的基准,任何由于少于预定标准时间完成工作所带来的收益将在员工中共享。

此外,需要注意的是提高分享计划具有所谓"有回购规定"(Buy-back Provision)的特点。它规定了该计划下奖金发放的最高限额,一旦生产力提高所产生的奖金量超出了这个限额,那么超出的部分就由公司储存起来,如果这种超限额的储存积累得多了,就说明生产力水平已经获得了普遍的提高,公司此时可以考虑调整(提高)原来的绩效标准。

上述三种计划的特点整理比较如表4-14所示。

表4-14 斯坎伦、拉克与提高收益分享计划的主要特点比较

特 征	斯坎伦计划	拉克计划	提高收益分享计划
目 标	提高生产力	提高生产力	提高生产力
节约关注	劳动力成本	劳动力成本、原材料成本、服务成本	实际生产时间(相比于标准生产时间)
计划内涵	提倡合作与参与	提倡合作与参与	提倡高效率、迅速
员工参与方式	部门和审查委员会	部门和审查委员会	无
奖金支付周期	按月	按月	按周

(3)利润分享计划。

利润分享计划是指当公司达到利润目标时,将一部分利润作为奖金分配给员工。利润分享计划一般针对公司的全体员工,因此也可以作为组织激励计划的一种类型。

目前的利润分享计划有两种形式:一种是现金现付制(Current Profit Sharing),即每隔一段时间(通常是按季度或按年度)将一定比例(通常是15%—20%)的利润作为奖金发放给员工,其性质与现金分红类似;另一种是延期支付制(Deferred Profit Sharing),即把奖励给员工的现金为其存在某一账户中,等员工退休之后再支付给他们。

两者的差别不仅仅体现在支付时间上,在税收安排上也有差别,支付现金时一般需要员工支付一定税额的个人收入所得税;采用存入账户的形式则只有当员工取用这些钱时才上缴一定税额的利息税。

在具体计算利润分享额时,有三种计算方式:

- 固定比例法。就是以税前的或者税后的利润为基数,通过确定一个固定的利润分享比例(a%),计算出用以分享的利润额,作为奖金支付给员工。

- 比例递增法。与前者的最大不同在于这种方案下的利润分享比例不是固定的,而是随着利润额的增长而递增,比如,利润在 A 百万元的情况下,利润分享比例是 a%;利润在 B 百万元时(B>A),利润分享比例就上升为 b%(b>a)。
- 利润界限法。公司事先设定好一个最低的利润标准作为下限,以保证股东的回报;同时也设定一个最高标准作为上限,当利润超过这个上限时公司认为这是由整体的技术革新等因素促成的利润突破。只有当利润的超额是在这个利润界限的范围内时,才进行利润的分享。

(4) 风险收益计划。

因为其支付是可变的,所有的激励计划都具有一定的风险性。以上介绍的激励计划都是从分享成功的角度来设计分配方案的,而风险收益计划则是从共同分担风险的角度来激励员工。分享成功的计划一般都是在保持员工基本工资收入的基础上,当公司绩效增长、效率提升时再给予加薪作为激励;而风险分享计划则通过在基本工资上进行变化安排,向员工传递这样一种信息:当公司业绩不好时,员工不能拿到全额的工资,一般拿80%;但通过大家的努力,公司业绩好起来的时候,员工则可以拿到原来工资的140%。因此,风险分享计划实质上是将公司的风险部分地转移到了员工的身上,它能够在一定程度上促使员工具有企业合伙人的性质,不仅共享成功而且要共担风险,强调了相互的合作、交流和参与。

上述对几种比较流行的团队激励计划方案作了简单介绍,其优缺点对比如表 4-15 所示。

表 4-15 团队激励计划的优缺点

优点:
● 对组织和个人绩效每年产生 5—10 个百分点的积极影响;
● 比个人计划更易于进行绩效评价;
● 在组织内部和组织之间,合作是一种值得提倡的行为方式;
● 团队工作越来越获得员工的支持;
● 在一定程度上能激发员工对决策的积极参与。
缺点:
● 雇员个人难以发现自己的绩效是如何确切地与其报酬挂钩的;
● 也许会增加贡献较大人员的流动,他们可能会因为与低绩效人员共同分享了成果而挫伤自己的积极性;
● 薪酬的可变性增加了风险性,可能会使喜欢稳定的员工感到不安进而流动。

3. 组织激励计划

随着组织愈发扁平化和无组织时代的到来,组织激励计划与团队激励计划的界限已经越来越模糊。两者的共性在于都是针对员工群体,区别在于组织激励计划的对象群更大,一般是组织全员的;而团队激励计划偏重于组织内部团队和部门的激励等。然而,值得注意的是,团队激励计划其实也可以运用于全员,如上述各种收益分享计划、利润分享计划等,均可以扩展应用于组织层面。

与这些分享计划并列的另一类运用于组织全员的激励计划就是通过向员工提供股票、股权之类以达到激励目的的持股计划。从时期上看,这类计划通常属于以超过一年的时间为考核、支付周期的长期激励计划。这类计划所支付的激励方式一般包括股票（Stock/代表公司财产价值的凭证）、股份（Stock Shares/把股本划分成价值相等的等份）和股权（Stock Options/员工按一定价格购买公司股票的权利）。比较流行的一种就是员工持股计划（Employee Stock Option Plan，ESOP）。

(1) 员工持股计划。

员工持股计划是目前被广泛采用的全员股权激励计划，它的运作方式一般是：公司把一部分股票（或者是可以购买同量股票的现金）交给一个信托委员会（其作用就是为雇员购买一定数额的企业股票），这个数额通常依据雇员个人年报酬总量的一定比例来确定，一般不超过 15%。信托委员会把股票存入雇员的个人账户，在雇员退休或不再工作（已经工作了很长时间，积累了足够多的股票）时发给他们。

员工持股计划的性质是员工退休基金主要由公司股票构成。因此，美国《国内税收法案》（IRC）规定了执行员工持股计划的公司必须履行股票回购义务。第一个义务就是非上市企业必须为员工持有的股票提供交易。这一点通过售卖选择权来实现。通过售卖选择权，员工可以根据独立的公允市场价格将他们持有的股份卖回给公司。与股票期权相同，员工可以在特定的行权期间行使售卖选择权，通常是分配之后 60 天内。

员工持股计划与其他股份激励计划的共同点之一就是缺乏分散化。为了保护退休员工免受这种风险的干扰，法律规定公司必须为员工持股计划提供现金支持，以便参与者能够将其账户分散化：

- 55 岁且具有 10 年工作经验的员工，可以在其 55 岁之后的 5 年内将他们账户的 25% 进行分散；
- 60 岁且具有 10 年工作经验的员工，可以在其 60 岁生日时将其持有的公司股票的 50% 进行分散。

这种分配可以一次性完成，也可以通过几年的时间进行分期支付。上市公司可以在股票市场上出售已分配的股份，但如前所述，私有控股企业必须在分配后的 60 日内给员工提供售卖选择权。如果员工在 60 日的期限内选择不出售股票，那么组织必须在分配日之后的下一年度开始给予员工第二个 60 日的售卖选择权。在第二个 60 日期限后，雇主或者 ESOP 的信托机构就不再有必须从员工手中回购股份的义务了。

私有控股企业可能会限制员工出售从 ESOP 中获得的股票。这种"优先购买权"使得雇主可以以现金方式分配 ESOP 或者强制员工将所获得股票卖回给公司。另外，在员工持股计划中，雇主有权以和任何第三方同等的条件购买公司股票。

实际上，这样的股票计划发挥作用一般需要较长的周期，而且证券市场上的股票价格是不是完全准确地体现着公司实际的绩效水平也是一个受很多因素影响的问题。但 ESOP 的内在目的就在于想通过员工的努力来实现股票价格的上涨，员工和企业都可以在股价上涨的情况下使手中的股票增值。另外，这样的计划可能对促进员工积极参与决策并激发其创造热情有所助益。

 案例

华为：愿与员工经济民主

华为是中国民营企业的一面旗帜，其在通信设备行业的地位已令那些曾经不把它放在眼里的跨国公司们颤栗。华为的成功不是偶然的，是太多因素综合作用的结果，早期实施的"员工持股计划"被公认为华为成功的因素之一。

《华为基本法》第十七条、十八条关于知识资本化和价值分配的形式有所论述："我们实行员工持股制度。一方面，普惠认同华为的模范员工，结成公司与员工的利益与命运共同体。另一方面，将不断地使最有责任心与才能的人进入公司的中坚层"；"华为可分配的价值主要为组织权力和经济利益；其分配形式是机会、职权、工资、奖金、安全退休金、医疗保障、股权、红利以及其他人事待遇"。华为内部股制度的发展经历了几个阶段。

1995年和1996年华为发过股权凭证，当时，华为为了规范股权发放，给员工发了"员工股金情况书"，上面记载着工号、姓名、拥有股金数目等内容，盖的公章是华为资金计划部和资金部，持股凭证体现了华为对支持员工持股计划员工的关怀，它让员工们更加安心地参与到内部股计划之中。

在1997年的《员工持股规定》中，华为的持股原则是"入股自愿、股权平等、收益共享、风险共担"。1999年的原则变为"入股自愿、遵守管理"。

在华为看来，知识能产生巨大的增值价值，让员工通过知识获取资本，可以极大地激励和凝聚员工，这就是"知本主义"的含义。2001年前华为处在高速上升期，华为原薪酬结构中股票发挥了极其有效的激励作用，这段时间的华为有"1+1+1"的说法，即员工的收入中，工资、奖金、股票分红的收入是相当的。其中，股票是当员工进入公司一年以后，依据员工的职位、季度绩效、任职资格状况等因素按1元每股的价格派发，一般是用员工的年度奖金购买。如果新员工的年度奖金还不够派发的股票额，公司会贷款给员工，而员工也很乐意于这种贷款。员工凭什么能获得这些？凭借的是他的知识和能力，在华为，"知本"能够转化为"资本"。

从2001年开始，华为实行名为"虚拟受限股"的期权改革。虚拟股票是指公司授予激励对象一种虚拟的股票，激励对象可以据此享受一定数量的分红权和股价升值权，但是没有所有权，没有表决权，不能转让和出售，在离开企业时自动失效。华为员工入职满一年后，拥有内部职工股。股票以1元向公司购买，不得转让，离职时必须卖给公司。

华为2009年的年报透露，截至2009年12月31日，华为员工总数为9.5万名，其中持股人数为61 457人，持股员工占员工总数的64.7%。而华为的股东仅由深圳市华为投资控股有限公司工会委员会和任正非共同组成，也就是说华为是一家100%由员工持股的非上市民营企业。

> 华为员工持股计划的最大作用是按企业发展成果对经营者进行长期激励,它的实质是用员工创造的价值回报员工,是企业经济民主的践行。它使经营者的个人利益与企业的长期发展更紧密地结合在一起,改变了员工的心理结构,让员工具有主人翁意识,个人将和企业一起成长。企业通过用员工的产出来回报员工,在薪酬分配阶段充分体现了以人为本,以员工为本,让员工与企业共享发展腾飞的果实。

(2) 股票分享计划(BBOP)。

股票分享计划在20世纪90年代后期受到了广泛的讨论和应用,它是指公司在特定时间内直接给员工授予公司的股票,对员工进行激励。这种给予股票进行奖励的方式被认为能提高员工的组织承诺度和保留优秀员工。

在计划实施中,公司应该根据不同情况确定股票授予的覆盖范围,如星巴克和微软的股票分享计划就是广覆盖的,针对所有员工;柯达公司则只在非管理类员工中分享股票,并且是业绩很突出者才能得到。实施中对股票授予的另一个控制方面就是对股票套现时间的安排,考虑到长期激励和短期激励的不同特点,套现期也可以有长期和短期,甚至是立刻可套现的。

(3) 其他的一些长期激励计划。

表4-16列出了其他的一些长期激励计划,简要说明了它们的形式特点及运用这些计划的典型公司。

表4-16 其他几种长期激励计划

长 期 激 励 计 划	采用该计划的公司
溢价股票选择权:股票的预购价格高于发行时的市场价值,其目的在于比标准股权产生更强的激励作用。	Transamerica Monsanto
长期股权:将股权期限延长到10年以上,使授予期限比传统授予期限长3—4年。目的是将公司高层管理人员长期留在公司。	Chiquita 迪斯尼公司
指数化股权:股票的预购价格按照一种股值上下移动。激励绩优股的产生。	Becton Dickinson
外部标准的长期激励:风险收益基于外部标准而不是内部的预算或目标。推动本公司与其他大公司进行比较,尤其是同行业的大型公司,只有绩效高于这些公司才能获得风险收益。	Procter & Gamble 摩托罗拉公司
职业津贴:在雇员退休以前,股票不得全额兑现。这种方法适用于对公司核心雇员的激励和约束。增加核心员工在公司的工作时间。	可口可乐公司 Procter & Gamble ARM

资料来源:Michael Davis, "Long Term Incentive-Going beyond the Typical Use", Conference Board Compensation Conference, New York City, 1997.

> 【思考】
> 为什么使用股权来激励员工？
> 组织使用股权来激励员工主要是出于以下原因：
> - 使管理人员或员工与股东结成利益共同体。一般而言，员工对公司的成功和盈利能力的兴趣会受到他们工作稳定性的影响。股权激励计划能够帮助创造一种主人翁的文化，使员工对业务成功因素更加有兴趣。但应该注意的是，一旦法律和制度允许，很多员工都会卖掉他们的所有者权益。
> - 激励。整体薪酬包中的很多因素都可以用来激励员工。金钱是可以使用的最强大的激励工具。股权计划就是有效的经济性激励方法。
> - 保留资源。在很多情况下，股权激励可以使公司在不减少公司其他资产（如现金）的情况下，提供富有竞争力的薪酬。
> - 创造财富。现实可获得的收益为员工创造了实现财富的机会。
> - 税收优势。股权激励计划可能为员工或者雇主创造税收优惠。在一些情况下，雇主可能通过一系列的股权激励计划显著地减少他们的税收负担。
> - 吸引和留任。股权计划创造性的使用，结合整体薪酬因素适当的组合，可以为企业提供吸引、激励以及保留关键人才的竞争力。
> - 资本积累。员工股票购买计划提供了稳定的现金流，可以成为企业增长资本的工具。

第四节 特殊人员的奖酬计划

上节内容较为全面地介绍了从绩效工资计划到激励工资计划中各种常见的奖励支付方式，具体地说明了它们的概念、支付方式、适用特点，并作了简明扼要的对比。本节将就企业单位中一些特殊人员的奖励计划进行介绍，它们分别是针对公司董事、高层管理人员、技术研发人员及销售人员的奖酬计划。

这样，首先需要界定的问题就是，哪些人是这里所谓的"特殊人员"？为什么是他们？按照 Gerge T. Milkovich 的思路，这样的特殊人员具有两个特征：

其一，特殊人员在企业中处于矛盾冲突交接的位置。或者说，这些人员的工作性质、工作环境对其有着特殊的工作要求，使这类员工面对着更大的压力或需要具备专业性更强的知识和更高超的技能等。

其二，这些特殊人员工作完成的好坏状况对整个企业的经营业绩有着很重要的影响。因此，对他们进行激励不仅仅是在于提高局部的效率，而是有着全局意义的重要问题；同时，由于他们本身的特殊性，对他们的激励要具有很强的针对性和独特性。

按照这样的特征要求，作者认为比较典型的特殊人员包括了公司董事、高层经理人员、销售人员、行业核心技术研发人员、驻外人员以及非正式雇员（尤其在公司外包的人力资源比例较大时)。

下面就这些特殊人员中的董事、高层管理人员、技术研发人员及销售人员的奖励报酬进行比较细致的介绍。

一、公司董事的奖励报酬[①]

董事是公司董事会的成员,一个典型的董事会一般由 13 名董事构成,他们行使着对职业经理人员进行监督的职能、确保公司遵守法律法规的职能、保护利益相关者权益的职能以及服务于股东的职能。这 13 名董事一般有内部和外部之分。

(1) 内部董事一般是董事会中的少数(3 名),他们在公司中任职,是公司的主要经营管理者,即所谓的"内部人",对这部分人员的报酬将在下文中作为高层经理人员的奖励安排进行介绍,一般是一些通常的分享计划及与股票有关的各种激励计划。

(2) 外部董事一般不具体参与公司内部经营,他们往往凭借其自身在企业的威望或在社会上的声誉、地位或专家身份成为公司的董事,这样,外部董事又可以作出划分:一部分(多数)是以前企业的创业者或对企业发展有重大历史贡献者,他们已经退出经营管理的第一线,但又比较熟悉企业所以成为董事;另一部分外部董事不是公司原来的人员,他们大多是社会的知名人士(如有名的律师、有名的学者或资深的管理咨询顾问),抑或是和企业有一定联系的外部人(如供应商的代表人、政府的相关离退休官员等)。为了强调外部董事的独立性,这类董事有时也被定义为独立董事。

目前,对外部董事的激励仍是在发展中的问题,他们的报酬主要包括:
- 聘金(年薪);
- 董事会会议费;
- 委员会会议费(董事会下一般设置各种委员会,包括薪酬委员会、审计委员会、执行委员会、提名委员会及公共政策委员会);
- 委员会委员津贴(公司董事一般都在各委员会中任职)。

针对独立董事的激励很长一段时期内是以声誉机制(Reputation Effect)发挥作用,即在公司就任董事,如果公司的状况好且为广大股东实现了价值,那么他们的声誉将会获得维护和提升。此外,为董事提供股票奖励也越来越成为流行的方式,尤其是 1995 年以后与股票相关的计划越来越多地运用于对董事的激励,到 1998 年世界前 200 强的企业中已有 98% 的企业为董事的报酬增加了股票激励的计划。这些计划主要是授予其股票保留权(Stock Retainers)、股票期权(Stock Options)、全额股票授予(Full-value Stock Grants)及水下董事期权(Underwater Board Option)等。

二、高层经理人员的奖励报酬

高层经理人员是指在公司扮演高层领导者、整体经营者和组织管理者角色的高级职

[①] 这部分内容参考了李维安,《公司治理》;卫志民,《西方的独立董事制度》;Pearl Meyer, Pearl Meyer & partners, Inc.,《董事薪酬的变化前景》。

业经理人员,他们位于组织结构的高端,通过与股东的契约在委托—代理的关系结构下行使代理人职责,接受来自委托方的监督和奖励。在数量上,他们一般占企业总人数的1%以下,但其所获得薪酬却往往处于最高水平,有相关调查研究显示:1999年美国公司的CEO平均年薪达到230万美元,比1995年增长了39%,比1993年增长了82%以上;此外,从收入差距的角度来看,1980年美国企业CEO的薪酬是工人平均工资的42倍,到了1996年这个数字增长到了209倍。

高层经理人的薪酬一般由基本工资、一次性绩效奖金、短期年度奖金、长期奖励及股票增值计划、经理人员福利及高层经理人特权组成。下面就其中涉及奖励的报酬形式进行具体介绍。

1. 对高层经理人员的一次性绩效奖金

这是用来奖励经理人员实现具体和特殊目标的奖金形式,这些奖励计划要通过薪酬委员会提交董事会批准。一般有以下几种奖金形式:

- 非固定奖励(Discretionary Bonuses):是董事会通过考核公司利润、公司财务状况、业务状况和未来前景,如果几方面表现都比较好,就可以给高层经理发放非固定的奖金;
- 活动绩效奖金(Performance-contingent Bonuses):以具体、实际的绩效目标为导向,这时往往采用全面的、系统性的绩效评价体系对经理人员进行绩效评价;
- 预定分配奖金(Predetermined Allocation Bonus):这种方式下奖金的总额度是根据一个固定的公式事先预定好的,公式中的主要考虑因素是公司利润;
- 目标计划奖金(Target Plan Bonus):奖金与经理人员的绩效目标直接、紧密地联系,绩效增加,奖金额度随之增加;绩效如果低于可接受的最低标准,则没有奖金。

2. 对高层经理人员的短期激励

高层经理人员同样也参与公司的各种年度分红、分享计划(如收益分享或利润分享),连同上面介绍的一些一次性绩效奖共同构成其主要的短期激励。与经理人员的基本薪酬相比,其短期奖金的比重呈现了明显的增长势头,20世纪70年代,高层经理人员的基本薪酬占60%左右,短期奖励占25%,长期奖励占到15%;20世纪90年代以后,基本薪酬的比重已降到27%,短期奖励上升到了43%,长期奖励也上升到了23%。此外,在本章第二节中的以EVA为核心的价值方法实际上也是一种将经理人员报酬与财务目标紧密联系的短期激励方式(一般按年度进行评价支付),它更为关注经理人员对股东创造的价值大小,并以此作为奖励的基准,使经理人员不仅仅做经营者,也要具有"所有者"的主人翁意识。

3. 对高层经理人员的长期激励

对高层经理人员的长期激励在经理人报酬中占有很重要的地位,并且也呈现出上升的趋势。长期激励的最大优势在于强调高层经理人员不仅仅只关注当期的经营目标,而且应该从长远的视角来规划公司的发展,为股东谋求长远的利益,促进企业的持续发展。同时,由于这种长期奖励的支付期是在一年以上,且大都是以一些与股票相关的增值方案作为主要形式,兑现往往是延期的,因此,这些长期方案在一定程度上也被认为可以起到保留经理人的作用。

正如上文所指出的,高层经理人员的长期激励一般以一些股票增值方案作为奖励形式,这些方案的设计和推行由董事会下的薪酬委员会来完成,下面给出一系列针对高层经理人的长期激励计划①,它们都是在美国得到运用的长期方案。

表 4-17 薪酬委员会手册:对经理人员的长期激励方案

长期激励方案	概述	对员工的税收影响	对公司的税收影响	会计	现金流
非法定股票期权（Nonqualified Stock Options/NQSOs）	可以在一定期限内以事先确定的行权价格购买股票期权	行使期权时按个人收入纳税；出售股票的损益则缴纳资本利得税	获得与员工从行使股票期权所获得收益相等的抵免税额	以公平市场价格发行的期权不影响公司损益,除非公司为了确认费用的目的而采用第123号规定②	从员工行使期权中获得的现金及由于抵税所得到的收益作为现金净流入
激励性股票期权（Incentive Stock Options/ISOs）	符合美国税法某些条款要求的股票期权	行使期权时无需纳税；出售因行使期权所获得的股份需缴纳资本利得税	无抵免税额	同上	除了没有获得抵免税额外,其他同非法定股票期权
附加期权（Reload Options）	以股份来行使期权时,获得与此股份数量相等的附加期权	同上	同上	若公司以公平市场价授予附加期权且员工提交的是"到期股份"时,会计入公司费用	员工行使期权时无现金流出
股票增值权（SARs）	员工无需购买公司股票即可获得自公司股票授予之日后的股票增值,以现金或股票支付	一旦行使,增值部分缴纳个人所得税	获得相应的抵免税额	可变会计记账法,即每个季度按股票增值额调整会计费用	当公司向员工支付现金时,会造成现金流出
限制性股票（Restricted Stock）	直接的股票奖励,通常在员工完成了规定的服务期限后,授予股票	限制取消后视作个人所得收入	获得相应的抵免	将授予当天的股票市场价值在限制期内摊销	无现金流出
业绩单位/股票（Performance Units/Shares）	根据考核期内业绩目标的实现情况向员工支付现金或股份	若员工得到该项薪酬,则按个人所得收入纳税	若公司是在年终之后的两个半月内支付该项薪酬,则要累加相应的免税额	可变会计记账法	若支付现金,造成现金流出；若支付股票,则无现金流出
虚拟股票（Phantom Stock）	这种薪酬是业绩单位,而不是真正的股票,其价值取决于公司股票价值的升值,并按预定的时间支付	与业绩股票相似	获得相应抵免税额	若以现金支付,则同股票增值权；若以股票支付,则同限制性股票	若以现金支付则有现金流出

---

① 陈清泰、吴敬琏,《薪酬委员会手册》,中国财政经济出版社,2001年。
② 第123号规定是美国关于权益薪酬会计处理的新标准,于1995年10月23日发布。

可以看出,在市场经济发达、股票市场相应也比较发达的美国,其公司中与股票相关的奖励方案发展得已经比较成熟,各种与之相配套的税务、会计安排也比较完善。在我国,股票市场交易还处在初期发展的阶段,股市活力相对不强,公司股价之于其实际业绩的传导性还比较模糊,对经理人员进行股票激励的实际作用仍然处于讨论和尝试阶段。但是,以上一些西方的做法在一定程度上是可以加以借鉴并作出本土化的应用。

4. 高层经理人员的"金色降落伞"(Golden Parachutes)

在美国,在大多数经理人聘任合同中都有所谓的"金色降落伞条款",这些条款一般规定当高层经理人因为公司所有权变更或公司被接管、收购而停止任职时,他将获得为其提供的工资和福利。但是按计划退休、辞职或伤残以致不能就职的高层经理人员则不能享"受金色降落伞的条款"。

可见,"金色降落伞条款"实质上降低了经理人员对由于不可预见、不可控制的公司巨大变动而带来的个人风险,是在通过提供一种风险保护机制,进而激励经理人员安心、投入地做好本职的经营工作。

此外,这样的条款可以使公司在税务上获益。目前,美国公司提供给高层经理人员的"降落伞金额"在一定数量下就可以免税,这个数量规定一般要求"降落伞金额"不高于支付给该高层经理人员此前5年平均年薪的3倍。

5. 高层经理人员的特权奖励

就如同所谓"生活在上流社会本身就有回报"一样,高层经理人员作为公司的上流也拥有其等级特权,这些特权作为额外报酬往往也有它的激励作用。表4-18体现了由翰威特合伙人公司(Hewwitt Associates)于1990年提供的关于美国公司CEO额外报酬的种类和相关数据。

表4-18 美国CEO额外报酬种类和相关数据

特权(额外)回报的类型	提供此类回报的企业所占百分比(%)	特权(额外)回报的类型	提供此类回报的企业所占百分比(%)
体检	91	携配偶外出旅行	47
公司提供交通用车	68	专用司机	40
金融咨询	64	预留停车位置	32
使用公司提供的飞机	63	专用餐厅	30
个人所得税的筹划工作	63	家庭保险计划	25
乘头等舱外出旅行	62	汽车配备电话	22
乡村俱乐部会员资格	55	金融讲座	11
午餐俱乐部会员资格	55	低息或无息贷款	9
个人资产管理	52	法律咨询	6
个人伤残保险	50		

三、技术研发人员的奖励报酬

这里的技术研发人员主要是指某专业领域的科学家和行业工程师,是受过科研方面或智力方面专业教育或专门训练的知识型员工。而且他们花在管理事务上的时间一般不超过其全部工作时间的20%。他们的工作一般具有以下特点:主要从事脑力工作,以他们的知识和专业技术为组织作出贡献;工作往往具有团队性,有时以项目的形式出现;工作过程难以直接监督,一定时期内可能难以对其业绩作出评价,绩效评价主要以阶段性的成果为导向。因此,技术人员的薪酬实质上是在购买其对于企业有价值的技术和知识,对其建立的工资体系一般是"基于知识"的。

在设计技术研发人员的报酬奖励时,知识的过时和更新就是必须要考虑的问题。在当今信息时代和知识经济的背景下,知识创新越来越成为企业尤其是高科技企业获得持续发展的竞争力来源,基于知识的报酬体系就是要鼓励员工持续学习和不断更新与工作相关的知识与技能,奖金的发放既针对其绩效完成情况,也指向他们知识技能认证等级的提升。对这种技能水平的认证方式一般有三种:第一种是社会性的专业技术协会认证,如网络工程师认证与项目管理师认证等;第二种是企业内部自行规定的职业技术等级认证,也就是通常所谓的"职称",或者是在公司的培训计划很成熟的情况下,以员工所进修课程的成绩作为知识、技能提升的认证标准;第三种就是参考劳动力市场上级别相当的技术人员的薪酬水平来确定本企业技术人员的市场价值。

此外,技术研发人员的知识和技能在其进入企业后的不同时间序列上也往往呈现出不同的绩效表现,企业为其支付的奖励报酬就需要与这样的时间序列相搭配。薪酬专家们以"成熟曲线"来体现技术人员的报酬与其在企业工作年限(或者获得学历后的年限)的函数关系(见图4-13)。

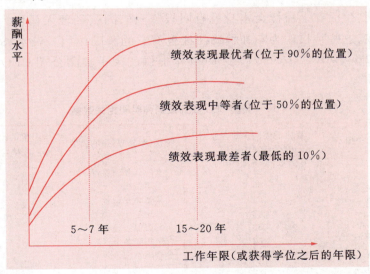

图4-13 成熟曲线

"成熟曲线"表明,理性的企业在为技术人员支付报酬时,并非只是为其一纸文凭付钱,而是针对技术人员通过运用、发挥其掌握的知识和技术为企业实际创造的绩效来支付,"成熟曲线"就为把握技术人员为企业创造的绩效水平与其工作经验(通过年限来表示)及其所得薪酬水平之间的关系提供了函数参照。从曲线表明的一般情况可以看出:技术人员进入工作的初期,其技术的发挥和融入是很快的,尤其是在大学毕业后的5—7年,其薪酬的年增幅额度最高,可以达到10%—15%,曲线呈陡峭上升;但15—20年后,由于员工技术知识的老化和创新能力的衰弱,使曲线平缓起来,其报酬增幅也降到0—5%。随着当今世界知识创新的爆炸式发展,技术人员的"成熟曲线"可能前端会相对更加陡峭,同时其平缓部分也会更迅速地到来,这就给技术人员提出了必须持续学习、不断创新的要求,对其奖励支付的着眼点也就可以侧重于此,使其"成熟曲线"表现为阶梯型的持续上升(见图4-14)。

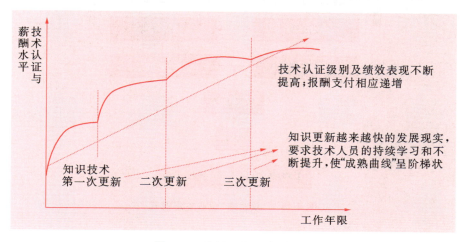

图4-14 阶梯型的"成熟曲线"

技术人员的"成熟曲线"实质上是一个阶梯系统,这也就构成了技术人员的职业发展通道。一种被称为"双重职业发展通道"的职业生涯体系越来越多地被运用到技术人员的身上。在传统的基于职位的薪酬体系下,员工薪酬的高低在一定程度上取决于其行政职位的级别高低,在这种单一的升级通道下,当技术人员在其专业领域的技术提升已经比较难以展开时,他们会考虑进入行政管理通道发展,但是,技术人员由于其工作多是与设备、数据、实验室等打交道,其思考习惯往往是线性的,这使他们可能在一定程度上不善于和人打交道,最后既做不好管理也消耗了本身的技术水准。为了更好地引导技术人员的职业生涯发展,使其在技术领域也有一条持续的上升通道,"双重职业发展通道"就被设计出来并得到了广泛的运用,IBM公司的"双通道"职业生涯模式是最典型的例子(见图4-15)。

对于专业技术人员来说,这样的"双通道"职业生涯结构不仅为他们提供了更大的晋升机会和职业发展空间,而且最高技术等级的工资报酬水平与高级管理层的报酬水平是相当的,一些运用于管理层的分享计划和股票增值计划也可以实行于专业技术人员之中。短期的奖励计划则可以和具体的研究项目过程相联系,按技术研究成果支付奖金;再者,如前文所说,一些技术水平认证的等级提升、论文发表数量和质量、专利发明等,都可以作为奖励支付的重要标准;此外,由于技术人员的工作最主要依靠脑力,导致了科研工作过程在一定程度上难以控制,典型的如软件工程师,他们在一台电脑前就可以工作,可能很多时候看起来并没有操作行为,但是他们的大脑正在高速运转,在进行着高强度的劳动,因此,为其提供轻松的、富有校园氛围的工作环境或者灵活的工作安排等,也是一种特别的奖励方式。

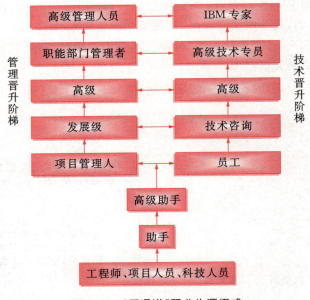

图 4-15 "双通道"职业生涯模式

四、销售人员的考核与奖酬

销售人员是企业中比较特殊一类的人力资源,一般情况下企业的销售能力往往是其竞争力的核心构成因素。销售人员站在企业面对市场的最前端,承担着企业的销售职能,直接为企业带来销售收入。他们的工作具有很强的独特性:工作时间和工作方式高度灵活;工作过程难以直接监督,具有不确定性;业绩实现具有较高的风险性;工作环境复杂多变等。这些特性对销售人员的职业能力提出了特别的要求,相应地,对他们所进行的绩效考核和薪酬支付也就要求具有特别的针对性。

为了能对销售人员奖励计划的具体的分析和操作方案进行全局性和系统性分析,首先需要了解整个销售的体系,从而把握销售人员的考核和激励。

一个完整的销售体系一般包括四个主要的构成部分[1],它们是:

- 角色、组织与人员(Roles, Organization, and Staffing);
- 跨职能的协作与客户支持(Cross-function Coordinate and Customer Support Activities);
- 销售运作与支持(Sales Operations and Support Activities);
- 绩效管理与激励(Performance Management and Motivation)。

这四个部分都分别包含了更为具体的操作要求,如图 4-16 所示。

---

[1] Stockton B. Colt, Jr., Editor Towers Perrin, *The Sales Compensation Handbook*, second edition, 1998.

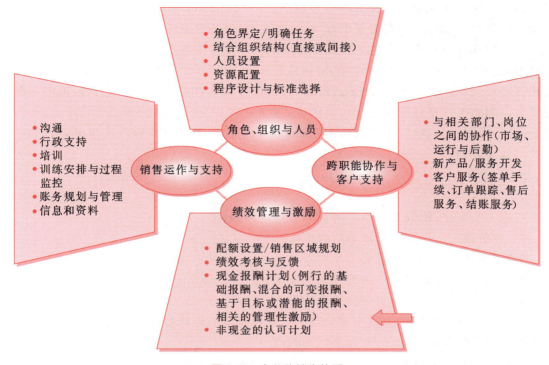

图 4-16 完整的销售体系

角色、组织与人员部分要求解决销售方式选择、人员设置等基本问题,如采用哪种类型的销售渠道,直销(Direct)还是分销(Distributor)?如何安排销售职位和角色,是设立区域性销售代表还是设立渠道经理?哪种安排更有利于开发客户和节省成本?

每一个销售职位或角色的设定一般要考虑到以下几个方面:一是客户群的定位,分析客户的购买过程及其在这个过程中所需要的销售服务;二是公司产品或服务的定位,根据这个定位来选择销售方式和提供客户服务,同时考虑销售人员的关键能力。这些分析的根本目的就是要对各种不同的销售方式进行合理地选择与安排,使其符合不同客户的需要。

销售方式和人员角色界定清楚以后,需要将这些安排具体落实到组织结构中去。比如建立信息的传递关系,谁向谁报告信息?进行具体的职位规划和人员配置,每种角色由多少人来承担?如何针对最具有购买潜力的客户和市场安排更多更适合的销售人员(人员的配置结构问题)?

跨职能协作与客户支持部分实际上是要求管理者考虑销售与企业其他职能之间的配合、协调问题,因为有时客户的选择并不完全由销售控制。销售给顾客提供服务或解决方案时往往需要其他职能部门的支持与合作,如产品开发部、市场部、分销商、后勤等。

销售运作是整个销售体系运转的基础过程。它包括了各种销售活动的开展、各种信息的采集与沟通(如市场与客户状况、重点客户、产品信息、竞争者状况、销售技术与经验等);还包括了管理上的安排与支持,比如针对销售人员的时间管理,要求他们将时间最大化地用在具有高价值附加的活动(High-value-added Activities)上(如寻找、接近和经营),

而避免将时间过多地花在附加价值相对较低的活动(Lower-value-added Activities)上(如办理签单手续、跟踪订单、搜寻关于"产品是多么有效"的信息等)。

绩效管理与激励作为企业人力资源管理的两个主要职能在落实到销售人员的时候更加要求考虑其特别的针对性。同时,销售体系以上几个部分的要求也会对他们的绩效考核和奖励报酬设计产生影响,比如,在不同的销售方式下针对不同销售人员的角色安排就需要有不同的考核设计和奖励支付。因此,以下在对销售人员的考核进行基本思考的基础上,进一步将其角色进行细分,从不同的角度对他们的考核与奖酬方式作出更为细致的分析与方法介绍。

1. 销售人员的绩效考核

根据上节所述,绩效考核主要回答 7 个基本问题,即:
- "评价谁?"——评价对象的层次安排;
- "谁来评价?"——评价者的角度安排;
- "什么时候评价?"——评价周期的安排;
- "评价什么?"——评价指标体系的设立;
- "怎样评价,用什么工具去评价?"——评价方法的选择与应用;
- "评价之后做什么?"——反馈机制的建立与应用;
- 评价过程中要注意避免一些可能导致评价失真的问题。

在上述七个问题中,销售人员在某些方面与其他人员考核的差异并不大,因而略去;而将其中较为关键的、在安排上需要体现出对销售人员的特别针对性的问题提取出来,着重进行讲述。这些关键的问题集中体现在考核指标的设计上,因为其直接体现了整个考核的导向和战略目的。

(1) 销售人员考核指标设计的基本标准。

在设计销售人员的考核指标时,可以以如下三个问题作为基本的导向来把握指标设计的基本原则[①],它们是:
- 这些指标是否基于企业的经营战略?

绩效指标设立的关键是要通过该指标将公司的战略、销售策略与销售人员的行为联系起来。比如,如果某公司的战略是要通过持续的新产品开发和推广来保持竞争优势,那么它对销售人员的激励导向就在于促进他们推动和提高新产品的销售和开拓新产品市场,这会比要求销售人员保持其现有产品的份额增长更具有困难和挑战性。因此,在设计考核指标的时候就需要考虑加大有关新产品销售状况的指标数量或者指标权重。如果没有通过绩效指标作出这样的强调,那么销售人员很有可能依然将其注意力放在他们比较容易实现的有关现有产品的指标上,从而使考核失去了驱动战略的意义。
- 这些指标涉及的因素是销售人员可控或者可以影响的吗?

这个问题其实是要求指标的设计不仅仅要与企业的经营战略、销售战略相联系,还要求这些指标与销售人员的具体角色要求联系起来。每个具体的销售岗位要求都主要联系

---

① 这三个问题引自 *The Sales Compensation Handbook* 相关专题"Selecting Performance Measures",第 94 页。

着销售战略的某一方面目标,而不是全部。比如,一些组织所运用的界定销售角色的"猎手"(Hunter)和"农夫"(Farmer)两个概念,前者指专门开拓新市场的销售人员,后者则指主要用来维持老市场和保留老客户。在这样的角色安排下,即使公司的战略是不断开拓新市场和扩大市场份额,从而就以基于"增长性"的指标体系来对所有的销售人员进行考核,尤其是对于承担着"农夫"角色的那部分人来说,这将是不公平也不合适的;对"农夫"类的销售人员则应该更侧重于采用保持"损失最小化"(Minimize the Losses)的相关指标,从而体现了指标与具体角色的联系。

● 这些指标是可观察和可测度的吗?如果不是,能否进一步开发出方法使之可测度,需要多长时间和成本?或者能否选择其他的指标代替?

可观察和可测度是对指标具有可操作性的最基本要求,它基于这样一个假设:一般情况下,公司不可能为无法测度的东西付酬。此外,指标开发的成本和时限也是要进行考虑的问题。

总结来看,这三个问题实际上为考核指标的设计提供了一般性的标准:基于战略(Based on Business Strategy)、联系具体角色的要求(Aligned with the Roles)以及具有可操作性(Operational)。这些原则对设计销售人员的考核指标是适用且必要的。

(2)销售人员绩效考核的基本关注点。

对销售人员进行考核所关注的基本绩效领域是销售量(Sales Volume)、销售收入(Revenues)、市场份额(Market Share)、利润(Profits)和客户满意度(Customer Satisfaction)。

销售量是衡量销售业绩最基础的指标,通常它以所销售产品的单位(Units)形式给出,如"箱""罐"等容器单位,一般用于日用商品;或者以重量、面积、容升等为单位,一般用于自然资源类的产品,如石油、钢材等。

销售量指标的一个关键优点在于它的简单明了,它很适合于交易发生较为频繁的销售环境,这种环境下的销售人员一般被要求关注获得最大化的短期销售业绩。由于其结果简单易算,销售量指标一般都与佣金计划和奖金计划直接联系。它的另一个潜在优点是在一定程度上能够消除价格变动对销售人员业绩的影响,因为产品价格变动在很大程度上取决于市场变化,销售人员并没有能力驾驭和控制这种变化,这种变化会直接影响销售收入,但销售量可以相对保持其前后可比性。相应地,销售量指标的缺点也在于其过于简单,与销售收入等指标相比不能直接体现出经营的财务结果。尤其是在销售产品种类较多的情况下,各种产品推向市场的难易程度不同,产品的利润增长性也不同,销售人员如果在相对容易售出或利润增长相对较低的产品上追求销售量,并不能真正促进企业的利润提升。

销售收入是评价销售业绩最常用的指标,它直接体现了销售业绩的财务结果,也能更有效地整合各种不同产品的销售业绩,消除由产品差异带来的影响。它最大的缺点在于会受价格变动的影响,比如,市场价格如果在公司订立了销售业绩目标之后下降了,公司可能会考虑到自身的销售能力而调整销售目标,这种调整就会给考核带来很大的管理成本,对奖酬激励也会产生相应的影响。

市场份额是从市场的角度来考量销售人员业绩的一个主要标准。它尤其适用于正处于高速增长期的市场,这种市场状态下公司的销售成功一般就以它的市场份额占有情况来衡量;同样地,它也可以用于市场萎缩时期,此时销售收入和销售量都会下降,公司会下调相应的绩效目标,市场份额的要求也就关注于维持和稳定增长。可以想象,在市场萎缩期,公司将销售绩效目标的调整表述为"保持30%的市场份额"显然要比"将销售收入降低25%"更为积极,更具有激励性。

采用市场份额指标将面临的一个问题就是是否能够有效地收集到准确的市场资料。有时收集市场资料会消耗很高的成本,而且如何将市场份额资料落实到销售人员个人的头上也是一个问题。同样,市场份额指标也会受到产品差异性的影响。此外,在市场细分程度很高的情况下,市场份额的分布相对来说会比较分散,而一个市场中的最优竞争者一般情况下能够占到不少于5%—10%的市场份额,这样,很微小数量的市场份额增长就对销售提出了很高的要求,而此时说"将市场份额提高1%—2%"似乎不如将销售额落实到个人说"每个销售代表的销售收入从100万元增长到150万元"显得更加明确而有激励性。

利润指标近几年来越来越受到企业的重视,销售人员的薪酬正转变为完全或者部分地与其销售利润进行挂钩的方式。这种关注在很大程度上来自利益相关者(尤其是股东向高级管理层寻求回报)施加的压力,这使得管理者开始在企业内部构建利润中心,而销售无疑是一个很重要的利润中心所在,直接关注"利润"变得更加适用。

利润指标通常用来评价整个公司、分公司或者区域性公司的销售业绩,它也较难落实于销售人员个人,但从"边际利润"的角度可以使利润考核更为具体地得到落实。也就是说考核利润也要求监控成本。以上的几个传统性指标都没有包含成本的因素,利润指标则对这一点提出了要求。许多公司采用收支比较/损益权衡(Profit and Loss Statements, P & Ls)的方式作为考核指标,最主要的两个指标是"净利润"(Net Profit)和"毛利润"(Gross Profit)。简单来看,前者要求将公司所有的经营成本从销售收入中剔除,以余下的所谓净利润作为绩效标准,这就对公司的整体运作提出了很高的要求。因此,销售人员往往会对净利润指标抱有意见,他们认为这有失公平,因为诸如原材料价格、研发费用、生产率等因素都不是销售人员可以控制和影响的。相对来说,"毛利润"指标的运用更普遍一些,它与净利润指标的最大不同在于它不从收入中提取出各种名目的成本费用,如针对销售可能只剔除销售成本和产品成本以节余作为销售利润。这样,销售人员可以通过三种途径来提高他们的毛利润:

- 增加销售收入(指总体的销售收入);
- 降低销售成本(降低与自己有关的成本项);
- 通过销售不同的产品组合(不断优化组合结构)。

当销售人员的奖酬与利润挂钩时,要避免那些可能影响利润但却是销售人员所不可控的因素,如果糟糕的利润受这些因素的影响较大而导致销售人员报酬的损失,这将起到很负面的效果,激励更无从谈起。另外,如果关注成本控制,比如为了不使销售人员的工作成为"公费旅游"而给定了预算限额,则要求这个预算限额不能紧缩到限制其正常开拓的所需,不要因为预算限制而使其失去了为公司挖掘更大利润的积极性。考核时,对这些指标的权衡是一个要求很高的问题。

客户满意度指标随着企业越来越关注客户和建立以客户为导向的经营理念而受到的关注和运用。它与以上几类指标不同,以上各类指标都可以进行量化测定,而客户满意度是一个由主观界定的定性化的指标。当然,客户满意度也可以通过满意度调查和统计方法进行量化,这就对公司相关部门是否具有"客户调查计划"(Customer Research Program)提出了要求。目前,很多公司都建立了专门的客户调查职能,为各种考核提供来自客户的反馈与满意度数据,这就为将销售人员的报酬与客户满意度指标进行挂钩提供了支持,一般情况下,这种挂钩有两种主要方式:一种是把它规划到销售人员正式的报酬体系中来,设立客户满意度指标,按考核期进行考核并例行性地支付奖金;另一种是将其独立于例行的考核与报酬体系之外,随机地根据实际状况进行奖励,如每收到一封来自客户主动提供的表扬或表示对公司关注的信件就给予收信的销售人员100—500元的奖金。

此外,一些诸如客户保留率、客户忠诚度、客户回头率(重复购买)等关于客户的信息也可以作为客户满意度范畴下的指标进行使用。

上文详细介绍了销售人员的常用考核指标,它们分别都具有自己的优点和不足,将其整理、对比、总结如表4-19所示。

表4-19 销售人员绩效指标的优、缺点比较

主要的绩效指标类	优 点	缺 点
销售量(Sales Volume)	● 简单易懂 ● 消除价格变动对销售业绩的潜在影响 ● 适用于与佣金计划挂钩	● 不能直接体现(财务性)经营结果 ● 易受产品差异的影响
销售收入(Revenues)	● 直接体现(财务性)经营结果 ● 不受产品差异的影响	● 会受不可预知的价格变动的影响 ● 没有体现出利润或成本因素
市场份额(Market Share)	● 密切联系市场状况,提供了外部参照 ● 更适合于高增长期或者萎缩期的市场	● 有效获得准确市场资料的难度 ● 受产品差异的影响 ● 不易落实到个人 ● 在市场细分和有大量竞争者的情况下不太适用
利润(Profits)	● 直接挂钩于整体利润 ● 与战略的联系性更强 ● 可从多个角度(利润、成本、产品组合等)选择具体指标	● 销售人员对影响利润因素的控制性较难把握 ● 不易落实到销售者个人

(3)销售人员绩效考核的指标体系①。

上文详细介绍了对销售人员进行考核时所关注的基本绩效领域,即考核指标所涉及的几个基本范畴。在建立销售人员的绩效考核体系时,一方面,需要把这些指标大类进行整合,进而明确构建销售人员考核指标体系的思路;另一方面,在上述结构中可以将这些指标大类进一步细化,提供一些更为具体的、常用的指标。

由于销售工作最为接近市场,绩效结果比较容易把握且易于量化,因此可以以"投入—产出"的基本思路来构建其指标体系,即既要关注其绩效产出指标也要关注其投入指标,还要关注投入与产出的比率关系,最后加上销售人员的技能指标。因此,可以从四个角度来安排销售人员的考核指标,即产出性指标、投入性指标、(投入/产出)组合比率指标

---

① 本节的指标举例部分参照了陈晓东等著,《销售薪酬管理》,经济管理出版社,2003年。

和技能指标。

产出性指标就是用来衡量销售业绩具体结果的指标。比较常用的这类指标一般可以从与订单相关的指标、与客户相关的指标、与财务业绩相关的指标及与市场相关的指标去设定。常用指标见表4-20。

表 4-20 产出性指标

与订单相关	与客户相关	与财务业绩相关	与市场相关
● 订单数量 ● 订单总额 ● 订单平均规模(平均额度) ● (×××额度以上)大订单数量 ● 取消的订单数量,等等 (相应地可以采用比例的形式)	● 现有客户数量 ● 新客户数量 ● 流失的客户数量 ● 重复购买的客户数量 ● 逾期欠款的客户数量 ● 预期潜在的客户数量 ● 客户满意度 ● 客户有意义的建议反馈数量,等等 (以上量化的指标相应地可采用比例的形式)	● 销售收入 ● 销售收入增长/缩减额 ● 销售收入(同期)增长/缩减率 ● 回款额/率,等等 (收入指标可以根据销售区域、产品类别和考核周期等做出划分)	● 市场占有率 ● 市场份额(同期)增长/缩减率,等等 (市场指标可以根据市场类型、产品类别和考核周期等做出划分)

投入性指标是用来评价在销售活动过程中所投入的费用、时间或行为的指标,常用指标见表4-21。

表 4-21 投入性指标

费用	时间	行为	
		销售访问	客户服务
● 总成本费用 ● 明细费用 (按销售区域、产品类别划分的销售费用;销售人员的人工成本,如工资、补贴、差旅费、通讯费、伙食费等) ● 费用增减额/率,等等	● 工作天数 ● 差旅时间 ● 走访时间 ● 临近订单相隔期 ● 回款期,等等	● 访问客户/分销商/经销商次数 ● 计划内访问次数 ● 计划外访问次数 ● 推销信数量 ● 推销电话数量 ● 提出正式销售建议的数目,等等	● 举办广告展示会数目 ● 与分销商/经销商会晤次数 ● 为客户/分销商/经销商进行培训次数,等等

组合比率指标就是通过对以上的产出性指标和投入性指标进行运算组合(一般是进行比较运算)而获得的量化指标。组合比率指标灵活性很高,它的使用具有很强的针对性,公司可以根据当前的实际状况或具体的目标来设计这样的组合性指标。比如,某公司目前正存在销售款难以收回的问题,并且必须加以解决,在这种具体目标的要求下,就可以用"回款额"(收到回款的数量)与"回款期"(收到该笔回款所用的时间)指标进行组合,设立"单位时间回款率=回款额/回款期",这个比率越大说明回款数量在增加或者欠款回收的时间在缩短,从而促进销售人员更为积极地促收欠款。最简单的组合性指标就是利润指标("纯利"或"毛利"),它直接体现了投入和产出(收入和成本)的对应关系和效果。在设计这类组合指标的时候,要很好地发挥它们的灵活性和针对性,表4-22仅是提供一些简单的指标举例。

表 4-22　组合比率指标

费　　用	客户 & 服务	行　　为
● 纯利、毛利 ● 平均费用利润率(利润费用比) ● 销售费用比(费用/销售额) ● 销售费用增额比(收入增加额/费用增加额),等等 (可以按区域、产品和周期等做出明细划分)	● 客户渗透率(购货客户数/所有潜在客户数) ● 新客户转化率(新客户数/总客户数) ● 客户流失率(未购货的老客户/客户总数) ● 客户平均销售额(销售收入/总客户数) ● 订单平均规模(销售收入/订单总数) ● 订单取消率(被取消的订单数/订单总数),等等	● 每天访问次数(访问次数/工作日) ● 客户平均访问次数(访问次数/客户总数) ● 访问率(订单总数/访问次数),等等

技能指标对于销售人员的考核来说是有必要进行使用的,因为销售工作本身对人员就有着专门、特殊的技能和素质要求。设立技能指标旨在不断地促进销售人员自身的技能提高和素质提升,一个更"好"的销售人员被认为能够创造更好的销售业绩。一些基本的技能指标包括销售态度、产品知识、推销技巧、外表与风度、沟通技巧、进取心、计划能力、时间管理、竞争知识、判断力、创造力、公司政策了解程度、销售报告的准备与递交、顾客购买意愿、受到交易者和竞争者尊敬的程度、好市民等①。对这些能力性指标可以采用 5 级或者 7 级量表的形式进行测量。

(4) 销售人员考核的其他问题。

在介绍了需要重点关注的销售人员考核指标的设计问题之后,考核销售人员时还有一些其他问题需要引起注意。

一个是考核者角度安排的问题。一般情况下,对一般销售人员的考核多是由作为其直接上级的销售经理来进行,销售经理直接掌握着相关的销售资料,但这就对销售经理个人的管理能力提出了要求。而对销售经理或者区域性销售代表的考核则更多地从公司总体财务业绩的角度去考察,一般需要专门的考核人员,比如在人力资源部门中设置负责销售部门绩效考核的专员,或者在公司的绩效考核委员会中设置针对销售的考核小组来进行。此外,对销售经理的考核还要起到一定的监督作用,以避免销售经理或区域代表过度"自治"的问题。目前,来自客户的评价也成为越来越受到重视的角度。

另一个是对绩效结果的奖酬反馈问题。销售人员的考核结果和薪酬挂钩具有突出重要的意义,并且它们之间的联系关系要明朗,也就是要求要尽可能及时、顺畅地为销售人员的业绩增长支付奖金,使其获得激励。销售人员被认为对金钱有着较强的偏好,因而奖金支付要及时,否则,如果,销售人员因缺少激励而离开,很有可能也同时带走了企业的客户。

最后需要强调的是,对销售人员的考核始终应该以结果为最主要导向,着重看销售业绩的结果。尽管在实践过程中也可以设立一些能力或行为指标,但它们更主要的作用在于对结果性指标提供参照,为管理者的判断提供辅助性的信息。例如,企业管理者不能因为某个销售人员每天打 1 000 个电话却没有获得多少订单而认为其绩效优秀。

---

① 摘自:拉尔夫·W·杰克逊、罗伯特·D·希里奇,《销售管理》,中国人民大学出版社,1999 年。

2. 销售人员薪酬的一般构成及其组合计划

销售人员的薪酬一般由基本薪(Salary)、奖金(Bonus)和佣金(Commission)三个部分构成。基本薪是指数额固定的薪酬收入,每月按时领取;佣金是指以销售额的一定百分比提取出来的销售提成,提成的百分比即为佣金的比率,佣金比率的高低一般取决于产品的价格、销售量以及产品销售的难易度等;奖金是指对超出规定销售业绩的那部分工作的奖励,用来报答销售人员在常规销售工作以外所付出的努力。实践中,针对销售人员的奖酬方案是多种多样的,但其内容基本上就是对这三种收入方式的选择与加权组合。一般来说,获得应用的支付方式主要包括纯基薪计划(Salary-only Plans)、纯佣金计划(Commission-only Plans)、基薪+佣金计划(Salary plus Commission)、基薪+奖金计划(Salary plus Bonus Plans)、混合计划(基薪+奖金+佣金/Combination Plans)。

纯基薪计划就是按月给销售人员发放数额固定的基本工资。这种计划一般是确立在一种所谓"支付劳动成本"从而"一视同仁"的薪酬哲学(Cost-of-labor Philosophies)之上,即不对销售人员的特殊性作出体现和强调,将之和其他类别的员工同样对待,工资作为人工成本而不是一种"投资",在一定程度上忽略了销售人员能实现利润增值的作用。纯基薪计划一般已经比较少用,但在下述的一些情况下它也不失为一种选择:

- 高技术含量的产品或服务销售。一个高技术含量的产品/服务的销售过程往往要求高新技术企业为客户提供专门设计的产品或方案以满足客户的特别需要,即所谓"量身定做",此时,某部分销售人员可能变成了一个协调和联结销售团队、市场人员、技术设计人员以及项目实施工程师等的协调人,他们的工作在很大程度上是事务性的、例行的,并没有真正具有灵活性和风险性等特点。纯基薪计划对这一部分销售人员来说是比较合适的。
- 额度巨大、销售周期很长。一些价额巨大的产品,如大型飞机、海轮等重工产品,从签下订单到交易完成可能需要一个很长的时期,甚至是跨年度的。在这个周期内,促成这笔大买卖的销售人员更多的注意力可能放在维持现有客户关系、传递客户需求、发展潜在客户等工作上,此时对他们实行纯基薪计划能够在这个时期内节省薪酬成本,但可以在这笔大单交收完成之后对他们进行丰厚的奖励。
- 针对"开路先锋"。有一些销售人员的主要职责在于创造客户需求、扩大新产品的影响力和提高顾客认知,而非将产品直接销售给客户终端。他们的工作是例行的,有时甚至是企业外包聘用的临时性人员来做,比如做宣讲、做展销等。对这部分人员也可以实行纯基薪计划。
- 处于多变的、难以预测的市场。市场的多变性和不可预计性会给目标的确立带来很大的困难,也比较难以评价出销售人员在销售过程中的实际影响。当市场的这种复杂性很高的时候,纯基薪计划的选择成为可能,它能在一定程度上减少由于难以评估目标和人员绩效而带来的不公平性。
- 销售新人。这里的"新人"有两个意思:一是指新加入公司的销售人员;二是指刚刚开始从事销售工作的人。不论是进入新环境者还是从事新职业者,他们在展开工作的起步阶段都需要具有一定的稳定性的,都要对公司的产品/服务进行系统的学习和了解，纯基薪计划通过提供稳定的收入有助于他们度过这段过渡时期。

总之，纯基薪计划有其优点和缺点，其优点在于：
- 简单易懂，便于管理；
- 能保持稳定性，提供具有可预知的、稳定的收入；
- 在一定程度上可以使销售人员更有耐心地进行现有客户的服务，适用于某种市场维护或退出的需要；
- 为改变和重新设计销售人员的薪酬计划提供了空间。

同时，它的缺点也是显而易见的：
- 限制了薪酬的激励性，难以激发销售人员为追求结果最大化而不断开拓；
- 限制了薪酬的可变性，基本薪酬的累加会增加固定的支付成本，尤其是在销售收入下降的时候，基本工资的刚性使其支付"能上不能下"；
- 这种计划只适合于吸引和保留那些具有更强稳定意识、偏好保障性的销售人员；
- 使高绩效者和低绩效者的报酬缺少差距，实际上是拿高绩效者的奖金补助低绩效者。

纯佣金计划的薪酬支付哲学与纯基薪计划不同，它和后面的几种组合式支付方式一样，在支付哲学上都关注了销售人员的特殊性，强调为其提供专门的报酬支付方式（Cost-of-sales Philosophies）。纯佣金计划就是基于销售人员的实际业绩（销售收入指标/利润指标等），并按照一定的标准（比率）而只为其支付佣金（提成）作为销售人员报酬的全部。

设计纯佣金计划一般需要考虑两个基本变量：一是对销售人员进行绩效考核的基础指标，可以采用销售收入、利润（纯利/毛利）或者销售量作为考核指标，不同的指标也就为佣金来源提供了不同的基础，公司采用的是哪种指标佣金就从哪种指标里进行提成。二是佣金提成曲线的形状，如果这条曲线是平直的，斜率是固定的，那么佣金提成比率就是固定的（$x\%$），无论销售收入是多少（R），其佣金比率都是 $x\%$；另一种情况下的佣金提成曲线的斜率是有变化的，比如当销售收入分别为 R' 和 R'' 时（$R'<R''$），其佣金比率分别为 $m\%$ 和 $n\%$，此时，$m\%<n\%$。也就是说佣金比率不固定，随销售收入的变化而相应地作出调整。

纯佣金计划目前已经很少被单独使用了，但在以下的几种情况下它还是可以作为一种支付选择：
- 销售人员的业绩在短期内可以作出精确的计量，这使得佣金的计算成为可能；
- 销售期较短，评价能够经常性地作出；销售收入等指标能够按月作出评价；
- 绩效结果几乎可以由销售人员掌控，控制外因素的影响较小；
- 关注结果，一些非销售性的客户服务活动不计入奖励范围内；
- 公司不用太关注给销售人员进行培训，并且销售人员的流动性很高；
- 不用强调硬性的绩效目标，销售人员得多少直接取决于他干了多少。

纯佣金计划的优点主要体现在以下几个方面：
- 具有由高风险性引致的高激励性，能够吸引偏好风险的销售人员，能促使销售人员为获得业绩最大化而努力，并积极开拓新市场；
- 没有能力做出业绩的销售人员因为收入得不到保障会选择自动离开公司；

- 薪酬的支付成本是灵活可变的；
- 容易理解、便于管理；
- 降低了对销售人员进行管理的监控成本。

它的缺点主要表现为：
- 由高风险性引致的不稳定性和缺少安全感；
- 限制了对销售管理能力的发挥，比如，难以进行划分区域的安排，销售人员缺乏为顾客进行全面服务的意识；
- 纯佣金的激励是着眼于短期的，可能忽视长期的市场维护和销售人员个人的发展；
- 在市场发展程度不同的地区采用固定的佣金比率往往会造成不公；
- 它在激励销售人员为获得最大化收入而努力的同时，也为销售人员追求最大化闲暇留下了余地；
- 公司的战略导向可能难以落实，销售人员只愿意销售目前最好售出的产品；
- 使销售人员对公司的忠诚降低。

可以看出，纯基薪计划和纯佣金计划分别体现了为销售人员支付报酬时的两种极端偏好：前者最倾向于保障性，而后者最倾向于风险性。这样，这两种计划在保有它们各自特点的同时，其各自的缺点也表现得十分突出。因此，将它们进行组合运用的趋势越来越明显，并且这些组合性的计划已经成为销售人员薪酬支付的主流方式。

"基薪＋佣金"计划是一种典型的将纯基薪计划和纯佣金计划进行折中的支付计划，它的目的就在于将风险性和保障性结合在对销售人员的薪酬支付之中。其中的基本薪部分被认为是公司为销售人员的经验、技能、知识及其他的客户服务素质所支付的报酬；佣金部分则是将实现的销售业绩对个人进行分享性的支付。这种基本薪加佣金的支付方式适合运用于以下的情况：
- （销售人员的）劳动力市场对雇佣企业有一定的基本薪酬要求（准入工资要求），只有首先给出支付这个基本薪的保证，才允许企业进入劳动力市场进行招聘；
- 销售人员不可控的影响因素较少，这种方式有利于企业和个人共同分担风险，在市场周期处于低迷期的时候，基薪有利于保持销售人员；
- 可以使公司对销售人员具有一定的控制力，有利于公司推广自身产品或服务的市场品牌和客户认知，避免销售代表在销售过程中成为绝对主导；
- 基薪可以在一定程度上对销售人员的非销售行为提出要求，如售后服务、客户培训、市场调研等非销售行为。

需要注意的是，这类组合计划在实施过程中必然要涉及的一个重要问题是各种构成成分所占的比重。对这个问题的回答必须是具体的，要结合公司的具体销售目标、市场状况、产品周期、销售人员的特征等来做考虑（关于比重的确定问题，我们将在下一节专门进行介绍）。

可以看出，这种基薪加佣金计划的明显优点在于：
- 它结合了来自风险的激励和销售人员的收入保障；
- 在不同的时期和不同的市场状况下可以在构成要素的比重上进行调整，使薪酬支付具有灵活性，也有利于和员工的沟通及保留员工；

- 有利于促进销售人员在关注销售成果的同时也进行相关的非销售活动,使销售人员在多方面获得职业发展;
- 保持了薪酬与业绩的紧密挂钩。

同时,该计划的缺点在于:
- 它的计量可能比较复杂,相对来说不易理解和管理;
- 对最重要的结果的强调可能会被冲淡;
- 相对于纯佣金计划而言,它的薪酬支付成本较高;
- 在结合两种计划优点的同时,一些缺点也在所难免,如对佣金的管理问题。

相对前两种单一支付计划来说,"基薪+佣金"计划被认为是一种更好的支付方式。它的基薪部分为销售人员提供了收入保障、安全感和归属感;它的佣金部分则为销售人员提供了获得收入突破的可能和机会。而且这种在有一定保障前提下的机会是最具有吸引力和优越性的。

"基薪+奖金"计划是另一种组合式的支付方式,它与上一种计划的区别就在于体现激励性的那部分报酬在这里是奖金,而不是佣金。奖金与佣金的区别在于:佣金是没有目标导向的,做了多少就提成多少;奖金则与某个事先订立好的绩效目标有着紧密的联系,只有在销售业绩达到了设立的绩效目标(Objective)或者定额(Quota)后,公司才按一定的比例给予奖金。随着目标和定额的不断提高,奖励比例也会不断提高。

该计划主要可以在以下的情况下进行运用:
- 由于没有佣金部分,其风险性相对较小,有助于公司按照事先的薪酬预算进行支付;
- 这种计划下销售代表具有的影响力和自主性比含佣金的计划要低;
- 有些目标可能不仅仅是"量"的指标,目标的设立可以体现出公司多方面的要求,这一点是奖金最具特点的地方,通过目标设置能获得更加具体的绩效信息,如可以体现公司销售业绩在不同的产品构成、渠道构成、客户结构等多方面上的表现;
- 奖金支付一定是在有基薪的情况下运用的,一般来说奖金不进行单独支付。

同含有佣金的计划类似,在该计划中奖金支付的额度也需要进行比重考虑。两者的区别在于:佣金的提成比例是基于销售收入(或者其他指标)来确定的;奖金比例的确定则要求不仅仅考虑销售收入的量,还要考虑其目标定额在整个销售收入中所占的比重。即基薪加奖金计划与基薪加佣金计划有两个最主要的"不同":一是构成成分不同,奖金和佣金存在是否基于目标导向的区别;二是可变部分的比例安排不同。

同其他计划一样,基薪加奖金计划也存在自身的优缺点,其优点主要体现在:
- 可以通过目标设立平衡不同地区间的差异或消除其他差异的影响;
- 目标设立可以不仅仅关注量的实现,还可以考察并奖励销售人员在其他方面的表现和成绩;
- 可以通过目标设计来平衡长、短期的考核与奖励;
- 公司根据实现的目标来控制可变薪酬的额度在一定程度上有利于薪酬预算和成本节省。

它的缺点主要有:

- 对管理(尤其是设定目标的管理)能力提出了很高的要求;
- 可能会因设计复杂而难于计算和管理;
- 可能或过多强调了销售人员的行为,而没有突出业绩结果。

混合计划(基薪+奖金+佣金)就是指构成成分包括了基本薪、奖金和佣金三者的支付计划。由于这种计划的构成成分最多,它的管理和运用可能相对更为复杂;相应地,可调控的变量越多,运用也就可以更灵活。比如,某公司所处的是一个成熟的市场,大概占到整个市场份额的20%,此时它可以选择为销售人员设计佣金以激励他们开拓新的市场,同时也可以安排一定量的奖金激励其保持或深入开发现有客户;如果某公司正处于一个高速增长的市场,而且占到了60%的市场份额,这时它可以给员工提供持续的佣金以促进其不断开拓,同时设立奖金激励其拓展公司的产品组合。也就是说,支付的成分越多,越要能够灵活地运用各种成本,使其有针对性,同时在总体上符合公司的战略安排。

另一方面,它的复杂性可能会给整个薪酬管理和支付带来更大的成本,在薪酬管理能力不是很强的情况下要慎用。各项构成的累加会使支付成本"易上难下"。经验数据表明,奖金项目的附加如果少于全部薪酬总额的10%—15%,它的激励性是不足以超过这部分成本的。

3. 支付计划中各成分比例构成分析

在设计组合支付计划时必须要考虑一个关键问题是如何对各成分比例进行安排。

实际上,该问题的实质在于公司为销售人员付酬时对风险和成本如何进行考虑。具体到基薪、佣金和奖金这三个基本构成成分来看,基薪稳定性最强,风险性最小,然而它是固定支付的,因此可能因为累加效应使支付成本"能上不能下";相反,佣金风险性和激励性最强,在支付成本上灵活可变;奖金则介于两者之间,在增加支付成本的同时也不断提升目标要求,此外,通过指标的设计可以使计划具有灵活性和针对性。因此,可以根据风险性、支付成本和计划实施的灵活性三个方面,将上述三种构成成分作一些比较,如图4-17所示。

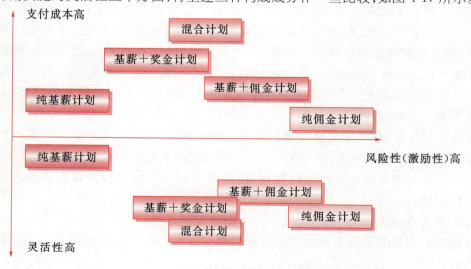

图4-17 销售人员薪酬支付方式比较

此外,根据计划实施的灵活性,可以将基薪、佣金和奖金分为两类,即基薪作为固定部分,而佣金和奖金统称为可变部分。于是,三者的结构设计可以转换为分析可变部分占总报酬的比率问题(包括了前文提到的佣金提成比率和奖金比率),我们将这些比率共同设为可变部分的比率(The Rate of Variability)。

这个可变部分的比率主要有四种类型,它们分别是恒定性比率(Constant Rate)、累进性/递增比率(Progressive/accelerated Rate)、递减比率(Regressive/decelerated Rate)、混合性比率(Combination Rate)。公司可以通过对这些比率的高低进行设置来对可变部分在总体报酬中所占的比重进行安排和调整,它们实际上就是"可变部分支付曲线"(The Curve of Variable Pay)的斜率(Slope)。以上四种形态的图形分别如图 4-18 所示。

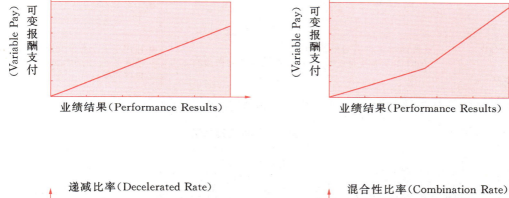

图 4-18 四种可变性比率图示

从图形上可以很明显地看出,恒定性比率下可变报酬在总体报酬中所占的比重是固定的,无论销售收入(或以其他业绩指标来衡量)是多少都按照这个固定的比率来提取佣金或者支付奖金(支付奖金的前提是该收入达到了预设的绩效目标)。递增比率则表明可变报酬的支付会随着销售业绩的增加而相应增加;其他两种比率所体现出来的含义也可依此类推。表 4-23 对这四种比例安排方式的优、缺点和适用条件进行了概括。

表 4-23　四种可变性比率的优、缺点和适用条件

比率类型	优　点	缺　点	适用条件
恒定性比率	● 简单,容易使用； ● 不要求事先确立精确的目标	● 不能为高绩效提供更多的报酬	● 目标的设定比较困难时； ● 企业处于初创期,处于多变的市场
递增比率	● 能不断递增来奖励不断提高的绩效	● 需要设立精确的目标； ● 可能使销售过分关注"拉单"而导致回扣增加或订单过于集中较难及时处理	● 适用于可以预测的市场和发展较成熟的行业
递减比率	● 控制公司的支付成本	● 需要设立精确的目标； ● 可能会使激励作用减弱	● 适用于销售人员对订单规模或利润较难控制的市场； ● 大多数销售人员的业绩、能力处于一般水准的状况下
混合性比率	● 既能够提供有效的激励也可以控制支付成本	● 复杂； ● 在比率递减阶段可能使激励减弱	● 适用于大交易多发的市场,但销售人员可以对小型或中型订单有足够的控制力

表 4-24 给出了一个更加具体的比率安排的例子,供大家参考。

表 4-24　具体的比率安排举例

可变报酬 Incentive/ Variable Pay	基薪 Base Salary	强调收入的保障性 Emphasis Compensation Security	销售人员对销售业务的可控程度/工作主导 Typical Job Prominence	新市场的进入壁垒/销售人员的技能要求 Barrier to Entry	支付周期 Payment Frequency	适用的产业环境 Typical Business Context
75%	25%	几乎不强调	很高	很低	按周	● 初创期的公司 ● 直销(Door-to-door Sales) ● 高激励定位 ● 佣金导向较强 ● 较少的管理控制
50%	50%	一般	高	由低到中	按月	● 销售人员从事一般性的销售工作 ● 中等的管理控制 ● 服务性的销售(如保险公司等)
25%	75%	比较重视	一般	由中到高	按季度	● 成熟的公司 ● 销售人员与其他市场因素对业绩的影响相当 ● 较高的管理控制 ● 工业产品的销售(如化学品、工具等)
10%	90%	非常重视	低	不一定 (通常较低)	按年度	● 销售人员对业绩结果的控制很有限 ● 销售新人 ● 严格的管理控制 ● 能力支付为导向 ● 销售过程基于销售团队

4. 针对不同类型销售人员的奖酬支付

对销售人员的薪酬支付应该与他们具体的角色功能进行联系,在为不同角色的销售人员支付报酬时应该有不同的设计和考虑。

一种基本的将销售人员进行划分的方式是运用所谓的"销售策略矩阵",它以"产品"和"客户"为两个基本维度将销售人员划分为四种主要类型,如图4-19所示。

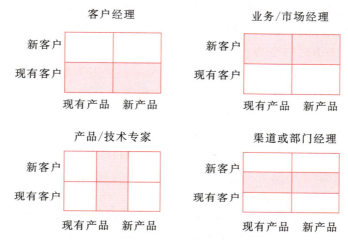

图 4-19 以"产品"和"客户"为两个基本维度将销售人员划分为四种类型

由图4-19可以看出,这四种划分实质上是从关注公司在吸引、保持和扩大客户的导向下对销售人员的工作角色所作出的安排。

大客户经理(Account Manager)的主要职责在于维持和发展现有客户,尤其在公司产品销量的60%—80%都是由现有客户购买实现的情况下,客户经理几乎可以作为整个销售队伍的主导力量,对他们的考核与奖励就应该主要集中在现有客户的维持和不断挖掘现有客户的购买潜力上。当现有客户群规模和购买力相对来说比较稳定的时候,他们的工作中对客户进行服务、联系和沟通的事务会相应增多,他们的报酬计划中基本薪的比重就可以相应增加,奖金仍然指向维持和发展的绩效目标,佣金可以不用或少用。

业务/市场经理(Market Manager)的主要职能在于不断开发新客户、拓展新市场、提高市场占有率,从而可能需要更高的激励来激发和保持他们的开拓性,佣金往往成为首选的报酬成分。但需要说明的是,与一个新客户达成交易所花费的时间一般是与一个老客户达成相当规模交易所花费时间的3—4倍,佣金计划又往往要求交易的短期性,因此一定比例的基本薪成为必要,而且当新客户开发的业绩尤为突出时,奖金也可以作为选择支付给优秀的业务经理。

产品或技术专家(Product/technical Support)在销售过程中一般起着为客户或者其他主要销售人员提供有关产品的信息或提供相应技术性支持的作用。他们往往作为一个销售团队或者销售项目中的成员,通过与其他销售人员进行合作,提供辅助来促进整个销售过程的完成和实现。他们作为产品或技术专家为销售过程提供专业化的咨询和服务,一般包括对客户和内部销售人员的宣讲、培训及建议,同时可能还要承担撰写相关技术报告、项目建议书等文档。在一些提供专门的高科技产品或服务的公司,这些处在销售一线上的技术专家是很重要的销售力量,他们可以参与项目前期的技术支持工作(Pre-sale),即承担售前技术支持的责任;也可以在项目实施完成后作为售后的服务人员,提供售后的技术维护。因此,他们可能只是部分地参与了整个销售过程,对他们的考核也就往往相应地采用"里程碑式"的阶段性评价;相应地,对他们的报酬支付也具有阶段的针对性,比如,做售前支持的技术专家可以在订单签订后得到一笔奖金,或者是根据签单额提成的佣金;当然,他们报酬的主要成分还是基本薪。此外,由于他们工作的团队性,他们的绩效和奖酬也是和整个销售团队的业绩紧密联系的。总之,阶段性和团队性是在设计技术支持人员的薪酬时所必须考虑的两个特点。

在整个销售过程中,渠道经理(Channel Manager)承担着管理(非直接)分销渠道,以促进公司的产品或服务通过渠道的设置和安排实现销售业绩的最大化。他们的职责很大一部分还包括对与各种渠道合作伙伴之间关系的维护和管理,这些合作伙伴包括批发商(Wholesale Distributors)、经销商(Resellers)、增值经销商(Value-added Resellers, VARs)、增值分销商(Value-added Distributiors, VADs)及主要的零售商(Major Retailers)等。渠道经理要能够根据公司销售战略的需要开发和结成新的销售合作伙伴;要能够推广和不断扩大合作渠道;能够为合作伙伴提供关于公司产品或服务的培训;能够为零售商提供销售规划和支持;还要能够代表公司参加关键性的行业展销会、研讨会等与销售有关的外事活动。因此,从渠道经理所承担的这些职能来看,对他们的考核不应只使用量化的指标,一些更有针对性的指标如渠道渗透率(Channel Partner Penetration)、渠道利润率(Channel Profitability)、新产品渠道获得率等被认为是比较合适的;同样,由于他们的工作注意力主要集中在渠道上,他们并不面对客户终端进行直接的销售,因此他们对最终的销售业绩在很大程度上是难以控制的,为他们支付的薪酬计划中基本薪的成分就会相应地大一些,同时可以基于一些与其业务相关的指标设立奖金,佣金一般是很少使用的。

在销售人员中,还存在一支特殊的队伍——针对政府客户的销售人员(Government Account Manager)。专门以政府相关部门为客户的销售过程与一般的销售过程有着一定的区别,比如,这些销售项目往往是额度较大的订单(Big-ticket);销售周期比较长,一般会在年度以上;政府客户更加关注产品或服务满足其时间和规模要求的程度,销售人员个人的技巧对影响政府是否签单不具有决定性意义等。此外,政府可能在销售项目中会相对处于强势地位,使得对这部分销售人员的奖酬支付有着特殊的设计。这些销售人员的报酬中基本薪的比重一般比较高,而针对他们的激励报酬主要以事件驱动的报酬方式(Event-driven Approach)进行支付,具体方式包括在订单签定时给予的奖励支付或者在销售项目完成后按销售合同给予的奖金支付;还包括在项目过程中为"里程碑"性质的绩效所支付的奖金。

【延伸阅读】

股 票 期 权[①]

股票期权(Stock Option)是股票增值授予方案中最主要、最常用的一种长期激励计划。股票增值授予方案是区别于股票全额授予方案的一个概念。全额授予是指公司将股票的全部价值授予接受人;增值授予则只是将股票增值部分的价值给予接受人作为激励报酬。显然,股票期权属于增值授予计划的范畴。

具体来说,股票期权就是指公司给被授予者(即股票期权授权人)在获得授权以后能够在约定时间内按约定价格和数量购买公司股票的权利。

股票期权具有以下特点:
- 薪酬价值多少与股票价值挂钩,有利于被授予者与股东形成共同的利益和价值偏好;
- 具有长期激励作用,这是因为股价持续升高归根结底源于投资者对公司未来回报的预期,因此被授予者(特别是经营者)会有努力工作而使公司业绩长期增长、提升市场评价的动机;
- 被授予者获得的是公司新增的部分价值,不侵蚀公司已有的资本存量;
- 股票奖励的现金流成本较低,这是因为公司提供的是股票,增发不需资金,回购所需资金也较少;
- 被授予者必须支付购股成本,同时形成了对被授予者的较强约束;
- 有利于鼓励被授予者在公司长期工作,即有所谓"金手铐"作用。这是因为受权人行权通常是在几年以后,而且在公司上市前景或成长前景较好时,受权人愿继续工作,期待更大的报酬;
- 有利于发挥资本市场对公司及其经营者的监督、激励和约束作用;
- 股票期权有多种方式,具体的行权条件可以包括业绩要求。股票期权可以和其他的股权激励方式结合安排,因此,有相当的灵活性,可以根据不同的要求进行设计,以适应企业发展;
- 股票期权价值由股票的资本市场价值决定。股票期权激励适用于已经上市和拟上市的公司。股票期权授予对象主要是决定公司整体业绩和前景的总经理等公司高级管理人员,其次是公司一些关键骨干人员。

股票期权是最主要的一种与股票挂钩的薪酬(Stock-based Compensation)工具。与股票挂钩的薪酬(或简单译为股票薪酬)可以从两个角度划分为四大类,见下表。

工 具 举 例		是赠予股票价值的增量还是全值	
		全值赠予(Full Value Grants)	增值权(Appreciation)
是以真实的股票还是以现金来实际执行	股票	受限股票(Restricted Stock) 绩效股票(Performance Share)	股票期权(Stock Options)
	现金	模拟股票(Phantom Stock)	股票增值权 (Stock Appreciation Rights)

[①] 主要参考:陈清泰、吴敬琏主编,《股票期权激励制度法规政策研究报告》,中国财政经济出版社,2001年。

受限股票和绩效股票均属于全值股票赠予。受限股票是公司在一个确定的授予（Vest）期限内赠予（Grant）雇员一定数额的股票，雇员出售股票要受到持续服务条款的限制。除被赠予人实际所得股票数额与公司或个人绩效挂钩之外，绩效股票的运作激励与受限股票类似。公司确定一个股票赠予的目标数额，最终得到的数额随公司或个人达到、超过或未达到绩效目标而变；最终得到的价值取决于挣得的股票数额和当时的股票价格。绩效股票也可以用与挣得股票数额和当时估价乘积等值的现金来支付，但会失去让被赠予人实际持有股票的目的。

还有一种全值股票赠予工具是绩效加速受限股票（Performance-accelerated Restricted Stock）。如前所述，受限股票是指以持续服务为条件、数量和授予时间都在赠予时确定了的全值股票赠予形式；绩效股票则是在持续服务要求基础上，授予数量跟绩效挂钩的一种全值股票赠予形式；绩效加速受限股票则是在持续服务基础上，授予速度与绩效挂钩的一种全值股票赠予形式。这里的绩效可以是公司或个人绩效，绩效指标可能是股票价格、收入增长等，绩效越好，授予越快。

除无需实际行权和持有股票之外，股票增值权的运作机理与股票期权是一样的，是一种增值权形式的与股票价值挂钩的薪酬工具，其主要功能是鼓励经营者创新和创造长期股东价值。模拟股票和股票增值权一样，使用现金来模拟的股权激励机制，与工资和年度奖金相对应，被统一称作长期先进计划（Long-term Cash Plan）或股票等价物。模拟股票或股票增值权经常在下述条件下使用：股票薪酬计划可得股票数额有限；股票期权或股票赠予导致的股权稀释太大；封闭公司，没有股票给雇员。

股票期权方案设计的基本流程和机构职能如下图所示。

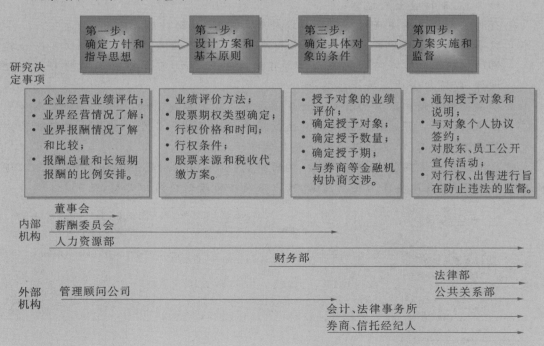

在中国,实行股票期权公司必须解决以下几个基本的共性问题:
- 对股票期权制度的内容及事实所需条件不了解,存在认识上的盲目性;
- 公司治理不完善,在"内部人控制"的情况下引入股票期权制度必然出现经营者为自己定薪定股,损害公司和股东利益的情况;
- 资本市场不健全,有可能因引入股票期权制度出现更多的"暗箱操作、幕后交易";
- 政府直接控制国有企业薪酬的管理体制不利于企业制定合理的股票期权制度;
- 其他相关管理制度的配套完善,如针对期权的会计、税收、法律等制度的建立和完善。

本章重点回顾

- 奖金支付的目标、数量、形式;
- 奖金管理的理论依据与现实依据;
- 针对已完成绩效的奖励计划,针对绩效目标的奖励计划;
- 特殊人员的奖励计划。

思 考 题

1. 奖金的核心含义是什么?奖金的三个基本问题是什么?
2. 如何思考奖金支付在绝对量与相对量上的问题?
3. 作为奖金支付的前提,在绩效考核时应关注哪些问题?
4. 常见的奖励计划有哪些?各自有什么特点?
5. 针对公司的一些特殊人员的特点,设计一套奖金制度。

本章案例

林肯电气公司的激励计划

林肯电气公司董事长乔治·E.威廉姆斯这样描述林肯电气的独特能力:我们不是一家销售公司,也不是一家研发公司或服务性公司,我们是一家产品制造公司,而且我们相信自己是当今世界上最好的制造公司。

30多年来,林肯一直是弧光熔接技术产品的最大生产商。1974年,公司生产了美国市场上40%以上的弧光熔接技术设备和配件。除了焊接产品,林肯还生产一系列的三相工业用电力发动机,这部分占总销售额和利润额的10%。

1974年林肯在美国国内销售收入共2亿3700万美元,其中净收入达1750万美元。在近40年时间里,税后每股权益的回报保持在10%—15%。林肯公司在发展中并没有借助任何收购活动,而且是依靠内部生产活动的资金。

一直以来,公司的股息支付政策是每年付给出资者一笔公平的回报。这些年以来,公司的股票也出售给了林肯兄弟的员工和同事们。1975年,约48%的员工成为公司的股东,约80%的股票被员工、林肯家族成员和他们的基金所拥有。而在公司发展的80年中,林肯公司只有三位董事长:约翰、詹姆斯和1972年上任的威廉姆斯。

詹姆斯对公司的战略描述如下:林肯电气公司的工作就是以越来越低的价格为顾客提供越来越好的产品。它简单且稳定,公司的力量集中于生产,管理者相信林肯公司可以用比竞争者低的成本制造出高品质的产品,管理者们一直坚持这一政策,即使在生产力不足因而定额分配产品的时期也是这样。实行这一政策的结果是在过去的多半个世纪中,其市场份额和对弧光熔接设备和配备品的主要需求都增长了。林肯公司的战略使几个主要的竞争对手(包括通用电气公司)退出这一产业,也使公司给工人和股东越来越高的回报成为可能。

1975年威廉姆斯董事长的描述也很相似:林肯电气公司的成功基于两个基本观点,一个是为越来越多的顾客群以越来越低的价格提供越来越好的产品,另一个是员工的所得和职务提升与个人对公司成功所作的贡献直接挂钩。

补偿政策

补偿政策是詹姆斯激励管理哲学的主要因素,林肯电气公司的补偿体系有三个组成部分:

1. 大部分工厂工作按件计酬;
2. 年终奖金等同于或多于个人全部正规年收入;
3. 保证所有工作的雇佣。

几乎林肯所有的产业工人都按件计酬,他们没有基本工资或按时计酬,而是按他们生产的每件产品付酬。威廉姆斯对此解释道:

在那些可行的地方,我们采取按件计酬体制。这一体制可能是有效的,也可能有破坏性。这一体制的重要部分是它对于工人们是完全公正的。当我们制定计件工作的价格后,这个价格就不能变化,不能因为管理者看到工人挣钱太多对其加以变化。是否挣到一般工资数额的两倍或三倍,这并没有什么区别。只有在管理改变了一项特殊工作的工作方法,而没有其他条件的情况下,计件工作的价格才能变化。如果这一点没有得到100%的实施,计件工作就不能发挥作用。

目前,计件工作只被限制在生产操作上,尽管我们也曾把这种方法用在计算机操作领域上。每个打字机上都装有一个计数器,以计算打字机键操作次数。这个方法看上去一直都在起作用,直到注意到一个女孩挣得比其他人多时。观察发现,这个女孩在桌前吃午饭,用一只手吃,一只手尽快地去按打字机上最方便触摸到的键。由此容易看出,无论你可能拥有的程序多么好,仍然需要细心地管理。

工时研究部门设定公司认可的按件计酬的价格标准,直到改变生产方法或引进新的生产工艺。如果员工认为这个价格不公平,可以提出异议,工时研究部门将重新排定工作时间,并制定一个新的比率。这个比率可能会高一些,也可能会低一些,如果员工仍然对此不满意,还可提出异议。员工也被期望对自己的工作质量作出保证。工作中出现次品就得不到报酬,除非利用自己的工作时间进行修正并使之符合标准。

公司的每一个工作岗位都要根据所需技术、要求的努力程度、职责等来划分等级,确定工作的基本工资比率。工资比率与克里夫兰地区的同类工人是可比的,根据劳动部每年发布的统计数字和每季生活费用的相应变化进行调整,以这种方法决定薪水或计时工资。对计件工作,工时研究部门制定了每件产品的付酬价格,如果工人能够生产出一个标准数量,便得到相应的基础工资。

补偿系统的第二部分是年终奖金。它是从1934年开始每年都发的。《员工手册》上对此的解释是:"奖金,由公司决定来分发。它不是一种赠品,而是每个员工由于高效工作使公司一年成功经营所共创的成果的分享。"1974年,红利总计2 600万美元,平均每位员工得到将近10 700美元,或者相当于员工年工资的90%。

每年所发的奖金总数由董事会决定。林肯公司集中力量降低费用以保持足够低的成本,以至于每年年初就能根据成本的基础值和竞争要求确定产品价格,以保证为股东创造目标回报和按近年收入总额的100%发给员工奖金。与计划利润的差值,在年终分配前,常常被加到(或减去)奖金基数中。自1945年开始,每年的奖金数介于工资额的78%—129%。在过去的几年内,奖金的平均值相当于税前的、奖金发放前的总利润的40%—55%,或是税后净收入的2倍。

每个人分到奖金的多少取决于每半年一次的"表现评级",它用来衡量员工与其他部门或工作小组成员相比的工作业绩情况。所有员工在这个相对尺度上的评级平均在100分的范围内。如果由于某种特别贡献,得到高于110的评分,他或她可以获得公司奖金点数的奖赏。负责评估员工贡献的公司委员会或副总经理会对高于110分值的员工贡献进行评审。"表现评级"的范围从最低45到最高160,间隔很大。

为了确定员工的"表现等级",需要从独立性、质量、产量、观念与合作四个因素分别进行评估。

领班负责工厂所有员工的评估。他们可请求相关部门的帮助,例如助理领班(独立性)、产品控制部(产量)、质检部(质量)、技术部(观念与合作)。在办公室里,管理人员按同样的项目对员工进行评估。至少有一个管理者对所有员工的评估再进行评审。如果员工对这些评价不满意或不清楚,都可与他们所在部门领导进行讨论。

林肯公司通过"长期就业保障计划"来完善其评估和报酬系统。这个计划为员工提供了就业安全,避免员工被解雇,确保雇员的连续就业。每一位在公司工作两年以上的全职员工,被保证获得40小时/每周的75%的受雇时间。事实上,自1951年这个计划最初有效实施以来,公司就没有发生解雇员工事件。1958年起,公司正式实行此计划。

公司把保证雇佣看作员工激励计划的一个重要部分。他们认为没有这样一个保障,员工将会因为害怕失业而不愿采纳那些能提高生产和生产效率的措施。通过实施长期就业保障计划,员工同意接受在情况发生变化时完成分配给他们的任何一份工作,并在繁忙期间加班工作。

除了威廉姆斯和乔治威利斯不分享年终奖金,激励计划的哲学理念和措施对于员工和管理人员是同样有效的。

员工见解

对调查者来说,员工们通常显得喜欢在林肯公司工作。员工跳槽率远低于其他一些公司,新员工一旦工作一个多月时间,就很少到其他公司工作。一位员工对此解释道:这就像参加中学里的足球队,如果你参加了最初几次练习,你就准备整个季节都参加,尤其在比赛开始之后。

一位叫约翰的员工,他是焊接机生产线的电枢工,已在公司工作了24年。他非常喜欢在林肯公司工作,他说:"我喜欢在这里工作的原因是:只要你在这里工作,你就像是自己的老板。你要对自己所做的工作负责任。你甚至要把模板放在你操作的每个机器上,这样如果模板在一个区域坏了需要收回来,他们知道这是谁的责任。"

"来这里工作之前,我在Cadillac做焊工,在那工作两个月后,我的小时工作效率就达到最高。我不能把这告诉任何人,因为有些家伙在那工作已一年了,工作效率还在最初水平上。但是,两个月以后我不能再得到提高。"

"我已做得很好了。我的分数一般在110左右,我努力工作,即使在吸烟时间。我只在半小时的午饭时间休息。我挣了相当多的钱,我有两套房子,一套租了出去,还有四辆汽车,他们都需要付款,我一接到账单,第二天就去交钱,这是主要的事情,我从不欠任何人的钱。"

"当然也存在问题。有时低等级与高等级的人之间有一点隔膜,就像在学校。有些家伙对每件事都想按自己的方法行事,以便得到高的分数,但是管理者对工作情况看得很紧。"

"许多新员工来了几天就走了。他们绝大多数是妈妈的大男孩,不想做这种工作。有一位员工曾是超市的生产经理,他工作了几个星期就放弃了,又回到了他原来的工作岗位。"

另一位计件工,Espinoza,一位电极部门电线操作工已在公司工作了6年,他这样说道他的感受:

"我相信我是独立的。我想用我自己的精力获得财富,我在努力着,我为我的家庭建了一座房子,有一块较低价格获得的一英亩土地。我还有一辆车和一辆老货车,我得到了我挣来的钱,不想要别人给我的每一样东西。"

"我不喜欢的就是必须依靠生产线上的其他员工和供货人员完成工作,我们偶尔也得到不好的钢材,这样就导致产量降低,我的评估分数也受到影响。"

"有很多精力充沛能努力工作的员工,他们不是领导者或从来不会成为领导者,但他们仍然很上进。"

"在最初的一段时间,我的评估分数很令我痛心。但现在我的分数徘徊在 100 上下,你真的是在做你想做的事情。我们刚刚进行了一次工作方法的改变,我们的基本速度要求从一天 83 提高到 89 个线圈,这个工作现在更加难执行,并且更加复杂。但这是你想要的一切。如果你能到达你所想的 110 个线圈,你就得少休息。今天,我打赌能达到这一目标。我没有改变模具并做了一百多个线圈。如果我失败了,模具就会堵住,我就浪费了至少半个小时的时间。但是今天我做到了。"

管理风格

林肯公司的激励体系由于管理者对工厂工人的态度得到加强。詹姆斯于 1951 年写道:每个人只要认真想一下,就可以清楚地了解,在工业活动中,管理者与工人在职能上或类型上并非是两类不同的人。为什么我们不能认为也不会认为所有员工都是管理者呢?你能设想工厂或机器商店的经理走到下面像机械师那样管理具体的生产操作吗?你能设想哪个组织的经理亲自组织一场扫除或类似的清洁工作?你能设想哪家公司的秘书像工人一样点燃火炉并操作锅炉?很显然,这些人都是管理层的人。

林肯公司董事长乔治·威利斯强调了公司内部的平等性:

我们尽量避免管理者与工作之间的隔阂,人们应尽可能得到平等对待,当我早晨 7:30 去上班时,停车位已被占去三分之一,我像他们一样把车停放在那里,我没有预订特殊的车位。平等的原则同样适用于餐厅,没有专为主管使用的餐厅,我们和大家一起用餐。

威利斯意识到管理层和工人之间公开坦诚的交流是林肯公司成功的一个关键因素,并且他相信 1914 年由詹姆斯领导下创建的由选举产生的公司顾问委员会发挥了巨大的作用。顾问委员会每月开两次会,它提供了一个场所将雇员关心的问题传递给高层管理者,员工可以质询公司的政策,并且提出改进建议,就像《员工手册》中描述的那样:

顾问委员会对整个组织具有特别重要的权利和责任。在决策过程中,委员会成员必须从公司的利益出发,同时还要考虑员工的利益。他们应时刻寻求改善所有员工的合作态度,使他们认识到自己在最后决策中起到的重大作用。

所有的顾问委员会会议都由林肯公司的总裁或董事长主持,通常两者都出席。一些议题在会上立即得到解决,另一些则被分配给部门主管解决。每次会议完毕,威廉姆斯和威利斯都要将会上没有回答的问题做成备忘录发给相关的主管人员。无论多么烦琐,在下一次会上提议者的问题都将能得到答复。

每次会议的会议记录都被张贴在各个部门的公告板上,而与会人员则要负责向本部门的员工解释委员会的决策。会议记录上提出的问题会在下一次会议记录中找到解决方案。这种惯例自 1914 年的第一次会议后就没有改变过,议题的类型也没有改变。

工人们感到顾问委员能够很快地关注到他们的问题,当然最后的决策还是由管理层作出(有时,管理者允许员工投票决定一些事宜。例如,最近员工们否决了一项牙医福利的提案,因为意识到其费用将来自他们的奖金)。一位委员会成员评论道:

有时在会上提出的某些议题，Irrangua 并不想介入。他会熟练地把话题引向别处，当然这不是一个协商会议。但通常问题会得到已解决的答复或者得到为什么没有解决的答复。

除了顾问委员会，还有一个由12个中层管理人员组成的中层管理者委员会，他们每个月与 Irrangua 和威廉姆斯会一次面。这里讨论的话题要比顾问委员会更广泛。会议的功能是使高层管理人员更好地了解这些管理者，并促进各部门之间的合作。

林肯公司的两个高层管理人员一直在推行詹姆斯建立的对所有员工都敞开大门的管理模式。威廉姆斯估计每周至少有两次员工们可利用这个机会与他们交流。中间管理者也感到他们与 Irrangua 和威廉姆斯的交流是公开的、直接的。他们中的大部分人认为这样很好。

威廉姆斯认为管理层对员工问题的关注是公司成功的决定因素。有一次，一位老员工笑着对威廉姆斯喊道："我要举的货物在哪？"威廉姆斯解释说这个工人在这工作了40年，那项工作要求他每天都要提升起20吨的材料。因为他工作速度极快，已获得很高的工资。但威廉姆斯担心随着年龄的增长，那项工作会伤及他的健康。在威廉姆斯的几个月敦促下，这位工人被调到工资较低的轻松的工作岗位上去。他对工资的减少很失望，甚至几年之后，不论在哪看到威廉姆斯都要向他提起这件事。

威廉姆斯提到另一个员工，他的妻子最近去世了，他连着几个星期都喝醉酒，并且上班迟到。威廉姆斯最初花半个小时与他交谈来安慰他，问他公司是否可以在哪方面帮助他。威廉姆斯解释道：我有意在靠近他车间的工厂走廊与他交谈。我想让了解他情况的员工看到我和他在一起。与他的交谈具有象征性意义，让员工知道总裁关心他们的幸福，这很重要。

管理哲学同样反映在公司的硬件设施上。一个没有废话的氛围是这样建立的：唯一标有公司名称的是走进停车场的大门的一块牌子，上面写道：凡举报从林肯电气公司偷东西的人将得到1 000美元的奖金。

通过办公室和工厂的通道只有一条，供工人、管理者和参观者共同使用。进入通道的人无不被挂在墙上的30英尺高的钢牌上的座右铭所吸引，钢牌上写着：现实是有限的，但可能性是无限的。

在只有一层楼的工厂下面是楼梯和通风系统。在楼梯的下面挂着一个铜牌，牌上刻着在工厂工作超过50年的8位员工的名字，还有350名为公司服务25年以上的员工姓名（四分之一世纪俱乐部）。

一直延伸到办公室的通道整洁而明亮。主管的办公室设在没有窗户的水泥地板二层楼内，此楼就像一个坐落在工厂中央的盒子。楼梯的底部通向办公室，在此，一台林肯牌自动焊接机器和J·C·林肯和J·F·林肯的肖像在迎接参观者的到来。楼梯的扶手是焊接的，就如同烟灰缸一般。

在办公室中央是一间简单的没有经过装饰的接待间。总机人员（前台接待人员）既接待来访的客人，又整理文件，转接电话。整个大楼的格调简朴，接待间有一个金属衣柜，一个木制书架，还有几套简单的木制桌椅。所有的可获得的资料都是与林肯电气公司或焊接有关的。

与接待间相邻的几个房间是不同的办公室和部门。大部分部门都在挤满了办公桌的没有门的屋里。一位经理解释说："林肯不相信围墙，他认为门阻断了交流。"大部分桌子和文件柜都很简单、陈旧并且很耐用，几乎没有什么很现代的办公设备。办公室里设备费用的标准要同工厂里的一样。要淘汰的设备必须由维修部门证实确实已无法修理，并且用来削减成本的设备在一年内必须收回投资。甚至 Xerox 机器都很难找到。复印的费用被控制在最低额，只有少数几个人可以使用 Xerox 复印机。例如，需要 8 份的客户订单表是用复印机复印的。

私人的办公室很小，没有铺电毯，被绿色的金属板隔开。总裁的办公室比其他人的稍大些，但仍保持着简朴风格，只有一个办公室铺了地毯，威廉姆斯解释说："那间办公室在林肯 1965 年去世前一直被他使用，以后的 5 年里它一直是空的。现在是 Irrangua 的办公室，同时也是董事会的办公室兼顾问委员会会议室。"

通过上述案例可以发现，林肯电气公司依靠其独特的管理哲学取得了巨大的成功，它的关键措施却只有如下 16 个字：计件工资、员工参与、团队合作、终身雇佣。

第五章 福利管理

【本章框架】

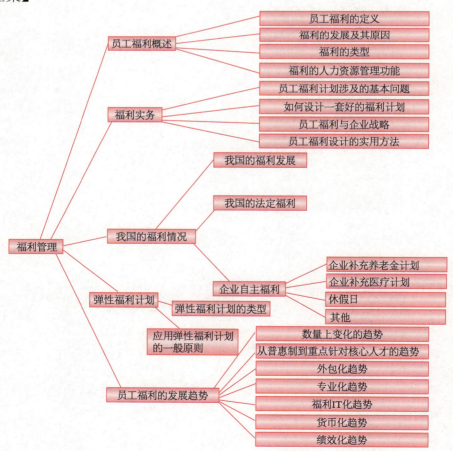

第一节 员工福利概述

一、员工福利的定义

案例

福利不再是"小恩小惠"

通用公司的一辆价值20 000美元的轿车,从生产线上组装完毕后,成本会计师会告诉你在成本中将有1 200美元用于员工的健康保险。与同一辆轿车的钢材成本——500美元相比,健康保险成本核算对成本的影响是很大的。与在美国的一些外国汽车制造商(有更加年轻、更加健康的员工并且几乎没有退休员工)的低达100美元的福利相比,他们的福利成本高得惊人。

在美国人力资源管理历史上,自1955—1975的20年中,员工福利以几乎是员工工资或消费价格指数4倍的速度增长。相比较来说,1963—1987年,福利成本的增长速度有所下降(福利成本的增长速度是工资增长速度的两倍)。美国劳工部全国薪酬调查(NSC)最近的数据显示,至2010年9月,美国全国的个体、私营企业、政府等公共机关雇员的福利成本平均为83美元/天,若以一月工作200小时来计算,则福利成本已达到1 660美元/月,约占员工总体薪酬的30%。图5-1为美国劳工部全国薪酬调查所得的2000年后总体薪酬中除福利外的工资部分、福利部分的月度变化百分比的趋势图,我们可以看到,福利部分在2000—2006年的月度变化在4%以上,一直高于工资报酬部分,自2006—2010年才低于工资部分,而在2010年又开始反弹。而福利部分的月度增长速度是工资部分月度增长速度的两倍。

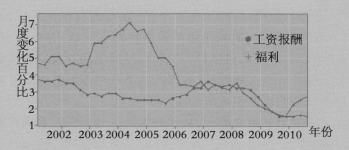

图5-1 美国除福利外的工资部分、福利部分的月度变化百分比

> 从上面的例子中可以看出，员工福利在企业产品的生产成本中所占的比重相当可观，它在企业人工成本中的分量更加不可忽视。目前，主流的薪酬管理思想已经把福利与基本工资和奖金并称为薪酬体系的三大支柱，并且开始从战略的高度对福利进行研究，把福利作为企业人力资源战略落地的工具来看待，福利已不再是过去的"小额优惠"了。研究企业的福利管理，首先要理解员工福利的概念和组成要素，即要理解什么是员工福利。

何谓员工福利？以下是国内外专家学者的观点：

美国著名的薪酬管理专家米尔科维奇认为员工福利有两个显著特点：(1) 它是总报酬的一部分。若缺少福利，整个薪酬体系就不会完整。(2) 它不是按工作时间给付的[1]。基本薪酬、变动薪酬都会与时间联系在一起，福利却不是。故而在劳动经济学中福利是按照人头来支付的，因此，企业为了达到效用的最大化，经常需要考虑他们的雇佣模式如何设定才是最好。

另一位美国的薪酬管理专家约瑟夫·J. 马尔托奇奥在其所著的《战略薪酬》一书中从分类别的角度对员工福利(Employee Benefits)进行了界定。他认为员工福利就是非货币奖励，属于边缘薪酬(Fringe Compensation)，就类别而言可以分为三类：(1) 员工所能获得的非工作时间报酬(例如假期)；(2) 为雇员提供的各种服务(例如日托补助)；(3) 企业的各种保障计划(例如医疗保险)[2]。

《加拿大福利计划》则从实施的目的和手段方面为福利作出了定义，即福利为雇员的薪酬包中保护、促进、提高雇佣补偿性收入(补偿雇员关心或焦虑的未来事件)的因素。其将通过以下方式来实现这一功能：(1) 通过提供医疗或金融风险防范来保护员工收入；(2) 通过利润分享来实现雇员收入或个人资产；(3) 通过提升工作环境、特殊服务或税收优惠来提升雇员满意度。该定义更多地是从福利使用的时机和目的来作出阐述，这也是福利的重要性质。

我国国内对现代意义上的员工福利的研究起步较晚，许多研究劳动经济和人力资源管理的专家学者在参考借鉴国外研究成果的基础上也对企业福利的定义作了界定。例如，刘昕在其所著的《薪酬管理》一书中认为福利是员工薪酬中的重要组成部分，包括退休福利、健康福利、带薪休假、实物发放、员工服务等，它有别于根据员工的工作时间计算的薪酬形式，具有以下两个特征：一是福利通常采取延期支付或实物支付的方式；二是福利具有类似固定成本的特点，因为福利与员工的工作时间之间并没有直接的关系[3]。

总结以上对员工福利的定义和理解，本书从以下几个方面界定员工福利：

- 员工福利是总报酬的重要组成部分。
- 员工福利大多表现为非现金收入，如各种保障计划、休假、服务以及实物报酬。

---

[1] 〔美〕乔治·T. 米尔科维奇、杰里·M. 纽曼著，董克用等译，《薪酬管理》(第六版)，中国人民大学出版社，2002 年，第 366 页。
[2] 〔美〕约瑟夫·J. 马尔托奇奥著，周眉译，《战略薪酬》(第二版)，社会科学文献出版社，2002 年，第 5 页。
[3] 刘昕著，《薪酬管理》，中国人民大学出版社，2002 年，第 259 页。

- 员工福利通常采取间接支付的发放形式。福利不同于工资和奖金,可以完全在当期得到直接体现,有些福利项目可能要在若干年后才能为员工所享受。
- 几乎所有正式员工都可得到福利。福利作为一种普惠式的报酬形式,它的享受对象通常是企业的所有员工,而且员工与员工之间的差别并不是很大。
- 员工福利通常为非劳动收入。福利的享受通常并不是在员工劳动之后,也与员工的个人贡献无太多关系,一个刚刚加入企业的员工常常就可以享受到与一个在此工作了几年的员工相同的福利待遇。
- 福利经常是为了特殊的、员工关心的事件提供的补偿。

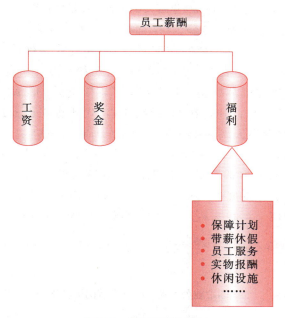

图 5-2　员工薪酬结构

二、福利的发展及其原因

1. 福利的发展历史

员工福利的发展历史可以追溯到 19 世纪初甚至更早的时期。最初,福利的雏形就是政府强迫企业来履行的义务,那时候,欧洲和北美的一些国家通过建立雇佣标准(Employment Standards)和事故赔偿立法(Accident Compensation Legislation)来规定雇主应为员工的福利承担更多的责任。

在 19 世纪向 20 世纪过渡的过程中,员工福利迎来了第二个发展阶段。这一时期被称为"家长式管理时代"(Era of Paternalism)[①]。雇主开始为雇员及雇员家庭的福利状况承担更多的责任,一些雇主甚至为员工提供住房和各种生活必需品。这一时期的德国是世界的先驱,在迎来福利的兴盛时期前,德国有了很好的基础。19 世纪的"铁血宰相"俾斯

---

① 摘自:*Employee Benifit Plans in Canada*,Humber College Press,Toroto,Ontario。

麦作为当时的统治者，认为强化工人福利对稳定社会有利，并在全世界第一次用立法形式来推行工人保障，而员工福利正是主要的社会保障内容。德国政府于 1883 年颁布了《疾病保险法》，1884 年颁布了《伤害保险法》，随后又在 1889 年通过了《残废保险法》以保护工人在机器工业中的人身健康，为劳动者创造了就业条件。进入 20 世纪后，英国仿效德国于 1906 年颁布《工人补偿法》，1908 年颁布《老年年金法》，1911 年制定全面综合的《国民保险法》[①]。在美国，20 世纪初期工业化的迅速发展和 30 年代经济大萧条促成了 1935 年《社会保障法》的颁布。这部法律规定了失业保险计划、老年、基本生活和伤残保险计划（OASDI）以及医疗保险计划等，对后来法定福利的发展具有历史性的指导作用。但经济大萧条的压力迫使这一发展阶段在 20 世纪 30 年代停滞了下来。历史证明员工福利作为社会保障制度的一部分，对分担社会风险具有重要作用。初期的员工福利政策出现是为了减少社会发展的风险，避免对社会的伤害，员工福利与社会保障制度不可分离，社会保障制度也在北美和北欧得到了发扬。到了后期，员工福利则是为了个人和企业发展贡献力量，越来越多的企业自主福利涌现并且发挥除了保障之外的激励作用。

现代意义上的员工福利计划是在 20 世纪 40 年代才真正得到迅速发展的。1941 年，当时世界正处于第二次世界大战最困难的时期，美国联邦政府规定公司不允许增加员工的核心薪酬，但没有限制公司福利部分的开支。再加上战争状态下的不稳定性，许多公司便采用增加养老金计划、人寿保险和医疗保障计划这类的福利措施来招募和保留人才。随后，员工福利得到了快速发展[②]。从表 5-1、表 5-2 提供的关于美国和加拿大员工福利的一些数据中，可以看出几十年间福利开支在雇员收入中所占比重呈上升趋势。

> 1943 年，美国所有企业的总体福利水平与工资相比，还不到后者的 5%，至 2010 年，福利成分占劳动者总报酬的 30%左右。

表 5-1　美国企业员工福利占总报酬比重（1988—2010）

调查年份[③]	1988	1990	1992	1994	1996	1998
美国企业员工福利占总报酬的比重（%）	27.30	27.60	28.20	28.90	28.10	27.10
调查年份	2000	2002	2004	2006	2008	2010
美国企业员工福利占总报酬的比重（%）	27.00	27.20	28.50	23.00	29.40	29.40

表 5-2　加拿大企业员工福利占工资总额的百分比（1960—2000）

调查年份[④]	1960	1962	1964	1966	1968	1970	1972	1974	1976	1978
加拿大企业员工福利占工资总额的百分比（%）	20.70	22.80	20.60	23.10	25.20	27.90	29	28.10	31.10	32.40
调查年份	1980	1982	1984	1986	1989	1991	1994	1996	1998	2000
加拿大企业员工福利占工资总额的百分比（%）	33.10	32.70	32.50	36.30	33.50	34.10	44.20	41.60	36.30	36.50

[①] 改编自：程延园主编，《劳动法学》，中国劳动出版社，1998 年，第 78 页。
[②] 〔美〕约瑟夫·J·马尔托奇奥著，周眉译，《战略薪酬》（第二版），社会科学文献出版社，2002 年，第 255 页、第 274 页。
[③] 摘自：美国劳工部，*National Compensation Survey：Employment Cost Trends Program*，1988—2010 年数据。
[④] 摘自：*Employee Benifit Plans in Canada*，Humber College Press，Toroto，Ontario.

2. 福利发展的原因

企业的员工福利得到巨大发展的主要原因包括以下几个方面：

(1) 从农业社会向工业社会的转型，使得在城里工作的人对企业保障的需求增加。自产业革命以来，越来越多的农民脱离了过去赖以生存的土地，结束了自给自足的生活，进入城市，进入工厂，自己和家庭的一切消费来源都要依赖于所工作的企业。这样一来，他们对企业保障的要求就会越来越高：不仅要求提供给他们基本的工资、奖金等货币收入，还要求企业提供各种保障计划和服务，于是形成了对企业福利的客观需求。

(2) 社会各方(包括雇主、员工和政府)对员工福利态度的变化。由于福利对于雇主、员工、政府三方来讲都能够带来很多好处，例如，福利可以帮助雇主减少税收支出，并可能有助于提高员工的满意度和工作效率；可以满足员工多方面(而不仅仅是金钱方面)的需要，缩小员工间收入差距，并可以为员工提供各种优惠；可以减轻社会保障体系的压力，促进就业，降低通货膨胀的可能性，维持社会稳定……当社会各方都逐渐地认识到福利的这些作用时，福利的不断增加就不再是什么奇怪的事情了。

(3) 政府对企业提供福利的干预(法律干预、减少社会保障压力)和税收鼓励。这是影响企业福利的最重要的因素。相对于工资和奖金，福利十分重要的一个优势是可以得到政府的税收优惠和政策支持，这大大地提高了雇主为员工提供福利的积极性。以税收优惠为例，由于福利作为企业提供给员工的各种保障计划、服务和实物等，完全可以用现金来替代，所以若把这些福利完全折算成现金计入工资中，将会使员工为此支付一笔高额的所得税。但若采用福利的形式，员工就能够在得到这些报酬的同时，获得税收的减免。这就意味着，企业为员工花费等值的福利比付出等值的货币报酬所实际占用的企业资源要少。换句话说，如果企业用福利来代替等值的货币报酬，将提高企业成本支出的效用。很好地利用这一点可以为低成本战略的企业赢得成本优势①。

(4) 工会化倾向和集体谈判制度。许多工业化国家都存在工会与企业家之间的集体谈判机制。在这些企业中，工会可以代表员工就薪酬、工作时间、雇用条件等工人们最关心的问题与企业主进行谈判，其中福利是最重要的谈判目标之一。工会往往能够成功地实现自己的会员在福利方面希望达成的目标，尤其是当将收入从现金形态向福利形态转移能够享受相应的税收优惠的时候。从谈判效果来讲，如果工会为其会员争取到某种新的福利，那将比为会员争取到等值的工资增长更能提高他们的满意度。因为谈判争取来的工资提高程度往往很低，但如果增加了一项新的福利项目却可以很容易地被员工感受到。因此，工会势力越强大，他们对企业福利的推动作用也就越显著。不仅如此，由于工会威胁效应的作用，使得企业有可能为了防止员工加入工会，不需要经过集体谈判也同样为员工提供与工会企业类似的福利②。我国正在商议《工资条例》的出台，而《工资条例》很重要的一部分就是集体谈判制度，这个制度在中国的实施将会带来的趋势可想而知。

---

① 刘昕著，《薪酬管理》，中国人民大学出版社，2002 年，第 262 页。
② 同上书，第 260 页。

（5）政府对基本工资增长的干预。例如，第二次世界大战期间，美国联邦政府曾规定公司不允许增加员工的核心薪酬，但没有限制公司福利部分的开支。后来这一政策被英国人所模仿。但工会和自由主义经济学家强烈反对这一政策，他们认为政府不应该如此过多地干预经济。当时政府制定这种政策的原因在于，以凯恩斯为领导的西方主流经济学认为通货膨胀是社会的一大弊病，工资增长过快可能会导致通货膨胀，所以要限制工资，以维持物价稳定增长。在这种情况下，由于工资增长受到限制，而竞争和工会压力又迫使企业必须增加员工收入，所以增加福利就成为解决这一问题的好方法。现在，我国各地也在执行政府工资指导线的措施，虽然不是强制的，但这也对基本工资增长的上下限起到一定的指引作用。

（6）劳动力市场上竞争的加剧。除了国家法定的福利项目之外，企业可以自行确定是否设立企业补充福利，但在劳动力市场残酷的竞争形势下，企业的这种自主选择权往往被压缩。为了使自己在劳动力市场竞争中不处于劣势，在其他企业提供了企业补充福利的情况下，该企业往往也不得不提供类似的福利项目，甚至要提供更高水平的企业补充福利。这就必然在很大程度上促进了福利的发展。另外，福利在劳动力市场竞争中也确实具有特殊的优势：

① 福利的可变性。从战略角度来说，保持报酬水平的竞争力是非常重要的，如果需要的话，还要超出市场水平一定比例，但是不能失控。报酬提升可以有弹性，但要下降却具有刚性。组织常常会发现它们给员工支付了过高的报酬，结果在面临市场压力的时候使调整变得非常困难。福利则不同，它可以根据企业的状况和要求灵活调整，相对于工资来讲具有较大的灵活性，所以为许多企业家所偏爱。

② 福利还有一些特殊的作用，例如情感作用。福利作为非货币化的报酬形式，反映了企业对员工的关心程度，尤其是反映了对员工关心的一些特殊事件的关怀，如生日、婚丧、健康、养老等，这反映了企业的人性化程度。如果一个企业的福利制度设计得好，将有助于企业"感情留人"，从而进一步为实现企业的人才战略服务。在这一点上，最关键是要理解企业已不再仅仅是为劳动者提供经济保障的福利制度，而是逐渐转变为向员工提供企业可以承担的、有竞争力的、员工喜欢的福利制度。

（7）企业对团体管理的偏好。随着知识经济的产生和发展，团队工作在企业日常工作中所占比重越来越大，一项工作的完成不再是某一个人的功劳，而是团队共同努力的结果，在工作中职能分工组建被融合成多职能的团队合作，从而完成更加多样化、环境复杂的任务。该趋势导致的结果是个体工作很难测度，个体管理更加困难，因而薪酬的发放也更多地以团队绩效为标准，采取团队发放的形式。这种工作方式和薪酬发放形式使得收入分配更加倾向于关注整体。员工福利作为天生的普惠制的报酬形式，有更多的去差异化倾向，福利种类繁多，调整方便，能够适合于按照群体的特征不同分类，更加适用于做团队的报酬形式。从这个意义上来说，设计良好的福利制度更能适应企业对团体管理的偏好。

（8）职业福利管理专家的出现。职业福利管理专家在今天的西方发达国家已经比较普遍，他们是一批懂法律，了解人力资源管理运作又具备福利管理知识的人。这些专家是随着企业福利的发展而出现的，反过来，他们会更多地向企业提供增加企业补充福利的建议,从而大大地推动福利的发展。

(9) 计算机的出现使得福利管理更加简便。除了上一点所言的知识专业化之外,福利管理手段也有了日新月异的变化。管理手段专业化最主要的体现是IT技术在福利管理上的应用,将繁杂的手续简单化,使得福利管理专业知识更好地渗透到工作过程中。在我国使用有效的人力资源软件来辅助人力资源管理工作的组织仅占10%—20%,而在美国等经济发达国家这一比例大约能占到80%。另外,网络及信息技术的发展不仅方便了对员工的福利管理,也方便了员工的查询和操作。

(10) 全球化和贸易壁垒的减少。随着经济全球化的发展,国际贸易的壁垒减少,产品市场的竞争已不仅仅限于国内。面对大量国外竞争者的挑战,如何在降低人工成本的同时吸引和留住核心员工,就成了企业能否赢得这场国际竞争的关键。所以,许多企业开始为其员工重新设计具有公司特色、有竞争力的福利计划,以吸引全球的优秀人才。

(11) 技术变化和恶化的经济状况使得企业必须开发和改善福利以应对局面。第三次技术革命使得今天还领先的技术可能在明天已经变得落伍,技术的变化必然会导致员工结构的变化,企业需要依靠更多的福利制度以应对知识性员工的管理。恶化的经济状况导致高层次人才的相对稀缺,各公司之间对人力资源的竞争大大加剧。企业要想在人才招聘中具有竞争优势,并且能够留住人才,优越的福利制度是一种很好的手段。

三、福利的类型

福利主要有以下四种划分方法。

1. 按应用目的可分为保障型福利、保险型福利和服务型福利

保障型福利主要为保障员工基本生活,如养老、医疗、生育、住房等。保险型福利主要为员工将来可能遇到的影响生活的风险提前提供保险性补偿,如大病保险、伤害保险、失业保险等。服务型福利的目的并不在于为风险"未雨绸缪",而在于满足员工更多的需求,提高员工工作、生活满意度,提供激励作用,如一些休假的福利、节假日的实物福利、员工健康福利等。

2. 按制定对象可分为法定福利和企业自主福利

其中,法定福利是指根据国家的政策、法律和法规,企业必须为员工提供的各项福利,主要是指企业必须为员工缴纳的各种社会保险和住房公积金等。企业自主福利是企业根据自身的管理特色、财务状况和员工的内在需求,向员工提供的各种补充保障计划以及向员工提供的各种服务、实物、带薪休假等。表5-3是美国、日本、中国三国员工福利计划的主要内容。

表 5-3 中、美、日三国员工福利计划

国家	员工福利计划	
	法定福利	企业自主福利
美国	老人、遗属、伤残和健康保险，失业保险，工伤保险，州疾病福利保险	在职团体保险(主要是医疗保险、人寿保险及意外伤害保险)、私人退休计划、工作时间内的额外报酬、带薪休假、节假日带薪、带薪的病假事假、执行陪审义务的补贴、子女入托费、教育津贴、搬家费、圣诞节红包、建议奖励和其他鼓励、利润分享、员工生活服务、员工援助计划
日本	健康保险、厚生年金保险、雇佣(失业)保险、工伤保险	团体保险、住宅补贴、医疗保健补贴、工伤事故保险附加费、住院、施行手术、定期看病补贴、膳食费、文体娱乐费、红白喜事补贴、文化体育娱乐、资金贷款、财产形成等福利
中国	基本养老保险、基本医疗保险、失业保险、工伤保险、女职工生育保险、住房公积金、带薪法定假日、带薪年假、法定特别休假(婚丧、探亲假)、冬季取暖补贴	企业补充养老保险、企业补充医疗保险、法定休假以外的有薪假期、外勤人员人身意外保险、定期体检、各种培训、住房补贴、生日津贴、结婚慰问金、住院慰问金、丧事慰问金、免费工作餐、上下班车、员工宿舍、饭堂、医务室、浴室、托儿所、各种文化生活设施

3. 按支付对象可分为管理者福利和员工福利

有一种说法叫做"高端人士的福利"，企业购买价值百万的高尔夫会员卡给予企业的高端员工，而高尔夫运动通常有两个作用：一个是有利于健身，一个是便于交往。高尔夫福利作为一个高端福利，不仅为员工提供实惠，更为高端员工提供一种身份的象征。

4. 按员工的选择权可分为固定福利和弹性福利

固定福利常常包括大多数的法定福利、一些企业制度上规定下来的福利以及员工享有的某种形式的、大多数人一致的福利。所谓员工的选择权，不是对于有无福利的选择，而是在福利的具体实现方式上的选择。企业提供给员工一定的"福利包"，员工按照自己的偏好来选择具体的福利。

弹性福利的存在是由于在不同的人群中存在对福利偏好的差异，某调查所示偏好如表 5-4、表 5-5 所示。

表 5-4 年龄、婚姻状况、性别因素所导致的平均偏好状况（1 表示低偏好，5 表示高偏好）

福利计划	年龄			婚姻状况		性别	
	18-35 (N=52)	36-49 (N=58)	50-56 (N=39)	单身 (N=52)	已婚 (N=97)	男性 (N=114)	女性 (N=35)
特别假期	5.00	4.67	4.21	4.86	4.88	4.90	4.07
增加薪资	4.70	4.71	4.09	4.68	4.34	4.56	4.03
增加退休金	3.00	4.08	4.59	3.56	4.23	4.08	4.63
家庭医疗	4.35	3.69	1.71	2.78	3.91	3.75	2.30
提早退休	2.81	3.48	3.65	3.20	3.32	3.38	3.41
每周工作 4 天	3.63	2.67	2.26	3.06	2.73	2.92	2.56
缩短每天工作时数	1.23	1.42	1.47	1.54	1.19	1.28	1.74
每年 10 个星期五假日	3.19	2.67	3.48	3.20	3.04	3.02	3.44

表 5-5 受抚养人数、服务时间、职业因素所导致的平均偏好状况（1 表示低偏好，5 表示高偏好）

福利计划	受抚养人数(个)			服务时间(年)			职 业	
	0 (N=33)	1-3 (N=60)	4 以上 (N=56)	0-10 (N=48)	11-20 (N=63)	21 以上 (N=38)	文书 (N=48)	作业 (N=101)
特别假期	4.72	4.93	4.97	4.77	4.86	4.87	5.00	4.81
增加薪资	4.79	4.40	4.44	4.56	4.30	4.76	4.70	4.37
增加退休金	4.67	4.42	3.32	3.41	3.70	4.47	4.15	3.97
家庭医疗	1.79	3.03	4.93	4.47	3.53	2.07	2.70	3.86
提早退休	3.46	3.30	3.07	2.52	3.51	3.89	3.09	3.38
每周工作四天	2.67	2.60	3.30	3.40	3.24	1.63	2.48	3.03
缩短每天工作时数	1.94	1.28	0.96	0.97	1.33	1.68	1.63	1.17
每年 10 个星期五假日	3.48	2.97	3.05	3.37	2.97	3.03	3.48	2.93

案例

IBM 公司福利计划

员工福利项目	内　　容
综合补贴	对员工生活方面基本需要的现金支持
春节奖金	新年之前发放，使员工过一个富足的新年
休假津贴	为员工报销休假期间的费用
浮动奖金	当公司完成既定的效益目标时发放，以鼓励员工的贡献
住房资助计划	公司拨出一定数额资金存入员工个人账户，以资助员工购房，使员工能在尽可能短的时间内用自己的能力解决住房问题
医疗保险计划	员工医疗及年度体检的费用由公司解决
退休金计划	积极参加社会养老统筹计划，为员工提供晚年生活保障
其他保险	包括人寿保险、人身意外保险、出差意外保险等多种项目，关心员工每时每刻的安全
休假制度	鼓励员工在工作之余充分休息，在法定假日之外，还有带薪年假、探亲假、婚假、丧假等
员工俱乐部	公司为员工组织各种集体活动，以加强团队精神、提高士气、营造大家庭气氛，包括各种文娱、体育活动、大型晚会、集体旅游等

四、福利的人力资源管理功能

在企业提供给员工的薪酬包中，福利所占的比重越来越大，对企业的人工成本产生了十分重要的影响。为什么企业愿意花费巨额费用和大量精力来发放福利？福利到底对员工绩效有什么样的作用和影响？

员工福利可以使企业获得人才竞争优势、低成本优势并且特别能促进知识型企业核心能力的增加。根据康奈尔大学 Snell 教授的理论，人力资源管理其实就是对企业核心员工的管理,即对核心能力载体的人的管理。福利管理越人性化,越能增加广大员工的凝聚力,进而就越有利于人力资源管理核心目标的实现。

1. 设计良好的福利制度可以帮助实现企业人力资源管理活动的目标,进而实现企业的战略目标

人力资源管理活动的核心目标一般包括吸引和保留所需要的员工、充分发挥员工的积极性和主动性、提高员工的工作绩效、降低企业人工成本等。

(1) 设计良好的福利制度可以为企业吸引和保留所需要的员工。

一方面,福利是企业体现其管理特色的一种工具,一份有竞争力的福利计划传递着一种潜在的信息,表明这是一个好的工作单位,愿意为雇员的生活幸福投资,因此公司可以通过提供非固定福利使自己和其他竞争者区别开来。另一方面,员工本身也存在着对福利的内在需求,越来越多的求职者在进行工作选择时,也开始将福利作为十分重要的因素来进行考虑。对于企业来讲,能否向员工提供有吸引力的、能切实给员工带来效用的福利计划,就成为企业吸引和保留人才的重要因素。例如,由于知识型员工的特点和高科技企业的工作方式的演变,很多知识型员工都希望自己能够对工作时间有更多的控制。科技的发展使今天的弹性工作模式成为可能,而这种方式在20年前几乎是不敢想象的。电子办公(Telework)、电子通讯和弹性工作计划使雇员和雇主开发了一种在不同时间和不同地点一起工作的方式。这对那些希望能够更好地掌握自己的时间的年轻雇员以及那些不得不在工作和家庭之间寻求平衡的雇员来说是很有吸引力的[1]。

有些员工福利项目,例如企业年金、企业补充医疗计划、员工持股计划、住房等,在某种程度上相当于给员工戴上了"金手铐"。因为它们已经成了员工离开企业时不得不考虑的因素。只有当跳槽后的收益能够补偿在这家企业所获得的以上福利成本(而不仅仅是现金成本)时,员工才会选择跳槽。所以,好的员工福利制度会使员工跳槽的成本大大增加,也就为企业留住员工创造了条件。

(2) 好的员工福利制度有助于充分发挥员工的积极性和主动性。

好的福利制度可以改善有战略价值的具体员工的表现。例如,如果能够报销学费,员工会主动要求去参加各种培训,从而可以提高他们的潜在创造力和提供有利于企业发展的建议的能力。

(3) 员工福利与工作满意度。

工作满意度是员工对工作的总体态度。组织行为学认为较高的工作满意度一般会带来较高的生产率、较低的缺勤率和流动率,所以,如果员工福利能够对工作满意度产生积极的影响,那么企业所花费的成本就是有意义的。毫无疑问,支持性的工作环境是影响员工工作满意度的重要因素[2]。员工福利由于其特殊性会对工作环境产生积极的影响。

因为员工福利可以采取集体福利的形式为企业职工提供舒适的工作条件,有些企业还为员工准备了各种辅助性的集体福利设施,如员工食堂、员工宿舍、托儿所、浴室、健身

---

[1] 〔美〕兰斯·A. 伯杰、多萝西·R. 伯杰著,曾湘泉、文跃然译,《薪酬手册》(第四版),清华大学出版社,2006年。
[2] 〔美〕斯蒂芬·P. 罗宾斯著,孙健敏、李原等译,《组织行为学》(第七版),中国人民大学出版社,2001年,第153页。

房等,这些设施可以丰富员工生活,给员工提供便利,当然也会提高员工对工作的满意度,从而使他们能够把最大的精力投入到自己的工作中去。

从另一个角度考虑,如果企业为员工提供的福利是不好的或者是不合适的,那么一定会导致部分员工不满,甚至可能会导致不满员工的消极行为,从而降低企业生产率。

(4) 员工福利与工作绩效。

虽然大家普遍认为员工福利会对绩效产生积极的影响,但目前还没有充分的研究能够证明这一点。不过我们仍然有理由相信员工福利可以通过提高整个组织的满意度这一中间变量对组织整体工作绩效产生影响(见图5-3)。

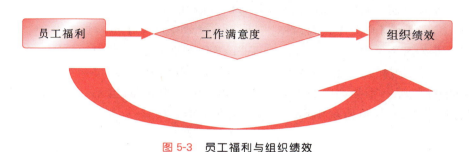

图 5-3 员工福利与组织绩效

(5) 员工福利有利于节省企业的人工成本。

这一点主要体现在两个方面:一是公司通过提供员工福利可以得到税收优惠。因为大多数国家的税法中都会有企业福利可以减免纳税或延期纳税的条款,这无疑对企业和员工来说都是不小的实惠。另一方面是雇主利用自身的规模经济优势代表员工去购买商品和福利,比员工自己去购买要便宜。集团医疗保险就是很好的例子。很明显的一个事实是,公司每个月给一个员工提供100元的医疗保险福利创造的价值是个人拥有这笔钱的价值的4—5倍①。以上两点意味着企业为员工花费等值的福利比付出等值的货币报酬所实际占用的企业资源要少。换句话说,如果企业用福利来代替等值的货币报酬将可以提高企业成本支出的效用。

2. 设计良好的福利制度可以鼓励员工之间的合作

福利与奖金的不同之处在于:奖金在计算、比较中花费一定的工夫,而福利更多的是平均、普遍地享有的,员工之间若要考虑收入的平等性或者说比较收入的多少,福利通常不会引起不平衡感和计较。所以,对于一个团队来说,福利更加能够促进员工之间的合作,构造和谐的氛围。

3. 员工福利是影响企业劳动力雇佣决策的重要因素

员工福利在一般意义上是普惠制的报酬形式,只要是单位的正式员工,不论其工资、奖金、行政级别的差异有多大,都是企业福利的享受对象,而且所享受福利的水平差别不大。这里特别强调的是企业的正式员工,一般的临时工是没有权利享受以上福利的。所

---

① 〔美〕兰斯·A. 伯杰、多萝西·R. 伯杰著,曾湘泉、文跃然译,《薪酬手册》(第四版),清华大学出版社,2006年。

以,如果员工的福利在企业的人工成本中占的比重过大,企业在作出雇佣决策时就可能考虑通过雇佣临时工(哪怕是工资略微高些的临时工)来替代正式员工,以节省福利部分的开支。可见,随着福利在薪酬中的比重越来越大,它成为企业劳动力雇佣决策时不容忽视的一个重要因素。现有的中国法律体制中,福利经常是立法保障员工就业利益的考虑重点,是国家对财务管理加强规范的领域,也是薪酬管理人员考虑人工成本、考虑薪酬的财务问题的一个不可忽视的领域。

4. 传递企业的文化和价值观

现代企业越来越重视员工对企业的文化和价值观的认同,因为企业是否有一个积极的、得到员工普遍认同的文化氛围,将对企业的运营效率产生十分重要的影响。而福利恰恰是体现企业的管理特色、传递企业对员工的关怀、创造企业所希望的氛围和组织环境的重要手段。企业成功的经验也一再证明,那些能够在市场上获得成功的企业,无一不重视企业文化的塑造,无一不强调以员工为中心来展开企业的管理,也无一不向员工提供形式多样、富有吸引力的、与价值观相呼应的福利计划。

第二节 福 利 实 务

一、员工福利计划涉及的基本问题

员工福利计划主要涉及以下基本问题:
- 法律问题:有哪些法律要求?如何准确和有利地理解法律?如何落实法律?
- 资格确立:谁可以得到福利?
- 福利结构问题:法定福利和企业自主福利应该保持一个什么结构?包括哪些福利项目?
- 水平问题:应该支付多高的福利水平?
- 财务问题:如何为员工福利筹集资金?如何使员工福利支出有更高的回报?
- 费用分担问题:如何在政府、雇主和员工之间分担费用?
- 福利管理问题:员工的个人福利是统一管理还是自由弹性管理?企业团体福利是自主管理还是外包管理?

我国企业在实施人力资源管理的时候,福利设计并不是强项,这与中国具体的法律环境和管理习惯有关。但福利是重要的部分,福利设计的自由性越来越受重视。而福利的以上基本问题都关系到"福利设计怎么样提高员工的效率"这个最根本的问题。

二、如何设计一套好的福利计划

企业福利在员工薪酬体系中的地位越来越重要,一套好的福利制度不仅可以满足企业员工的多方面需要,提高满意度和工作效率,而且有助于提高企业的核心竞争力,为企业吸引和保留住核心员工。所以福利制度设计的好坏成为影响企业综合竞争力的重要方面之一。一套好的福利制度应该满足以下标准：

1. 恰当的(Appropriate)

恰当的即企业的福利水平对外要具有竞争性，不落后于同行业或同类型的其他企业；对内要符合本企业的战略、规模和经济实力，不要使福利成为企业的财务负担。特别是对于转型期间的企业来说，管理者要意识到福利制度和人才竞争的联系，深刻体会到福利在吸纳、激励和留住员工方面的作用。

2. 可支付的(Affordable)

可支付的即根据企业的经营状况和财务能力，福利制度所规定的各个项目要在企业可支付的范围之内。

（1）福利应支付得起：即企业要在承担得起的情况下为员工提供福利。

（2）福利资金的运作有持续性和增长力：福利支付通过某种渠道运作，最终使其产生更多的收益。例如美国的401K福利计划，政府把福利资金交给投资公司管理，使福利资金增值。对于员工的好处就是退休的时候领取是免税的。

3. 容易理解的(Understandable)

容易理解的即要求各个福利项目的设计和表述能够很容易地被每个员工所理解，在选择和享受所设计福利项目时，不会产生歧义。这样才能起到激励作用，如果员工在享受福利的同时没有认识到企业为其作出的努力，就起不到相应的效果。

4. 可管理的/可操作的(Administrable)

可管理的/可操作的即要求企业设计的福利项目是切合实际、可以实施的，而不仅仅是只反映在书面上的"幻想"。这就包括了两个问题：一是认识问题，很多人认为福利是随便发放的，但福利对于企业和员工来说是非常有用的，而且必须是有用的；二是福利的成本收益核算问题。

5. 灵活的(可变动的)(Flexible)

灵活的(可变动的)即福利方案要设计灵活，能够尽量满足各类员工的不同需求。同时还要具有根据公司的经营和财务状况进行自我调节的能力。灵活性福利来源于不同人对同一种福利的偏好不同，最终能导致福利的总效率不同。比如，教育补贴的发放对象往往是有适龄儿童的职工，就导致部分职工享受不到此福利。但如果企业在设计这个福利的时候标明"若不享受这个福利，可折现若干元"，该福利的满意度会大幅度提高，灵活性得以体现。

同时，灵活性福利的关键点在于福利的选择权。非灵活的福利计划就是"是"或者"否"的选择，而灵活性福利则意味着对于某项福利员工"是否可选，什么时候可以选"。当员工可以这么做时，同一笔福利的效用就能够实现最大化。

图 5-4　一套好的福利制度的设计标准

三、员工福利与企业战略

根据迈克尔·波特的战略理论,企业的基本外部战略无非有三种形式,即低成本战略(Overall Cost Leadership)、差异化战略(Differentiation)和目标集聚战略(Focus)。

对于采用低成本战略的公司来说,获得竞争优势的关键在于如何降低生产价值链各个结点上的成本,包括原材料的供应成本、生产的成本、销售的成本以及人工的成本等。在各类型的企业中,越是科技含量高的企业,它的人力资源成本在总成本中所占比重就越大。因此,对于实行低成本战略的高科技企业来说,必须降低人工成本。落实到福利部分,就要求企业对全体员工设计尽可能少的福利项目,或者企业可以在部分岗位使用临时工来替代正式员工工作,哪怕要支付比正式员工略高的工资,但只要高出的数额不超过公司为正式员工提供的福利的价值,对于企业来说就是适应战略需求的。

对于实行差异化战略的企业来说,产品的标新立异是成败的关键(成本问题已经是次要的了)。而要实现这一点,往往需要有创造型的人才。如何吸引并留住创造型的人才以支持企业差异化战略呢?就福利的设计而言,需要为有创造力的核心人才提供有竞争力的福利计划,有必要时可以提供远远高于市场中同行业平均水平的福利水平,因为这时候成本已不是公司的首要战略目标。

对于实行目标集聚战略的企业来说,企业的主要战略任务是要在某个特定的顾客群、某产品系列的一个细分区段或某一个地区市场上相对于竞争对手要么获得低成本地位,要么取得高歧视优势,或者两者兼得。企业福利的任务此时就是要配合战略需要,吸引和保留在企业战略业务领域能为企业带来独特价值的人才。此时可以不用太多地考虑成本问题(因为只要获得高歧视优势就可以了),也可以严格控制成本(同时获得低成本优势),究竟采取哪一种福利设计思想还要视企业的具体情况来选择,见图 5-5。

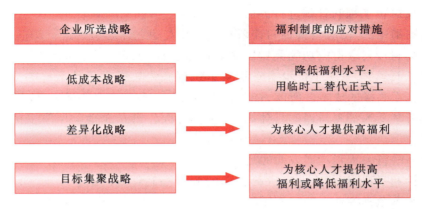

图 5-5　基本战略的福利设计思想

此外,还要处理好福利在整个薪酬体系中的地位以及它与薪酬其他部分的关系。福利的一个特点是它一般与员工的工作努力程度无关或关系很小,所有员工的薪酬包中的福利部分是基本一样的,这虽然在一定程度上缩小了员工的收入差距,但却无法反映员工工作绩效的差别,从而对员工缺乏激励作用。所以,在设计福利制度时,应该充分考虑它与基本工资、奖金的比例关系,给福利界定一个合理的份额。

四、员工福利设计的实用方法

尽管有关员工福利计划设计的实用方法在 20 世纪 60 年代早期就已经开始了激烈的讨论,但至今也没有出现一整套明显成熟的方法可以运用到员工福利计划中去。通常,员工福利计划设计、重新修订过程中的实用方法可具体分为下列几个步骤①:

- 将员工(包括受供养人)的福利需求和期望进行合理的功能性分类。
- 对雇主动机进行分类,雇主将以不同的态度对待不同的员工,如员工、退休员工和受供养人;其福利将根据不同原则进行设计。
- 基于前两者,对福利计划所提供的福利情况进行分析。
- 根据功能性分类需求或者需要保护的人员类型,从雇主资助的福利计划或者其他福利计划中找出福利的缺陷或者重复。
- 基于以上因素提出建议或作出修改,包括使用弹性福利政策(如自选计划)。
- 对五个步骤中每种建议所需的福利成本进行评估。
- 对上述各建议中的资金筹集和保障措施以及现行计划所包括的项目进行评估。
- 将建议性项目或现行项目与成本节约技巧结合起来考虑(如成本遏制战略计划)。
- 在以上分析的基础上,对福利项目、筹资方式及资金来源作出决定。
- 落实新建议和修改方案。
- 将变更的福利计划信息传达给员工。

---

① 〔美〕杰尔·S. 罗森布鲁姆编著,杨燕绥、王瑶平等译,《员工福利手册》(第 5 版),清华大学出版社,2007 年,第 13—14 页。

- 定期地对员工福利计划进行评估。

应该特别指出的是,应当就福利计划的内容及变动之处与员工进行沟通,有效的福利沟通是员工福利计划取得成功的关键因素。很多企业的经验显示,即使企业为向员工提供福利作出了很多努力,员工仍没有意识到组织到底为其提供了什么样的福利以及组织为此付出了多么高额的成本。所以,企业有必要设计一种完善的福利沟通模式,一方面告诉员工他们所享受的福利待遇的具体内容,另一方面告诉员工他们所享受的福利待遇的市场价值。

下面是一些有关福利沟通方面的建议[①]:

- 编写福利手册,解释企业提供给员工的各项福利计划。这些手册可以包含一本总册子和一系列附件。在福利手册中应当尽量少用福利专业术语,力求让普通员工都能了解其内容含义。
- 定期向员工公布有关福利的信息,包括:福利计划的适用范围和福利水平;对具体员工来说,这些福利计划的价值;组织提供这些福利的成本。
- 在小规模的员工群体中做福利报告。这一工作可由福利管理人员或者部门经理承担。
- 建立福利问题咨询办公室或咨询热线。这既有利于员工了解公司的福利政策和福利成本开支情况,同时也是组织表明希望员工关心自己的福利待遇的一种信号。
- 建立网络化的福利管理系统,在公司组建的内部局域网上发布福利信息,或开辟专门的福利板块,与员工进行有关福利问题的双向交流,从而减少因沟通不畅导致的种种福利纠纷或不满。

第三节　我国的福利情况

一、我国的福利发展

我国企业福利的发展大致经历了两个时期。在改革开放前,传统的收入分配方式具有"低工资、高福利"的特点。新中国成立以后,国家为了体现社会主义优越性,积极谋求实现劳动者普遍就业的目标,而在经济发展水平很低的情况下,要想实现高水平的就业,就必然要以低工资作为代价。同时,当时的意识形态也以"不患寡,而患不均"的平均主义为基调。所以,在计划经济体制下,在企业中工作的劳动者的所得工资长期处于较低水平,企业内部的工资差距也很小,但职工家庭基本生活需要又必须得到保障,同时还要求能够适当地有所提高。因此,国家采取了要求企业举办各种福利来补充低工资所造成的收入不足的政策。在劳动者的报酬中,福利成分所占的比例比较大,工资水平仅仅限于满足食物、衣着、日用品等消费资料的基本生活性支出,而住房、医疗、交通、文化设施等往往以非商品的形式发放,以"企业办社会"的方式提供给职工。"低工资、高福利"的政策在一

---

① 刘昕,《薪酬管理》(第三版),中国人民大学出版社,2011年,第313页。

段时期内对社会发展和保障劳动者的基本生活需要、减轻劳动者的生活负担起到了一定的积极作用。但是,随着经济体制改革的深入进行、生产力的发展、人民生活水平的提高以及需求层次的上升,原有企业福利制度的弊端越来越明显:国家的负担越来越重,福利成分和货币收入之间的比例失调,导致企业内部"大锅饭"问题等。所以,中国传统企业的福利与其说是一种企业福利,不如说是一种国家福利,更准确地说,传统体制下的企业福利与国家福利是混为一谈的。其最明显的表现是:从企业之间的比较来看,企业的福利水平高低大多取决于企业与国家之间讨价还价的能力(这又取决于企业的级别高低、规模大小以及所属行业等因素),而不是企业的经营状况;从劳动者个人的角度来说,劳动者个人的福利水平高低也往往取决于自己所属的企业以及在该企业中的资历长短甚至人际关系好坏,同个人的贡献或者实际工作业绩之间也没有什么联系①。

进入市场经济时期以来,随着对外开放步伐的加快和外资企业、民营企业的兴起,真正意义上的企业福利在我国开始建立并有所发展。国有企业甚至国家机关、事业单位也对原有的福利项目进行了改革调整,并正在一步步与国际接轨。目前,虽然我国很多企业的福利管理还不到位,但有些企业已经在这一方面取得进步。除了在政府指导下举办各种企业补充保险外,利润分享计划、员工持股计划在一定范围内试行和实行,带薪休假、各种补贴、金融服务等福利项目也开始在一些企业中出现。

二、我国的法定福利

法定福利主要包括养老保险、失业保险、医疗保险、工伤保险、生育保险五大险种以及住房公积金,各个国家在具体的实施上有所不同,本节将具体介绍我国的法定福利(见图5-6)。

图5-6 我国法定福利的结构

---

① 刘昕,"警惕'福利收入货币化'的陷阱",中人网,2002年10月14日。

1. 养老保险

法律规定的养老保险是社会保障系统中的一项重要内容,是社会保险五大险种中最重要的险种之一。所谓养老保险,是指国家和社会根据一定的法律和法规,为解决劳动者在达到国家规定的解除劳动义务的劳动年龄界限或因年老丧失劳动能力退出劳动岗位后的基本生活而实行的社会保护和社会救助措施。

目前,我国的养老保险由三个部分组成:第一部分是基本养老保险,第二部分是企业补充养老保险,第三部分是个人储蓄性养老保险。其中前两部分属于员工福利,第三部分完全是个人行为,与企业无关,不属于员工福利。而企业补充养老保险属于企业补充福利,将在下一部分中进行详细阐述。

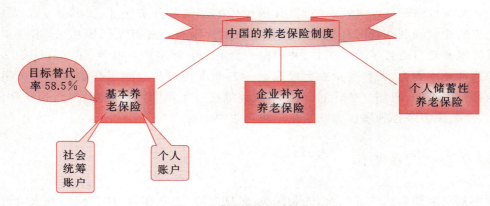

图 5-7 我国的养老保险体系

基本养老保险也称国家基本养老保险,它是指按国家统一政策规定强制实施的为保障广大离退休人员基本生活需要的一种养老保险制度。在1991年实行养老保险制度改革以前,基本养老金也称退休金或退休费,是一种最主要的养老保险待遇。目前,按照国家对基本养老保险制度的总体思路,未来基本养老保险目标替代率确定为58.5%。由此可以看出,今后基本养老金的主要目的在于保障广大退休人员的晚年基本生活。

我国的基本养老保险采用社会统筹与个人账户相结合的模式。社会统筹与个人账户相结合的基本养老保险制度是我国在世界上首创的一种新型的基本养老保险制度。这个制度在基本养老保险基金的筹集上采用传统型的基本养老保险费用的筹集模式,即由国家、单位和个人共同负担;基本养老保险基金实行社会互济;在基本养老金的计发上采用结构式的计发办法,强调个人账户养老金的激励因素和劳动贡献差别。因此,该制度既吸收了传统型的养老保险制度的优点,又借鉴了个人账户模式的长处;既体现了传统意义上的社会保险的社会互济、分散风险、保障性强的特点,又强调了职工的自我保障意识和激励机制。

1997年,我国发布的《国务院关于建立统一的企业职工基本养老保险制度的决定》中对这种社会统筹与个人账户相结合的具体操作办法作了明确规定:

(1)企业缴纳基本养老保险费(以下简称企业缴费)的比例,一般不得超过企业工资总额的20%,具体比例由各省、自治区、直辖市人民政府确定,企业缴费部分按一定比例计入个人账户,其余部分纳入社会统筹基金。个人缴纳基本养老保险费(以下简称个人缴费)的比例,1997年不低于本人缴费工资的4%,以后每两年提高1个百分点,最终达到8%,全部纳入个人账户。

(2)个人账户储存额每年参考银行同期存款利率计算利息。个人账户储存额只用于职工养老,不得提前支取。职工调动时,个人账户全部随同转移。职工或退休人员死亡,个人账户中的个人缴费部分可以继承。

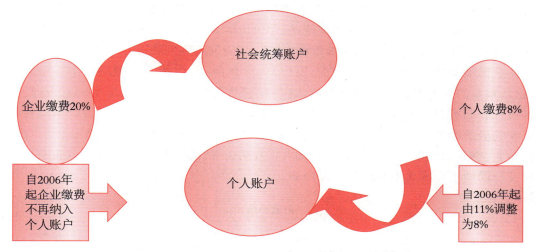

图 5-8　社会统筹与个人账户相结合模式

(3)对于决定实施后参加工作的职工,个人缴费年限累计满15年的,退休后按月发给基本养老金。基本养老金由基础养老金和个人账户养老金组成。退休时的基础养老金月标准为省、自治区、直辖市或地(市)上年度职工月平均工资的20%,个人账户养老金月标准为本人账户储存额除以120。个人缴费年限累计不满15年的,退休后不享受基础养老金待遇(或者补足至15年),其个人账户储存额一次支付给本人。

(4)对于决定实施前已经离退休的人员,仍按国家原来的规定发给养老金,同时执行养老金调整办法。

(5)对于决定实施前参加工作、实施后退休且个人缴费和视同缴费年限累计满15年的人员,按照新老办法平稳衔接、待遇水平基本平衡等原则,在发给基础养老金和个人账户养老金的基础上再确定过渡性养老金,过渡性养老金从养老保险基金中解决。

2. 失业保险

失业保险是指国家通过立法强制实行的,由社会集中建立基金,对因失业而暂时中断生活来源的劳动者提供物质帮助的制度。它是社会保障体系的重要组成部分,是社会保险的主要项目之一。

失业保险具有如下几个主要特点:一是普遍性。它主要是为了保障有工资收入的劳动者失业后的基本生活而建立的,其覆盖范围包括劳动力队伍中的大部分成员。二是强制性。它是通过国家制定法律、法规来强制实施的。按照规定,在失业保险制度覆盖范围内的单位及其职工必须参加失业保险并履行缴费义务。不履行缴费义务的单位和个人都应当承担相应的法律责任。三是互济性。失业保险基金主要来源于社会筹集,由单位、个人和国家三方共同负担,缴费比例、缴费方式相对稳定,筹集的失业保险费,不分来源渠道,不分缴费单位的性质,全部并入失业保险基金,在统筹地区内统一调度使用以发挥互济功能。

1986年,国务院颁布了《国营企业职工待业保险暂行规定》,明确规定对国营企业职工实行职工待业保险制度,我国的失业保险制度正式建立。建立失业保险制度的主要目的之一是配合国有企业改革和劳动制度改革。1999年1月20日,国务院颁布了《失业保险条例》,对失业保险的领取对象、资金缴纳、待遇、享受期限等问题进行了明确规定。

失业保险所需资金来源于四个部分:(1)失业保险费,包括单位缴纳和个人缴纳两部分,这是基金的主要来源;(2)财政补贴,这是政府负担的一部分;(3)基金利息,这是基金存入银行和购买国债的收益部分;(4)其他资金,主要是指对不按期缴纳失业保险费的单位征收的滞纳金等。失业保险费由城镇企业、事业单位按照本单位工资总额的2%缴纳,城镇企业、事业单位职工按照本人工资的1%缴纳失业保险费。城镇企业、事业单位招用的农民合同制工人本人不缴纳失业保险费。

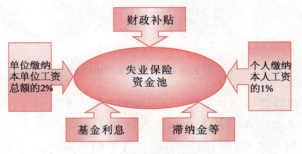

图 5-9　失业保险资金池

失业人员可享受到的失业保险待遇包括按月领取的失业保险金、领取失业保险金期间的医疗补助金、领取失业保险金期间死亡的失业人员的丧葬补助金及其供养的配偶、直系亲属的抚恤金。享受失业保险待遇的条件为:失业前用人单位和本人已经按照规定缴纳失业保险费满1年;非因本人意愿中断就业;已进行失业登记,并有求职要求。

图 5-10　领取失业保险金的条件

失业保险金的领取时间由失业人员失业前所在单位和本人按照规定累计缴费时间决

定,满1年不足5年的,最长不超过12个月;满5年不足10年的,最长不超过18个月;10年以上的,最长不超过24个月。重新就业后,再次失业的,缴费时间重新计算,领取失业保险金的期限与前次失业应当领取而尚未领取的失业保险金的期限合并计算,最长不超过24个月。对连续工作满1年的农民合同工,根据其工作时间长短支付一次性生活补助。

3. 医疗保险

医疗保险通常是指由国家立法规定并强制实施的,当人们生病或受到伤害后,由国家或社会给予一定的物质帮助,即提供医疗服务或经济补偿的一种社会保障制度。它具有社会保险的强制性、互济性、社会性等基本特征。

我国20世纪50年代初建立的医疗保险包括公费医疗和劳保医疗。它是国家社会保障制度的重要组成部分,也是社会保险的重要项目之一。国务院于1998年12月下发了《国务院关于建立城镇职工基本医疗保险制度的决定》,部署全国范围内全面推进职工医疗保险制度改革工作,要求1999年内全国建立起职工基本医疗保险制度。决定中规定:

- 城镇所有用人单位,包括企业(国有企业、集体企业、外商投资企业、私营企业等)、机关、事业单位、社会团体、民办非企业单位及其职工,都要参加基本医疗保险。乡镇企业及其职工,城镇个体经济组织业主及其从业人员是否参加基本医疗保险,由各省、自治区、直辖市人民政府决定。
- 基本医疗保险费由用人单位和职工共同缴纳。用人单位缴费率应控制在职工工资总额的6%左右,其中的30%进入个人账户,其余的进入基本医疗保险统筹基金;职工的缴费费率一般为本人工资收入的2%,全部划入个人账户。随着经济发展,用人单位和职工缴费率可作相应调整。

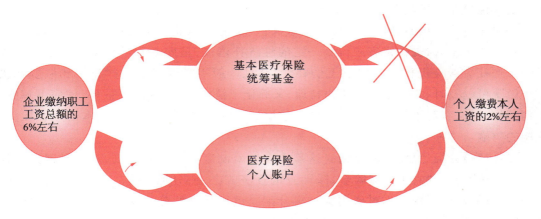

图 5-11 医疗保险缴纳模式

- 医疗保险费用的支付。统筹基金和个人账户要划定各自的支付范围,分别核算,不得互相挤占。要确定统筹基金的起付标准和最高支付限额,起付标准原则上控制在当地职工年平均工资的10%左右,最高支付限额原则上控制在当地职工年平均工资的4倍左右。起付标准以下的医疗费用,从个人账户中支付或由个人自付。

起付标准以上、最高支付限额以下的医疗费用,主要从统筹基金中支付,个人也要负担一定比例。超过最高支付限额的医疗费用,可以通过企业补充医疗保险、商业医疗保险等途径解决。统筹基金的具体起付标准、最高支付限额以及在起付标准以上和最高支付限额以下医疗费用的个人负担比例,由统筹地区根据以收定支、收支平衡的原则确定。

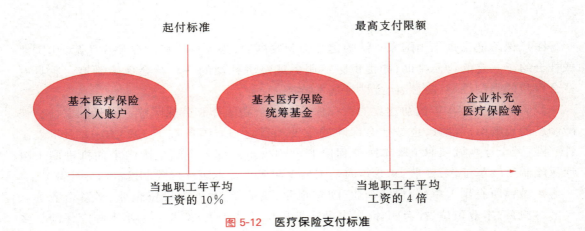

图 5-12 医疗保险支付标准

4. 工伤保险

工伤保险是指国家和社会为在生产、工作中遭受事故伤害和患职业性疾病的劳动者及其亲属提供医疗救治、生活保障、经济补偿、医疗和职业康复等物质帮助的一种社会保障制度。

工伤保险制度遵循以下几个重要原则:

一是无过失补偿原则。它包含两层意义:一是无论职业伤害责任主要属于雇主或者第三者或员工个人,受伤害者应得到一定的经济补偿;二是雇主不承担直接补偿责任,而是由工伤社会保险机构统一组织工伤补偿,并且一般不需要通过法律程序和法院裁决。这样做既可以及时、公正地保障工伤待遇,又简化了法律程序,提高了效率,使雇主解脱了工伤赔偿事务,有利于集中精力搞经营。按照这一原则建立工伤保险基本消除了雇主责任制的弊端。

二是风险分担、互助互济原则。这是社会保险制度中的基本原则,首先是通过法律,强制征收保险费,建立工伤保险金,采取互助互济的办法,分担风险。其次是在待遇分配上,国家责成社会保险机构对费用实行再分配。这种基金的分配使用,包括人员之间、地区之间、行业之间的调剂,它可以更有效地解决社会问题。

三是个人不缴费原则。工伤保险由单位缴纳,职工个人不缴纳任何费用,这是工伤保险与养老、失业、医疗保险的区别之处。由于职业伤害是工作过程中造成的,劳动力是生产的重要要素,劳动者为单位创造财富而付出了代价,所以雇主负担全部保险费,如同花钱修理和添置设备一样,是完全必要和合理的。这一点在世界上已形成了共识。企业缴费数量视行业不同和具体情况而定。

5. 生育保险

生育保险是国家通过立法,对怀孕、分娩女职工给予生活保障和物质帮助的一项社会政策。其宗旨在于通过向职业妇女提供生育津贴、医疗服务和产假,帮助她们恢复劳动能力,重返工作岗位。

生育保险提供的生活保障和物质帮助通常由现金补助和实物供给两部分组成。现金补助主要是指给生育妇女发放的生育津贴。有些国家还包括一次性现金补助或家庭津贴。实物供给主要是指提供必要的医疗保健、医疗服务以及孕妇、婴儿需要的生活用品等。

我国企业和国家机关、事业单位的生育保险制度分别于 1951 年和 1955 年建立。1988 年 7 月,《女职工劳动保护规定》颁布实施,这是新中国成立以来保护女职工的劳动权益,减少和解决她们在劳动中因生理机能造成的特殊困难,保护其安全和健康的第一部比较完整和综合的女职工劳动保护法规。1994 年 12 月 14 日,原劳动部颁布了《企业职工生育保险试行办法》。将生育保险的管理模式由用人单位管理逐步转变为实行社会统筹:

- 生育保险根据"以支定收,收支基本平衡"的原则筹集资金,由企业按照其工资总额的一定比例向社会保险经办机构缴纳生育保险费,建立生育保险基金。生育保险费的提取比例由当地人民政府根据计划内生育人数和生育津贴、生育医疗费等项费用确定,并可根据费用支出情况适时调整,但最高不得超过工资总额的 1%。企业缴纳的生育保险费作为期间费用处理,列入企业管理费用。职工个人不缴纳生育保险费。
- 女职工生育期间的检查费、接生费、手术费、住院费和药费由生育保险基金支付。超出规定的医疗服务费和药费(含自费药品和营养药品的药费)由职工个人负担。
- 产假期间的生育津贴按照本企业上年度职工月平均工资计发,由生育保险基金支付。

6. 住房公积金

住房是人类生存、发展和享受所必需的基本要素之一,是员工安居乐业乃至社会稳定的关键所在。我国在计划经济体制下实行福利分房政策,即由国家或企业进行住宅建设、低租金分配给员工使用的制度。目前,我国正在实行住宅的商品化改革和企业货币化分房制度:由公司和员工共同承担住房公积金。所谓住房公积金,是指单位及其在职员工缴存的长期住房储金,包括员工个人缴存的住房公积金和员工所在单位为员工缴存的住房公积金,它属于员工个人所有。

在企业中可以享受住房公积金的条件有两个:必须是转正后的企业正式员工,人事档案关系已经调入公司。员工住房公积金的月缴存额为员工本人上一年度月平均工资乘以员工住房公积金缴存比例。单位为职工缴存的住房公积金的月缴存额为职工本人上一年度月平均工资乘以单位住房公积金缴存比例。根据《住房公积金管理条例》,职工和单位住房公积金的缴存比例均不得低于职工上一年度月平均工资的 5%;有条件的城市,可以适当提高缴存比例。具体缴存比例由住房公积金管理委员会拟订。

符合下列条件之一的,可以支取住房公积金:
- 以本人或配偶的名义购买、建造自由住房;
- 员工由于工作变动迁出本市;
- 支付本人承租公房所分摊房租中超过本人工资收入的5%的部分;
- 大中型修缮自有住房;
- 职工离退休时可以领取;
- 移民国外并取得外国国籍。

案例

联想集团法定福利项目缴费

险种与比例	养老保险		失业保险		医疗保险		工伤保险	生育保险	住房公积金	
	个人	企业	个人	企业	个人	企业	企业	企业	个人	企业
北京	8%	20%	0.50%	1.50%	2%+3元	9%+1%	0.40%	无	8%	8%
沈阳	8%	24%	1.00%	2.00%	2%	8%	无	无	8%	8%
深圳	5%(深户)	9%(深户)	0.00%	8.65元/人/月	2%(深户)	7%(深户)	6.49元/人/月	无	无	无
上海	7%	22.50%	1.00%	2.00%	2%	12%	无	无	8%	8%
西安	7%	20%	无	无	无	无	无	无	8%	8%
武汉	6%	20%	1.00%	2.00%	无	无	无	无	8%	8%
成都	8%	20%	1.00%	2.00%	2%	7.50%	0.90%	0.60%	8%	8%

三、企业自主福利

1. 企业补充养老金计划(企业年金计划)

企业根据自身经济实力,可以在法定福利之外为员工提供额外的养老福利保障,其中,企业补充养老保险和企业年金就是的典型补充养老计划。它是企业在国家规定的实施政策和实施条件下为本企业职工所建立的一种辅助性的养老保险,由国家宏观指导、企业内部决策执行。

企业补充养老保险的所需费用从企业自有资金中的奖励、福利基金内提取。补充养老保险基金由社会保险管理机构按国家技术监督局发布的社会保障号码记入职工个人账号,所存款项及利息归个人所有。实行企业补充养老保险,可以使年老退出劳动岗位的职工按照国家规定领取的养老金因企业经济效益不同而有所差别,体现了效率的原则。这样有利于稳定企业的职工队伍,发展企业的生产。企业补充养老保险尚无固定模式可循,但有其共同点。这些共同点是:(1)视企业经济能力而定,经济条件好的多补充,经济条件差的少补充或不补充;(2)鼓励为本企业多作贡献,补充退休金随本人的工资和本企业工龄而定,离开企业不转移关系;(3)费用一般由企业自主负担,也有由企业和职工双方负担的;(4)基本采取完全积累模式,用以投资增值,国家一般会提供政策支持和税收方面的优惠。例如,美国的401(K)计划就是为了鼓励企业建立补充养老保险而制定的税收减免计划①。

企业补充养老金按照给付结构可以分为收益确定制(Defined-benefits Plans,DB)和缴费确定制(Defined-contribution Plans,DC)两种类型。由于企业的实际情况不同,不同的企业年金计划各有其长处与弊端,因此在决定建立何种企业年金计划时,要充分结合自身的特点对不同类型、不同种类的年金计划灵活运用。

(1) 收益确定制。

收益确定制的企业补充养老金计划是一种按照固定公式计算退休福利的计划,它包括确定养老金数量的一套准则,这样就可以事先确定雇员应得的养老金数额。这个计划会说明为预先确定雇员最终可以获得多少数量的养老金,究竟依据什么原则来确定雇员缴纳的养老金费用在年度收入中所占的比例,或者对应于一定数量的年收入,雇员应缴纳多少养老金费用。

DB计划有如下特点:保障稳定可靠,退休金公式事先明确规定;考虑了职工的工资水平、工龄等因素,因而可为那些工作时间较长、工资水平较高的职工提供较高的退休金替代率;DB计划对那些年龄偏大、风险承受能力较低、流动性不大的职工来说也是较好的选择,因为DB计划提供的退休金水平相对稳定可靠。

DB计划也有不足之处:DB计划的管理复杂、费用高,投资风险完全由企业承担,给企业带来沉重的压力;同时,DB计划没有个人账户,资产没有分配给职工个人,基金的积累受企业经济效益影响很大,经常存在缴费缺口,因而职工的利益难以保证。

(2) 缴费确定制。

缴费确定制是一种雇主按照固定方式向雇员退休基金或雇员储蓄基金捐款的计划。这种计划并不确定雇员最终所得的养老金数量,它只确定计划的定期缴纳额。最终能够领取到多少养老金取决于基金的摊缴额和退休基金的投资收益。

目前,缴费确定制计划主要有两种,即利润分享计划和401(K)计划。

① 利润分享计划是企业为职工提供分享企业利润机会的退休金计划,它由企业缴费,主要从企业的税前利润中支付。企业的缴费额常常取决于企业的盈利状况,而且每年的缴费额并不要求完全相同,甚至可以不承担任何缴费。这种企业年金计划对利润不稳定或很难预测的企业比较合适。我国传统的煤炭、冶金行业和新兴的通讯、电子行业以及普通的中小企业等都具有这种特点。

② 所谓的401(K)计划是基于美国联邦税法中与养老计划有关的401(K)条款所制定的一种允许公司雇员在税前根据薪金的一定比例缴款建立起来的一种养老金计划。根据这个计划,雇员可以把一部分现金收入投入利润分享或公司股票红利计划之中,从而减少

---

① 刘昕著,《薪酬管理》,中国人民大学出版社,2002年,第271页。

应纳税的工资额,因此,除非雇员退休(或把钱从养老基金中撤出),他无须为那部分收入缴税。401(K)计划的另一个可能受员工欢迎的原因是员工经常可以利用401(K)基金选择各种投资形式。

收益确定制与缴费确定制比较起来,各有优缺点(见表5-6)。但按照目前的发展趋势,收益确定制用得越来越少,而缴费确定制渐渐地成为多数企业建立补充养老金计划的首选。

表5-6 收益确定制与缴费确定制的对比

企业年金类别	优点	缺点	举例	适用行业类型
收益确定制(DB)	● 保障稳定可靠 ● 考虑了职工的工资水平、工龄等因素,对为公司服务时间长的员工有利 ● 风险低,受到年龄偏大、风险承受能力较低、流动性不大的职工的欢迎 ● 养老金水平一定,便于沟通交流	● 管理复杂、费用高 ● 风险完全由企业承担,给企业带来沉重的压力 ● 一般不会设个人账户,资产没有分配给职工个人,基金的积累受企业经济效益影响很大,因而收益也未必"确定"		进行退休金制度改革的大中型企事业单位(如传统的银行、电力、冶金、工程勘察设计、广播电影电视、公用事业单位等)中的年长职工
缴费确定制(DC)	● 一般可以享受多种税收和政策优惠 ● 企业的成本事先就能确定,减轻了企业负担 ● 通常采用个人账户的形式,并且企业缴费随员工工作年限递增,有利于留住企业的核心员工 ● 投资渠道多样化,投资收益率较高	● 风险较高 ● 员工保障可能不稳定 ● 养老金水平事先并不知晓,不利于有效沟通	利润分享计划 401(K)计划	传统的煤炭、冶金行业和新兴的通讯、电子行业以及普通的中小企业等

当前,我国正在全面建立和完善社会保障体系。在大力扩大基本养老保险覆盖面的同时,国家鼓励有条件的企业为职工建立企业补充养老保险制度。但是,由于补充养老保险只是刚刚提出试点的新制度,如何构建适合我国国情的企业补充养老保险制度就成为人们关注的社会热点。以下是对建立企业补充养老金计划的几点思考:

① 为了鼓励企业建立补充养老金计划,政府应该通过立法给予一定的税收优惠和政策支持。建立补充养老金计划是社会保险体系的重要组织部分,有利于基本养老保险制度改革的顺利进行,有利于减轻财政负担,有利于提高职工基本生活保障水平。因此,政府应当制定政策法规,鼓励企业和职工个人共同缴费,国家在政策上给以优惠。需要明确的是,当前基本养老保险替代率较高,应逐步降低替代率,将降低部分归进补充养老保险。同时,应当发挥税收政策的作用,支持企业建立年金制度。

② 企业补充养老金计划应实行完全积累,采用个人账户方式进行管理。这一点不同于基本养老保险的统账结合方式,基本养老保险金具有社会互济、调节社会收入不平衡的功能。同时,为了解决人口老龄化所造成的筹资压力,宜采用统账结合方式。企业年金是对基本养老保险的补充,由企业自主举办,实行市场化运营和管理,因而必须采用完全积累和个人账户管理。

③ 政府应当为企业拓展养老保险投资渠道,实现资金价值最大化。企业在构建企业补充养老保险(企业年金)时必须实现投资渠道多样化,允许职工自主选择定期保证利率

购买国债、公司股票、共同基金等方式。职工自主投资要自担风险,国家不负责运营风险,但要制定政策规定引导职工投资行为,避免大的损失给社会造成震荡。允许企业年金投资多样化,一方面可以向资本市场提出对多种投资工具的需求,促进资本市场进行金融创新,提供金融创新产品,满足年金保值和增值需求;另一方面,资本市场的发展又会为包括基本养老保险在内的养老保险资金运用提供广阔空间,实现养老保险投资多样化。

④ 由于建立补充养老计划的目的是为员工的基本养老保险提供有益的补充,而不再是满足其基本生活的需要,所以在设计时就可以大胆抛开"平均化"的思想,充分体现效率原则。这样就可以在企业的养老计划中引入激励机制,把员工工作的职位、年限、绩效等也作为影响最终养老金数量的因素。

案例

联想:为员工老年留一份心安

2006年7月,联想集团的企业年金计划获得劳动和社会保障部批准,成为中国首个获得政府批准的企业年金计划,首批资金规模为5 000万元。此次联想颁布的企业年金计划的主要内容为,在联想工作时间超过一年以上的所有正式员工,以个人出资部分与公司出资部分共同构成联想企业年金。据了解,联想集团出资金额与员工出资金额的比例为1∶1。此次推出的年金只针对联想中国大陆的员工。

据悉,联想员工可以选择不同类别的投资品种——保本组合和稳健成长组合。其中,保本组合主要购买的持有剩余期限不超过5年债券并持有到期,业绩比较基准为3%。稳健成长组合主要投资货币市场的金融资产产品和资本市场等,其中一年定期存款比例为20%,50%是投资国债,30%是投资沪深300指数。

据联想相关人士表示,按照5%的投资收益率和5%的工资增长率测算,一个加入年金计划后在联想工作30年的员工,若退休前月平均工资为6 000元,则退休后获得的社会基本养老保险和企业年金的养老金收入之和约为4 000元/月;而如果没有加入企业年金计划,只领取社会基本养老保险,他退休后所获得的养老金每月只有1 300多元。

年金对人才的吸引效果十分明显,自2004年筹备年金计划以来,联想集团的员工离职比例已经大为降低,约有70%的员工已加入年金计划。如果参加年金计划的联想员工离职,联想将把年金转交给该员工下一个任职的公司,如果没有年金计划,联想也将为员工保留已有的年金。

联想的企业年金计划充分体现了其以人为本的核心价值观,以员工为本,主动地为员工做长期的考虑,以公司更大的平台与资源为曾经为联想奉献过青春和汗水的最可爱的人以尽可能大的回报。公司怀揣着一颗为员工考虑的心,极尽所能地为员工谋福利,解除他们的后顾之忧,员工对退休后生活质量由于经济来源减少而大幅下降的担忧没有了,工作起来更加有积极性了,也难怪联想人总说"联想是我家"。

2. 企业补充医疗计划

由于法定福利中的医疗保险的保障水平很有限,如果员工生病住院,通常还要自己承担很大一部分费用(即指社会医疗保险计划中规定的最高限额以上的部分),这对员工来说可能是很大的负担。所以许多企业为其员工建立了补充医疗保险,如果员工生病住院,所需的医疗费用除了社会保险报销的部分以外,企业还会帮助员工负担剩余部分的一定比例(例如80%),这样员工个人所需承担的费用就很少。此外,一些企业还为其员工提供免费定期体检、免费防疫注射、药费或滋补营养品报销或补贴、职业病免费防护、免费或优惠疗养等福利措施。由于医疗计划通常具有适应性,补充医疗计划通常和弹性福利结合在一起,让不同年龄段、不同家庭情况的员工拥有更多的选择,可以选择适合他们与家庭的福利计划,从而到达福利物尽其用的目的。

3. 休假日

(1) 公休假日。公休假日是指劳动者通常的周末休息时间。我国实行的是每周40小时工作制,所以劳动者每周可以享受两天的公休假日。

(2) 法定休假日。指法定的节日休假。在我国具体指元旦、春节、"五一"国际劳动节、国庆节和法律、法规规定的其他休假节日。

除以上假日外,企业通常根据具体情况向员工提供额外的假日,通过员工和部门领导考虑具体工作情况来安排休假日,休假日可能是为了某些特殊事件——婚丧假、育子假、探亲假等,也可能是不限制目的的假期,通常称为"年假",企业可以自主规定员工的额外假期是带薪假期或是无薪假期。

4. 其他正在被广泛采用的福利项目

(1) 额外金钱收入:比如在年终、中秋、端午、国庆等特殊节日的加薪、过节费、分红、物价补贴、小费、购物券等。

(2) 超时酬金:超时加班费、节假日值班费或加班优待的饮料、膳食等。

(3) 生产性福利设施:舒适的办公环境等。

(4) 住房性福利:免费单身宿舍、夜班宿舍、廉价公房出租或廉价出售给本企业员工、提供购房低息或无息贷款等。

(5) 交通性福利:企业接送员工上下班的班车服务、市内公交费补贴或报销、个人交通工具(自行车、摩托车或汽车)购买的低息(或无息)贷款以及补贴、交通工具的保养费、燃料补助等、交通部门向员工提供的折价票购买权或者内部签票权等。

(6) 饮食性福利:免费或低价的工作餐、工间休息的免费饮料、餐费报销、免费发放食品、集体折扣代购食品等。

(7) 教育培训性福利:企业内部的在职或短期的脱产培训、企业外公费进修(业余、部分脱产或脱产)、报刊订阅补贴、专业书刊购买补贴、为本企业员工向大学进行捐助等。

(8) 文体旅游性福利:有组织的集体文体活动(晚会、舞会、郊游、野餐、体育竞赛等)、企业自建文体设施(运动场、游泳池、健身房、阅览室、书法、棋、牌、台球等活动室),免费或折扣电影、戏曲、表演、球赛票券,旅游津贴,免费提供的车、船、机票的订票服务等。

(9)金融性福利:信用储金、存款户头特惠利率、低息贷款、预支薪金、额外困难补助金等。

第四节　弹性福利计划

福利是企业提供给员工的一种额外的工作报酬,其目的是体现企业对员工的关怀,塑造一种大家庭式的工作氛围。但在传统的企业实践中,很多企业在向员工提供福利的过程中,却发现不同群体的员工(例如,不同的年龄层次、不同性别、已婚与未婚的员工)往往对福利项目的偏好不同,众口难调,企业很难用统一的福利计划去满足员工多样性的需求,也就无法有效提高员工的福利满意度,却付出了大量的成本。在这种情况下,企业为了减轻负担,更好地满足员工个性化的需要,开始设计弹性化的福利制度。这不仅仅是一个如何满足员工偏好的问题。从长远来看,这种满足员工不同需要的战略价值在于最大限度地减少使公司功能紊乱、破坏公司经营的行为——缺勤和人员调整。

弹性福利制就是由员工自行选择福利项目的福利管理模式,在美国又被称为"弹性报酬计划"、"自助餐式计划"等。弹性福利制是指组织提供一份福利菜单,福利菜单的内容选择由每一位员工参与,在一定的金额限制内,员工依照自己的需求和偏好可自由选择、组合,其中包含现金及指定福利在内的两项或两项以上的福利项目。它强调让员工依照自己的需求从企业所提供的福利项目中选择并组合属于自己的一套福利"套餐"。每一个员工都有自己"专属的"福利组合。此外,弹性福利制也非常强调"员工参与"的过程。例如,美国某公司在1992年采用弹性福利制之前,还特地成立了员工福利设计小组,这个小组有15名成员,除了2位是福利部门的代表外,其他13位都是自愿参加的员工(来自不同部门)。为了解大家的需求,这个小组还实施了角色扮演,希望从别人的角度来知道他人的需要,企图规划出大家认为最需要的福利[①]。

事实上,实施弹性福利制的企业,并不会让员工毫无限制地挑选福利措施,通常公司都会根据员工的薪水、年资或家眷等因素来设定每一个员工所拥有的福利限额。而在福利清单中所列出的福利项目都会附上一个金额,员工只能在自己的限额内购买喜欢的福利。

一、弹性福利计划的类型

弹性化的企业福利主要有四种形式:自助式福利(Cafeteria Style Benefit)、标准组件式福利(Module Style Benefit)、核心外加式福利(Core-plus Style Benefit)、弹性支用账户式福利制度。

---

① 梁晓梅,"企业福利制度弹性化趋向",《中国人才》,1996年第8期。

1. 自助式福利

自助式福利指员工可以从企业所提供的一份列有各种福利项目的"菜单"中完全自由地选择其所需要的福利。企业是福利的供给方,而员工是福利的需求方,供给与需求要达到最佳匹配一方面要靠企业设计出能满足员工多样需求的福利项目,一方面要建立员工自助选择福利项目的机制。因此,可以从这两个方面来分析如何构建自助式的福利计划。

(1) 企业应提供多样化的福利产品。

企业设计福利制度,最根本的是要从员工的需求出发来确定企业需要为员工提供什么样的福利。这一方面首先要做的工作是对企业内部员工以及其他企业的员工(作为设计福利产品的外部标杆)展开福利调查,收集他们对福利的需求信息。调查可以采用问卷或访谈的方法,调查员工需要什么样的福利,然后将所收集到的信息进行归类,从而确定员工对福利需求的种类层次。

(2) 如何建立企业内的员工福利自助机制?

从员工的角度来考虑,当企业所能提供的所有福利项目确定下来之后,最关心的就是自己如何对这些项目进行选择了,即企业的福利自助机制问题。这一部分是自助式福利的核心也是难点,它大致可分为四个基本步骤[①]:

① 福利限额的确定。

这里所说的福利限额,通常表现为一定的点数。它是通过资历审查、绩效考核等手段,确定一定的标准,给予每一位员工一个与他相符的购买点数,员工可以用这种点数在企业内部购买所偏好的福利。

影响点数的因素主要有工资、资历、绩效、家眷等。工资主要是指员工在公司的工资等级,是对员工对企业的价值和贡献的综合反映指标,从而员工应该享受到与其等级相适应的福利等级,当然这就要求企业预先建立一套具有内部一致性、外部竞争性和激励性的工资体系;资历是指员工在本企业的工作年限、职务等级、权责大小等;绩效则是企业的绩效考核体系所反映出来的员工的工作业绩和能力;考虑家眷因素更主要的是要为员工的生活考虑,更能体现公司对员工的关心和体贴。

在确定了每个员工的福利点数之后,需要进一步确定这些点数的现金价值,这就需要计算福利点数的单价,即一个福利点可以相当于多少现金。其确定方法主要是根据企业的福利计划总额和全体员工获得的总福利点数之比。而企业的福利计划总额的确定必须要符合企业的人工成本控制的要求,一般来讲应该与采用自助式福利计划之前发放的福利的价值相当。

福利点的单价=企业的福利计划总额/全体员工获得的总福利点数

② 福利物品定价。

福利物品的定价需要根据物品的实际价格,再根据福利点的单价折算成相应的福利点数作为福利品的点数价格。

---

① 改编自:达君,"享受福利自助餐",中人网,2003年7月22日。

某件福利物品的点数价格＝该福利物品的市场定价／福利点的单价

这只是对某些可衡量的实物或服务的定价,对于那些不能用货币衡量的物品,如带薪假期则需要根据一定的标准折算成现值进行定价。比如,对带薪假期的衡量,可以用它在这期间的工资额加上因不工作造成的损失定价。

③ 员工选择福利项目。

当员工手里有了福利点数,而福利物品也一一定价完毕之后,就可以进行选择了。公司首先向广大员工公布福利物品的种类及价格。由广大员工进行挑选,然后按照员工选择的状况向他们提供物品。选购的过程并不是当时现买现付,而是作预先的登记,隔一段时间之后再提供给他们物品。

在这一过程中,将不可避免地发生员工购买力不足和员工"储蓄"的情况。员工购买力不足是指员工本身所积累的点数不足以购买其所需要的福利物品。员工"储蓄"是指员工暂时不购买,而把点数储存起来以备下次购买。对于员工购买力不足的情况,公司可以考虑实行分期付款的方法,实行预支。预支这种做法将不可避免地占用公司大笔资金,在实施的时候应当采取各种会计方法,对其加以管理,以减少损失。但是预支的优点也是显而易见的。它可以使员工长期地为公司工作,保持持久的忠诚。员工需要相当长一段时间才能积满他购买大件福利物品所需要的点数。这样当他作出跳槽决策时就会有很多顾虑。

对于员工的"储蓄"行为,公司应当参照现实的银行储蓄利率,对员工的储蓄点数支付当期利息。员工没有消费他的当期福利物品,实际上为公司节约了一笔购买物品的费用,公司可以将这笔费用用作其他用途,因此公司需要支付相应的利息。

④ 协调、管理和沟通。

这一点主要是针对交易过程中发生的各种意外纠纷以及员工对福利的意见反馈采取的处理措施。比如,员工跳槽时的福利点数处理、公司信用危机时的福利点数处理、员工对所选择的福利产品质量是否满意等。

2. 标准组件式福利

标准组件式福利是由企业同时推出多种固定的"福利组合",每一个组合所包含的福利项目或优惠水准都不一样,员工只能就其中一个"组合"做选择。就好像西餐厅所推出来的 A 餐、B 餐一样,食客只能选其中一个套餐,而不能要求更换套餐里面的内容。在规划此种弹性福利制时,企业可依据员工的背景(如婚姻状况、年龄、有无眷属、住宅需求等)来设计。

3. 核心外加式福利

核心外加式福利是由一个"核心福利"和"弹性选择福利"所组成。核心福利是每个员工都可以享有的基本福利,不能自由选择。可以随意选择的福利项目则全部放在"弹性选择福利"之中,这部分福利项目都附有价格,可以让员工选购。例如,某家公司原先的福利计划包括房租津贴、交通补助费、意外险、带薪休假等。如果该公司实施此类型的弹性福利制,它可以将现有的福利项目及其给付水准全都保留下来当作核心福利,然后再根据员工的需求,额外提供不同的福利措施,如国外休假补助、人寿保险等。通常都会标上一个

"金额"作为"售价"。员工所获得的福利限额,通常是未实施弹性福利制前所享有的福利总值减去现行"核心福利"的价值后的余额。如果员工所购弹性福利项目的总值超过了其所拥有的限额,超出的部分必须自付(从税前薪水中扣抵),如总值低于限额,差额可以折发现金,当然选择领取现金的话就要缴纳个人所得税。

4. 弹性支用账户式福利制度

弹性支用账户式福利制度就是员工每年可以从其税前收入中拨出一定数额的款项作为自己的"专用账户",并以此账户去选购各种福利项目的福利计划。由于拨入该账户的金额不必缴纳所得税,因此对员工很有吸引力。为了保证"专款专用",一般都规定账户中的金额如果本年度没有用完,不能在来年使用,也不能用现金形式发放,而且已经确定的认购福利款项也不得挪作他用。

总结以上的几种模式,弹性福利的弹性体现在以下三个方面:(1)多种福利产品选择;(2)多方资金来源选择——雇主、员工、政府或者第三方支付福利所需资金;(3)税前福利与税后福利的选择——税前福利常常可以帮助员工节省税务负担,而税后福利(即在员工交税之后额外再提供福利)也具有很强的实践意义,比如为某些员工每月末承担租房费用等方式。

二、应用弹性福利计划的一般原则

1. 战略导向性原则

弹性福利制度的设计应与企业的总体战略目标保持匹配,体现企业发展战略的需求,发挥福利对实现企业总体战略的杠杆作用。企业战略目标有所调整或改变,弹性福利计划也应作相应的调整。

2. 恰当性原则

企业的福利水平对外要具有竞争性,不落后于同行业或同类型的其他企业;对内要符合本企业的发展阶段、规模和实力,福利项目尽量在企业可支付的范围之内,不要使福利成为企业的财政负担。

3. 激励性原则

弹性福利计划应与员工的能力以及员工对企业的贡献大小联系起来,让能力强、贡献大的员工享有更多的福利,调动每一位员工的工作热情。

4. 灵活性原则

弹性福利也是有刚性的,一旦确定之后,再要改动是比较困难的。因此,弹性福利计划要设计灵活,能够尽量满足各类员工的不同需求,保证员工在不同的职位、年龄阶段,选择自己真正需要的福利项目,真正体现弹性福利的优势,同时要具有根据公司的经营和财务状况进行自我调整的能力。

5. 可衡量原则

弹性福利项目尽量可以用价值标准来衡量,为确定福利点数和福利标准服务。弹性福利项目并非让员工毫无限制、随心所欲地挑选福利措施,有的员工需求很怪异,不能用价值衡量,只能给管理工作带来不便,应尽量排除在福利项目之外。

6. 易理解和可管理原则

弹性福利项目的设计和描述越详尽越好,能够很容易被大多数员工理解,在选择和享受福利项目时不会产生歧义。弹性福利项目是切合实际、可以实施的,而不仅仅是反映在书面上的"幻想",应便于公司购买,使公司真正提供给员工所需要的东西。

7. 合法性原则

社会立法要求企业为员工提供健康和安全保障,同时还要提供各种各样的福利以弥补员工生病、生育、工伤、失业和退休时的收入损失。法律还对某些特定的福利计划做出了指导性的规定,企业应当无条件提供法律规定的福利项目[①]。

目前,弹性福利已经成为许多企业员工福利制度的发展趋势,它有许多优点,例如,对员工而言,员工可根据自己的情况,选择对自己最有利的福利。这种由企业所提供的自我控制对员工具有激励作用,同时也可以改善企业与员工的关系。对企业而言,有利于雇主管理和控制成本,减少员工的不满,吸引优秀人才等。但同时,弹性福利制也存在一些问题:首先,部分员工在选择福利项目时未仔细考虑或只看近利,以至于选择了不实用的福利项目;其次,实行弹性福利计划之后,由于福利项目不统一,减少了购买的规模效应,可能使公司的福利成本增加;第三,在美国有一些工会反对弹性福利制,因为公司实施了弹性福利制之后,使工会丧失了和资方讨价还价的机会;第四,实施弹性福利制,通常会伴随着繁杂的行政作业。尤其在登录员工的福利资料或重新选择福利项目时,会造成承办人员的极大负担。另外,在实施弹性福利制初期,行政费用会增加,成本往往不降反增。

第五节 员工福利的发展趋势

企业员工福利制度在产生不到 100 年的时间里,其形式随着社会经济的发展而不断发生变化。进入 21 世纪以来,随着企业员工结构的变化,如何对企业核心人才进行有效管理已成为人力资源管理的核心。因此,员工福利管理又产生了新的变化。归纳起来,福利管理有以下发展趋势。

一、数量上变化的趋势

本章前面曾介绍员工福利的发展历史,可以看到美国、加拿大等国家比较具有代表性

---

① 钟丽华,"弹性福利计划在企业薪酬管理中的应用",《改革与战略》,2008 年第 3 期。

的员工福利不断增加并逐渐占据总体报酬重要地位的过程。随着企业管理的规范化,中国企业的员工福利也在不断增加。虽然现在中国的国企、外企、私企的福利水平还存在不平衡的状态,但在员工福利的量上已经能够达到占总体薪酬 30% 的水平。在中国的环境下,福利改善的主要潜力在于政府政策的改变。近年来,各种劳动保障立法的出台和财务管理、税务管理等相关制度的配套,提高了企业福利的规范性,让福利成为员工实实在在拿得到的实惠,这是规范性提高的潜力;如果制定的法律、法规能够帮助提高企业福利自由性,提高企业福利的投入产出效率,从而促进企业增加福利投入的动机,将会带来员工福利的繁荣,这是自由性提高的潜力。

二、从普惠制到重点针对核心人才的趋势

过去的福利制度常常是面向公司中的所有或大多数员工,与员工对企业的贡献和工作业绩并不进行挂钩,从而具有普惠性质,因而使其成为薪酬中的保健因素,有它不多,无它则不行,久而久之,员工渐渐将福利看成企业必备和常规的薪酬部分,不再因为福利而感受到企业对员工的关怀,福利设立的最初目的也就难以实现,并由此造成企业成本的攀升。因此,现代企业在设计福利计划时,越来越倾向于将福利作为对核心人才和优秀员工的一种奖励来进行发放,要求员工通过努力工作来挣得福利报酬。

但是,这种对不同员工群体的福利项目差别对待的做法也有一些弊端:

第一,管理困难。对不同员工群体实施不同的福利计划就要考虑哪些岗位或管理层级上的员工应该享受什么样的福利,他们的福利计划的种类分别应该是多少等问题,这无疑增加了企业福利管理的难度。

第二,企业内部实行差别福利计划,可能会导致部分员工的不满,从而不利于组织团结,导致组织的凝聚力下降。

第三,某些福利计划只适用于企业中的一部分员工的做法可能会触犯某些法律规定,同样,如果组织想通过福利计划达到减免税收的目的,在某些情况下,这种对员工队伍采取区别对待的做法也可能会引起麻烦。

尽管如此,大多数企业至少区分了经理层和普通员工的福利组合,或区分了不同类别员工的福利组合,例如,对销售人员、技术人员、职能管理人员的福利待遇区别对待等[①]。此外,针对高管人员的、引进专业技术的福利组合通常更加丰富,涉及生活和工作的方方面面,在数量、员工选择自由度、管理的专业性上都较其他人员的福利更为优厚。

三、外包化趋势

企业福利外包是指企业通过签订合同,把自己的福利计划完全外包给其他专业性公司来执行,由他们负责企业福利制度的设计以及员工福利的购买、发放和管理。福利外包的优点是可以为企业省去许多设计和管理方面的麻烦,使企业能够集中精力专注于核心

[①] 刘昕,《薪酬管理》,中国人民大学出版社,2002 年,第 280 页。

业务,并且一般情况下提供的方案专业化程度较高。更重要的是,实践表明福利外包是一种成本更低的做法。2010 年,Sourcing Analytics(外包分析)机构针对美国企业医疗和福利管理的成本展开研究,并将在企业内部处理的成本和外包给 Automatic Data Processing (ADP)公司的成本进行了对比。研究发现,平均而言,每位员工的福利外包成本要比在公司内部开展的成本更低,分别是 165 美元和 199 美元。但缺点也很明显,作为"外脑"的专业公司对企业的了解程度一定不如企业自己的人力资源部门的人员深刻,对企业员工的需求也可能把握不明,所以必须要经过深入的调查和沟通才可能设计出适合企业的福利制度。在外包的过程中,应选择适合本公司情况的外包公司,选择外包公司所提供的已经成型的福利项目、二次开发的福利项目,这期间的沟通和配合是一个重要的过程。

四、专业化趋势

近些年来,随着企业福利外包化的发展,出现了一些专门从事福利设计、发放、管理的公司。这些公司通过专业化的福利管理代替企业进行烦琐的福利设计与计算,作为福利管理的第三方它具有一些其他优势:如福利项目更加弹性化、价格更便宜(团体购买加大谈判力度)、管理更方便等。

五、福利 IT 化趋势

21 世纪是高科技迅速发展的时代,伴随着各类高新技术的发展和计算机网络的普及,企业在管理实践中开始采取多样化的 IT 手段,许多企业在福利管理领域也逐渐建立起 IT 管理平台,通过网络及相应管理软件,更加快速、有效地提高福利管理的效率,提高福利发放的自主性和灵活性,使企业福利效用最大化。IT 化让福利从一个产品变成一套方案,又从一套方案变成一个平台,成为大型企业实现员工自主福利与福利管理的必要条件和重要保证。

六、货币化趋势

目前,有些企业为了简化员工福利的管理,免去设计福利项目和迎合员工偏好差异的麻烦,提出直接向员工发放与原来福利项目等值现金的想法,这样既省去了大量的行政作业,又避免了员工的多样化需求。但福利货币化有两个很大的缺点:一是货币化改变了员工福利原有的性质,变成了企业为员工发放的"第二奖金",失去了设立福利的意义;二是采取发放现金的形式发放福利就不能够享受国家的税收优惠和政策支持,也不能够体现规模采购的好处,将来可能会使企业的人工成本大大增加。

七、绩效化趋势

福利绩效化是指企业发放的福利部分与个人绩效相挂钩,这样就打破了福利的平均化,使福利起到一定的激励效果。但是,福利也不能完全按照绩效发放,因为作为一种保障性措施，它必须体现一些普惠制的特点，否则就会出现福利奖金化的趋势，导致福利、奖金这两项的趋同。这是在设计绩效化福利时应该避免的。

本章重点回顾

- 员工福利的概念及功能；
- 法定福利的项目及特点；
- 企业补充福利的项目及特点；
- 好的福利制度的标准；
- 目前企业福利的发展趋势。

思 考 题

1. 什么是员工福利？如何理解员工福利的定义？
2. 如何理解福利的人力资源功能？
3. 试论述我国现行的福利制度和状况。
4. 简述依据不同的分类标准，福利可以分成哪些类型？
5. 如何设计一套好的福利制度？在设计过程中应注意哪些问题？

本章案例 1

IT 技术、专业福利管理结合的福利管理——汤姆森(Thomsons)公司

一、行业介绍

福利外包行业对于中国来说是一个新兴行业，而在国外人力资源管理界此行业的存在时间则已较长，其代表了一种新兴的福利管理趋势；同时，外包的福利更加趋向于弹性化和专业化。

福利外包的优势包括：

(1) 节省企业本身的管理成本，帮助企业聚焦到核心工作。2010 年，Sourcing Analytics（外包分析）机构针对美国企业医疗和福利管理的成本展开研究，并将在企业内部处理的成本和外包给 Automatic Data Processing(ADP)公司的成本进行了对比，其研究发现，平均而言，每位员工的福利外包成本要比在公司内部开展的成本更低，分别是 165 美元和 199 美元。

（2）具有更强的专业程度，提供已经成型的专业、多样的福利产品方案以及配套的财务、法律、管理咨询等建议方案，帮助企业快速、准确决策。

（3）推动各种管理手段和信息技术的运用，提高员工福利管理的效率，提高员工满意度。

我国的福利外包行业起步较晚，大多数福利外包公司仅仅是简单的法定福利代办手续和提供劳动力的工作，单纯地按照客户企业的指示执行，在针对客户企业需求开发福利方案、提供咨询和改进建议等相关延伸工作上的关注较少，拥有自主设计的、具有弹性福利性质方案的外包企业较少，并且对于技术的运用程度不深。通过了解外国的福利外包案例，我们可以学习到很多便利的福利外包方式以提高福利管理水平。

二、Thomsons公司简介

1. 公司现状

汤姆森公司成立于2000年，总部设于英国，并在纽约、新加坡设立分公司，现规模约200人，其在2005年成功引入Pi Capital的投资（一家专注于网络业务的私募投资基金），在过去的五年中已经成功实现了超过200起员工自选福利方案。汤姆森公司形成的目的主要是帮助会员企业改善薪酬战略，以最低的薪酬成本获得最大的价值。从金融规模、客户基础和薪酬方面来衡量，该公司都是行业的领跑者，他们采用独特的技术支持、咨询方法和沟通手段来降低薪酬成本，提高福利价值，同时用多语言和多币种技术提供一个真正的全球性服务。

汤姆森公司与客户的互动主要由关系团队、客户项目团队、持续跟进团队和研发团队组成：

（1）关系团队：负责与企业建立和维持战略伙伴关系，其中客户主管负责协调与客户的关系及发展方向。

（2）客户项目团队：一旦项目开始，一个客户经理将会负责每天的服务并确保合理薪酬战略的实施，产品开发和营销团队则负责给客户发送最新的薪酬发展动态。同时，客户项目团队会经常举办网上或线下活动，给客户提纲交流的机会。

（3）持续跟进团队：跟进团队负责实施督导与事后工作，比如员工使用辅助、满意度测评等。

（4）研发团队：持续不断地改善公司的福利管理软件性能，保持技术领先，满足客户的定制需求。

2. 公司业务

汤姆森公司通过软件平台，给企业提供薪酬福利咨询，并结合沟通手段实施落实。从而可以帮助企业选择合理的薪酬福利模式，降低福利成本和管理成本，使员工理解企业福利以提高其参与度进而获得更好的绩效。该公司的主要业务包括弹性福利、总体报酬、养老金、福利管理、员工沟通、福利经纪、福利整合、健康福利、全球福利等方面。

3. 公司特点

总的来说，Thomsons公司的福利外包业务优势与特点在于：

(1) 软件和咨询相结合,既通过咨询满足不同企业需求,又通过软件落地实现便捷化。其福利管理软件 DARWIN 是全球最先推出、最先进的福利管理软件。客户企业与员工可以通过浏览器或者客户端进行登录,直接实现所有薪酬福利管理功能以及诸多附加功能,如员工账户的分类管理、弹性福利选择、快速方便的调查统计功能、效果评估等。

(2) 提供薪酬报告、福利资讯、咨询、外包等多种服务,领域内的涉及面广。

(3) 多国语言,货币实现全球化,对跨国公司和发展中国家吸引力高。

(4) 一年一度大样本的薪酬调查,丰富的新闻、文章、调查报告、视频资源、薪酬研讨会,这些都形成了领域内的权威和影响力。

(5) 建立了巨大的福利供应商网络,具有较强的议价能力和福利产品质量。

三、Thomsons 公司的福利解决方案

1. 弹性福利(Flexible Benefits)

(1) 内容:能根据不同企业的战略,通过咨询和技术支持设计具有针对性的网上弹性福利系统。同时,项目经理会与企业商讨预算和时间表,并保证严格执行。

(2) 给企业带来的利益:通过访问、问卷调查和数据分析等方法诊断企业文化并及时了解员工的反馈,从而设计福利方案,提高员工的参与度和忠诚度(尤其在经济危机时期,这是企业成败的重要影响因素之一)。

(3) 给员工带来的利益:员工登录即可选择福利模式,界面简单友好,选择丰富多样,最大化地实现其利益并降低管理成本。

2. 总体报酬(Total Rewards)

(1) 内容:与雇员沟通,帮助企业建立总体报酬模型,决策总体报酬包含哪些因素并定价。

(2) 给企业带来的收益:经济危机时期薪酬减少或停止增长,越来越多的雇主愿意强化总体报酬,以使员工更好地理解企业给员工带来的收益,提高参与度。

(3) 给员工带来的收益:使员工更明确地理解企业为其带来的收益,满足多方需求。

3. 养老金(Pensions)

(1) 内容:汤姆森公司将技术和专家咨询整合起来,建立了全球养老金运营供应商的网络,为企业提供质量高、好管理、低风险的养老金体系。

(2) 给企业带来的利益:严格选择供应商,并对养老金市场进行全面的了解,及时应对未来立法对养老金的挑战,从而降低财务风险。成功地管理养老金支付成本,保证养老金符合法律和税收要求,促使员工理解和投入。

(3) 给员工带来的利益:养老金可以在网上便捷查询,并可享受养老金咨询,保证其退休后获得预期的养老金和退休金。

4. 福利管理(Benefit Administration)

(1) 内容:共有完全外包、部分外包和客户自主管理三种模式。

(2) 给企业带来的利益:减少企业工作难度,提高工作效率,充分获取福利管理的成本和效果信息。

(3) 给员工带来的利益：员工的福利账户具有个性化界面和内容，并且能够及时、方便地沟通福利。

5. 员工沟通（Employee Communication）

(1) 内容：通过分析整理劳动力的生产或服务需要、薪酬水平、地理区域、人口统计学数据、职业、劳动参与率和生活方式，在预算和时间范围内提出能达成沟通目标的沟通方案。沟通传递的方式包括纸媒、多媒体、电影、大事件、面对面沟通等多种方式。

(2) 给企业带来的利益：在沟通之前充分收集、过滤信息，沟通方式便捷，提高沟通效率。

(3) 给员工带来的利益：确保员工能充分理解和强调企业为其提供的福利，了解企业的期望，理性地作出决策，及时地获取问题的反馈，以提高员工的满意度。

6. 福利经纪（Benefit Broking）

(1) 内容：为200家以上的客户提供福利经纪，与供应商建立了长期的联系，可以为企业购买福利提供最合适的形式和最合理的价格（降低10％以上的成本）。

(2) 给企业带来的利益：减少企业寻找福利供应商的麻烦，并且获取更大的优惠。

(3) 给员工带来的利益：员工拥有更多的选择和比较范围。

7. 福利整合（Benefit Harmonization）

(1) 内容：建立新的福利制度与结构，整合福利资源，在不增加成本的前提下提升员工福利价值，从而降低福利管理成本，简化并提升报酬沟通。

(2) 给企业带来的利益：梳理福利结构，强化、优化福利管理，解决管理问题，尤其是历史遗留问题、全球化整合问题和多体制问题。

(3) 给员工带来的利益：对福利的理解更便捷、更透彻，更清楚地了解福利的作用，获取更高的福利价值。

8. 健康福利（Health and Wellbeing）

(1) 内容：为雇员提供抵抗疾病的防御措施及最有效的保险产品。

(2) 给企业带来的利益：帮助企业建立健康高效的劳动力体系，降低缺勤率和离职率，减少员工健康问题带来的损失，保障员工的心理稳定程度。

(3) 给员工带来的利益：获取更好的保险收益。

9. 全球福利（Global Reward）

(1) 内容：该公司提供全球网上薪酬软件，并可以实现多语种和多货币化，从而在全球范围内整合管理信息，打破传统的咨询模式受地域、语种、货币等的限制。

(2) 给企业带来的利益：更好地解决在多个国家（尤其是小国家）福利制度执行和更新成本高的问题。

(2) 给员工带来的利益：适应员工的全球化工作状况，帮助驻外员工解决福利问题。

10. 技术（Technology）

(1) 内容：提供员工福利管理软件，并且可以通过网络来互相链接。企业可以实现对全体员工账户的分类管理和对福利产品的管理，通过功能模块能够实现实时的数据更新和精美的调查表的呈现。

（2）给企业带来的利益：HR能够时刻获得清晰的全体员工福利信息，不再被烦琐的计算和过多的福利类型羁绊，更加容易作出福利决策，评估福利效果，最大限度地降低或控制成本并最大化投资收益。

（3）给员工带来的利益：可以清楚、简单地呈现他们的福利账户内的可选、已选福利产品，让员工根据需求选择福利，IT与网络平台增加了福利实现的便利性和自主性，同时也具有很好的记录功能和反馈功能，方便员工管理福利内容。

本章案例2

福利IT化：Achievers系统

Achievers公司在2002年成立于加拿大多伦多，前名为I Love Rewards，现在总部位于美国旧金山，其创始人雷佐·苏尔曼在2000年初开始发现员工认可激励的巨大市场及其存在的巨大不足，苏尔曼主要是通过一个系统的福利软件将员工的认可激励由人工操作到自动运行。

Achievers公司通过10年的发展，已发展50万注册用户，其客户既有500多人的小公司，也有滴露、微软、贝尔、IBM这样的世界五百强企业，该公司的月营业收入增长也连续多次超过100%。

1. Achievers Philosophy

Achievers公司有着自己的一套管理哲学，它是公司得以发展壮大的精神动力和价值观基础。

（1）如果每个员工能够知道自己的行为对公司的贡献，会让员工重复对公司有利的行为。

（2）很多大公司想创造一个高激励系统，但是大都失败了，工业时代的激励方法已经失去了效果，因为现在是服务经济和知识型员工时代，58%的人从X型员工变成了Y型员工，内部激励打败了外部激励。

（3）Achievers让企业每个员工的目标都一致，不管在一个办公室还是分布在全球。

（4）应该打破以前的运作，一起改变世界的工作方式。

2. Achievers系统简介

Achievers系统是将员工日常工作、绩效评价、公司管理、员工晋升、福利发放、员工关怀等多项工作融为一体的社交福利系统。如同Facebook与人人网一样，在这个系统中，员工可以发表自己的状态、发布求助信息、发表自己的优质资源、为求助同事解疑答难、给帮助过自己的同事认可增积分等。公司领导也可通过此系统奖励完成任务的同事、管理公司员工状态、了解公司健康程度等。员工可以通过自己所得积分在网站上实现购物，包括电子产品、购物卡、旅游卡等多种商品。其系统构架如下图所示：

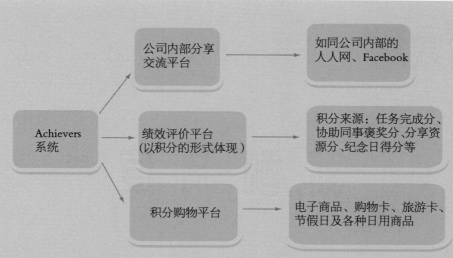

3. 系统核心功能

Achievers 系统的网站核心功能包括登录页面及首页、认可（操作、内容及分值、方式及工具）、兑换商品、交流工具和数据分析（报表、图表）。其设计的基本流程如下图所示：

其认可方式及工具主要有以下几类：

● 明信片认可：量身定做可带声像的明信片，互赠以示认可。

● 认可卡：适用于未在电脑前的领导者和工作中没有电脑上网的员工，获得认可卡并输入点代码后，行为被记录，并赚得相应的积分。

● 同伴认可：将贵公司的价值观和期望的行为嵌入系统软件中，团队成员输入本人所有重要工作，同事间可就典型行为和工作努力情况相互查阅认可。

● 顾客反馈：改善服务。

● 社交认可：可将认可分享在外部社交网站上，如在 Facebook、LinkedIn、Twitter 等，员工不仅获得同事的认可，也可同时获得家人、朋友的认可。

第六章 薪酬制度

【本章框架】

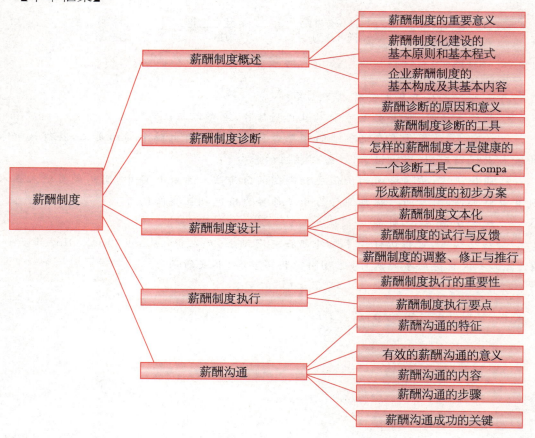

第一节　薪酬制度概述

一、薪酬制度的重要意义

企业的薪酬制度是企业人力资源管理系统的一个重要组成部分。一个企业的薪酬制度就像国家的一部法律，规范着企业和员工的行为。薪酬一直是企业和员工都密切关注的问题，薪酬制度制定得成功与否决定了企业和员工的利益能否实现。因此，薪酬制度的重要性毋庸置疑。薪酬制度的重要性表现在以下三个方面：

(1) 良好的薪酬制度有助于企业目标达成。

企业的一切人力资源管理行为都是围绕战略目标而进行的，薪酬制度则是其中尤为重要的部分。薪酬制度既涉及企业的成本问题，又涉及员工的利益问题。如何在企业成本及员工利益之间找到平衡点，使双方实现双赢，并积极引导员工向企业的战略目标努力，帮助企业达成目标，是薪酬制度制定的核心问题。因此，薪酬制度制定的成败会影响企业战略目标的实现。

(2) 健全的薪酬制度有助于提高员工满意度。

员工满意度一直是企业关心的问题。尽管学术界没有明确的实证研究证明满意度和绩效之间的关系，但在现实生活中，大多数人认为当员工满意度较高时，员工工作的责任心和主动性就更加高涨，也会为企业创造更多的利益。

员工满意度分为两种：一是理想满意度，就是绝对满意度，让所有的员工都满意，在操作上难度很大；二是现实满意度，就是让一部分员工满意，而由此影响到另一部分员工的利益，引发他们的不满意。理想满意度一定远远高于现实满意度。理想满意度是企业追求的终极目标，现实满意度是企业必须追求的目标。企业管理人员应该想办法缩小理想满意度和现实满意度的差距，但也不要盲目地追求理想满意度。

(3) 成功的薪酬制度有助于留住核心人才。

员工流失率也是企业关注的一项指标。但企业的目标并不是留住所有员工，将流失率降到最低，而是要留住那些为企业创造极大价值的核心员工。正如上面所述，企业的薪酬制度应该偏重于关注核心员工的薪酬满意度，而不必面面俱到地关心所有员工的满意度。成功的薪酬制度应该找对重点，抓住核心要素和关键问题，这样才能留住公司发展所需的核心员工。

二、薪酬制度化建设的基本原则与基本程式

任何一个企业只有通过具体的、切实可行的薪酬制度才能落实其先进的薪酬理念和薪酬战略。如何将薪酬制度制度化，也就是说，如何设计企业的薪酬制度是企业面临的一个具体的操作性问题。

1. 基本原则

(1) 公平原则。

公平不是绝对、单一的平等,即结果公平,而是具有丰富意义、与绩效挂钩的公平,即过程(机会)公平。

首先,公平是企业之间的薪酬公平,又称外部公平。其次,公平是企业内员工之间的薪酬公平,又称内部公平。最后,公平是同种工作岗位上的薪酬公平,即个人公平。由于不同员工的绩效、技能、资历等存在差异,在此原则下,同种工作岗位上的不同员工,所获得的公平的报酬在数量是有差异的。

(2) 竞争原则。

高薪对优秀人才具有不可替代的吸引力,因此,如果企业在市场上提出较高的薪酬水平,无疑会增加企业对人才的吸引力和竞争力。竞争原则就是指企业的薪酬标准在人才市场(甚至全社会中)要有吸引力,以战胜竞争对手,招聘到宝贵的人才,并长久地留住他们。但企业的薪酬标准在整个市场上处于一个什么位置要视该企业的财力、所需要人才的可获得性等具体条件而定。一般说来,企业关键人才的薪酬标准至少要等于甚至高于市场行情。但有的企业凭借良好的声誉和社会形象和较高的社会地位有可能仅凭市场工资的同等甚至略低的水平也可以吸引到人才。

(3) 激励原则。

如果说外部公平是与薪酬的竞争原则相对应的,则内在公平是和激励原则相对应的。每个人的能力不同,对企业的贡献也不同。如果贡献大者和贡献小者得到的报酬一样,这种绝对的公平就是实质上的不公平。因此,激励原则就是指根据员工的能力和贡献大小,根据企业内部各类、各级职务的不同,企业的薪酬标准也要适当地拉开距离,防止"大锅饭"之类的绝对平均化,充分利用薪酬的激励效果,调动员工的工作积极性。

(4) 经济原则。

高标准的薪酬水平自然会提高企业薪酬的竞争性与激励性,但对企业来说成本也不可避免地要上升。因此,在设计薪酬制度时,既要考虑薪酬的对外竞争性和对内激励性,又要考虑企业财力的大小,找到其间最佳的平衡点。

(5) 战略原则。

近年来,企业的战略在薪酬设计方面的重要性越来越得到人们的重视。在进行薪酬设计的过程中,一方面要时刻关注企业的战略需求,要通过薪酬设计反映企业的战略,反映企业提倡什么、鼓励什么、肯定什么和支持什么;另一方面要把企业战略转化为对员工的期望和要求,并进一步转化为对员工的薪酬激励。

2. 基本程式

如何设计一套好的薪酬制度?答案并不是唯一的。由于企业的自身情况各不相同,可进行设计操作的角度也是多种多样的。企业应根据自身的规模、人力、财力等选择适合自己的角度将薪酬制度化。

(1) 基于薪酬支付基础。

① 依据什么向员工支付基本薪酬？
- 通过职位评价确定内部支付依据；
- 通过薪酬调查确定外部支付依据。

② 确定收入结构，即确定企业内的收入差别。

③ 将薪酬制度化。

④ 实施与调整。

（2）基于企业战略。

① 理解企业战略。
- 企业战略决定了企业人力资源的结构与规模，从而决定了企业工资支付的结构与规模；
- 企业战略决定不同层次员工的收入来源（层级越高，报酬与战略相关的程度就越高）；
- 企业战略对企业薪酬水平战略产生决定性影响（影响薪酬水平战略的因素包括支付能力、发展阶段、行业性质、企业战略）。

② 职位评价。

③ 薪酬调查。

④ 确定收入结构。

⑤ 制度化。

⑥ 实施与调整。

（3）基于市场工资率。

根据市场工资率与职位价值排序，得出自己的收入政策曲线。

① 职位价值排序由职位评价作出。

② 市场工资率由薪酬调查作出。

③ 收入政策曲线取决于市场工资率和公司支付战略。

这些不同的角度使我们能够较为清晰地了解企业所需要的关于薪酬制度的基本信息。将这些角度综合来看，在设计薪酬制度时，首先按照薪酬管理的基本问题进行分析诊断与梳理（将在本章第二节深入探讨），然后以基本的制度化流程进行设计，如图 6-1 所示。

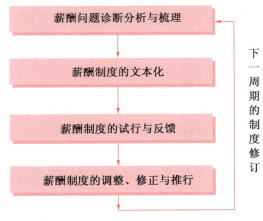

图 6-1 设计薪酬制度的基本程式

三、企业薪酬制度的基本构成及其基本内容

从目前来看,企业的薪酬制度可以分为以下四种类型:

第一种是基于人的薪酬制度。它是以劳动者这个自然人为单位,根据劳动者的潜在劳动或劳动者本身所具有的能力来决定每个劳动者的工资标准,工资跟着人走。

第二种是基于工作的薪酬制度。它是根据某一工作岗位(职位)的重要程度来确定处于这个工作岗位(职位)的员工的工资,工资随着工作岗位(职位)走。

第三种是基于绩效的薪酬制度。它以劳动者最终完成的工作结果(量)来决定劳动者工资的多少,工资跟着绩效走。

第四种是基于能力的薪酬制度。它提出了能力的概念,以劳动者所拥有的能力大小来决定劳动者工资的多少,而能力一般被认为是以知识、技能和绩效等共同表现出来的。

另外还包括一种组合薪酬制度,是对前三种类型的薪酬制度的组合。它兼有三种薪酬制度的特征。

1. 基于人的薪酬制度

基于人的薪酬制度包括年功序列制、技术等级工资制等。

(1) 年功序列制。

基于人的薪酬制度的典型代表是日本的年功序列制。它起源于第一次世界大战期间,于20世纪50年代初全面形成,是一种年龄越大、在企业的工龄越长,工资也越高的工资制度。

实行年功序列制的依据是:员工的工龄越长,熟练程度越高,贡献也越大。这种工资制度不是依据工人劳动的工种或工作种类,而是依据工人所具备的广泛的完成任务的能力。工资标准不是按行业或产业决定,而是按企业决定;基本工资按年龄、企业工龄和学历等因素决定。总的来看,年功序列制中,工资与劳动的质量和数量是一种间接关系。起薪低,工资差别大,随着企业工龄的增长,每年定期增薪。

其具体操作是,一般把基本工资分成20级,每级又分五档。员工从学校毕业被企业录用以后,依据定期提薪制度,工资通常每年按一定数额或一定比率有所增加。毕业生初次就业的工资明显要受劳动力市场供求关系的影响。一般来说,毕业生的初次薪金在企业之间和工人之间并不存在多大差别。但是,根据每年一次的定期提薪而增加的工资数额要受到每个企业的经营状况和每个工人能力提高程度的影响。因此,提薪数额存在相当大的差距。其结果是相同年龄的职工在不同企业的工资差距可能较大。

基本工资一般由下列项目中的一项或多项构成。

① 由工人的年龄、连续工龄、学历等个人属性因素决定的工资:

- 年龄薪金:以年龄为标准决定的工资;
- 工龄薪金:以连续工龄为标准决定的工资;
- 学历薪金:以学历为标准决定的工资。

② 根据职务或执行职务能力等职务因素决定的工资：
- 职务薪金：根据工人从事的职务的价值决定的工资；
- 职能薪金：依据履行职务的能力决定的工资。

(2) 技术等级工资制。

技术等级工资制是基于人的薪酬制度中能力工资的一种形式，它是按照工人所达到的技术等级标准确定工资等级，并按照确定的等级工资标准计付劳动报酬的一种制度。它适用于技术复杂程度较高、工人劳动差别较大、分工较粗及工作物不固定的工种。一般由工资标准、工资等级表和技术等级标准三个基本因素组成。

1985 年，我国原劳动人事部拟定了《国营大中型企业工人工资标准表》作为各地区、各部门在企业工资改革中审批国营大中型企业工资标准的参考。国营大中型企业工人工资标准按原国家机关 11 类工资划分，每类工资区按 3 类产业或工种交叉使用 5 种工资标准（参见表 6-1）。

以北京所在的 6 类工资区为例，一般使用第 2 种至第 6 种工资标准。其中，一类产业（工种）包括钢铁冶炼、煤矿井下等，使用第 4、5、6 三种工资标准；二类产业（工种）包括机械、建筑、纺织等，使用第 3、4、5 三种工资标准；三类产业（工种）包括农业、商业等，使用第 2、3、4 三种工资标准。每个工资等级对应一种技术等级，这是典型的技术等级工资制（详见表 6-1）。

2. 基于工作的薪酬制度

基于工作的薪酬制度是指以员工担任的工作（职务、岗位）所要求的劳动责任、劳动强度、劳动条件等评价要素所确定的岗位（职位）系数为支付工资报酬的根据，工资多少以岗位（职位）为转移，岗位（职位）成为发放工资的唯一或主要标准的一种工资支付制度。

基于工作的薪酬制度具体形式有岗位薪酬制和职务薪酬制。

(1) 岗位薪酬制。

岗位薪酬制是在工作岗位分析和时间研究的基础上，按照工人在生产中工作岗位的劳动责任、劳动强度、劳动条件等评价要素，确定薪酬等级和薪酬标准的一种薪酬制度。其主要特点是对岗不对人。

在现实实践中，岗位薪酬制演变出许多形式，主要有岗位等级薪酬制、岗位薪点薪酬制和岗位效益薪酬制。但只要是岗位薪酬制，其岗位薪酬的比重都占整个薪酬收入的 60% 以上。

① 岗位等级薪酬制。

岗位等级薪酬制是指将岗位按重要程度划分类别和级别，再进行排序，最终确定薪酬等级的薪酬制度。岗位等级薪酬制的具体形式如下：

表 6-1　国营大中型企业工人工资标准表　　　　　　单位:元

各类区适用标准范围	序号 \ 等级	一		二		三		四		五		六		七		八	
		一	二	三	四	五	六	七	八	九	十	十一	十二	十三	十四	十五	
十一类工资区	11	43	47	51	56	61	66	72	78	84	91	98	105	113	121	129	
十类工资区	10	42	46	50	55	60	65	70	76	82	89	95	103	110	118	126	
九类工资区	9	41	45	49	54	59	64	69	75	81	87	94	101	108	115	123	
八类工资区	8	40	44	48	53	58	63	68	73	79	85	91	98	105	112	120	
七类工资区	7	39	43	47	52	57	62	67	72	78	84	90	96	103	110	117	
六类工资区	6	38	41	45	49	54	59	64	69	75	81	87	93	100	107	114	
五类工资区	5	37	40	44	48	52	56	61	66	72	78	84	90	97	104	111	
	4	36	39	43	47	51	55	60	65	70	76	82	88	94	101	108	
	3	35	38	42	46	50	54	59	64	69	74	80	86	92	98	105	
	2	34	37	41	45	49	53	58	63	68	73	78	84	90	96	102	
	1	33	36	40	44	48	52	56	61	66	71	76	81	87	93	99	

● 一岗一薪制:一个岗位只有一个薪酬标准,岗内不升级,同岗同资。新工人上岗采取"试用期"的办法,试用期满即可执行岗位薪酬标准。其优点在于简便易行,缺点是岗内难以体现差别,缺乏激励。它适用于专业化、自动化程度高、流水作业或工

作技术单一、工作物比较固定的工种。

- 一岗数薪制：一个岗位内设置几个薪酬标准，以反映岗位内部不同员工之间的劳动差别。岗内级别是根据不同工作的技术复杂程度、劳动强度、责任大小等因素确定的，薪酬的确定同样是依据岗位要求而定的。实行一岗数薪制，员工在本岗位内可以小步考核升级，直至达到本岗最高薪酬标准。一岗数薪制优点在于员工的薪酬增长渠道和机会增多，不晋升、不变换工作岗位也可以增加薪酬；在企业处于困难时期需要缩减人工成本的情况下，员工的薪酬增长速度和水平又可以灵活控制。一岗数薪制适用于岗位划分较粗、岗位内部技术有些差异、岗位上晋升和提薪机会都比较少的工种或岗位。

岗位等级薪酬制的具体形式参见表 6-2。

表 6-2　某公司管理职务和技术职务岗位等级薪酬表（一岗一薪）

岗 位	薪酬标准(元)	管理职务	技术职务	工人岗位薪酬标准	
				岗位	标准(元)
十岗	500	公司总经理		一岗	108
九岗	435	公司副总经理		二岗	135
八岗	390	总经理助理		三岗	165
七岗	370	公司部室主任	正高工程师	四岗	195
六岗	325	公司部室副主任	副高工程师	五岗	225
五岗	280	科长		六岗	260
四岗	238	副科长	工程师	七岗	305
三岗	195	主办科员	助理工程师		
二岗	160	科员	技术员		
一岗	130	办事员	技术员		

② 岗位薪点薪酬制。

岗位薪点薪酬制是岗位薪酬制的另一种形式，是一种通过比较科学合理的"薪点因素"分析法，按员工岗位的岗位因素测定出每个岗位的薪点数，按员工绩效确定薪点值，员工按岗位获取报酬的薪酬制度。

岗位薪点薪酬制比较适合于岗位比较固定、岗位劳动以重复性劳动为主的岗位。例如，湖北某有限责任公司实施岗位薪点薪酬制度改革，打破了长期以来员工薪酬能增不能减、差距拉不开、人员能进不能出、岗位能上不能下的坚冰，为公司的发展注入了新的发展活力。

该企业的具体做法如下：

首先，规范岗位测评，根据岗位劳动差别确定薪点数。

岗位测评的要素主要考虑工作技能、工作强度、工作责任、工作环境、人心流向等方面，并根据管理岗位和操作岗位的不同性质，分别确定具体测评项目。对管理岗位主要测评文化素质、技能素质、工作能力、对企业经济效益的影响、管理幅度、管理层次、管理复杂程度、工作负荷、精神疲劳程度、难易程度、工作场所、工作环境、工作地域、人心向背等因素。对操作岗位主要测评文化素质、技能素质、设备、劳动对象、时间约束、工作压力、脑力劳动强度、体力劳动强度、生产责任、岗位责任、安全责任、组织监督责任、工作场所、工作班次、工作心理影响、噪声粉尘及其他污染、人心向背等因素。

在测评程度上，先是员工自我测评。员工对自己的工作能力、劳动强度、劳动环境和工作业绩等方面进行自我评价，作为岗位测评的参考。其次，测评组统一进行测评。按规定的测评要素，由四个测评小组分别对所有岗位进行测评，取四个测评小组的平均值，确定每个测评要素的等级，尽量减少主观因素的负面影响。然后将测评要素的不同等级按等差序列赋予一定的分值，由计算机汇总测评表得出平均值，作为每个岗位的薪点数。

在此基础上，对测算出的薪点数进行修正调整。根据全公司薪点数范围，对计算出的岗位薪点数进行适当调整。按照"二舍三入"的原则，统一归并为5的倍数，并对同一层次的岗位薪点数进行适当的归并，以减少岗位的层次；对个别岗位测评中明显偏低的岗位进行适当的调整。薪点数调整的原则是充分考虑工作地域、工作环境、劳动强度等方面的因素，坚持向生产一线、关键岗位、艰苦环境倾斜。

其次，实行工效挂钩，根据经济效益确定岗位薪点值。年度薪点值等于工效挂钩方案考核兑现的可分配薪酬总量除以企业岗位薪点总数。员工的岗位薪酬等于本人的岗位薪点数乘以企业的年度薪点值。

最后，加强动态考核，实行按绩付酬。建立月度考核和年度考核制度，月度考核以考绩为主、考勤为辅，考核内容包括本岗位工作职责完成情况、领导交办任务完成情况和出勤情况三个方面。年度考核以月度考核为基础，年终综合评定。员工月薪酬与月度考核结果挂钩，年终奖金与年度考核结果挂钩。

(2) 职务薪酬制。

职务薪酬制是按照职员担任的职务规定薪酬标准，不同职务有不同的薪酬标准，在同一职务内又划分若干等级，每个职员都在本人职务所规定的薪酬等级范围内评定薪酬的制度，适用于企业中担任管理职务和专业技术职务的人员。

职务等级薪酬制的特点是"一职数薪"，每个职务内再划分若干等级，规定不同的薪酬标准，以反映同一职务内各个职员劳动熟练程度的差异；只能在职员职务薪酬规定的范围内升级；调任新职务即领取新的职务薪酬，不考虑职员本人原有的薪酬水平和资历。

职务薪酬制的实现形式从横向看，共实行过两种形式：一种是"豆腐干"式的职务薪酬制，即按职务和工作单位分类，再分别规定不同的薪酬标准；另一种是"一条龙"式的职务薪酬制，即按工作性质对各种职务进行归类，工作性质相同的各个职务采用同一个职务等级薪酬标准表。从纵向看，又可以分为单一型和并存型两种形式。

① 单一型职务薪酬制。

单一型职务薪酬制度是一种根据工作的难易程度来支付薪酬的制度，其中，职务薪酬一般要占到全部薪酬的80%—90%。

单一型职务薪酬制在实际执行过程中往往将职务没有变动时的薪酬调整也考虑在内，即这种薪酬制度除了以职务为根本的薪酬确定要素外，还在同一职务范围内，将工龄和资历也作为薪酬调整的考虑因素。但由于职务薪酬、工龄薪酬和资历薪酬往往混在一起，根本无法区分何者为职务部分，何者为工龄、奖励部分，因此，单一型职务薪酬制实质上也是一种组合型的薪酬制度。单一型职务薪酬制的具体形式如图6-2所示。

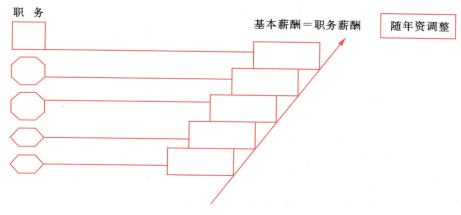

图6-2 单一型职务薪酬制

② 并存型职务薪酬制。

并存型职务薪酬制是一种把基本薪酬分解成职务薪酬和年资薪酬的薪酬制度。这种薪酬制度的特点是在依据职务确定薪酬的同时,对员工设置年资薪酬,从而顾及了员工的基本生活费用和年龄因素。其具体构成如图6-3所示。

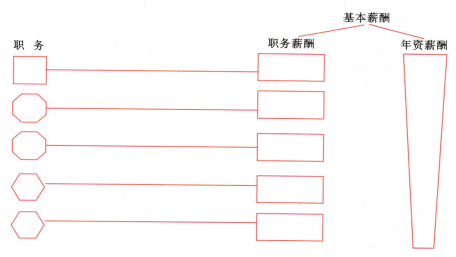

图6-3 并存型职务薪酬制

3. 基于绩效的薪酬制度

用马克思的三种劳动来说,绩效工资主要是根据员工的第三种劳动(即凝固劳动)来支付工资,是典型的以成果论英雄、以实际最终的劳动成果来确定员工薪酬的工资制度。主要有计件工资制和佣金制等。

绩效工资从本义上说应是根据工作成绩而支付的工资,工资支付的唯一根据或主要根据是工作成绩和劳动效率,但在实践中,由于绩效的定量比较不易操作,所以除了计件工资和佣金制外,更多是依据雇员的人均绩效而增发的奖励性工资。

(1) 计件薪酬制。

计件薪酬制是一种将员工的收入与员工的个人产量直接挂钩的薪酬形式,是最古老的激励形式,也是使用最广泛的薪酬形式。它便于计算,易于为雇员所理解,计量原则公平,报酬直接同工作量挂钩,有利于提高产量。在个人产品数量不易计算的情况下,也可以实施集体计件薪酬制。

实行计件薪酬制需要工作物等级、劳动定额和计件单价三个条件。工作物等级是根据各种工作的技术复杂程度及设备状况等,按照技术等级要求,确定从事该项工作的工人应该达到的技术等级;劳动定额是指在一定生产技术条件下,工人应该完成的合格产品的数量或完成某些产品的必要劳动时间的消耗标准,它是合理组织劳动和制定计件单价的基础;计件单价是以工作物等级和劳动定额为基础计算出来的单位产品的工资。

计件薪酬制可以有多种创新。如某企业的"微分积分法"计件薪酬制就是其中之一。该企业的产品达1 000多种,每种产品的加工工序有十几道,企业实行"微分积分法"计件薪酬制后,基本不需要监督员工。

其基本操作步骤如下:

● 微分法。

将加工工序分解到最小加工单位,如一个焊点、一个扣链圈、一次走刀等,估算出最小加工单位合理必要的加工时间;再将不同焊点、链圈按尺寸等级归类(不同尺寸加工时间不同),如焊点分为A、B……E五级焊点;再定出每一级焊点的加工时间。

● 积分法。

加总某款式、某工序各最小加工单位的加工时间乘以各最小单位数。

● 计件单价的计算:

$$计件单价 = \frac{300}{25.5 \times 7.5 \times 3\ 600} \times (h_1 + h_2)$$

式中:300元为月基本计件工资;

h_1 = 纯加工时间(秒);

h_2 = 必要加工准备时间,如必要时间的调机等。

(2) 佣金制(提成制)。

佣金制是直接按销售额的一定比例确定销售人员的报酬,它是根据绩效确定报酬的一种典型形式,主要用于销售人员的工资支付。佣金计划的优势是由于报酬明确地同绩效挂钩,因此,销售人员为得到更多的工资报酬,会努力扩大销售额,促进企业市场份额的迅速扩大;另外,佣金制由于计算简单,易于为销售人员所理解,管理和监督成本也比较低。

多数公司对销售人员实施基本工资加销售提成的方式,但具体做法并不一样。有的是80%的基本工资加20%的奖金,也有的是"倒二八",即20%的基本工资加80%的奖金。例如,某企业的薪酬制度根据销售额的高低设计了以下三个档次:

第一档:月销售额在20万元以下,销售人员月总收入=基本工资+7%的利润+0.5%的销售总额;

第二档：月销售额在 20 万—30 万元，销售人员月总收入＝基本工资＋9％的利润＋0.5％的销售总额；

第三档：月销售额在 30 万元以上，销售人员月总收入＝基本工资＋10％的利润＋0.5％的销售总额。

佣金制的缺点在于它往往会引致销售人员只注重销售额的扩大而忽视企业长期顾客的培养，并且不愿推销难以出售的产品。

4. 基于能力的薪酬制度

基于能力的薪酬制度具体包括以下三种形式：

(1) 技能薪酬制。

技能薪酬制是按照工人所达到的技术等级标准来确定薪酬等级，并按照确定的薪酬等级标准支付薪酬的一种基本薪酬制度。它适用于技术复杂程度比较高、工人劳动差别较大、分工较粗及工作物不固定的工种。

技术等级薪酬制通常由薪酬标准、薪酬等级表和技术等级标准构成。

薪酬标准即薪酬率，是按单位时间（小时、日、周、月）规定的薪酬数额，表示某一等级在单位时间内的货币薪酬水平。按照规定的薪酬标准支付的薪酬，是员工完成规定的工作时间或劳动定额后所得的薪酬，称为标准薪酬。在薪酬总额已经确定的情况下，它们的高低决定了各等级工人之间的薪酬判别是否合理。

薪酬等级表是用来规定员工的薪酬等级数目以及各薪酬等级之间差别的一览表，表示不同的劳动熟练程度和不同工种之间薪酬标准的关系，一般由薪酬等级数目、薪酬等级差别和工种等级线构成。薪酬等级数目即薪酬等级的多少，是根据生产技术的复杂程度和繁重程度规定的。凡是生产技术比较复杂的产业和工种，薪酬等级数目就应规定得多一些；反之，则应少一些。

薪酬等级差又称级差，是相邻两个等级的薪酬标准相差的幅度。级差有两种表示方法：一种用绝对金额表示，另一种是用薪酬等级系数表示。薪酬等级系数是某一等级的薪酬标准同最低等级薪酬标准的对比关系，它通过某等级员工的薪酬是最低等级员工薪酬的多少倍来说明某一等级的工作比最低等级的工作复杂多少倍。薪酬等级系数在形式上往往包括累进系数、累退系数、等差系数和不规则系数等四种形式。工种等级线是指各工种（岗位）的起点等级和最高等级的界限。起点等级是熟练工、学徒工转正定级后的最低薪酬。最高等级是该工种在一般情况下不能突破的上限。凡技术复杂程度高、责任大、掌握技术所需要的理论知识水平较高的工种，等级的起点就高，等级线就较长；反之，则起点低，等级线较短。一些技术简单而又繁重的普通工种，由于体力消耗大，其等级起点较高，但等级线不宜过长。

技术等级标准即技术标准，是按照技术工人所在的各种生产岗位或工种，分别对应其劳动能力所做的统一规定，是划分工作等级、评定员工任职能力和薪酬等级的基础，一般包括"应知"、"应会"和"工作实例"三项内容。技术等级标准的确定一般需要三个步骤：首先，根据劳动的复杂程度、繁重程度、精确程度等因素确定和划分工作物等级；其次，确定最高等级和最低等级薪酬的倍数以及各薪酬等级间的薪酬级差；最后，确定各等级的薪酬标准。

表 6-3 是一个根据八级标准模拟的技术等级薪酬表,采用等比级差的薪酬标准确定。假定一级薪酬标准为 100 元,其他各级薪酬标准的计算公式为:

某一等级薪酬标准＝最低等级标准×该等级的等级系数

表 6-3 技术等级薪酬表

薪酬等级	1	2	3	4	5	6	7	8
等级系数	1.000	1.181	1.395	1.647	1.915	2.297	2.713	3.204
级差%		18.1	18.1	18.1	18.1	18.1	18.1	18.1
薪酬标准	100	118	140	165	192	230	271	320

(2) 职能薪酬制。

职能薪酬制是按照员工所具备的与完成某种职位等级工作所要求的相应工作能力确定薪酬的一种薪酬制度。虽然有别于单纯依据职务本身特征来核定员工薪酬的职务薪酬制,但由于同样涉及职务分析与职务评价,建立职能薪酬制的许多方法和程序都与职务薪酬制相近。

职能薪酬制的建立步骤如下:

- 职务分类。通过职务调查和职务分析,形成职务说明书,将职务所要求的知识、熟练程度(技能、经验、判断能力)、体力和智力的消耗程度(负荷量、疲劳度)、业务职责、作业条件等予以书面说明,为下一步的职务评价做好准备。
- 划分职务等级。评价职务的相对价值的职务评价法大多采用点数法,即依据评价要素确定其点数,然后加以汇总,再根据总点数确定职务等级。
- 职能分析。职能分析重点在分析和整理实现职务的能力和个人适应性的资料,并通过这种分析形成职能基准表,将某一职能等级所必须具备的知识经验、判断力、创造力、开发力、指导力、业务处理和管理能力等加以列支。
- 进行职能评价。大多采用分类法,按一定的职能基准,划分为职能资格等级,把员工归入不同的等级。具体范例参见表 6-4。
- 制定职能等级薪酬标准表。在职能等级制的基础上加入与之相适应的薪酬标准,形成职能等级薪酬标准表。

表 6-4 某公司的职能资格基准表

职能资格		职能分类	资格名称	定义	经验系数	主管职位
管理·专门职能	9等	上级专门职能 上级管理职能	参事	根据企业经营方针,具有根据自身判断指挥、领导多个组织单位的能力,并具备与企业整体经营决定所需要的高度复杂的知识、经验和判断力,其接洽能力、开发能力和管理技能足以完成极其复杂和困难的工作		总经理

（续表）

职能资格		职能分类	资格名称	定　义	经验系数	主管职位
管理·专门职能	8等	中级专门职能 中级管理职能	副参事	根据企业经营方针，接受上级在业务方面的主要原则及计划的指示，具有主要根据个人的判断力领导、指挥多个组织的统率能力，同时也具有参与经营方针执行所需要的专业知识以及推动方针执行所需要的知识、经验、社会能力、开发能力或管理能力，可以完成复杂、困难的工作		副总经理
管理·专门职能	7等	初级专门职能 初级管理职能	主事	根据企业经营方针，接受上级的业务计划指示，具有指挥、统率单位组织或数个科室的能力，同时也有业务方面的专门知识，可以完成需要正确的判断力、理解力以及协调企划力、领导力的较为复杂、困难的工作	（大学毕业）18—19年（高中毕业）22—25年	科长
指导·判断职能	6等	管理辅助职能、监督职能、企划职能	主事辅	依照组织的目的或方针，接受上级的概括性批示，必要时能指导经办人员，具有能完成相当复杂的非定型业务所需要的较高层次的专门知识，并且能完成需要实际经验和一定理解力、判断力和统率力的复杂、困难的销售、生产或事务性职务的督导业务	（大学毕业）12—13年（高中毕业）13—14年	
指导·判断职能	5等	指导监督职能、企划助理职能	主任	依照组织的目的或方针，接受上级的一般性指示，必要时能指导经办人员，对一定范围的业务可以其所具有的相当程度的知识、经验为基础，完成销售、生产或事务性工作	（大学毕业）7—8年（高中毕业）11—12年	
指导·判断职能	4等	初级指导职能、判断职能	副主任	为达到组织目的，按照上级的概括性批示推动职务工作，接受若干指导以完成日常的判断性业务。对定型业务则能作指导，对于上一职等业务则可在上级业务人员的指导帮助下完成	（大学毕业）3—4年（高中毕业）6—7年	
指导·判断职能	3等	熟练定型职能	3等职员	对于需要某一程度知识及实务经验的销售、生产、事务性工作，按照上级的一般性指示即可独当一面，对于简单的一般业务则有指导能力	大学毕业序列	
指导·判断职能	2等	中级定型职能	2等职员	接受上级具体指示，依照规定的手续，可以完成日常定型的、反复性的生产、事务性工作以及不需要特别知识、经验的简单性一般业务	专科毕业序列	
指导·判断职能	1等	初级定型职能、助理职能	1等职员	处理业务时，按照上级的详细指示或所明确规定的手续，可以完成一定狭小范围内的基本的定型作业以及不需要特别知识、经验的简单业务	高中毕业序列	

(3) 能力资格薪酬制。

能力资格薪酬制是一种以员工自身的条件(包括技术资格、体质、智力和文化程度等因素)为主来反映员工劳动质量差别的薪酬等级制度。它通过对员工综合能力的评价来确定员工的薪酬等级和薪酬标准,而不管员工的这种能力是否得到发挥,是否为企业创造了效益。这点在岗位薪酬制下是不存在的。

在这种薪酬制度下,如果一个初级工拿到了高级工的资格证书,即使其还在初级工的工作岗位上,企业也应该给予该员工高级工的待遇。这样,从表面上看,员工从事的岗位或工作都没有变,企业支付的薪酬总量却增加了,企业似乎得不偿失;但事实上,从长期来看,企业实质上是在进行一种人力资本投资,使企业员工的整体素质提高,企业的劳动生产率和产品质量也会随之得到提高,企业用较小的人工成本获取了较大收益。因此,能力资格薪酬制特别适合于生产设备技术含量很高,对员工基本素质要求较高的高新技术企业。

但能力资格薪酬制的优势也恰恰是它的缺陷所在,即在员工能力资格的科学和公平认定上存在较大困难。倘若对此把关不严,直接后果就是其他同岗位的员工怨声载道,企业分配制度就失去了公平和效率。因此,能力资格薪酬制在现实中运用率较低。

5. 组合薪酬制度

组合薪酬制吸收了以上薪酬制度的优点,是一种根据决定薪酬的不同因素及薪酬的不同职能而将薪酬划分为几个部分,每一部分薪酬都对应一个付酬的因素,并通过对几部分数额的合理确定,汇总后确定员工薪酬总额的薪酬制度。

这种薪酬制度可以广泛适用于机关、企业和事业单位。而且在单位内部,不仅适用于能直接计量劳动数量的技术、生产部门,还适用于不能直接计量劳动成果的企业管理、辅助生产部门、后勤服务部门。

组合薪酬制一般由以下几部分构成:

- 基础薪酬。保障员工基本生活需要的薪酬,其主要职能是保障、维持劳动力的简单再生产。基础薪酬的确定一般根据生活消费品物价指数来确定。
- 职务(技术、岗位)薪酬。按照员工所担负的职务或岗位的技术业务要求、劳动条件、劳动强度、责任大小等因素而确定的劳动报酬。它是组合薪酬的主体。
- 年功薪酬。根据员工参加工作的年限和在本企业工作的工龄而确定的薪酬。它使员工的长期劳动积累得到补偿,从而有利于鼓励员工长期安心本职工作。
- 技能薪酬,又称劳动技能薪酬。根据员工的技术业务水平,通过技术考核评定而确定的薪酬。由于实际中员工的实际技能同所从事的工作并不相符,因此只有将技能薪酬与职务或岗位薪酬区分开来,单独设置,才能更准确地对员工的劳动量进行考核和激励。
- 效益薪酬。一般根据企业的经济效益及员工的劳动质量和数量来计算和支付,常以计件薪酬或奖金的形式出现。

组合薪酬制的特点是被分解的各部分薪酬既具有独立性,相互之间又有密切联系,相互制约,保持一定的比例关系,形成一个整体。

组合薪酬制的两种主要组合形式是岗位技能薪酬制和多元的组合薪酬制。

(1) 岗位技能薪酬制。

岗位技能薪酬制是组合薪酬制最常用的形式,是一种以按劳分配为原则,以劳动技能、劳动责任、劳动强度和劳动条件等基本要素评价为基础,以岗位、技能薪酬为主要内容的基本薪酬制度。

岗位技能薪酬由技能薪酬和岗位薪酬两个单元构成。

- 技能薪酬:技能薪酬是根据不同岗位、职位、职务对劳动技能的要求,同时兼顾员工所具备的劳动技能水平而确定的薪酬。技能薪酬的等级和档次设置可采取纵横结合的形式。纵向上,工人可按初级、中级、高级和技师加以区别;管理人员、专业技术人员可按初、中、高技能要求区别;各级横向可设若干档次。技术等级考核合格者可择优纵向升级,常规考核合格者可横向晋档。非技术工人(普通工、熟练工等)的技能薪酬视其岗位对劳动技能的要求,原则上参照初级员工的技能薪酬档次确定。
- 岗位薪酬:岗位(职务)薪酬是根据员工所在岗位或所任职务、所在职位的劳动责任轻重、劳动强度大小和劳动条件好坏并兼顾劳动技能要求高低确定的薪酬。

工人的岗位薪酬应根据行业、企业岗位劳动评价总数的高低,兼顾现行薪酬关系,在岗位归类的基础上分别确定,可以一岗一薪,也可以一岗数薪。

管理人员和专业技术人员的职务薪酬,按照所任职务、所在职位的劳动评价总分数的高低,在职务归类的基础上分别确定。其职务薪酬可与工人的岗位薪酬分开设计,一职一薪。

(2) 多元的组合薪酬制。

所谓的"多元"主要是指组合薪酬制中的诸多工作报酬要素,如技能、岗位、年龄和工龄等都顾及到。实施这种薪酬制度必须合理安排五个组成部分之间的分配比例关系。薪酬水平要受企业薪酬结构的制约。因此,基础薪酬、年功薪酬的比重不宜过大,否则会影响到直接体现按劳分配原则的职务或岗位薪酬、奖励薪酬的水平;但比重又不能过小,否则又会失去它们应有的职能作用。

一般来讲,应先在薪酬调查的基础上确定基础薪酬水平,然后再确定职务薪酬、岗位薪酬、技能薪酬和年功薪酬。奖励薪酬应视企业年终的经济效益而定。在员工的标准薪酬中,通常应以职务薪酬或岗位薪酬为主。

综合以上所论述的薪酬制度,可以得到一个基本薪酬制度结构图(参见图6-4)。

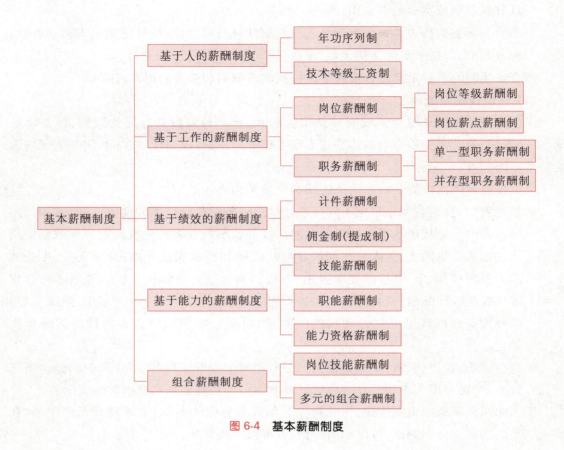

图 6-4 基本薪酬制度

第二节 薪酬制度诊断

薪酬制度诊断是薪酬制度设计的前奏。企业的薪酬制度是企业人力资源管理系统的一个重要组成部分。一个企业的薪酬制度就像国家的一部法律。国家的法律要切实有效,最基本的一条是要符合法理。薪酬制度也是如此。作为企业的基本制度,薪酬制度也必须有自己的"法理",也就是薪酬制度必须有自己的依据。对企业的薪酬制度进行诊断,就是检视薪酬制度是否有理可循,从而改进不足,这是企业的薪酬制度能否行之有效的一个重要条件。本节的核心内容有四点:一是薪酬诊断的意义;二是薪酬诊断方法论,即如何诊断一个企业的薪酬体系是否有效;三是如何如诊断企业的薪酬制度;四是一个诊断工具。

一、薪酬制度诊断的原因和意义

企业的薪酬制度与每个员工的切身利益密切相关。它直接为员工建立报酬支付的政策和程序,并且直接向员工传达什么是有价值的、是得到企业认可的(得到报酬)。

在企业的日常实践中之所以需要对薪酬制度进行诊断,有以下三方面的原因。

(1) 任何一个已经存在的企业,一般就都有自己的一套薪酬制度在支撑企业的日常运作。当企业面对多种多样先进的薪酬理念时,必定会考虑企业现有的薪酬制度是否是切实有效的?是否要对现有的薪酬制度进行改革?是否需要建立一套新的薪酬制度?

(2) 当企业遇到员工工作积极性不高、不能全心全意地投入工作而只是在应付差事的问题时,企业也必然会考虑是否是对员工的激励程度不够?是否是企业的激励系统、薪酬制度出了问题?那么,对企业的薪酬制度进行诊断也就提到了议事日程上来。

(3) 企业的薪酬制度一旦制定,就应该在相当长的一段时期内稳定地、切实有效地加以执行。但这并不意味着企业的薪酬制度是一成不变的。随着时间的推移、外部环境的变化和企业的发展,企业所面临的内外部环境(包括企业自身)都有可能发生巨大的变化,原有的薪酬制度在新的形势下可能就变得不合时宜。那么,企业的薪酬制度到底是否需要进行相应的变革和调整呢?这也就提出了薪酬制度的诊断问题。

二、薪酬制度诊断的工具

对企业的薪酬制度进行诊断,就如同对一个人进行体检。在你的年度体检中,医生会对你进行例行的几项检查(如体温、血压、血检)。除了例行的检查外,医生还会根据你所描述的症状和通过观察得出的印象,进行额外的检查。另外,《剑桥医学史》里讲道,听诊器其实就是一种诊断方法,帮助人类在诊断肺炎和心脏病方面取得了很大的进步,这样一种简单的工具就大大提高了诊断疾病的概率。可以看出诊断工具对诊断身体非常重要。做咨询也是在诊断企业是否健康,最有名的诊断方法是麦肯锡的"7s"方法。除此之外,英国学者菲利普·萨德勒的《管理咨询:优绩通鉴》一书作为系统讲述管理咨询综合性知识、实际操作指导、技术支持和相关信息的权威著作,在第五部分专门对企业咨询的诊断工具加以介绍,提出了十余种主流的企业诊断工具,包括五力模型、价值链分析法、波士顿矩阵、PIMS分析、战略评价方法、德尔菲法、小组过程模型等,具体内容本书不再详细介绍。在对企业进行诊断中,重要的是发展出有效的诊断方法,提高成功定位企业问题的概率。

薪酬管理是人力资源管理中的重点,也是难点,而且由于它的重要性和敏感性,要考虑很多现实因素。对于这个部分,我们将以诊断框架为基础,理论阐述和现状原因分析相结合,对薪酬制度、固定工资、奖金、福利、非货币报酬等五个方面进行分析。在薪酬诊断中也需要这样的工具。

本书作者根据多年实践经验,提出薪酬诊断应包括5大板块、10个问题,并细化成33个具体维度,即"5-10-33"诊断方法,如表6-5所示。

表 6-5 薪酬诊断框架

5个板块	10个问题	33个具体维度
薪酬战略	1. 薪酬制度是否与企业战略挂钩?	(1) 薪酬制度是否与企业业务战略挂钩? (2) 薪酬制度是否与企业功能战略挂钩?(以人力资源战略、财务战略为主) (3) 薪酬制度是否与企业发展阶段相匹配?
基本工资	2. 基本工资的支付依据是什么?	(4) 确定基本工资主要的支付基础(3P/4P原则)。 (5) Pay for Job(以职位为支付依据的技术支持体系是否健全?) (6) Pay for Competence(以能力为支付依据的技术支持体系是否健全?) (7) Pay for Performance(以绩效为支付依据的技术支持体系是否健全?) (8) 基本薪酬增长机制的设计是否合理?
	3. 如何保证薪酬的外部公平性?	(9) 有无定期的同行业外部市场薪酬水平调查? (10) 是否将同行业外部市场薪酬水平与企业职位评价体系及现实制度等因素综合考虑?
	4. 基本工资的结构是什么?	(11) 薪等数量是否合理? (12) 薪级幅度是否合理? (13) 薪等间是否应有重叠?重叠幅度应多大?
奖金	5. 奖金支付的依据是什么?	(14) 考核对象是否合理(组织整体、团队、个人)? (15) 考核指标的确定是否合理? (16) 考核流程是否合理?
	6. 支付多少奖金?	(17) 奖金的绝对量是否合理? (18) 奖金占个人总收入的比重是否合理? (19) 奖金与业绩的关系是否合理(占销售额、利润的比重应为多少)? (20) 企业各部门之间奖金的比例是否合理? (21) 与同行业外部市场奖金水平相比是否合理? (22) 企业内部不同层级员工奖金比例是否合理?
	7. 奖金的支付方式是什么?	(23) 支付对象是否合理(组织整体、团队、个人/核心人员、一般性人员)? (24) 奖金支付的周期是否合理? (25) 奖金发放的具体形式是什么(股票期权、收益分享、成本节省)?
福利	8. 如何设计一套符合法律的法定福利体系?	(26) 是否符合法律要求?
	9. 如何设计一套补充福利系统?	(27) 企业是否有一套发挥人力资源管理功能的自主福利? (28) 自主福利的发放对象如何安排? (29) 自主福利的种类是否系统? (30) 自主福利的发放形式是否灵活?
制度化	10. 薪酬体系的制度化。	(31) 薪酬制度是否全面地反映了薪酬体系各个环节的设计思路? (32) 薪酬制度是否具备动态调整机制? (33) 薪酬制度是否具备完善的沟通机制(意见与满意度反馈)?

三、怎样的薪酬制度才是健康的

一个健康有效的薪酬制度应该满足以下四点。

1. 符合企业战略需要

一个设计良好的薪酬体系直接与组织的战略规划相联系,从而使员工能够把他们的努力和行为集中到帮助组织在市场中竞争和生存的方向上去。企业的薪酬制度不仅起到对员工的激励和促进作用,还能够补充和增强其他人力资源管理系统的作用,如人员选拔、培训和绩效评价等。

2. 兼具内外公平性

在一个设计良好的薪酬体系中,员工会感觉到,相对于同一组织中从事相同工作的其他员工,相对于组织中从事不同工作的其他员工,相对于其他组织中从事类似工作的人而言,自己的工作获得了适当的薪酬。比如,一个书记员会将自己的薪资与行政助理、会计等同一组织中的其他工作的薪资进行比较。如果她认为相对于组织中的其他工作,自己的工作获得了公平的薪酬(即对组织越重要的工作获得的报酬也越多,组织需要越少、越不重要的工作获得的报酬也越少),她就感到了内部公平性。她也可能将自己的薪酬与其他组织中的书记员相比较。如果她认为相对于其他组织中的类似工作而言,自己的薪酬也是公平的话,她就感到了外部公平性。她还有可能将自己的薪酬与同一组织中的其他书记员进行比较。如果她认为相对于组织中的其他书记员,自己的薪酬也是合理的,那么,她就感到了个体之间的差异是合理的。一个组织越是能够建立起面向员工的内部公平和外部公平的条件,它就越是能够有效地吸引、激励和保留它所需要的员工来实现组织的目标。

3. 成本节省、富有效率

薪酬是企业吸引和激励人才最直接、最普遍的方式。高薪对于优秀人才当然具有不可替代的吸引力,因此,企业在市场上提供较高的薪酬水平会大大增加对人才的吸引力。但是,企业的薪酬标准在市场上应该处于一个什么位置要视企业的财力、所需要人才的可获得性等具体条件而定,而不能一味地提供高薪。从本质上来说,薪酬其实是员工与企业之间的一种交易或交换,是员工在向企业让渡其劳动或劳务使用权后获得的报酬。在这个交换关系中,企业所支付的薪酬就是企业所花费的成本,如何用最小的成本获得最大的利益是经济实体所应该考虑的问题。所以,薪酬制度还应该能够在吸引人才、留住人才的同时节省成本的支出。如果能够以同样的成本创造出更大的价值,这就意味着它还是富有效率的。

4. 特殊行业的薪酬制度还应考虑到国家政策和制度的限制

如烟草行业就应考虑到国家对其工资总额的限制。

具体来说,健康的薪酬体系能够配合企业战略和组织目标,在保持内、外公平性的基础上,具有内部公平和外部竞争力,同时能够节省成本,提高效率(参见图 6-5)。

图 6-5 健康的工资体系

(1) 根据企业战略和组织目标,对达到目标的行为要有奖励,且应就此有详细规定;
(2) 凡与外部相比,相同价值的职位未得到相同工资的称为外部不公平,外部不公平易导致怠工或离职;
(3) 为了吸引、保留人才,尤其是知识型人才,需要具有外部竞争性;
(4) 内部公理是指工资制度的道理;
(5) 企业的薪酬成本是可控制的,有利于企业的成本节省,防止浪费;
(6) 企业以同样的成本创造了更大的价值,这是效率更高的表现。

四、一个诊断工具——Compa

Compa 是一个通用的、有效的指标,可用来审核和评估薪酬体系。它是一个相对的指标,告诉你薪酬数值与工资范围中点的关系程度,基本计算的公式如下:

$$Compa = 实际支付的平均工资率/范围的中点值$$

如果计算个体员工的 Compa,它表明单个员工的工资相对工资范围中点值的比例,在这种情况下,分子就是个体实际工资率。Compa 同样适用于整个组织和组织中的一个单位群体。

Compa 为 1.0,表明总体上员工被支付了等于工资范围中点值的工资,经过培训的和熟练的员工应该被支付相当于中点值的工资。若 Compa 低于 1.0,则说明雇员的工资偏低(如果他们是足够熟练的),这将意味着需要改正措施;然而 Compa 小于 1.0 也可能说明有相对较多的新进员工,如果是第二种情况(因为大量员工没有经过完全的培训),无需任何改正措施。

Compa 大于 1.0 则说明以下任何一种情况(Henderson 1989):第一,它可能说明这一工资等级中存在大量的高资历员工;第二,它可能意味着较低的人员周转率;第三,可能说明雇员绩效的大幅上扬,同时企业用工资等级的提升来肯定成绩;第四,可能是通过工资等级提升来调节生活成本的上升;第五,也许是工资结构没有根据市场需求而改进。

因为这些解释都可能是合理的原因,薪酬决策者需要进一步调查,排除那些小概率的因素,保留高概率的解释,保持 Compa 的价值。

Compa 可以转化用于衡量薪酬体系的各个方面,如外部竞争性、内部一致性和个体公平性。它是薪酬决策者一个有力的计划和控制工具(Henderson 1989),Compa 有五种用途。

(1) 工资等级内的分析:Compa 可以用来检查工资等级中在职者工作的分布情况,进而可以用来检查在职者工资率的分布情况,分析角度有工作、性别和种族等,可以说 Compa 是有效判断工资歧视的指标。

(2) 部门分析:部门之间的工资分布比较可以通过略为修改计算 Compa 的公式来获得,再计算部门 Compa(实际是部门内所有个体 Compa)的平均,这种分析有助于保证部门间的待遇公平,同时应该有差别的就会有差别。

(3) 将绩效评估与工资调整联系起来:一些指导表的方法在分配奖金、决定奖金的上升幅度时,除了个体的绩效状况,还使用了雇员在工资等级中的位置(相等于 Compa),用这种方式使用 Compa,可以将薪酬决定推进到个人。

(4) 奖金预算决策:Compa 和它的倒数可以用来平衡部门间的预算,此时,Compa 既是一种诊断方式,也是一种努力的目标。

(5) 工资结构分析:组织公布的工资相对于市场工资水平是否有竞争力,同样可以通过对 Compa 公式的微调来衡量。用市场工资数(平均值或中点值)除以相关工资等级的中点值。

工资决策者用一个指标来确认组织的薪酬水平是领先型的、匹配的,还是落后的,这通常被称作"Compa 竞争指数"(Wallace & Fay,1988)和"市场指数"(Bjorndal & Ison,1991)。

(1) 评价外部竞争性。

有三种方法可以评估薪酬体系的外部竞争性:

第一,可以用上述的 Compa 竞争指标,如果等于 1.0,则说明你是匹配型的(比如,抵消通货膨胀);如果超过 1.0,则说明你是领先型的。如小于 1.0,则是落后型的,该指标可以用来确定你的薪酬体系是否取得既定的目标。同样可以从职位族的角度分析数据,得到职位族的市场竞争指标。

第二,可以与竞争对手比较工资的上涨幅度,在标准的薪资调查中可以获得工资上涨幅度的信息,用竞争对手平均上涨幅度除以组织的上涨幅度可以获得组织薪酬运作的外部竞争性的有效指标,等于 1.0 表示匹配型的上涨幅度,大于 1.0 表示领先型的上涨幅度,而小于 1.0 则是落后型的上涨幅度。

第三,可以检查组织吸引和保有员工的能力(Author,1981)。计算一段时期空缺职位数目,分析其中的发展趋势,空缺时间多长?招募员工能力如何(招聘数目、技能水平等)?工资对招聘工作有什么影响(积极、中性、消极的)?薪酬体系能不能为组织保有核心的员工?检查一下离职数目和趋势,离职面谈有没有涉及对工资的不满?从技能类型和水平的角度分析离职(包括总体状况和趋势),是不是保留了高业绩者而剔除了低绩效者,或者相反?薪酬体系对保留员工有什么影响(积极、中性或是消极的)?

(2) 评估内部一致性。

内部一致性可以通过检查工资结构来取得。

第一,可以确定中点值的递进速度(Wallace & Fay,1988),中点值递进系数可以界定相连等级的中点值的递进上升幅度,计算公式如下:

$$中点递进系数 = \frac{中点值(高的等级) - 中点值(低的等级)}{中点值(低的等级)}$$

实际上,中点值递进系数被认为由工作评价产生的,Jobeval 把各个等级的中点值范围设为等值,所以这一指标不会为案例分析提供额外信息。

第二,可以评价相邻等级的重叠程度,重叠系数被界定为工资结构中相邻等级的重叠程度(Wallace & Fay,1988),计算公式如下:

$$\frac{低等级的工资率最大值 - 高等级的工资率最小值}{高等级工资率的最大值 - 低等级的工资率最小值}$$

同一职位族的序列中会有高的重叠,而相邻等级的高工作差异会导致低的重叠。

第三,可以计算范围指数,范围指数的计算公式如下:

$$范围指数 = \frac{实际支付工资率 - 工资率最小值}{工资率最大值 - 最小值}$$

递进指数,可以用于不同的员工群体,比如税收状况、工资等级、特定的职业或工作分类,甚至员工的样本特征(比如年龄、种族、性别)。递进指数为 0—0.5 表明员工(或一群员工)处于最低值与中点值之间。

第四,可以计算工资集中系数,工资集中系数表示不同职位之间的差别正在减少的趋势(Hills Bergmann & Scarpello,1993)。比如,在一个非工会化的组织内,工会为其会员进行工资谈判,使其大体上与非工会会员的工资相近。长此以往,相近工作之间的工资差别会减少。极端情况下,一个低价值的工作甚至会比高价值的工作拿更多的钱,这也被称为"工资倒挂"(Hills Bergmann & Scarpello,1993)。

工资集中可以通过计算组织相邻工作(处于同一序列)的平均工资的差异来表示。这种方法需要对工作排序中相邻职位作长期的检查,长期的差距减少百分比表示工资集中的程度。比如,组织把工作从高到低进行排序如下形式:A、B、C、D、E 和 F。(A 的平均工资 - B 的平均工资)/B 的平均工资 = 差距百分比。如果这种差异长期地由 10% 减少到 2%,就出现了工资集中的问题。当低价值的工资接近高价值的工作时,处于高价值的工作的员工会觉得不公平。同样可以解释中点范围指数(在相邻工资等级中),中点范围指数的减少可能表示内部非一致性的上升。

另一种计算工资集中的方法是对一个工资等级内的差距进行检查。Wallace 和 Fay(1988)将工资集中界定为存在于组织中的问题,当大量的员工被支付同样的工资时,即使存在着大量号称能够导致工资差异的因素,如果组织采用一种规范的方法来归纳工资等级,处于中点值的员工将比高资历或高绩效的员工要多。从而得出一种计算工资集中的方法是将一个等级的员工分为两组:一组高资历、高绩效的员工;一组低资历、低绩效的员工,并计算每组的平均工资,高资历、高绩效员工的平均工资除以低资历、低绩效员工的平均工资,这种百分比会反映组织的某种关于工资集中的价值观。

(3)评估个体的公平性。

个体公平可以用以下几种方法计算(Wallace & Fay,1988)。

第一,决定等级的宽度。等级宽度(等级范围)被界定为等级最大值与最小值的差距

与最小值的百分比,其计算公式为:

$$等级宽度 = \frac{最大值 - 最小值}{最小值}$$

这种百分比会与薪酬的目的相关联,同时会影响绩效的变化。

第二,确定平均工资率,基本公式为:

$$平均工资率 = \frac{同一等级中所有员工的工资总额}{同一等级中的员工人数}$$

平均工资率与预算工资相比如何?如果高于预算,有没有合理的解释(比如高的工作绩效,需要保留核心员工)?如果低于预算,有没有合理的解释(如低的工作绩效)?

第三,确定个体公平,基本计算公式为:

$$个体公平 = \frac{工资等级的实际平均工资率}{工资等级的中点值}$$

如前所述,Compa 在 1.0 附近时表明大部分员工的工资处于工资等级的中点值。当 Compa 等于 1.0 时,需要进一步检查确定个体公平的问题是否存在。

除了计算指标外,画出工资的分布图同样有效,从标出工资等级中的工资点开始,可以首先注意那些处于工资等级顶点或底部的工资率,是不是所有处于顶点的员工都有相对的资历或绩效的优势?是不是处于底部的所有员工是由于刚接触工作或低业绩?

依据性别标出工资分布,可以获得工资支付平等的图形。如果女性的工资低于同一等级的男性,是不是由于低的业绩和资历?如不是,就可能存在歧视,应该加以消除。

除了检查工资体系的结构性特征外,还可以调查员工的反应,一个设计完好和有效的沟通的工资体系将带来员工的积极反应。如果员工的反应是消极的,它可能说明需要注意薪酬体系的结构性问题和需要更有效的沟通。

员工的反应可以通过标准化的工具和为组织设计特定的工具,比如薪酬满意度问卷(Henenan,1995),计算出员工对薪酬结构特征的反应,工作描述指数(Smithetal,1996)和明尼苏达满意问卷(Weiss,1967)都包含了薪酬部分,当然包含在一个更大范围的调查之内。Lawler(1981)同样提供了测量薪酬体系的方法。与其他评估薪酬体系的方法相比,只有员工反应测量是同步的数据。通过员工调查确认的问题需要进一步调查,确定它们的原因和影响。

员工反应同时可以在行为上得到体现,比如不满和自愿转迁、离职。不满被认为是薪酬体系的功能失灵。如同上述论述一样,对离职的原因探讨会得到关于薪酬体系效率的额外信息,这类证据也需要仔细考虑和进一步调查以确认问题是由于薪酬体系引起的。

总之,评估现有的薪酬体系的状况需要收集大量的信息和计算一些有用的指标,然而薪酬决策者,如同医生一样,在运用这些信息时必须十分细心,有必要在采取行动调整体系之前,排除可能的其他因素。

第三节　薪酬制度设计

对企业的薪酬制度进行诊断，可以为薪酬制度的设计提供依据。构建薪酬制度需要以下几个步骤：薪酬制度的诊断、形成初步方案、薪酬制度文本化、薪酬制度的试行与反馈、薪酬制度的调整、修正与推行。在这一设计的过程中，要坚持薪酬沟通，保证薪酬制度设计的顺利进行。薪酬制度的诊断在前面章节已详细介绍，在此不予赘述。

一、形成薪酬制度的初步方案

1. 薪酬制度设计的原则

（1）目的性原则。

薪酬体系的有效性体现在功能满足和系统问题解决两个方面。因此，在保证内部公平性和外部竞争性的同时，设计的薪酬体系必须要有助于人才的吸纳、保留与激励，从而达到增加员工满意度、核心员工更稳定和促进经济目标达成的目的。其中，基本薪酬最有助于吸纳员工，福利最有助于保留员工，而奖金最具激励性。薪酬设计最大的原则就是达成目的。

（2）战略性原则。

战略性原则指与业务战略和人才战略相适应的原则。这些原则是薪酬制度是否正确的基本判断标准。战略性原则需要同时满足与业务战略和人才战略的适应，业务战略指向外部客户，人才战略指向内部管理，两者促进了薪酬制度的平衡发展。

（3）适用性原则。

适用性原则指的是薪酬制度要和企业的传统和文化相一致，不能"水土不服"。薪酬制度只有在适应企业文化的情况下，才能为广大员工所接受，才能发挥其应有的作用。索尼公司绩效改革失败的案例，正印证了这一观点。

（4）参与原则。

薪酬制度不是封闭的，而应该是开放的。因为薪酬其实是交易，只关注一方是不行的，它的位置、水平等都要通过沟通来协商解决。在薪酬制度的设计中，应让员工参与其中并发表观点，从而提高员工的接受程度，确保薪酬体系的有效性。

（5）竞争力原则。

薪酬制度应在吸纳、保留和激励方面具有一定的竞争力，才能保证其有效性。

（6）简化原则。

在保证效果的前提下，薪酬制度力求简单而非复杂。一个简化的薪酬制度更能够被员工所接受，从而提高薪酬制度的有效性。

其中，目的性、参与性和简化性是这些原则中的重点。

2. 形成薪酬制度的初步方案

薪酬诊断后,就要根据问题和看法形成薪酬制度的初步方案。但问题不是体现在问卷上,也不是体现在访谈记录上,而是体现在以下几个方面:首先要建立薪酬哲学,即企业的薪酬体系遵循什么样的哲学思想?其次,根据哲学选择技术。比如,某公司的薪酬特点是基本薪酬高、奖金低,而这一结论是从两个方面得出来的:一是基本薪酬体系低会致使员工不满意;二是企业的绩效考核和奖金对绩效提升起到的作用比较小。有了这样的认识,就可以选择薪酬设计技术,例如,基本薪酬做得好一些,并用部门层面的和简单的考核方法。做薪酬设计重要的一点是不要唯技术论,而是要让技术服从于理念。到底是什么导致高绩效?这就需要分析。哲学和技术的关系是哲学先行,技术支持。

总之,根据薪酬诊断,确立薪酬哲学的理念,以理念为基础选择相应的技术,形成企业薪酬制度的初步方案。

二、薪酬制度文本化

1. 薪酬制度文本化的含义与作用

顾名思义,薪酬制度文本化就是薪酬制度的文本写作过程。通过这一过程,把与薪酬有关的事宜用条文的形式体现出来,将企业的薪酬理念、薪酬结构系统化、规范化,转化为具体的、可执行的薪酬制度。制度文本化是制度化管理的基础。

制度文本化的操作是十分必要的。从历史角度来看,中国是有着数千年专制传统的国家,专制和官本位的意识或多或少地影响着中国企业管理者的管理思维。在他们眼里,领导就是法,领导的喜好远比制度重要。由此,出口成规的非制度化管理依然顽固地存在于中国企业中,导致了决策和规章的随意性。另一方面,从企业规模和发展阶段来看,在小规模的企业中,卓越的企业管理可能只需要一、两个管理精英的口头指挥便可以完成;而当企业发展到一定阶段时,企业规模逐渐扩大,单靠一、两个管理精英是无法完成全部管理工作的,管理效率必然受到影响。基于以上理由,制定制度并将制度文本化是十分重要的步骤和举措。制度文本化有效地避免了朝令夕改的管理困境,规范了管理程序,明确了职、权、责的分配,是现代企业管理制度的一个重要组成部分。

薪酬管理制度是企业中的重要规章制度,将薪酬制度文本化对规范企业薪酬管理有着举足轻重的作用。员工凭借规范化的文本,可以了解企业薪酬的理念、薪酬结构、调薪的规则、程序等。企业薪酬必须"有法可依",薪酬制度就相当于企业的薪酬法律,一旦正式施行,所有与薪酬相关的事宜均须按照规定来执行,由此减少了随机性,增加了员工的安全感,同时也避免了很多薪资纠纷的产生。

2. 薪酬制度文本化的基本操作程式

(1) 谁来制作薪酬制度文本?

薪酬制度文本可以由企业内部人员来拟定,也可以请外部专家拟定。两种形式各有利弊。由企业内部人员来拟定文本的优点是能够节约成本,并且内部人员对本企业的情况更为了解,草拟文本时针对性较强;由于薪酬制度的文本涵盖了企业中与薪酬相关的方方面面,所以这种方式要求拟定文本的工作人员具有与薪酬相关的较完备的专业知识,这样在理解上和表达上都会更加准确。外部专家通常有具备相关专业知识的优势,制作的文本专业化程度可能会更高,但鱼和熊掌不可兼得,企业必将为之付出相对较高的成本,且更为重要的是,薪酬制度的保密性可能因此大大降低。

当然,企业也可以采取以上两种方式相结合的办法来拟定薪酬文本。具体如何操作还需要企业根据自己所拥有的专业人员的素质高低以及支付能力的大小等来确定,没有固定的模式,不可一概而论。

(2) 文本拟定过程的民主化。

文本拟定的过程必须是民主的,如果民主程序缺位,很容易造成员工的不满,得不到员工的认同。这种民主程序也应当作为一种制度确定下来,因为如果把薪酬制度化仅仅理解成薪酬制度的文本化是狭隘的,它还包括一种制度化的管理,而民主制度是其中极其重要的一个方面。

制度的制定最终是为了施行,一个科学合理的、广为认同的制度才能够顺利执行。这就要求制度符合企业的实际,反映员工的要求。为此,在制度文本拟定的过程中应该与各层次员工充分沟通,征求其意见和建议;或者直接选出员工代表加入文本拟定小组,全程参与拟定工作。文本拟定过程的民主化程序会使薪酬制度更容易获得企业内部的合法性,减少制度执行的障碍是薪酬制度化的必要环节。

(3) 制度文本的结构。

企业的薪酬制度应该如何来撰写并没有一定之规,一般来说,企业的薪酬制度文本应当包括以下几个部分:

① 总则:表明企业薪酬制度的指导思想、制定原则、制度依据等。
② 薪酬构成:表明企业发放的薪酬主要包括哪些部分。
③ 基本工资的支付标准、支付范围、支付时间(周期)支付方式。
④ 奖金的奖励标准、奖励范围、奖励发放的时间(周期)和支付方式。
⑤ 福利的发放标准、发放范围、福利发放的时间(周期)和发放的方式。
⑥ 附则:其他应说明的问题。

三、薪酬制度的试行与反馈

1. 薪酬制度的试行

为了检验薪酬制度在实际操作中的可行性和有效性,在薪酬文本拟定之后要有一个制度试行的过程。制度试行是一种试错的方法,在试行中不断搜集反馈信息,及时发现问题,以便对薪酬制度进行调整和修正。

(1) 选择试点。这实际上是要框定试行的范围,试行范围选定的合理与否会影响到反馈的有效性、制度试行成本以及将来推行制度的效果。如果企业规模较大的话,制度的试行可以选择在企业的某一事业部中展开。这样既可以通过实践来检验制度的施行效果，也可以避免因为贸然全面推出新制度而导致的员工情绪波动，大大减少了企业因为不适应该制度而导致的损失。小规模范围内试行的最大好处就在于风险规避，它将或有的损失降到最低限度，并且有效地控制了试行成本。

（2）试行推进的组织。在制度试行阶段，企业可以成立一个试行委员会。该委员会是一个临时性的组织，由各个部门或层级抽调上来的员工组成。委员会首先负责在制度试行之初向员工解释制度文本的各项条款，让员工明晰自己权、责、利的状况，使他们对新制度有一个更好的理解。这是制度试行后沟通的第一步。同时，委员会还负责监督制度的执行和搜集各方反馈信息的任务，这为反馈信息的获得开辟了良好的通道；另外，委员会成员对本部门或本层级的工作较为熟悉，这为反馈信息的分析提供了便利。

（3）试行周期安排。一般来说，在制度试行时应该合理地安排试行时间。时间过短则可能达不到试错、纠错的效果，时间过长则试行成本往往会增加，也不利于制度出台的时效性。通常，企业某项职能制度的试行期不少于3个月，不超过6个月。这其中还应该安排好修正调整的阶段性时间点，保证在这些点上的"认同"或"否定"，以有效的试行过程保证制度修订的推进。

2. 反馈信息的搜集

制度试行的一个重要活动是收集反馈信息，而反馈信息正是进一步完善制度的主要信息。反馈信息分为企业外部反馈和企业内部反馈两个部分。反馈信息的分析要分别从这两个角度出发来展开。

企业外部反馈是指社会各方面及法律、政策对新制度试行的反应。委员会成员必须关注新制度执行时是否符合法律，是否合乎国家政策，社会上有哪些对该制度的评价。企业内部反馈是指新制度执行后在企业内产生的效应，这个效应可能是正面的，也可能是负面的，主要从员工个人和企业整体两个层面来考虑。

个人层面上的反馈主要指员工对新制度是否感觉公平，满意度是否提高。满意度是否提高是一个纵向对比的过程，可以通过员工满意度调查来操作。当然，也有很多其他获得反馈的方式，如可以通过员工申诉程序来获得信息，建立一个网络平台及时与员工进行互动式交流也是方式之一。无论采用哪种方式，反馈渠道的开辟都要本着便于员工发言的原则来进行，只有员工敢于、乐于给予反馈，这些反馈渠道的设置才是有意义的。

企业层面的反馈主要考虑成本和效率。我们要问这样的问题：新制度实施后企业是否能够有效地控制工资成本？是否能有效地留住员工、激励员工？员工的流动率、缺勤率、生产率等指标分别有哪些变化？这些结果的获得主要依赖于各个部门提供的信息回馈。

经过了各个角度、各个层面的反馈搜集，企业已经基本掌握了新的薪酬制度试行的效果，在接下来的步骤中，企业将对这些结果进行分析，从而找出对薪酬制度调整和修正的着力点。

四、薪酬制度的调整、修正与推行

1. 一般性的调整要求

通过试行和反馈收集之后,就需要对薪酬制度文本进行调整与修订。一般来说,对薪酬制度进行调整与修正包含以下几个方面的要求:

(1) 对一些条目或具体设计的保留与删除。

(2) 对一些决定保留的条目或具体设计进行调整,比如在一些量的界定上的调整等。

(3) 增加一些在试行过程中获得的新意见和新条款;在文本撰写时可能没有考虑的地方应该加入制度中去。

(4) 对一些当前难以解决的问题,可以在制度中作出说明。

2. 制度调整的基本原则

(1) 战略性原则。

薪酬制度是基于战略的,故调整时仍然要从战略出发,重新用战略的眼光来审视制度的各个环节,修正与战略相背离的部分。

(2) 针对性原则。

调整过程要针对反馈意见,有的放矢。

(3) 随机性原则。

在新制度试行过程中,有可能受到各种意料不到的随机因素的干扰,新制度要尽善尽美,就要根据这些随机因素产生与变化的偏差,采取随机变化的调整修正措施,随机地对制度进行调节控制,以变应变。

(4) 及时性原则。

及时性要求制度推行负责人要善于及时发现制度试行过程中所出现的各种问题,并在此基础上进行实时调整修正,也就是要及时应变。一般来说,为了保证制度推出的时效性,可以固定反馈的最大次数或修订次数,它就相当于规定了一个时间底限,不能超出这个底限推出制度,到时哪怕仍有一些未能完全认同的条款也要当作正式条款施行,以待在下一个调整期内进行再修订。

(5) 适度性原则。

为了对制度进行有效的调整与修正,还必须对制度试行过程中反馈出的问题和出现的偏差作具体分析,准确判断这些问题的性质、大小以及制度本身偏差的方向与强弱。以此为依据,实施相应程度的调节,才有可能做到既不出现"过度",也不出现"不及时",从而防止试行和反馈副作用的发生。

(6) 沟通原则。

在制度调整与修正的过程中,应当与下级员工进行充分的沟通,只有这样才不至于越调越乱。试行和调整的过程从某种意义上来说就是一个充分沟通的过程,它的意义不仅仅在于如何将制度从内容到表达都修订得天衣无缝,而同时也是一个通过沟通来进行宣传、宣导和引导的过程,从而有利于制度下一步正式实施的顺利推进。

3. 推行实施与持续调整

经过试行和反馈调整,制度基本成熟,人员也基本了解接受之后,就可以正式公布推出该制度了。企业的薪酬制度一般可以由主管人力资源的企业高层来主导推出,人力资源部门作为最主要的主导实施部门。

新的薪酬制度在实施过程中要注意强制性与灵活性相结合。所谓强制性,是指薪酬制度的实施方案一经确定,任何部门或个人(尤其是财务部)未经制度实施负责人同意,不得擅自更改内容或产生抵触行为,以多方的协调一致保证新制度的落实及对战略支撑这个目标的实现。所谓灵活性,是指在全面推行薪酬制度的过程中,要及时根据战略的调整和环境的变迁对薪酬制度进行灵活的变革。

薪酬制度的实施主要包括以下几个方面的内容。

(1) 薪酬制度执行组织和人员落实。

任何制度最终都要通过人去实施,因此确定制度实施的组织和人员是制度实施的基础。薪酬制度历来敏感,它的实施需要得到最高级领导的充分认同和部门领导的强力支持。其中,薪酬项目专家组、HR部门与财务部门要做好充分的沟通,成为专门的制度实施团队。

(2) 物资统筹。

任何一项制度的推行实施,无论规模大小、内容多少和时间长短,都必须有一定的经费和物品作保证,否则便无法进行。在薪酬方案的实施过程中,诸如工资档案的改版、聘请专家对员工进行制度诠释、财务部与各部门的联络、文本印刷、工作人员的工资补贴及各种公关费用等都需要一定的开支的,因此要有一定的经费保证。

(3) 思想宣传。

要成功地实施方案,必须以舆论为先导,即要向员工讲清新制度实施的道理所在,让员工明白新制度的合理性,以求得共识与支持。新的薪酬制度出台后,对于加薪的员工自然是一件好事。但难的是对于保持原水平的员工,甚至降薪的员工,心理上自然会产生抵触情绪。如果不能很好地化解员工的心理抵触情绪,薪酬制度的实施在员工心中就会变质,最终使本来很好的制度以失败告终。

为此,需要高层与基层的充分沟通,需要在全公司宣讲企业战略、宣讲新的制度,必要时,还需要聘请专家对员工进行思想方面的培训。

(4) 实施过程的监控。

在制度实施过程中,制度实施负责人和制度制定者要对实施过程进行监控,以发现制度实施过程中出现的偏差与问题,以便及时采取措施纠正出现的偏差或解决问题于萌芽之中,从而防患于未然。

(5) 信息沟通。

信息沟通是指在制度实施过程中,制度制定人、实施者要与制度触动的利益相关者就实施过程出现的各种情况进行交流。成功的信息沟通可以避免制度实施中各方互相猜疑,创造一个良好的认同氛围,使"基于战略的薪酬"观念深入人心,从而达到减少抵触、保证效果的目的。

(6) 协调。

协调是指引导、调整制度实施组织内、外各方关系并使之达到有效的配合。协调主要包括情况协调、力量协调、利益协调和认识协调四种。情况协调主要解决制度实施进度的快与慢,规范实施与非规范实施方面的问题。力量协调主要解决物资使用方向与使用比例方面的问题。利益协调主要解决全局战略利益和局部财务利益、集合利益与个人利益的矛盾。认识协调主要解决人们对新制度的理解参差不齐,甚至产生抵触情绪的问题。

(7) 工作指导。

工作指导是指制度制定者为了帮助制度实施、澄清模糊思想认识、明确工作目标与策略、指正工作方向、传播基本的工作技术和方法,或者用自己所掌握的有关全局性的情况及创见启迪执行团队的思维。

(8) 组织指挥。

组织指挥是指制度实施负责人通过行政命令和指示等方式,通过对实施活动的调控和安排来保证新的薪酬制度的落地。

(9) 工作控制。

工作控制是指制度实施者负责保持实际推行工作和制度初衷一致性的管理行为。它的主要内容包括控制制度实施工作的进度、工作的质量、实施的方向、实施的手段、横向关系的配合、所付出的代价大小等。

特别要强调的是,薪酬制度同其他大多数制度一样,甚至比大多数制度更具有变动的敏感性,它不是那种"一推出就完成了"的东西,而需要保持一定的变动性,在推行过程中保证持续的调整。各种因素(包括企业内部经营状态的变化以及社会经营、货币等运行状态的变化)都会对薪酬制度产生影响,一般说来,薪酬制度需要在以下几个方面保持持续性的调整。

① 奖励性调整。又称功劳性调整。使用的时机一般是在员工作出了突出的成绩或重大的贡献之后。目的是为了使他们保持这种良好的工作状态,并激励其他员工一起努力,向他们学习。奖励的方法形式多种多样,有货币性的,也有非货币性的;有立即发放的,也有将来兑现的;有一次性支付的,也有分批享用的。

② 生活指数调整。这是为了补偿物价上涨对员工造成的物质损失。企业要根据一定的物价指标,建立薪酬与物价挂钩的指标体系。在保持指标体系数值稳定的同时,实现薪酬对物价的补偿。但在设置指标时,要注意指标的"时滞"性问题,即加薪总是跟在通货膨胀后面跑的,所以它们之间总会有一定的差距。指标体系设置的好坏,决定了这个差距的大小。

③ 效益性调整。顾名思义,就是在企业效益上升时对全体员工作出等比例的奖励,类似于不成文的利润分享制度。但它对员工的激励作用是有限的,特别是为企业发展作出巨大贡献的关键员工,他们的积极性会因为这种平均化的分配而大大受挫。

④ 工龄调整。这是薪酬结构比较稳定,特别是薪酬体系中包含了年功工资的企业所采用的提薪方式。它的激励原理是,把资历和经验当作一种能力和效率,并予以奖励。因此,随着时间的推移和员工在本企业连续工龄的增加就要对他们进行提薪奖励。这也可

以促使员工对企业长期忠诚。

当然,除了这些一般性的调整之外,对于薪酬制度在企业运行实践中出现的新问题也必须不断获得解决与改进,也就应该不断地对薪酬制度进行相关的具体调整。这样,"薪酬问题的诊断分析、制度文本化、试行与修正、推行、新问题分析及再调整"的流程就形成了一个薪酬制度管理的闭环。

第四节 薪酬制度执行

一、薪酬制度执行的重要性

薪酬制度的设计固然重要,但薪酬制度的执行也不容忽视。"三分设计,七分执行",即使是一个设计完美的薪酬制度,如果得不到有力的执行,仍然不能发挥作用。

薪酬制度一旦制定,就应该严格执行。这样才能够保证制度的权威性并最终将企业的薪酬理念和薪酬战略落到实处。

所谓的严格执行不仅仅是指刻板地执行薪酬制度的条条框框,而是应该建立在充分与员工进行沟通、交流的基础上。任何制度只有在充分沟通的基础上才有可能成为好的制度。在薪酬制度的执行中,企业必须做好与员工的沟通和必要的宣传,通过沟通向员工阐明薪酬制度设计的依据,尽可能地得到员工的理解与满意。同时,也可以让员工了解企业的意图,使薪酬制度更好地发挥其激励作用。

薪酬体系的执行包括三个方面:一是落实,简单来说,落实是说到做到,是管理风格问题。管理的威信在于制度的落实,激励的效果很大程度上来自员工的信任,对领导在利益分配上的信任和对制度落实的信任。二是对制度的修正与调整。制度是在执行过程中才发现有问题的,要及时发现问题并改正错误。没有有效的执行就没有有效的决策,很多事情都是慢慢摸索着前行的,并不是一开始就什么都想好的,执行是对短期决策进行调整与纠正的过程。执行是决策的验证机制和纠偏机制,同时是决策取得结果的机制。没有有效的薪酬执行就没有有效的薪酬决策。三是需要发挥与执行相关的人员的作用,要充分发挥直线经理的作用,使之有用武之地。执行包括以上三个方面,执行在某种程度上决定了薪酬制度是否成功。

二、薪酬制度执行要点

1. 直线经理在薪酬制度执行中的作用

在薪酬制度的执行中,直线经理最了解基层情况,可以给出更精确的建议。直线经理在薪酬管理中的作用有三个方面:在薪酬管理过程中承担哪些职责?如何去承担职责?要具备哪些资格才能去承担职责?也就是说,直线经理应该做什么?怎么做?应该具备什么能力?

先看直线经理在薪酬管理中应该做什么。直线经理应该有建议的权力,有微调的权力。例如,IBM 公司的绩效加薪是由直线经理决定的,这样可以让直线经理有权威。管理过程中的重要问题是有责无权,薪酬建议权和薪酬决定权就是重要的权力。另外,薪酬是一个整体,要变传统的货币报酬思维为整体报酬思维。在总体薪酬的构架下去思考,直线经理可以为下属提供绩效指导,为团队创造良好的工作氛围,让公司成为最好的工作场所。要在总体薪酬框架下思考直线经理人的职责,具体有以下几个方面:一是在实施总体薪酬方案时起的作用,二是沟通总体薪酬方案时的作用,三是对基本薪酬是否增加的沟通,四是对奖金的沟通,五是对员工福利的沟通,六是给员工进行绩效指导和提供反馈,七是员工晋升等。直线经理的职责包含了广泛的范围,包括货币薪酬和非货币报酬,方法论是要在总体薪酬框架下思考。一般而言,直线经理的职责主要有:一是薪酬建议权;二是部分薪酬决定权;三是学习与成长方面,直线经理的作用主要体现在非货币报酬方面,帮助下属成功;四是创造好的工作氛围和工作环境,让员工满意。

其次,如何创造条件?直线经理要发挥作用,企业首先要创造条件。主要包括以下几点:一是明确一种理念,即薪酬管理不仅是人力资源部门的事情,而是与所有管理相关者的事。二是在相应的管理者之间进行理性的分权,如人力资源的权力、业务单元领导的权力、直线经理的权力等。所以,首先要培养薪酬管理与所有管理者相关的意识,二是要进行分权,三是在人事部门和直线部门之间建立沟通机制,四是建立有效的授权机制。

最后,直线经理具备什么资格可以被授权?一是责任心,二是能力,三是公正。不公正就会滥用权力。责任和公正是靠选拔来实现的,与招聘有关;能力是可以培养的,与培训有关。责任和公正没有问题,即使能力有所欠缺也是可以被授权的,因为可以通过授权让其有机会去提升自己。

2. 员工参与在薪酬制度执行中的作用

组织战略目标的落地和薪酬制度体系的执行都需要转化成组织期望的行为,才能够发挥其作用。Kaplan 和 Norton(2005)发现一个令人担忧的事实:95%的员工没能意识或理解组织战略,这就意味着组织战略无法实现。每个员工都期望得到回答的基本问题是今天你想让我做什么?继而的另外三个问题是你希望我如何去做?我做得怎么样?对我有什么好处?领导者需要指导员工的行为,使员工参与进来,才能够使制度落地。

通过与员工清晰沟通组织期望行为,提供及时的绩效反馈,持续传递匹配强化、认可和报酬,组织可以使薪酬制度对那些执行者来说变得有意义、有解释力。反过来,员工被授权并且有能力、积极地达到组织目标。

第五节 薪酬沟通

一、薪酬沟通的特征

薪酬沟通是指为了保证企业薪酬战略目标的实现,管理者与员工之间有目的、有计划地通过某种途径或方式就薪酬战略、薪酬体系设计、薪酬政策等相关薪酬信息进行相互传递并获取理解的过程。在这一过程中,企业需要与员工进行全面沟通,让员工充分参与,促使他们正确地理解企业的薪酬体系所要传达的信息以及鼓励的行为、态度和绩效结果,并形成意见反馈,再进一步完善体系;同时,员工的情感、思想与企业对员工的期望形成交流互动,相互理解,达成共识,共同努力推动企业战略目标的实现。

通常来说,薪酬沟通具有以下特征:

1. 强激励性

在企业薪酬制度的设计、执行与反馈过程中,与员工进行实时有效的薪酬沟通,避免了信息沟通不畅所产生的"误会",有助于增强员工对组织的信任感和忠诚度,提升员工的满意度。与此同时,薪酬沟通便于组织向员工表达承诺,在一定程度上能够帮助员工更好地理解企业的薪酬体系所要传达的信息以及鼓励的行为、态度和绩效结果,驱动组织绩效,增强员工的责任感,使员工能极大地调动其工作积极性。

2. 互动性

薪酬沟通是一种双向沟通。企业管理者不仅把有关薪酬信息传递给员工,员工把对薪酬管理的满意或不满意以及不满意到底是在哪些方面、对薪酬管理的建议传递给管理者,进而为制定新的或改善现有的薪酬体系打下基础,从而形成一种良性互动。

3. 公开性

薪酬沟通使企业薪酬制度公开化、透明化。每个人可以知道他们想知道的关于薪酬的一切。在很大程度上降低了员工的顾虑,营造出公平、公开的工作环境。

4. 动态性和灵活性

面对随时变化的市场环境,企业的薪酬制度需要随时根据外部和自身环境的变化作出调整,相应地,薪酬制度也必须顺应变化,不断做出调整,成为维系企业和员工间心理契约的纽带。

二、有效的薪酬沟通的意义

在薪酬制度设计的过程中,有效的薪酬沟通尤为必要。企业之所以会经常面临许多人力资源问题,很大程度上是因为员工没有充分理解企业的薪酬制度。薪酬沟通最重要的目的是让企业员工更好地理解和接受企业的薪酬制度,避免员工认为企业的薪酬制度毫无道理的状况。

从理论的角度怎么认识沟通的重要性?在此之前,需要思考管理的基本原理是什么?根据管理学历史的演变,管理理论可以分为很多流派,其目的都是为了探讨管理的基本原理。例如,科学管理学派的代表人物泰勒就把人看做机器,他认为每一件事都有最有效的实践,让员工的每一个动作都不浪费,才能产生最优结果。行为学派的管理原理则是通过员工满意,发挥员工潜能。浪费和员工潜力发挥是管理的两面。还有的学派认为,管理是动员一切资源达成目标的过程。现代管理学之父德鲁克曾经说过,管理是确定任务和完成任务的过程,其中任务是目标,完成任务是手段。经过多年的理论与实践研究,笔者认为管理有三个基本元素:一是决定做什么事?二是用什么方法去做这件事?三是在什么样的人际关系范围内做这件事?决定做什么事遵循的是价值原理,用什么方法做事遵循的是效率原则,关系应遵循的是和谐原则。管理三件事(任务、方法和关系)分别遵循三个不同的原则(价值原则、效率原则和谐原则)。人是复杂的,人组成了社会,社会运行原理和经济运行原理是不同的,因此和谐才是方法。从某种程度上说,和谐短期内可能会损失效率,但长远来看一定会促进效率,因为和谐是效率的环境因素。而为了达成和谐,沟通是一种最为重要的途径。薪酬制度在维护各方利益相关者和谐发展时,必须进行薪酬沟通。

从现实的角度来看,薪酬沟通也具有十分重要的意义。具体来说有以下几个方面:
- 驱动组织绩效;
- 使企业目标与员工个人工作结果保持一致;
- 明确雇员与雇主之间的关系,加深员工对企业的理解,提高员工对组织的信任感和忠诚度;
- 相互理解与尊重;
- 为管理者和员工之间的信息共享提供了可能。

三、薪酬沟通的内容

薪酬沟通的内容包括哪些呢?毋庸置疑的是,在薪酬设计和变革的过程中,要保持员工的参与性,要和员工适时地进行沟通,以确保薪酬制度体系的接受程度和有效性。此外,在日常的工作中,大多数员工都想知道下列薪酬问题(Henderson,1989;James,1992):
- 下一次什么时候发工资?
- 什么时候最可能涨工资?
- 提升工资有什么标准?
- 对休假有什么资格要求?
- 多长时间才能第一次休假?
- 有多少带薪假期?有资格要求吗?
- 提升的标准是什么?
- ……

以上是1992年在美国的统计结果。在本书作者看来,薪酬沟通的内容主要包括以下几点:首先,薪酬的构成。员工应知道其薪酬包括哪几个部分,每个部分包含哪些内容以及各部分的额度等。第二,薪酬的依据。基本薪酬的发放依据是按照工龄、学历或是其他?奖金的发放是依照销售额还是其他哪些指标,都应该为员工所知晓。第三,薪酬调整政策。基本薪酬的涨幅、福利项目及水平的调整,都应为员工所知晓,做到制度上的公开和透明。

对于个人的工资水平是否保密,也就是是否采用"密薪制",不同的公司有着不同的做法。密薪制是指企业中员工的工资水平是互不公开的,企业内部也不得互相询问。选择密薪制有如下原因:(1)薪酬涉及个人隐私,与个人财产安全相关;(2)密薪制可以减少员工的不满与感知到的不公平性,可以避免一些冲突,避免员工满意度的降低;(3)密薪制使薪酬的发放便利、灵活;(4)密薪制促使员工不过多地关注薪酬,能够更好地投入工作。密薪制也有如下缺点:一方面,因为不公开的原因,员工会对薪酬的合理性产生质疑,不利于员工的公平感;另一方面,在某种程度上,了解薪酬是员工的权利。

本书作者将密薪制概括为"制度公开,发放秘密"。虽然密薪制有利有弊,目前的情况是它被更广泛使用。

更进一步地讲,激励源于信任,比密薪制更重要的部分是信任。如果说员工相信他作出任何贡献领导都看得见,相信领导对看到的任何贡献都会给予相当的激励,这比是否实行密薪制更加重要。

四、薪酬沟通的步骤

美国薪酬协会对薪酬沟通的步骤进行了描述,认为企业在进行薪酬沟通的过程中,可以遵循以下八个步骤。

1. 分析现状

有效的薪酬沟通计划的第一个关键步骤是评估企业的现状,即分析目前企业的整体状态。首先要确定企业需要与员工沟通什么;其次通过进一步地发掘,分析企业目前所面临的机遇与挑战;最后确定薪酬、福利和人力资源项目变革中哪些是具体需要沟通的事件。分析时需要从战略问题和战术问题两个视角来思考问题。

分析情境中需要思考的战略问题是:
- 为何要实施变革?
- 谁是变革的支持者?谁是反对者?
- 谁需要参与到变革的沟通当中?
- 我们的机遇有哪些?
- 阻止成功的潜在障碍有哪些?
- 变革被接受的主要挑战在什么地方?
- 其他影响情境的组织性因素有哪些?

分析情境中需要思考的战术问题是:
- 此次变革的内容是什么?
- 什么时候变革才会显现成效?
- 谁会受到变革的影响?
- 此次变革怎样影响那些老资格员工?
- 这些受到影响的员工在哪里办公?
- 变革会影响的其他项目有哪些?

2. 确定沟通目标

构建一个清晰可行的目标对于薪酬沟通来说是至关重要的,否则,沟通计划就会失去方向,难以持续地实施。任何目标的设定都需要遵循 SMAAR 原则,薪酬沟通的目标也不例外。具体来说,SMAART 原则是:

- 具体的(Specific);
- 可衡量的(Measurable);
- 可获得的(Attainable);
- 因受众而异(Audience-specific);
- 相关性(Relevant);
- 与业务挂钩(Tied to business)。

目标并不仅仅只是用来指导薪酬沟通的开展,它也是衡量薪酬沟通内容、设计和实施是否有效的一个关键性指标。

3. 受众分析

了解受众需求,就可以根据不同的需要进行信息匹配。具体来说,在进行沟通活动之前,应该先判断受众的经验范围,这样可以避免可能扭曲信息和造成消极影响的干扰因素。通常情况下,计划或者项目的设计无法改变,但是沟通者可以采用一些信息素材,使员工了解变革什么、变革有哪些影响,以及他们应该采取什么行动。

表 6-6 可供判断受众"经验范围"的问题

- 你的受众是谁?(例如,社会经济背景、文化背景、母语)
- 员工对目前薪酬、福利和工作体验项目的理解是怎样的?
- 这个项目与公司文化的理念的契合度怎样?
- 这个项目与你的整体薪酬项目的契合度怎样?
- 管理者是否拥有足够的知识和技巧来传递信息?
- 员工是否了解公司对自己的期望以及自己行为与公司目标之间的关系?
- 员工是否清楚地理解绩效与薪酬之间的联系?
- 高级管理者如何看待整体薪酬沟通?
- 公司希望员工如何看待企业?
- 员工关系氛围如何?
- 还有哪些必须关注的事件或者情形?

资料来源:《整体薪酬手册》,第 58 页。

沟通需要根据特定的对象进行定制。随着时代的变化,劳动力逐渐呈现出多元化,年龄、经验、语言和文化背景的差异也逐渐显现出来了。例如,在研究员工的代际问题之后,可以对年轻的员工和年长的员工采取不同形式的沟通方式,这样往往可以使员工更好地了解企业所发生的变化,减少沟通方式不适所带来的阻碍,事半功倍。企业针对代际差异的员工实施薪酬沟通时所要考虑的问题可以参见表 6-7。

表 6-7　沟通对象代际研究举例

代际	职业生涯关键词	工作的核心价值观	关键动机	沟通方式	工作环境
老一辈人（生于1909—1945年）	● 奉献与自我牺牲 ● 经验是最好的老师	● 服从权威责任	尊重经验	● 正式和书面的沟通方式	● 团结一致的团队 ● "我们是最好的"心态
婴儿潮（生于1946—1964）	● 工作固定 ● 工作狂 ● 竞争	● 个人成长与参与机会	● 感到自身是有价值的、被需要的	● 面对面的沟通方式	● 成功是可见证的（例如奖章、证书等）
X代人（生于1965—1979）	● 关注工作与生活 ● 不会完全顺从领导 ● 自主决策、评估风险、应对逆境	● 兴趣 ● 非正式 ● 合同制	● 自主权	● 直接且迅速的方式	● 喜欢能够解决问题的团队 ● 倾向于避免困难而不是主动解决
Y代人/千禧时代（生于1980—2000）	● 希望与上级建立长期关系 ● 职业动机降低，倾向更多的家庭时间 ● 降低压力 ● 灵活与坚持	● 社会化 ● 达成目的	● 与聪明、有创造性的人一起工作	● 语音通知或者电子邮件	● 渴望自由安排工作 ● 重视工作结果 ● 熟练于社交和团队活动

受众调查可以在沟通活动之前或者之后进行。了解受众以及他们的参考框架对于以下方面有着十分重要的影响：

- 识别新计划或者新项目的关键吸引力，了解在沟通中应该强调的特征；
- 确认员工认为重要的信息；
- 预见一个可能的方案，确定其风格和语气是否合适；
- 确定员工接收重要信息的效果；
- 在事情变得严重之前，发现问题点、不衔接的地方以及缺陷；
- 确定细分受众所需要的特殊沟通信息；
- 为之后的分析设立一个标杆。

最佳的受众研究会产生两种反馈，分别是定性反馈和定量反馈。定性反馈有助于企业找到沟通对象态度存在的原因。根据调查的结果，可以就如何增强沟通对象的积极态度和减少消极态度作出相应的措施。定量数据的来源主要有领导者、跨职能小组、个人访谈和小组讨论。定量反馈可以帮助企业统计确定持有支持、反对或者中立态度的员工的数量，并且可以进一步分析那些特征相同的员工所持有的态度是否相同。获取有效的定量数据的关键在于能否设计出一系列顾及员工情绪且便于理解的问题，同时还要保证被调查的对象能够诚实回答。

4. 确认关键信息

当确定沟通目标之后，应该确定关键信息，如表 6-8 所示。关键信息将沟通的内容和目标联系在一起。即使是有限的沟通活动，确定主题也十分重要，它可以影响员工的态度、吸引员工的注意，帮助员工增进对整体薪酬计划的认可，从而使活动达成其目标。

表 6-8　关键信息举例

提升 401K 计划参与度的关键信息：
- 对于你未来的财务规划而言，为退休后进行储蓄显得非常重要；
- 税前缴费可以比退休储蓄方式留下更多钱；
- 401K 计划可以减少每年年终必须缴纳的个人收入所得税；
- 利用公司的匹配缴费将会导致金钱得到最大化利用；
- 没有其他计划会给你的缴费配套 25%—100% 的缴费比例。

提高"公平报酬"认知的关键信息：
- 雇主和员工都能够从公平报酬中获益；
- 公司提供实质性的资源来达到报酬公平；
- 公平报酬既是主观的，也是客观的。在个体的感知中是主观的，但在宏观上看是客观的；
- 公平取决于你对公平的看法。

这些主题应该：
- 与沟通的信息匹配；
- 与计划背后的战略联系在一起；
- 充当标志和纲领；
- 为活动确定内容和基调；
- 设定关键信息的框架；
- 成为人力资源和公司品牌的补充。

有效使用主题的途径包括文字和图表。例如，有一些公司使用"工作的绩效"这个短语来作为整体薪酬计划或其中某一个元素的标识。

"工作的绩效"是一个很好的主题，因为它同时确定了几个积极的信息，包括：员工的绩效对于公司来说意味着什么？公司的绩效对于员工来说意味着什么？员工如何才能得到公司提供的报酬？

像"工作的绩效"这样的主题甚至可以发送这样的信息，那就是雇主已经实行了这个计划，所以员工不需要担心工作经验、退休储蓄或者照顾家庭等问题，从而将注意力集中到工作上。

5. 选择沟通渠道

媒介可以定义为"沟通的助推器"，它包括书面、口头和电子工具。为了设计一个成功的沟通计划，应该在信息、媒介和主题等方面进行创造性的思考，将组织和受众的需求纳入考虑范围之内，并根据信息的性质选择好沟通媒介，与主题保持一致，传递相关信息（见表 6-9）。

表 6-9　沟通媒介选择必须考虑的问题

受众：
- 文化；
- 语言；
- 教育水平；
- 接收方式偏好；
- 过去喜欢的媒介；
- 法律要求。

组织：
- 预算；
- 时间和资源。

信息：
- 紧迫性；
- 私密性；
- 复杂程度。

在多元化的今天，单一的沟通渠道已经无法满足组织的需要了。最好的沟通活动是在一段较长的时间内，使用不同的方法传递多元的信息。使用多种渠道加强信息传递，确保计划得到全面的理解。沟通媒体的类型详见表 6-10。

表 6-10　沟通媒体的类型

视听	<ul><li>活动挂图</li><li>投影片</li><li>幻灯片</li><li>电影</li><li>录像带</li><li>录音带</li><li>电话会议</li></ul>
印刷资料	<ul><li>小册子</li><li>宣传册或者手册</li><li>员工实时通讯或者其他出版物的文章</li><li>信件</li><li>备忘录</li><li>新闻简报</li><li>总结计划描述</li><li>薪酬手册</li><li>支票附页</li><li>个人整体薪酬描述</li><li>海报</li><li>广告牌</li><li>问答专栏</li><li>回答卡</li><li>特殊兴趣布告</li></ul>
个人	<ul><li>大会议</li><li>小聚会</li><li>一对一咨询</li><li>经理会议/员工会议</li></ul>

（续表）

电子	- 个人电脑互动计划 - 电子邮件 - 资讯站 - 语音邮件 - 电话会议 - 个性化的整体薪酬描述 - 因特网 - 内联网 - 多媒体

6. 发起沟通行动

现在应该将那些收集的数据整理成文，并把关于这些内容的决策整合进项目计划。项目计划是管理沟通活动的重要工具。首先要创建项目计划，项目计划开发完成后，就应该考虑发起沟通时的其他问题了，包括预介绍、发布、巩固等。

创建一个项目计划需要：
- 总结整理已有的发现，记录现状分析、沟通目标、目标受众、关键信息和将会用到的沟通渠道等；
- 将行动时间具体化，确定任务和行动，包括谁来负责这些行动以及完成的时间框架；
- 将成本估计具体化，估计项目设计和推行的成本、描述预算细节、概要描述可能的外包方法；
- 将项目评估具体化，评估计划应该包括用来评估项目是否已经实现其目标的步骤。

（1）预介绍。即确定如何引导沟通并获得支持。在预介绍中应该思考的问题包括：
- 创意一个激发好奇心的广告，它是活动的一个部分，能够在已经选择的主题中激发受众的兴趣。
- 将广告放在新闻通讯、备忘录和电子邮件中；
- 邮寄明信片广告；
- 摆放海报；
- 谁需要提前知道沟通的细节；
- 获得高级管理层的批准；
- 向高管层简要汇报，并获得支持，为主管提供问答手册；
- 开展培训者培训活动，使人力资源人员和一线经理能够回答员工所提出的的问题；
- 确定在预介绍中如何获得员工的反馈。

（2）发布。具体确定信息如何沟通以及目标如何达成，此时应该考虑以下因素：
- 沟通材料和沟通渠道的类型。事实上，在第5步时作的决策考虑不仅应该包括是什么的问题，还应该包括"谁"来沟通规划细节；
- 有助于首次展示的关键沟通者；
- 配送；
- 时间或日期；
- 质量控制；

- 获得员工初始反应的反馈。

(3) 巩固。确定信息向受众阐述或者强调的方式。
- 如何从员工那里获得反馈。

7. 执行沟通行动

执行沟通行动环节需要以下几个步骤。首先需要介绍你的信息：
- 确定谁需要在全体员工之前提前了解信息(例如,人力资源经理、直线经理、服务中心代表)；
- 建立信息中的兴趣点；
- 在信息发布之前进行理解度的测试；
- 开发信息的主题；
- 确定组织需要为信息搭配的其他内容。

信息发布的基础应该包括：
- 确定谁来传递信息；
- 传递的时间；
- 传递过程中的质量控制；
- 主题介绍；
- 信息传递。

在基本信息发布之后,推行环节的最后一步是沟通,一般是通过非正式网络、强制的或者自愿的员工反馈、信息强化等方式完成。这些步骤通常是一个连续的循环,特别是当信息比较复杂的时候,你需要提早决定,你的计划如何通过重复和解释的方式来获得强化。

8. 评估沟通

就像受众调查在沟通活动设计阶段的必要性一样,它在评估阶段同样非常重要。通过问卷、焦点小组、面谈以及公司非正式网络等方式获取员工的反馈,在适当的时候,还可以比较特定员工沟通前后的反应。

通过研究沟通内容是否已经被受众接受和媒介是否合适等问题,可以确定沟通战略的效果。

根据 SMAART 原则,评估沟通目的是否已经达到。如果 SMAART 原则没有达到的话,需要分析活动的不足之处,例如,沟通定位不准、媒介选择不当等。

通过解决员工问题或者澄清误会的方式,沟通活动可以得到调整。例如,一个可以接收问题并加以解答的网站,或者一个员工可以免费拨打的电话。通过评估员工的理解程度,可以对内容进行部分修订,以更好地向员工解释和强调那些员工难以理解的地方。

通过增加员工对于公司和薪酬项目的理解、认知和期望,沟通活动的评估和修订强化了整体薪酬项目。评估是一个持续的过程,从最初一直延续到项目完成后的 4—6 个月。

五、薪酬沟通成功的关键

沟通最重要的是利益沟通,因此,薪酬体系中最重要的是与重要的利益相关者进行沟通,达成利益一致性。在薪酬沟通过程中,知道谁是重要的利益相关者显得尤为重要。例如,一家普通子公司重要的利益相关者包括上级公司、客户、员工、社会民众、媒体、税务、财政等方面,好的沟通是让每个利益相关者都对利益分配感到满意。上级公司的利益诉求是子公司的薪酬体系不能突破工资限额、收入分配不能引起矛盾等。当薪酬体系让上级公司不满意时,薪酬制度是不能得到有效实施的。同样的道理,可以研究客户需要与薪酬体系设计的关系。如果企业的机会来自客户需要的满足,薪酬体系就要成为满足客户需要的手段。第三个利益相关者是员工。员工是薪酬体系的最直接的利益相关者,是否与员工及时进行薪酬沟通,直接影响到企业薪酬制度的成败。薪酬沟通实际上是满足所有利益相关者的利益的过程,好的沟通平衡了各利益相关者的利益诉求。任何片面追求某一个或某几个利益诉求的制度都是错的。

最需要沟通的东西是两个方面:一是员工关心的,员工关心的通常都是自身利益;二是企业关心的,企业关心员工是否清楚自己的计划,从而使得变革有效。

毫无疑问,关于总体薪酬项目的对话是必须的,在实施这种沟通的时候最关键的是要理解你的被沟通对象、开发一个可测度的沟通目标、专业地实施你的沟通计划、通过分析数据测试你的沟通计划是否有效并不断改进强化。这就是作者想要表达的薪酬沟通的关键。做到上述的沟通过程能够确保你获得沟通方面的投资回报率。

本章重点回顾

- 薪酬制度诊断工具;
- 薪酬制度设计;
- 薪酬制度执行要点;
- 薪酬沟通。

思 考 题

1. 薪酬制度的重要性是什么?
2. 薪酬制度化的基本原则和基本程式是什么?
3. 薪酬制度的基本构成和基本内容有哪些?
4. 薪酬制度设计的关键步骤有哪几个?
5. 薪酬诊断应该如何进行?
6. 怎么理解薪酬制度是"三分设计,七分执行"?
7. 一线经理对于薪酬制度执行的重要性有哪些?

本章案例

J 研究所的薪酬体系

一、基本情况介绍

J 研究所是我国著名的国立研究所,以高技术研究为主,在不到十年的时间里取得了多项突破,特别是在若干领域的研究成果受到全国瞩目。J 研究所目标定位于完成国家重大科研任务,为增强国家综合实力作出贡献;提供关键技术,在产业价值链上起到不可替代作用,为提高我国企业的竞争力作出贡献;在若干研究方向上达到国际领先水平,成为世界一流的科研学术研究所。为实现这一目标,人才成为至关重要的因素。但另一方面,J 研究所属于事业单位,人才管理还处于带有浓厚事业单位色彩的人事管理阶段,缺乏活力的人才管理体制成为 J 研究所继续向前迈进的绊脚石。意识到这个问题后,所长亲自推动人力资源管理体制改革,聘请国内著名人力资源管理专家为 J 研究所建立现代人力资源管理体系。外部专家经过缜密诊断,发现了 J 研究所人事管理体制的现存问题,有针对性地提出解决方案。本案例仅选取薪酬板块进行介绍。

J 研究所员工薪酬由工资、年终奖和福利三部分构成。工资实行"三元工资制",即基本工资、岗位津贴和绩效津贴,基本工资根据国家职称体系确定;岗位津贴根据不同岗位的工作量和责任确定,绩效津贴根据成果产出确定。在实际中,"三元工资"都是确定的,我们称为固定工资,年终奖称为浮动工资。

二、薪酬问题诊断结果

1. 薪酬一般问题

(1) 薪酬的外部竞争力不强。同行业的外企研究院是 J 研究所的主要竞争对手,其新招聘员工的薪酬水平是 J 研究所的近 2 倍,并且层级越高,J 研究所的薪酬水平与外企研究院相差越大。但主要问题集中在年轻人身上,他们难以获得资源,并且货币薪酬较低,同时面临着买房、成家的压力。

(2) 固定工资的支付依据不合理。科研人员根据能力价值(职称)确定固定工资,是合理的;科研管理人员、职能和支撑人员固定工资的支付依据是能力价值(职称),与其所在岗位价值无关,是不合理的。

(3) 浮动工资缺乏活力。浮动工资与员工绩效挂钩程度不够,优秀的员工没有得到充分激励;浮动工资的形式过于单一,缺乏活力。

(4) 福利体系弹性不足。目前,J 研究所的福利项目较少,主要构成项目是住房补贴和餐费补贴,缺乏多样性和灵活性。全体员工都享受相同的福利项目,未考虑到新员工与老员工的不同需求,新员工关注住房、子女教育、个人培训等,老员工则关注医疗保健等。

(5) 薪酬增长机制有待完善。没有合理的长期薪酬增长机制,特别是近几年 CPI 迅速上涨,而薪酬并没有相应地增长,这极大地影响了员工的积极性和薪酬满意度。

2. 薪酬特殊问题

（1）"薪酬来源"问题。目前，J研究所大部分的国家与企业科研经费是以中心、实验室为单位争取的，中心、实验室负责人拥有对经费的支配权，因此，员工薪酬的大约70％是由各中心、实验室来确定并发放，其余30％由J研究所提供，研究所是弱势，中心、实验室是强势。

（2）"各自为政"问题。由于员工薪酬主要来源不是研究所，同时各中心、实验室薪酬发放的随意性又很强，这导致了各中心、实验室薪酬差异很大，往往是争取到科研经费多的中心、实验室薪酬水平高，而争取到科研经费少的中心、实验室薪酬水平低。J研究所在各中心、实验室之间的薪酬统筹能力有限。

（3）"薪酬随人走"问题。由于J研究所没有明确的薪酬确定规则，一旦员工工资确定，存在非常明显的"薪酬随人走"现象。比如，一个员工从科研部门调到职能部门，工资不需要重新确定，还是享受其在科研部门的薪酬。

（4）"事业单位"问题。J研究所是事业单位性质，受到国家政策（特别是国家薪酬政策）的约束。国家规定的津贴、补贴名目繁多，对各类人员的规定也有所不同，但数量都不大，这些薪酬的组成部分很难纳入统一的薪酬体系当中。

J研究所薪酬体系存在的主要问题可以概括为"结构不科学，外部竞争力不强，依据不合理，增减机制不全面"。

三、研究所薪酬体系改革的思路

1. 进行人员分类，对各类人员建立有针对性的薪酬体系

通过调研，外部人力资源管理专家将J研究所人员分为科研、科研管理、职能和支撑三类。科研人员是指在各中心、实验室从事应用基础研究和高技术研究与开发工作，具有相应专业技术水平和能力要求的人员；科研管理人员是指在各中心、实验室同时从事科研与管理工作，并以管理工作为主，承担科研顶层设计和资源争取的职责的人员；职能和支撑人员是指在职能部门从事职能管理的人员以及在各中心、实验室从事支撑和辅助性工作的人员。科研人员固定工资根据能力价值（职能）确定，科研管理、职能和支撑人员的固定工资根据岗位价值确定。

2. 建立具有外部竞争性和内部公平性的薪酬水平

对科研人员而言，此次薪酬增长的重点是副高、中级、新招聘的博士和硕士，正高与初级的涨幅应低于上述员工，经过调整后，25—35岁的年轻人的薪酬水平得到了较大幅度的提高；对科研管理人员而言，参考国外国立研究院的案例，其薪酬定位于同层次科研人员水平的106％；对职能和支撑人员而言，其薪酬定位于同层次科研人员水平的80％。

3. 建立宽带薪酬结构，使年轻员工有更大的薪酬浮动空间

根据宽带薪酬的思想，此次薪酬改革为年轻员工设置了更大的薪酬浮动空间，一是让优秀的年轻员工能够达到较高的薪酬水平；二是在年轻员工晋升遭遇"天花板"时，能够在薪酬上得到一定补偿。同时，此次设定科研人员最高薪等平均水平与最低薪等平

均水平的比例为2∶1,这一比例既参考了国外国立研究院的案例,也符合J研究所事业单位的特点。实际上,考虑到薪酬浮动的因素,J研究所薪酬最高者的薪酬水平可达到薪酬最低者水平的5倍以上。

4. 建立"七因素调薪"机制

此次薪酬改革为J研究所建立了七因素调薪机制,即组织绩效、CPI、竞争对手的薪酬水平、工龄、个人绩效、能力和岗位变动和其他特殊情况。以上因素均是下一年度员工固定工资调整的参考因素,其中的前四项属于普调因素,后三项属于个别调整机制。通过"七因素调薪",J研究所对员工形成了长效激励机制,优秀员工每年固定工资可以获得10%以上的增长,具有很强的激励性。

5. 实施认可奖励计划,增强浮动工资活力

研究所是知识性员工汇聚的机构。知识性员工关注自身价值的实现,期望自身价值得到认可,对他们而言,认可是最有效的激励方式。此次薪酬改革力图使浮动工资更具活力,为J研究所量身定做了认可奖励计划,包括"所长金钥匙奖"、"节假日家庭奖励计划"、"学习成长机会"等奖励形式。对研究所而言,20万元的认可奖励可能远远超过200万元的一般性奖励带来的效用。

6. 建立灵活的弹性福利计划

福利在人才竞争中拥有不可比拟的优势,一是具有税收优势,二是情感化优势。J研究所在货币薪酬外部竞争力有限的情况下,应该充分发挥福利的人力资源管理功能,建立J研究所总体薪酬优势。此次薪酬改革建议J研究所参考外企研究院和国内同类研究所的福利项目设计,建立针对不同人群需求的、具有自身特色的弹性福利体系,同时充分考虑福利外包的发展趋势。

7. 建立薪酬的二级管理机制,加强所级统筹的力度

J研究所在此次改革中清楚界定了薪酬的各级管理权限。一是将各中心、实验室的人员费用上收,改变"各自为政"的局面,加强所级统筹的力度;二是在所级成立薪酬小组,成员包括所长、主管副所长、人力资源处处长,统一负责薪酬制度的修订与审核、年度薪酬预算及增长比例的确定、特殊人员薪酬的确定等重大或非常规事宜;三是规定各中心、实验室和职能部门负责人拥有对本部门员工薪酬的知情权和建议权;四是加强人力资源处在研究所薪酬管理中的作用。

通过薪酬管理机制的设计,J研究所薪酬工作得以顺畅有效运转。通过外部人力资源管理专家对J研究所薪酬体系的改造,J研究所的薪酬体系切实起到了促进组织目标达成、核心人才保留和员工满意的作用。

参考书目

1. 理查德·索普,吉尔·霍曼,《企业薪酬体系设计与实施》,电子工业出版社,2003
2. 迈克尔·波特,《竞争论》,中信出版社,2003
3. 王长城等,《薪酬构架原理与技术》,中国经济出版社,2003
4. 陈晓东等,《销售薪酬管理》,经济管理出版社,2003
5. 张建国,《薪酬体系设计——结构化方法》,北京工业大学出版社,2003
6. 孙健,《海尔的人力资源管理》,企业管理出版社,2002
7. 西蒙·多伦等,《人力资源管理:加拿大的动力源》,董克用等译,中国劳动社会保障出版社,2002
8. 乔治·T. 米尔科维奇,杰里·M. 纽曼,《薪酬管理》(第六版),董克用等译,中国人民大学出版社,2002
9. 约瑟夫·J. 马尔托奇奥,《战略薪酬——人力资源管理方法(第二版)》,周眉译,社会科学文献出版社,2002
10. 刘昕,《薪酬管理》,中国人民大学出版社,2002
11. 艾尔弗雷德·D. 钱德勒,《战略与结构》,北京天则经济研究所译,云南人民出版社,2002
12. 孙海法,《现代企业人力资源管理》,中山大学出版社,2002
13. 刘军胜,《薪酬管理实务手册》,机械工业出版社,2002
14. 谌新民,张帆,《薪酬设计技巧》,广东经济出版社,2002
15. 李严锋,麦凯,《薪酬管理》,东北财经大学出版社,2002
16. 陈清泰,吴敬琏,《可变薪酬体系原理与应用》,中国财政经济出版社,2001
17. 陈清泰,吴敬琏,《股票期权实证研究》,中国财政经济出版社,2001

18. 陈清泰，吴敬琏，《股票期权激励制度法规政策研究报告》，中国财政经济出版社，2001
19. 安德烈·A. 德瓦尔，《绩效管理魔力——世界知名企业如何创造可持续价值》，上海交通大学出版社，2001
20. 亨利·明茨伯格等，《战略历程：纵览战略管理学派》，刘瑞红等译，机械工业出版社，2001
21. 斯蒂芬·P. 罗宾斯，《组织行为学》（第七版），孙健敏、李原等译，中国人民大学出版社，2001
22. 林泽炎，《企业薪酬设计与管理》，广东经济出版社，2001
23. 詹姆斯·W. 沃克，《人力资源战略》，中国人民大学出版社，2001
24. 托马斯·B. 威尔逊，《薪酬框架——美国39家一流企业的薪酬驱动战略和秘密体系》，华夏出版社，2000
25. Lance A. Berger, Dorothy R. Berger, *The Compensation Handbook*, McGraw-Hill, 2000
26. 郑大奇，王飞翔，《薪酬支付技术》，中国言实出版社，2000
27. 加里·德斯勒，《人力资源管理》（第六版），刘昕等译，中国人民大学出版社，1999
28. 彼德·F. 德鲁克等，《哈佛商业评论精粹译丛——公司绩效测评》，中国人民大学出版社，1999
29. R. 韦恩·蒙迪，罗伯特·M. 诺埃，《人力资源管理》，经济科学出版社，1998
30. 卡尔·W. 斯特恩等，《公司战略透视——波士顿顾问公司管理新视野》，波士顿顾问公司译，上海远东出版社，1999
31. 罗伯特·D. 巴泽尔等，《战略与绩效——PIMS原则》，吴冠之等译，华夏出版社，1999
32. 周巧笑，《薪酬管理》，香港中文大学出版社，1999
33. 程延园，《劳动法学》，中国劳动出版社，1998
34. 文跃然，"GREP：一种全新的企业经营思考方法"，《企业管理》，2003年第9期
35. 何燕珍，"企业薪酬管理发展脉络考察"，《外国经济与管理》，2002年第11期
36. 董克用，叶向峰，"技能工资实施中应注意的几个问题"，《中国人力资源开发》，2001年第9期
37. Scott. A. Snell, *Competing through Knowledge: The Human Capital Architecture*, Cornell University, 2001
38. David. P. Lepak, Scott. A. Snell, The Human Resource Architecture: Toward a Theory of Human Capital Allocation and Development, *Academy of Management Review*, 1999
39. Nemerov, Donald. S, How to design a competency-based pay program, *Journal of Compensation & Benefits*, March/April, 1994
40. 刘昕，"警惕'福利收入货币化'的陷阱"，中国管理学传播网
41. 梁晓梅，"企业福利制度弹性化趋向"，《中国人才》1996年第8期

图书在版编目(CIP)数据

薪酬管理原理/文跃然主编.—2版.—上海:复旦大学出版社,2013.9(2025.6重印)
(复旦博学·21世纪人力资源管理系列)
ISBN 978-7-309-09980-5

Ⅰ.薪… Ⅱ.文… Ⅲ.企业管理-工资管理-高等学校-教材 Ⅳ.F272.92

中国版本图书馆 CIP 数据核字(2013)第 179587 号

薪酬管理原理(第二版)
文跃然 主编
责任编辑/宋朝阳

复旦大学出版社有限公司出版发行
上海市国权路 579 号 邮编:200433
网址: fupnet@fudanpress.com http://www.fudanpress.com
门市零售:86-21-65102580   团体订购:86-21-65104505
出版部电话:86-21-65642845
上海华业装潢印刷厂有限公司

开本 787 毫米×1092 毫米 1/16 印张 18.5 字数 406 千字
2025 年 6 月第 2 版第 11 次印刷

ISBN 978-7-309-09980-5/F·1958
定价:49.00 元

如有印装质量问题,请向复旦大学出版社有限公司出版部调换。
版权所有 侵权必究